KB071320

대한민국 운명

초판 1쇄 발행 2021년 11월 11일

지 은 이 최익용
발 행 인 권선복
편   집 권보송
디 자 인 박현민
전 자 책 노유경
발 행 처 도서출판 행복에너지
출판등록 제315-2013-000001호
주   소 (07679) 서울특별시 강서구 화곡로 232
전   화 0505-613-6133
팩   스 0303-0799-1560
홈페이지 www.happybook.or.kr
이 메 일 ksbdata@daum.net

값 28,000원
ISBN 979-11-5602-933-5 03340

도서출판 행복에너지는 독자 여러분의 아이디어와 원고 투고를 기다립니다. 책으로 만들기를 원하는 콘텐츠가 있으신 분은 이메일이나 홈페이지를 통해 간단한 기획서와 기획의도, 연락처 등을 보내주십시오. 행복에너지의 문은 언제나 활짝 열려 있습니다.

국민이 나서서

세계의 등불 코리아 G3 만들기

최익용 지음

도서
출판 행복에너지

대한민국은 동방의 밝은 빛으로 떠오르는가? 한반도와 동아시아를 넘어 세계 역사를 이끌어가는 글로벌 리더국가로 자리매김하는 위대한 여정이 시작되어 서광이 지구촌 곳곳을 향해 비추고 있다.

유엔을 비롯한 국제사회가 대한민국을 선진국으로 공인할 정도로 국가위상이 달라졌다. 이러한 국가 위상의 업그레이드는 우리 민족이 수많은 도전과 시련을 슬기롭게 극복해 온 집념과 정신이 밑그림을 형성한 가운데 역사의식을 바탕으로 정신, 교육, 경제, 안보가 절묘하게 융합하여 성취해 낸 자랑스러운 여정의 결과물이었다. 특히 홍익인간弘益人間의 공동체 정신이 민족정서를 형성하고 한국인 특유의 '정情과 한恨'으로 어우러져 온 맥락이 유전인자DNA에 각인되어 시대 흐름과 맞아떨어지면서 역사에서 유례를 찾기 어려울 정도로 국운융성의 상승기류를 타고 있다. 우리 앞에 펼쳐지는 21세기는 한국인들이 물질적 풍요를 넘어서 인류평화와 문명발전을 선도하는 역할을 감당해야 할 세계사적 사명을 부여받은 시기로 인식해야 마땅하다. 그러나 대한민국이 직면한 현실은 우려 섞인 안타까움을 넘어 위기감마저 감돌고 있다. 국제사회로부터 '한강의 기적'으로 칭송받을 정도로 경제발전을 일구어냈지만, 정신적으로 피폐해진 자화상과 극단적 사회 갈등, 남북한 군사적 대치국면이 존속되면서 나라의 장래에 대한 심각한 우려도 공존하고 있다. 많은 국민이 물질적 풍요로움을 누리면서도 행복감을 누리지 못하고 자살률이 최고치를 경신하는 가운데 저출산·고령화 사회로 치닫는 우울한 미래를 예견하여 안보 불안을 제기하는 시각도 만만치 않다.

일부 계층에서는 '불만을 넘어선 원한, 좌절을 넘어선 포기, 피로를 넘어선 탈진' 등으로 삶이 팍팍해진 가운데 코로나19 대유행 장기화 현상으로 인해 어려움이 가중되고 있다. 특히 젊은 세대가 취업난에 시달리며 희망을 상실한 채 방황하는 모습과 소통의 어려움은 국가적 난제로 자리매김하고 있다. 이러한 제반 문제점을 해결하기 위해 국가 차원의 리더십은 '더불어 잘사는 공정하고 정의로우며 평화가 정착된 사회'를 청사진으로 내걸었지만 "희망의 사다리가 무너졌다."라는 절망감과 위기의식이 복합되어 새로운 변화를 갈망하는 형국으로 치닫고 있다.

이러한 인식을 바탕으로 필자는 국민 개개인이 당면한 어려움과 국가차원의 위기를 근본적으로 치유하는 해법으로 '국민이 앞장서서 '세계의 등불 코리아 G3 만들기 프로젝트'를 제시한다.

『대한민국 운명』 제하의 제목이 상징하는 바와 같이 '운명運命'으로 표현할 만큼 결기가 함축된 '대한민국 선진강국 달성을 향한 비전'을 선포한 것이다. 구체적 추진 전략은 '정신, 교육, 경제, 안보'의 네 가지 키워드로 집약하는 한편 '나라 사랑의 토대' 위에 역사의식을 통한 교훈을 도출하고 대한민국이 미국·중국에 버금가는 Korea G3로 위상을 끌어올릴수 있는 담대한 희망을 제시한다.

필자는 위기를 기회로 대전환시키려는 간절한 소망과 절규를 담아 운명 개척의 화두를 던지는 것이다. 『대한민국 운명』을 통해 국민과 소통하려는 메시지는 한민족 역사 속에서 진정한 리더의 면모를 식별하여 역사적 교훈을 도출하고 이를 통해 21세기 4차 산업혁명 시대를 이끌어 갈 한국형 리더십을 창출해 내려는 의도와 연결되어 있다. 바꿔 말하면, 대한민국의 운명을 바꿀 리더십 DNA는 저절로 생기는 것이 아니라 도전과 응전의 끊임없는 과정을 통해 창출되는 녹록하지 않은 여정이다.

필자는 온갖 난관에 직면할 때마다 사마천司馬遷의 『사기史記』를 떠올렸다. 그는 한무제漢武帝에게 미움을 받아서 '궁형(거세당하는 극형)'을 당하면서도 불굴의 의지로 살아남아 사실에 기반을 둔 역사적 명저를 완성해 냈다. 우리 역사에도 단재丹齋 신채호 선생이 갈파한 명언이 지금도 큰 공감을 불러일으킨다. "역사를 잊은 민족에게 미래는 없다."라는 명제는 필자의 인생철학과 인식체계에 결정적 영향을 주었다. 나아가 대한민국의 운명을 새롭게 개척하려는 국민적 여망을 수렴하는 소명의식도 내포되어 있다. "국운 상승이냐 국운 쇠락의 함정에 다시 빠지느냐?"라는 갈림길에 선 대한민국이 악순환의 고리를 끊어내고 통일된 선진 강국으로 나아가는 로드맵을 제시하려는 목표와 연결되어 있다. 때로는 '혁명'이라는 용어까지 사용해 가면서 대전환의 당위성을 피력했지만, 역사의 주인공은 바로 우리 국민임을 재발견하게 된다. 국민 개개인이 저마다의 삶을 행복하게 영위하면서 국가발전의 주역으로 자리매김하려면 무엇보다도 나라 사랑과 역사의식을 후손에게 올바르게 전달해야 한다. 필자는 과거 경험의 잣대로 급변하는 현실을 재단하는 시행착오를 범하지 않기 위해 역사적 통찰력이 살아 숨 쉬도록 때로는 늦은 밤을 넘어 동트는 새벽까지 고뇌하며 영혼靈魂이 녹아 있는 메시지를 담아내도록 노력했다.

나아가 2022년 3월 대통령 선거를 앞둔 집필 시점의 상징성을 고려하여 국가 지도자들을 향한 메시지도 함축하고 있다. 필자는 학문적 이론과 현장의 실상이 괴리감을 유발하는 요인을 분석적으로 고찰하여 "전문적 연구와 집필 경험을 본서에 담아내어 마지막 결정판을 쓰겠다."라는 소명완수의 자세로 임했다. 21세기 대한민국을 이끌어 나갈 리더들과 국민 각계각층이 혼연일체가 되어 나라사랑과 역사의식을 올바로 견지함으로써 통일된 선진 강국 'Korea G3 달성'의 꿈이 이루어지기를 기원하는 간절한 마음으로 출간을 결심한 것이다.

필자는 『대한민국 5천년 역사리더십을 말한다』(2014, 옥당)에서 역사의 교훈을 강조한 바 있다. 역사의 준엄한 교훈을 외면한 대통령을 비롯한 위정자들의 후진적 행태로 말미암아 대한민국은 경제적 풍요와 문화적 수준에 걸맞지 않게 "리더다운 리더가 없는 나라"로 표류하고 있다. 이제 국민들이 걱정을 떨쳐버리고 직접 나서서 정치권의 불안한 행태와 탐욕스러운 패거리 정치의 악순환을 종식하는 집단지성을 발현하는 국민리더십 문화를 조성해야 한다. 이러한 차원에서 2022년 3월 대통령 선거는 대한민국 운명과 직결되는 역사적 선택이 될 것이다. 이 책이 비전으로 제시한 'Korea, G3 성취'는 역사의식에 기초하여 현실을 직시하고 미래로 나아가는 위대한 여정이 될 것이다. 그 첫걸음은 낙후된 4류 정치의 올무에서 벗어나기 위해 대통령을 올바로 뽑는 일부터 시작된다. 이처럼 '행동하는 국민리더십'을 통해서 헌법이 보장한 '행복추구권'을 확실하게 보장해 주는 골고루 행복한 나라! 초일류 선진통일 강국으로 나아갈 수 있다.

대한민국이 당면한 위기를 극복하고 초일류 선진국으로 도약하는 여정이 순탄치는 않을 것이며 예기치 못한 도전이 촉발될 수도 있다. 하지만 기본 패러다임은 대한민국의 운명을 새롭게 개척하는 방향으로 지향하고 있다. 속도보다 중요한 것이 방향이라는 인식을 바탕으로 정신, 교육, 경제, 안보가 융합된 솔루션을 제시한 것이다. 아무쪼록 필자가 이 책을 통해 공유하려는 메시지가 우리 국민(특히 젊은 세대)의 공감을 불러일으켜서 미·중 경쟁 본격화 시대의 '고래 싸움'에 등 터지는 새우가 아니라 민첩하고 영민하게 도전을 헤쳐 나가는 '스마트 돌고래'로 위상을 정립하고, 나아가 통일된 선진강국으로서 세계사의 주역으로 우뚝 서기를 간절히 기원한다. 그동안 성원해 주신 분들의 선한 영향력과 '운명의 의미'를 되새기면서 깊은 감사를 드린다.

2021년 가을
북한산 자락 우이동 서재에서
항산恒山 최익용

최익용 교수가 저술한『대한민국 운명』은 자신의 삶에 관한 이
야기를 엮어낸 평범한 자서전과 맥을 달리하는 애국정신과 역사
철학이 담겨 있다. 이 책에는 한반도와 동아시아 역사에 대한 통
찰을 기반으로 한국의 운명에 대한 도전장을 던지는 것과 같은
메시지가 빼곡하게 담겨 있다. 한반도의 지정학적 위치와 열강들
의 침탈을 숙명처럼 받아들였던 약소국 마인드와 패배주의를 벗
어던질 것을 호소하며, 선진강국 'Korea G3!'를 성취하여 세계를
선도해나가는 비전을 선포하는 결연함이 넘쳐난다. 특히, 한국이
직면한 위기를 진단하여 기회로 대전환하는 해법에 중점을 두고
논리를 전개했다.

최 교수는 한민족 역사에서 교훈을 도출하여 '정신, 교육, 경
제, 안보'가 융합된 해법을 혁신적으로 추진할 리더십의 역할을
제시했다. 한국이 당면한 위기의 핵심요인을 역사의식 결여와 리
더십 부재에서부터 풀어나간다. 이러한 걸림돌이 해소되면 대한
민국은 5천여 년의 역사에서 유례를 찾기 어려울 국운 융성의 기

회를 21세기 중반에 맞이할 것으로 전망한다. 그는 한반도 차원의 르네상스 시대를 넘어서서 '세계의 등불 코리아'로 지구촌을 이끄는 리더국가로의 위상을 확보하게 될 것이라고 천명하였다. '노블레스 오블리주' 관점에서 지도자들의 솔선수범을 강조했지만, 가장 핵심적인 포인트는 "국민이 앞장서야 선진강국 만든다."라는 관점이며, '국민 리더십 문화'로 새롭게 개념 정립한 것도 인상적이다.

최익용 교수의 집필 활동은 10여 권의 저술과 많은 논문을 통해 역사, 정신, 리더십 분야의 전문성과 현실성뿐 아니라 미래 지향성을 공인받은 바 있다. 이미 출간된 책 가운데 2004년 『리더다운 리더가 되는 길』은 청와대 혁신도서(위원장 : 노무현 대통령)로 선정되었고, 2015년 『대한민국 5천 년 역사 리더십을 말한다』는 세종도서(옛 우수교양도서)로 선정되어 널리 보급되는 업적도 이룩한 바 있다. 그의 저술은 혁신도서나 세종도서로 선정된 경력이 입증하는 바와 같이 역사적 통찰을 바탕으로 이론과 현실을 아우르는 신뢰와 공감의 메시지이기에 아낌없는 찬사와 함께 주저함 없이 추천의 뜻을 밝힌다. 그의 저술은 열정적으로 도전하면서 온몸으로 부딪치는 집념의 인생 스토리와 연계되어 진심에서 우러나오는 것이기에 소중한 가치를 더한다. 특히, 젊은 세대들이 역사적 자긍심과 소명의식에 충만하여 '국민 리더십 문화'를 확산시키는 주역으로 성장해야 할 것을 강조한다.

'국민이 나서서 세계의 등불 코리아 G3 만들기'는 민족혼을 깨우는 나라사랑과 역사의식으로 무장하는 것이 첫 출발점이다.

　20세기 초 인도의 시성 타고르가 예언한 '동방의 등불 코리아'는 이제 21세기에 '세계의 등불 코리아'로 용틀임을 할 것이다. 저자의 진정한 염원은 통일된 선진강국 'Korea G3'가 인류평화와 세계 문명을 선도하는 자랑스러운 세계사의 주역이 되는 것일 것이다. 대한민국이 세계에 밝은 빛을 비추는 시대는 국민이 앞장서서 만들어 나갈 것이라는 방향 제시에 전적으로 공감하며 희망찬 소망을 실어서 강력히 추천한다.

2021년 가을

전 세종대 총장 이중화

대한민국은 유엔이 인정한 선진국이다. 2021년 7월 2일 유엔무역개발회의UNCTAD는 한국을 개발도상국에서 선진국 그룹으로 공식 변경했다. 통상 선진국은 국민소득, 경제, 교육, 국방, 의료, 문화, 평균수명, 삶의 질을 비롯해 여러 부문이 균형 있게 발전된 나라를 의미한다. 대한민국이 10위의 경제 대국, 6위의 군사 강국으로 도약하며 국제사회의 주목을 받는 G8 수준으로 국가 위상이 높아진 것은 명백한 사실facts이다. 사실에 대한 해석에는 다양한 의견이 제시될 수 있다. 그렇다면 국력 신장의 큰 흐름을 어떻게 해석해야 하는가? 국민들의 피와 땀과 눈물로 쌓아 올린 공든 탑도 한순간에 무너질 수 있다는 위기론도 만만치 않다.

『대한민국 운명』 제하의 책에서 저자 최익용 박사는 'Korea G3' 선진강국 달성에 대한 비전과 추진 전략을 구체적으로 제시했다. 기존의 한반도 현실에 대한 패배주의적 진단과 완전히 결이 다른 접근 방식이다. 저자는 역사철학과 리더십 분야에 대한 통찰력에 근거하여 선진강국으로 나아가기 위한 4대 핵심축으로

'정신, 교육, 경제, 안보' 분야의 혁명적 개혁을 천명했다.

　대한민국의 운명을 바꾸는 "주역은 국민이요, 국민이 영웅이다!"라는 논지에 공감한다. 이러한 맥락에서 저자가 '국민 리더십 문화'라는 새로운 개념을 정립하고, 확산을 촉구한 점도 인상적이다. 선진강국 달성을 위한 국민의 참여와 신뢰, 공감을 중시하며 젊은세대(MZ 세대)의 소통 방식에도 관심을 기울였다. 특히, 역사적 교훈을 중시하지만, 과거 경험의 함정에 빠져서 달라진 현실을 재단하지 않으려고 심혈을 기울인 점도 평가할 만하다. 이른바 한국 산업화를 이끌었던 세대들이 즐겨 쓰는 "나 때는 말이야!(라떼)"라는 과거 회귀형 소통 방식은 공감을 얻지 못할 뿐 아니라 역효과마저 유발한다는 점을 고려한 듯하다. 이 책의 키워드 '운명'은 정곡을 찌르는 역사적 통찰력에 기반을 두고 있다. 더구나 반세기에 이르는 학문적 연구와 현장경험에서 우러나오는 메시지이기 때문에 진한 감동으로 다가온다. 국가 위상과 국력에 걸맞은 국방안보태세를 구축한 토대 위에 정신문화, 교육혁신, 경제발전의 중추가 균형적 발전을 이룰 때 대한민국이 세계를 선도해가는 국가의 반열에 오를 것이라는 확신에 찬 결의를 담았다.

　저자 최익용 박사는 국가든 개인이든 "운명은 고착된 것이 아니다."라는 점을 분명하게 밝혔다. 운명은 개척의 대상이지 필연이 아님을 역설했다. 그의 삶 자체가 운명 개척 스토리텔링이다.

35년의 군 복무와 15년의 교수 생활, 특강 등을 통해 생생하게 체험한 인생 스토리 자체가 이번 집필에 집대성된 것으로 사료된다. 역사, 철학, 인문학, 정치, 경제, 사회, 안보 등 국가 경영의 여러 분야를 융합하기 위한 고뇌에 찬 흔적이 곳곳에 흠뻑 배어 있다. 또한, 국가지도자들의 역사인식과 리더십 역량에 대한 날카로운 비판과 질문을 던지고 있다. "순천자順天者는 존存하고, 역천자逆天者는 망亡한다."라는 공자님의 가르침까지 인용한 것은 국가지도자들을 향한 조언인 동시에 국민적 공감대 형성을 강조한 것이다. "구슬이 서 말이라도 꿰어야 보배다."라는 선조들의 지혜로운 속담처럼 최 박사는 역사적 통찰력을 바탕으로 시대정신을 읽어내어 운명이라는 두 글자로 집약했다. 우리가 함께 만들어 가는 선진강국으로의 위대한 항행이 순탄치 않을 수 있고 도전 역시 만만치 않을 것이다. 국민이 선장인 대한민국 함선이 운명의 바다를 헤쳐나가 'Korea G3'를 성취하는 자랑스러운 항해에 동참하기를 간절히 소망한다. 한국호의 성공적 항해를 기원하는 각계각층의 국민(특히 젊은 세대)이 본서를 통해 운명을 새롭게 개척해 나가는 진취적 인생 여정을 꾸려나갈 수 있기를 원한다.

2021년 가을

뉴욕주립대학교(버팔로) 한국 총동문회장, 언론학 박사 김철우
경복대학교 교수, 행정학 박사 유주희
국제 자연 의학 협회 회장 배종희

5부 | 대한민국 운명 승화 비전 : Korea G3 성취

8부 | 선진화 혁명 추진 전략 –② 교육혁명

10부 | 3대 혁명의 초석 튼튼한 국방안보

1부

대한민국 운명

제 1 장

운명이란
무엇인가?

1

운명의 본질

　인간에게 운명이란 무엇인가? 인류가 20만 년 정도의 역사를 통해 끊임없이 생각하고 고뇌하며 살아오는 과정에서 던진 풀리지 않는 질문이 있다. 바로 '운명運命'에 관한 것이다. 인간의 운명은 어디서 와서 어디로 가는가? 사람마다 운명은 정해진 것인가?(태생론), 운명은 개척하고 바꿀 수 있는가?(개척론, 육성론), 꿈과 소원의 성취 여부는 운명 탓인가? 등이다. 이 질문은 한걸음 나가서 "나는 누구인가? 어떻게 살아야 하는가?" 등 종교적 · 철학적 명제로까지 이어진다. 인간은 생사화복生死禍福의 근본 문제에 대해 의문을 제기하지만 명확한 해답을 찾기 어렵다. 종교 · 역사 · 문화의 영향에 따라 인생철학과 가치관이 다르므로 운명에 대한 시각이 다를 것이다. 이러한 다양성의 한계를 인식한 바탕 위에서 필자는 모든 인간에게는 운명運命이 실존한다고 믿는다. 사람뿐 아니라 국가에도 운명이 작용한다. 운명이라는 의미는 한자가 의미하는 바와 같이 '하늘에서 주어진 명命'에 따라 움직인다는 것이다. 모든 움직이는 것들은 명확한 우주적 질서를 가진다. 운運은 물결이 파도를 치는 것처럼 질서 있게 움직인다는 의미이다. 그 질서는 자연순환의 질서로 해석할 수 있다. 태양계의 지구 역시 일정한 질서에 따라 규칙적으로 순환하고 있으며, 이는 지구촌의 생명체에게도 적용된다고 할 수 있다.

지구상에 생존하는 생명공동체의 하나인 한민족의 생활터전 대한민국도 우주적 질서에 영향을 받는다. 한민족 스스로 천손민족天孫民族으로 인식한 것을 고려할 때 한민족의 운명 또한 실존하는 것으로 볼 수 있다. 그렇다면 자연순환의 질서에 따라 필연적으로 고착된 것이 운명인가?

이 책은 개인의 운명이든 국가의 운명이든 고정되거나 정해진 것이 아니라는 입장에서 출발한다. 운명은 새롭게 바꿀 수 있다는 '운명 개척론'을 대한민국의 미래 비전으로 승화시켜, 필자의 전문 분야인 리더십과 융합하는 접근이 『대한민국 운명』 제하의 책자로 탄생하게 된 것이다.

'리더십이란 무엇인가?'라는 질문에 대해 필자는 다음과 같이 화답한다.[1]

"나는 나의 운명을 사랑한다. 그리고 자랑스럽게 만든다."라는 운명 개척론을 리더십으로 풀어간다. 일부 사람들은 "모든 일은 미리 정해진 필

---

1 최익용, 『리더십이란 무엇인가』, (스마트비즈니스, 2008), pp .209 ~ 210.

연적인 법칙에 따라 일어나므로 인간의 의지로는 바꿀 수 없다."라고 숙명처럼 받아들이지만, 필자는 "나의 운명은 내 자신이 개척하기에 따라 좌우된다."라는 개척론을 믿는다.

준비된 사람은 자신에게 찾아온 운명적 기회를 절대 놓치지 않는다. 인간은 찾아온 기회를 통해 인생의 반전에 활용하는 주인공이 되어야 한다. 극적인 반전 드라마는 스스로 준비하는 자에게만 주어진다. 그 기회를 통해 우리 모두의 운명을 빛나게 할 '반전의 카운터펀치'를 준비하자. 운명은 자신의 신념과 열정으로 스스로 만드는 것이다. 누구나 운명을 개척하겠다는 결연함이 있다면 운명의 대반전이 성취된다.

따라서 필자는 '운명이란 무엇인가?'에 대해 운명은 정해진 것(태생론)이 아니라 변화하고 바꿀 수 있는 것(개척론)이라는 시각으로 접근한다. 인간의 운명에 대해 다양한 입장을 살펴보자.

첫째, "운명은 정해진 것이다."라는 태생론을 주장한 대표적 학자는 세계적인 물리학자 스티븐 호킹Stephen William Hawking 박사다. 영국 태생인 그는 "인간의 운명은 정해진 것이며 신의 창조가 아니라, 40억 년 전의 단세포가 바다에 출현한 이래 진화와 유전을 거쳐 60만 년 전 인류의 시원이 되었다."라고 발표하였다.

다시 말해, 인간은 진화와 유전의 산물이기 때문에 우리들의 운명도 시작과 끝이 있어서 운명은 정해져 있다는 논리로 태생론을 주장했다. 이에 반해 대부분의 과학자들은 오늘날의 우주세계는 150억 년 전 하나의 '티끌'이 빅뱅(대폭발)하여 생겼다고 말한다. 빅뱅하기 전의 '티끌'이 무엇인지는 지금도 모른다. '티끌'을 분해해 들어가니 미세먼지, 초미세먼지, 세포, 원소, 원자, 쿼크 그리고 최소입자 '힉스'까지 발견했다. 그리고 '힉스'가 무엇인지 아직은 알지 못하고 있다. 일부 학자들은 '힉스'는 신神의 입자일 것이라고 추정한다. 호킹 박사의 주장과 달리 21세기 인류의 대부분은 물론 과학자들도 운명이 무엇인지 알 수가 없다고 한다. 우주의 본질과 인간의 본질이 되는 물질이 무엇인지 알지 못하기 때문에 운명은 정해져 있고 인류의 조상은 진화와 유전의 결과라는 이론을 선뜻 이해하고 동의하기 어려울 것이다.

둘째, 윌리엄 제닝스 브라이언William Jennings Bryan은 "운명은 우연이 아닌 선택이며, 기다리는 게 아니라 성취하는 것"이라 했다. 우드로 윌슨 Woodrow Wilson은 "사람은 운명을 만나기 전에 자신이 이미 그것을 만들고 있다."라고 했다. 이들은 운명이란 정해져 있다기보다는 주어진 여건에 대한 도전과 극복의 산물이라는 점에 방점을 둔 것 같다. 운명은 수시로 변화하여 개척할 수 있다는 것으로 이른바 운명의 개척론이다.

셋째, 오쇼OSHO는 『운명이란 무엇인가』 제하의 저서에서 "우리의 삶은 미리 운명 지어진 건가요?"라는 물음에 대해 "우리의 삶은 미리 운명 지어진 것이기도 하고 그렇지 않기도 하다. 그렇기도 하고 아니기도 한 것이다. 그리고 삶의 모든 질문에 있어서 두 가지 답 모두 옳다."라는 인상적인 해석을 했다.[2]

그렇다면 어떻게 해야 성공의 길, 자아실현의 길 등 아름다운 운명의 길을 갈 수 있을까?

아리스토텔레스는 "인간은 사회적 동물이다."라고 갈파했다. 이 말의 의미는 인간은 인성을 토대로 끊임없이 타인과 관계를 맺어가며 선택하

---

2 오쇼, 서미영 역 『운명이란 무엇인가』, (젠토피아, 2016) p.191.

며 사는 존재라는 뜻이다. "인간은 혼자서 살아갈 수 없어 사회를 이루고, 수많은 선택과 2만여 가지의 관계 속에 더불어 산다."라는 것을 운명이라고 보았다.

인간은 신의 섭리와 대우주의 조화와 본질에 따라 태어난 성스러운 존재이다. 우리는 150억 년 전 빅뱅 이전으로 돌아가서 인류의 뿌리와 우주세계의 근본을 알 수 있도록 참된 지식과 깨달음을 통해 우주의 본질과 인간의 본질을 이해하고 알아야 할 것이다. 우주세계와 모든 구성원의 본질과 존재, 역할 등에 대한 근본을 알고 깨닫는 참된 지식이 필요하다.

2천년 전, 로마의 철학자, 극작가였던 세네카Lucius Annaeus Seneca는 "운명은 사람을 차별하지 않는다. 사람 자신이 운명을 무겁게 짊어지기도 하고, 가볍게 짊어지기도 할 뿐이다. 운명이 무거운 것이 아니라 나 자신이 약한 것이다. 내가 약하면 운명은 그만큼 무거워진다. 비겁한 자는 운명이란 갈퀴에 걸리고 만다."라고 말했다. 운명은 맞서는 것이 아니라 열정적으로 최선을 다할 때, 정해진 운명에 갇히는 것이 아니라 운명을 개척하는 아름다운 결과를 맞이할 수 있는 것이다.

이상수는 저서에서 다음과 같이 말한다.[3]

인생의 굽이마다 절박한 문제들이 돌멩이처럼 날아온다. 운명의 돌멩이가 날아들지 않는 인생은 그 어디에도 없다. 전직 대통령, 대기업 총수, 재벌의 자식, 유명 연예인 등 부러울 것 없어 보이던 이들조차 스스로 목

---

3 이상수, 『운명 앞에서 주역을 읽다』, (웅진, 2014) p. 29.

숨을 끊는 비극적인 뉴스를 얼마나 많이 보아왔던가.

돌멩이가 날아올 때 우리는 다른 생각을 할 겨를이 없다. 돌멩이를 피하든가, 맨손으로 잡아내든가, 아니면 방망이로 후려치든가 해야 한다.

그러나 어떤 돌멩이들은 내가 딛고 설 땅의 든든한 디딤돌이 되기도 한다.

운명은 변화하는 것으로서 저절로 이루어지는 것이 아닌 피땀 어린 열정의 결과물이다. 산다는 것은 열정의 씨앗을 틔우고, 열매를 키우며, 또한 가꾸고, 거두는 것으로 운명은 자기 스스로 개척하는 것이다. 이를 다른 말로 표현하면 이른바 육성론이다.

우리는 운명의 길에서 풍성한 수확을 일궈야만, 인간다운 삶을 누릴 수 있는 것이다. 예로부터 성현聖賢들이 남긴 가르침은 지금까지 우리에게 많은 교훈을 주며 세상을 지혜롭게 살아갈 수 있는 지침이 되어왔다. 우리의 선조들은 성현들의 가르침을 배우며 운명에 대해 고뇌하고 길을 개척하는 모습들을 보여 주었다.

성철스님의 일화를 소개하고자 한다.

어느 날 아이는 슬픈 기색을 보이며 말했다. "어제 어머니께서 점을 보셨는데 제 운명은 엉망이라고 했다는군요." 스님은 잠깐동안 침묵하더니 아이의 손을 당겨 잡았다. "애야, 네 손금을 좀 보여주렴. 이것은 감정선, 이것은 사업선, 이것은 생명선, 자 이제는 주먹을 꼭 쥐어보렴. 아이는 주먹을 꼭 쥐고 스님을 바라보았다. "애야, 네 감정선, 사업성, 생명선이 어디 있느냐?" "바로 제 손 안에 있지요." "그렇지, 바로 네 운명은 네 손안에 있는 것이지 다른 사람의 입에 달린 것이 아니란다. 다른 사람으로 인해 네 운명을 포기하지 말거라." 다시 말해 "네 운명은 네 손안에 있는 것이지 다른 사람의 입에 달린 것이 아니란다. 운명은 스스로 개척하는 것이다."라고 말씀하셨다.

결국 개인은 물론 모든 조직과 국가의 운명은 대운大運 · 소운小運이든, 행운幸運 · 악운惡運이든 인성, 열정, 의지, 선택, 지혜 등에 의해 개척되는 것으로 필자는 개척론(육성론)의 운명을 주장하고자 한다. 우주학적, 풍수지리학적, 역학적 학문을 종합적으로 판단할 때 운명은 수시로 변화하기 때문에 필자는 운명 개척론(육성론)이 타당하다고 생각한다.

대운을 하늘이 내려주더라도 감나무 밑에 누워서 감이 떨어지길 바라면 대운의 길吉과 복福이 지나가버려 기회를 상실해 버린다. 악운이라고 비관하여 자포자기하면 흉凶과 화禍는 더욱 늘어나는 반면 극복하겠다는 열정을 가지면 흉과 화는 줄어들거나 사라진다. 결국, 인간의 길흉화복吉凶禍福의 운세는 하늘이 내려준다고 하더라도 궁극적인 운명은 자신의 인성 · 열정 · 관계 · 선택 · 지혜 등에 따라 결정되는 것이다.

그래서 대운大運 · 대부大富는 물론이고, 소운小運 · 소부小富도 재근(在勤 : 열정)이 좌우한다. 현대 정주영 전 회장의 경우 대운을 받아 혼과 열정을 융합하여 대부의 아름다운 운명의 길을 개척하였다. 이것이 운명을 개척한 인생이다.

운명에 겁내는 자는 운명에 먹히고, 운명에 부닥치는 사람은 운명이 길을 비킨다. 대담하게 운명에 부닥쳐라!

국가의 운명도 마찬가지이다. 아프가니스탄은 2021년 8월 탈레반 세력에 의해 수도 카불이 점령당하고 미군이 완전 철수하는 파국으로 치달았다. 국가 패망의 핵심요인은 정부의 부정부패로 약 2조 6,000억 달러의 지원을 받고도 망하는 운명의 길로 떨어졌다. 부정부패로 찌든 무능한 정부는 20년 동안의 미국의 지원을 전폭적으로 받고도 허망하게 무너졌다. 외세에만 의존한 채 개혁, 혁신의 노력을 게을리하여 망국의 길로 추락한 나라의 말로를 여실히 보여주었다.

반면, 대한민국은 127억 달러의 원조를 받아 세계 발전사史의 모델이 되는 선진국이 되었다. 국가의 미래 운명을 결정하는 것은 오롯이 그 국민의 책임이다. 국가운명에 관한 국민의 공동 인식과 책임이 그만큼 무거움을 알 수 있다.

불경과 주역에서는 '적선지가 필유여경積善之家 必有餘慶, 적불선지가 필유여앙積不善之家 必有餘殃'이라 한다. 즉, 착한 일이 쌓이면 반드시 경사로운 일 등 축복을 받고, 나쁜 일이 쌓이면 반드시 재앙이 온다는 이야기이다. 하늘은 스스로 돕는 자를 돕는다는 말이 있듯이 개인이든 가정이든 조직이든 국가든 가리지 않고, 흥망성쇠의 운명은 스스로 개척하기 나름이라는 것을 인식하게 된다.

2

운명과 자아

인간은 누구나 "나는 누구일까?", "나는 어디에서 왔는가?", "나는 왜 사는가?" 등 자신의 운명과 자아정체성Ego-identity을 진지하게 생각한다. 이는 곧 국가정체성National Identity으로 이어진다. 인간으로 산다는 것은 저마다의 운명의 길을 가는 것이다. 어떤 이는 비교적 아름다운 운명의 길을 가고, 어떤 이는 비교적 불행한 운명의 길을 간다. 인간은 이렇게 각자 운명에 따라 흥망성쇠興亡盛衰와 길흉화복의 길을 가게 된다. 인간은 우주에서 가장 아름다운 지구에 운 좋게 태어난 나그네, 순례자 또는 여행자라 할 수 있다. 우주는 본래 그리스어로 코스모스Cosmos이며 보편적 조직이란 의미이다. 이른바 우주는 한 커다란 덩어리가 전체적으로 조직한 시간과 공간을 융합한 세계라고 말할 수 있다. 우리는 이 땅에서 영원히 사는 것이 아니라 운명의 배를 타고 100여 년의 유한한 생을 살다가 떠나야 할 때는 조용히 간다. 인간의 운명은 어디서 오는가?, 운명의 길은 무엇인가?, 운명이란 무엇인가?, 순응해야 하는가?, 바꿀 수 있는 것인가?

우리가 살아가는 사회는 정치적 · 경제적 · 사회적 · 문화적 · 심리적 요인들 간의 개연성에 의해 움직인다. 그래서 어떤 행동이 특정한 결과를 유발할 것이라고 예측한다. 공동체의 질서를 유지하기 위해서는 지켜야 할 도리나 바람직한 행동의 기준이 필요한데 사람들이 도덕 · 법 · 규범 등의 질서를 만들어 이를 지키는 본질이 아름다운 운명의 길이다. 좋은 운명은 좋은 공동체를 유지하도록 하여 인간다운 삶과 행복을 창조하는 데 반해, 나쁜 운명은 자신은 물론 이웃과 국가 등 공동체에 악영향을 끼친다.

주광호는 저서에서 다음과 같이 설파했다.[4]

우리에게는 잘 산다는 것에 대한 새로운 인식과 새로운 규정이 필요하다. 잘 산다는 것 즉 행복한 삶이 너무 포괄적이고 추상적이며 사람마다 기준이 달라서 딱 부러지게 말하기가 어렵다면 우선은 거꾸로 '잘 못 사는 것'이 무엇인지 생각해 볼 수 있다. 우리의 불행은 어디에서 오는가? 우리의 불행은 '운명'과 '부조리' 그리고 '의지'의 결핍에서 온다.

인간은 세상에 태어나서 세상에 발을 붙이고, 다른 사람과 함께 어울려 정을 나누며, 삶의 행복을 누려왔다. 인간의 내면에는 깊은 심연深淵이 자리하고, 심연의 중심에는 운명이 자리 잡고 있다. 운명

---

4 주광호, 『주역, 운명과 부조리 그리고 의지를 말하다』, (예문서원, 2019) p. 28.

은 인간의 선과 악 그리고 행복과 불행의 원천이다. 인간의 궁극적인 인생철학과 목표는 개개인의 잠재적인 능력을 깨우고 내면의 인간성을 키워 인간답게 남을 도우면서 행복한 삶을 누리는 것이다. 인간관계를 통해 나를 알고 다른 사람을 알고 세상을 이해하며 행복하게 사는 것이다. 결과적으로는 아름다운 운명이 개인의 행복한 삶은 물론 공동체의 정의와 상생 그리고 국가 발전을 이뤄내는 것이라 할 수 있다.

우리의 선조들은 인간의 능력이 한계에 도달할 때 자연과 우주의 섭리를 존중하여 우주사적 음양의 원리를 응용하여 운명을 개척했다. 인간은 자연과 우주의 생명과 질서를 존중하며 역학, 음양오행, 풍수지리 등 명리학을 활용하여 운명을 개척해 왔다.

명리학에서는 운명과 숙명의 의미를 차별화하였다.

• 운명運命: 앞으로의 존망이나 생사에 관한 처지; 수시로 변화
• 숙명宿命: 날 때부터 정해진 운명, 정명定命으로 변동되지 않음.

운명은 인성, 열정, 신념 등에 따라 항상 움직이고 변하는 것을 의미하며, 숙명은 부모, 가족, 고향, 조국 등과 같이 변할 수 없는 요인이다. 그래서 운명은 인성에 의해 내가 스스로 노력한 만큼 변화시키고 개척하는 것으로서, "운명은 자신의 노력한 결과이다."라고 정의할 수 있다. 길吉한 운명이 주어졌다면 이를 온전히 받을 정신과 자세가 중요하다. 흉凶한 운명이 주어졌다면 예측 예방하는 노력이 중요하다. 운명은 숙명이 아니라 스스로 준비하는 노력에 의해 좌우된다. "뿌린 대로 거두리라."라는 예수님의 말씀처럼 스스로의 개척 노력에 따라 성패가 달려있다. 부처님도 '자작자수自作自受, 인과응보因果應報'라고 말씀하셨다. 제갈량은 "내가 사람으로

서 할 방법을 모두 쓴다고 할지라도 목숨은 하늘의 뜻에 달렸으니, 하늘의 명을 기다려 따를 뿐이다修人事待天命.라고 하여 진인사대천명盡人事待天命이라고 했다. 한편, 공자孔子는 "인간이 하늘에서 부여받은 인성은 누구나 다 유사한 것인데 성장환경, 생각, 행동, 노력 등이 습관이 되어 운명이 된다."라고 했다.

결국 운명은 인간으로서의 인성과 품격 그리고 가치관이며, 그 가치관의 기저를 이루고 있는 생각(사고)→ 가치관→행동(실천)→ 습관 등의 과정을 거쳐 운명이 결정된다.

또한 운명은 인간의 생존과 삶 그리고 사회에 적응하는 과정에서 개인적으로는 자아를 실현하며, 또한 인생철학과 목표를 구현하는 과정으로 볼 수 있는 바 그 이유는 아래와 같다.

첫째, 운명이란 한 개인이 지니는 삶의 특성, 즉 특징적인 반응양식 내지는 행동양식으로, 흔히 인간성, 인생철학, 인생목표 등으로 인생의 여정, 길이라 할 수 있다.

둘째, 운명은 인간의 인생철학과 목표에 대한 특징적인 사고, 감정, 행동을 결정하는 심리적 체계로서 개인 내부에 존재하는 역동적인 구조라고 할 수 있으며 운명은, 인간의 본질과 같은 의미로 해석할 수 있다.

셋째, 운명이란 선천적 기질(선천성)과 성장하면서 형성되는 후천적 환경요인과 성숙, 경험, 지식, 교육에 의해 형성되는 자질과 품격의 결과물이라 말할 수 있다.

운명은 인간다운 삶을 지향하기 위하여 성취하고 도달해야 할 인간의 자질과 품격으로서 자아실현의 아름다운 여정이 되어야 할 것이다.

3

운명은 선택

일찍이 프랑스의 철학자 장 폴 사르트르는 "인생은 B와 D 사이의 C"라고 했다. 탄생Birth과 죽음Death 사이 선택Choice의 연속이라는 뜻이다. 필자는 인간의 운명도 선택과 관계의 과정이라고 생각한다.

즉, 운명이란 것은 인간의 의지와 인생철학과 목표에 따른 최선과 최악 사이의 선택과정 속에서 수많은 관계가 형성되어 결정된다. 사람의 운명은 선택과 관계에 따라 수시로 변화하여 누구나 자신만의 고유한 인생 그래프를 그려간다.

따라서 인생은 어떤 철학과 목표로 선택과 관계를 했느냐에 따라 좌우된다. 그 선택과 관계는 개인의 인성과 의지에 따르며, 모든 조직과 국가에서는 리더의 리더십으로 반영된다. 따라서 나의 운명이 가정의 운명으로, 조직의 운명으로, 국가의 운명으로 끊임없이 확산된다. 그러므로 우리가 인간다운 삶, 행복한 삶을 위해서는 지혜로운 선택과 관계가 중요하다. 인간의 대부분은 선택과 관계에 따른 운명에 의해 행복할 수 있고 불행할 수도 있다고 말한다. 인간의 선택과 관계야말로 우리에게 주어진 '신성한 특권', 팔자 즉 운명이라고 할 수 있다. 다시 말해, 자신의 삶을 다른 사람이 끌고 가는 대로 방치하는 대신 주인공이 되어서 운명을 스스로 선택하는 것이 중요하다.

이러한 운명의 토대는 선업善業과 덕행을 지속적으로 쌓을 때 지행합일知行合一의 경지에 이른다. 지행합일에 다다르는 것이 지혜인으로 최고의 인성을 갖추어 길吉한 운명을 만들어준다. 인생은 수시로 자신의 인성과 의지에 따라 변하는 것이어서 결국 운명은 자신이 선택하고 결정한 길을 따라가는 것이다.

대부분 사람들의 경험칙經驗則을 보면, 자신이 살아온 과정을 생각할 때, 인성에 따라 모든 것이 선택되고, 그 선택에 따른 결과로 운명적인 삶을 살아왔음을 알게 된다. 자신의 선택에 따른 운명으로 학교, 결혼, 직장 등이 결정되었음을 경험했을 것이다. 예컨대 배우자의 선택이 인생의 행복과 불행을 좌우하게 된다. 배우자를 잘 선택하면 행복한 운명일 것이고, 잘못 선택한다면 불행한 운명이 될 것이다. 이와 같이 모든 선택은 인생의 운명을 좌우하는 요인이다.

선택의 결과가 인생의 행복과 불행을 좌우한 유명한 사례를 살펴보자.

첫째, 삼성가의 이맹희는 장남으로 태어나 선친 이병철 회장의 후계자로 내정되었으나 가정문제가 비화(아버지의 비리를 청와대에 투서)되어 무덕패명無德敗命의 패가망신으로 후계자 자리에서 비껴간 데 반해, 3남 이건희는 판단력과 추진력을 겸비하는 등 지혜로움으로 후계자가 되어 세계적인 삼성을 일구어냈다.

둘째, 조선 시대 태종의 장남 양녕과 3남 충녕의 운명도 극명하게 대조된 결과, 운명 역시 크게 엇갈렸다. 다시 말해, 양녕은 일찍이 세자로 책봉되었으나 손자삼요損者三樂의 인성으로 세자 자리에서 물러났다. 이에 반해, 충녕(세종대왕)은 훌륭한 인성으로 왕의 자리에 오르고 성군의 위업을 이룩하였다.

미국의 실용주의 철학자이자 심리학자인 윌리엄 제임스William James는『심리학의 원리The Principles of psychology』(아카넷, 2005)에서 "생각이 바뀌면 행동이 바뀌고, 행동이 바뀌면 습관이 바뀌고, 습관이 바뀌면 성격이 바뀌고, 성격이 바뀌면 운명도 바뀐다."라고 말했다. 즉, 모든 사람마다 주어지는 기회를 어떻게 포착하고 선택하느냐에 따라 운명이 좌우된다. 이와 같이 자신의 운명은 자신이 만들고, 조직과 국가의 운명은 리더와 구성원들이 함께 만드는 위대한 과정이다.

21세기 국가지도자들은 '진인사대천명'盡人事待天命의 리더십으로 국가 운명 개척에 앞장서야 한다.

제2장

대한민국 운명

과거의 운명: 국난 극복

우리나라는 반만년 역사의 대부분이 국난(932회)의 역사라 해도 과언이 아니다. 평균적으로 환산하면 5년마다 외침을 받았으며, 대부분 중국과 일본의 침략으로 자행되었다. 이웃 나라의 침략행위가 주요한 원인이지만, 재난을 당하고도 대비하지 않는 우리 선조들의 고질적인 병폐도 근본적 원인이었다.

이 병폐는 조선왕조 말기와 대한제국 시절을 거치며 지도자들의 잘못된 판단까지 겹치면서 나라를 빼앗기고 식민지로 전락하는 비운을 자초했다. 해방이 되었지만 남북분단과 전쟁의 참혹함을 경험한다. 외세의 침략에 대비하여 나라의 안보를 굳건히 다지는 리더십이 없었던 탓도 크다. 조선말 고종 황제와 일본의 메이지 천황 사이의 묘한 인연도 시사하는 바가 크다. 고종 황제와 메이지 천황은 동갑내기(1852년생) 황제지만, 역사는 대조적으로 평가한다. 고종은 12세, 메이지는 16세의 나이에 비슷한 국력을 가진 상태에서 즉위했으나, 고종은 아버지 흥선대원군의 섭정과 명성황후의 권력 암투 사이에서 갈팡질팡했던 우유부단한 리더로 평가된다. 반면, 메이지 천황은 청일·러일전쟁을 승리로 이끈 카리스마 리더로 평가된다. 결국, 고종은 나라를 잃고 황제 자리에서 쫓겨났으나 메이지 천황은 일본 역사상 최고의 영웅이 되었다.

조선왕조의 선조가 다스리던 1592년, 나라의 안보를 경시한 무방비 상태에서 임진왜란의 참화로 국토의 대부분은 폐허가 되었고, 백성의 절반이 죽거나 적국에 끌려갔다. 유성룡은 수많은 인명을 앗아가고 비옥한 강토를 피폐하게 만든 참혹했던 임진왜란을 회고하면서, 다시는 같은 전란을 겪지 않도록 지난날 있었던 조정의 여러 실책을 반성하고 앞날을 대비하기 위해 '징비록'을 저술하였다. 그러나 징비록은 아이러니하게도 조선에서 편찬되지 못하고 훗날 일본에서 편찬되었다. 이어 즉위한 인조 역시 병자호란의 비극을 맞이했으며, 인조 이후의 왕들도 나라의 안보를 중시하지 않은 채 당쟁과 왕실의 안위에만 급급했다. 당시 조선의 군대는 지휘·명령권이 불분명하고, 활과 화포 등이 구식 무기체계에서 벗어나지 못했다.

조선 말기 고종이 즉위할 당시, 총병력 1만 6천여 명 가운데 절반 이상이 노약자였을 정도로 군정이 문란했으며, 심지어 고종은 명성황후가 일본군의 야밤 기습으로 난자당하고, 불태워지는데도 저항 한 번 제대로 못 한 채 눈물만 흘렸다. 을사늑약의 결정적인 계기가 된 러일전쟁 당시 조선에는 3,400톤급 '양무함' 한 척밖에 없었지만, 일본은 1만 5천 톤급 군함 등 수십 척을 보유하고 있었다. 이미 근대적인 군사체계를 갖추고 군수산업을 육성하며 '서양보다 낫다'고 자부하고 있던 일본을 하찮게만 보고 제대로 대비하지 못한 조선은 일본이 막강한 군사력으로 러시아에 승리를 거두는 것을 지켜만 보다 식민지 신세로 전락했다.

당시 조선은 주변정세 변화에 매우 둔감하여 열강들이 식민지 쟁탈전을 벌이던 국제질서를 제대로 이해하지 못하고 있었다. 냉엄한 국제질서 속에서 강력한 군사력을 갖추지 못했던 조선은 결국 1907년 일본에 의해 군대를 강제 해산당하고, 3년 뒤인 1910년에는 일본의 강압에 굴복하여 총 한 번 쏘지 못하고 나라를 빼앗겼다.

역사의 준엄한 교훈을 뼈저리게 깨닫고 국방안보를 튼튼하게 다지는 것은 정치적 이해관계를 초월한 국가생존과 직결된다. 이러한 역사적 교훈을 되새기면서 국가 안보에 추호의 소홀함이나 방심은 금물이다. 국가 안보란 현실을 직시할 뿐 아니라 최악의 상황을 대비하는 유비무환의 자세가 절실하다. 군인들만의 사명이 아니라 모든 국민이 안보 대열에 동참하고 군을 성원해야 한다. 국방안보를 경시하면 비참한 역사는 반복될 것이다. 로마 시대의 전략가 베게티우스는 "평화를 얻으려고 하면 전쟁을 준비하라."라고 역설했다.

평화는 결코 구걸해서 얻는 것이 아니다. 어설픈 관념이나 논리로 나라와 국민을 지킬 수 없다. 부국강병의 나라를 만들어 국태민안과 국가수호를 이루는 것은 위정자는 물론, 국민 모두의 기본 사명이다.

아놀드 토인비Arnold Joseph Toynbee는 역사 연구에 기초하여 민족의 유형을 크게 세 가지로 분류했다.

첫째, 재난을 당하고도 대비하지 않는 민족.

둘째, 재난을 당해야만 준비하는 민족.

셋째, 재난을 당하지 않고도 미리 대비하는 민족이다.

한반도에 살았던 우리 민족은 첫째와 둘째의 경우에 해당되기 때문에 국난을 시련이 지속되었던 것이다. 가장 안타까운 점은 '왜, 임진왜란을 당하고서도 일제 강점기 비극을 막지 못했던가?'라는 것이다. 일본의 침략도 근본적인 문제지만 왜 우리 지도자와 백성들은 군사적 저항을 하지 못한 채 나라를 빼앗기고 말았던가? 역사의 준엄한 교훈은 뼈아픈 역사를 되풀이하지 않는 것으로 승화되어야 한다.

올바른 역사의식이란 민족사와 세계사의 흐름 속에서 자신에게 주어진 시대적 과제가 무엇인지를 알고, 그것을 실현하기 위해 끊임없이 노력하는 자세다. 또한, 자신이 추진하는 모든 일이 후대에까지 영향을 미치는 역사적인 행위라는 사실을 잊지 않고 항상 바르게 살기 위해 노력하는 태도다. 역사의 진실에 귀 기울여 정성스럽게 역사를 가꾸어야 한다. 역사를 이해하는 것이 자신의 자아정체성 확립은 물론, 국가정체성을 정립하고 나라를 지키는 원동력이 된다.

2

현재의 운명: 위기를 기회로

국민이 호국 리더가 되어야 살 수 있는 나라

주변 강대국들의 한반도 침탈이 끊임없이 이어지는 와중에도 우리 민족이 5천 년 역사를 보존할 수 있었던 것은 나라사랑 정신이 큰 역할을 했다. 호국정신이 가장 상징적으로 나타나는 경우는 전쟁이 발생했을 때 국민들이 어떠한 의식을 갖고 국가의 부름에 응하느냐가 중요한 척도가 된다.

이러한 측면에서 6·25전쟁 70주년 사업추진위원회가 2020년에 실시한 6·25전쟁에 대한 국민의식조사를 실시한 결과는 상징적 의미가 크다. 동 위원회가 중앙일보, 한국정치학회와 함께 한국갤럽에 의뢰하여 '국민의식조사'를 실시했다. 조사항목(질문)중에서 "6·25전쟁이 일어난 가장 큰 책임이 있다고 생각하는 나라"에 대한 응답이 북한(56.9%), 남북한 모두(11.8%), 미국(9.6%), 소련

(6.8%) 중국(4.8%), 남한(1.2%)으로 나타났다. 남한의 전쟁 대비 부족을 탓하는 비율이 가장 적게 나타났다는 것이 2020년 시점의 안보의식이 약화되었음을 상징적으로 대변해 준다.[5]

유비무환의 측면에서 전쟁에 대비하지 못했던 점에 대한 각성이 미약할 뿐 아니라 소련이나 중국보다 미국의 책임이 크다고 응답한 현상은 가볍게 넘길 사안이 아니다.

이러한 국민의식의 맥락을 생각할 때 대한민국이 당면한 정치, 경제, 외교, 안보, 코로나 팬데믹 등 총체적 국가상황이 위기 국면이라는 진단에 국민 대다수가 공감할 것이다. 국제사회로부터 '한강의 기적'으로 칭송받을 정도로 경제발전을 일구어냈지만, 정신적으로 피폐해진 자화상과 극단적 사회 갈등, 남북한 군사적 대치국면이 존속되면서 나라의 장래에 대한 심각한 우려도 공존하고 있다.

한반도를 둘러싼 동북아 정세의 불안정, 북한의 핵미사일 위협, 경제불안 및 양극화 등 위기현상이 중첩해서 나타나고 있지만, 위기의 본질은 우리 사회 내부에서 찾아야 한다. 이념 갈등, 계층·지역 갈등, 세대갈등, 남녀갈등에 이르기까지 분열과 대립이 극단으로 치닫는 현상이 우리 사회의 자화상이다. 지금까지 피와 땀과 눈물로 이룩한 경제적 풍요와 국력신장의 금자탑이 일순간에 무너질 수 있다. 국민들이 절박한 위기의식을 공유해야 해법을 찾을 수 있다. 우리 국민들은 국가위기 또는 국난이 도래했을 때, 목숨을 걸고 조국을 수호할 애국심이 있는지를 자문자답해야 할 때이다.

----

5 http://koreanwar70.go.kr/ "6.25 전쟁에 대한 국민의식조사 보고서(2020년 5월)" 참조.

안보의식이 약화되는 현상을 방치하거나 "설마, 전쟁이 나겠어?" 라고 방심하면 대재앙을 방불케 하는 전쟁의 소용돌이에 휘말리게 된다. 따라서, 국가 지도자들은 물론, 모든 국민이 하나가 되어 투철한 안보의식을 견지하고 적극적으로 대비해야 한다. 6·25 전쟁이 종식된 것이 아니라 휴전상태라는 사실을 망각하고 감상적 평화론에 안주하는 현상이 확산되고 있다.

일각에서는 노골적으로 대한민국의 건국 역사를 부정하거나 왜곡하고, 자칭 사회주의자임을 내세우며 친북·반미 활동에 나서는 실정이다. 6·25 전쟁을 민족해방전쟁이라고 주장하거나 국민분열과 대립을 조장하여 국가와 사회의 혼란과 갈등을 획책하는 현상까지 나타난다.

한신대 윤평중 교수는 조선일보에 기고한 칼럼에서 국제정치의 냉혹한 현실을 지적했다.[6]

역사철학과 국제정치학적 통찰을 토대 삼은 그레이트 게임은 한반도 현실을 투명하게 보여준다. 고대부터 현재까지 동아시아 그레이트 게임에 결정적 영향력을 끼친 유일한 제국이 중국이다. 홍콩과 신장, 위구르 사태가 입증하듯 중국엔 법치주의와 인권, 민주주의와 다원주의가 존재하지 않는다. 혁명을 빙자해 20세기에만 자국민 6,000만 명 이상을 살해한 폭압적 독재국가인 중국은 국경을 접한 14국 모두와 영토 분쟁을 벌였을 정

---

6 https://www.chosun.com/opinion/chosun_column, "동아시아 그레이트 게임, 우리 명운을 가른다"(2021년 5월 14일).

도로 공격적이다. "한반도는 원래 중국 땅이었다."라는 시진핑 주석의 말이 경악스럽기 짝이 없는 이유다. 핵보유국 북한이 미·중 냉전에서 중국에 필수 자산이 되면서 북핵 폐기도 사실상 불가능해졌다. 우리로서는 참으로 뼈아픈 결과다. 문재인 대통령은 국제정치적 현실주의를 외면하고 감상적 민족주의에 집착해 외교·안보적 재앙을 자초했다. 세계 10대 경제 강국 한국의 안보외교가 김정은·김여정에게 굴종하면서 경멸과 천대의 대상으로 전락한 것은 냉혹한 국제정치의 당연한 결과다. 정부의 시대착오적 종중從中·종북從北·반일反日 노선은 북핵 앞에 벌거벗은 대한민국을 더욱 위태롭게 만든다.

윤 교수는 한반도를 둘러싼 동아시아 정세를 '그레이트 게임'에 비유하며 국가지도자가 감상적 민족주의로 접근하면 대한민국의 운명을 가른다고 우려 섞인 경고를 하였다. 국제정치의 현실에 기초하되 미래 지향적 꿈과 비전을 바탕으로 한미동맹을 굳건하게 다지고 한반도에 평화를 정착하고 남북 평화통일을 지향하는 리더십을 발휘해야 한다.

역사를 돌이켜보면, 구한말 을사늑약으로 나라가 넘어가기 직전인 1905년 12월 28일 신채호 선생은 『대한매일신보』에 '시일야 우방성대곡是日也 又放聲大哭' 제하의 논설에서

"앞으로 하와이의 이민과 같이 미국 영토에 붙어살까? 블라디보스토크의 유민같이 러시아 땅에 예속되어 살까? (……) 심성을 이야기하고 이기理氣를 논하는 것이 소용없소. 농·공·상이 급한 것이오."라며 울분을 토해내었다.

이러한 통탄의 호소는 지금도 공감을 불러일으킨다. 물론 우리의 국력이 구한말과 비교가 되지 않을 정도로 신장되었지만 안보의식의 약화와 사회 곳곳의 갈등과 분열은 애국적 국민들이 나서서 위기를 극복해야 할 시대적 소명의식을 불러일으키고 있다. 경제와 안보를 살릴 생각은 하지 않고 좌우 이념 논쟁과 정치적 실리 다툼을 벌이는 리더들에게 경종을 울리는 메시지로 작용해야 한다.

한편, 미·중 패권 경쟁이 본격화되어 동아시아 질서에 신냉전 구도가 형성되는 현실도 간과해서는 안될 심각한 도전이다.

근간 우리 군은 각종 성범죄와 부실급식 문제 등 군기강이 극도로 해이해져 국민들의 군에 대한 불신이 심화되고 있다. 연간 50조 원 이상의 막대한 국방예산을 사용하면서도 장병들의 인권과 기본 생활의 문제점들이 군대 내부로부터의 고발과 제보로 이슈화되는 실정이다. 게다가 연례적인 한미연합군사훈련이 북한의 눈치를 보며 연기·축소·조정되는 일종의 정치화 현상까지 나타남에 따라 많은 국민들이 우려를 금치 못하고 있다. 장병들의 사기가 떨어지고 군심軍心이 흔들리면 국가안보가 위태로워진다.

안보가 무너지면 경제적 풍요는 한순간에 추락한다는 준엄한 역사의 교훈을 명심하여 국민이 앞장서서 호국 리더로 자리매김해야 할 것이다. 그래야 나라가 산다. 백성들의 호국정신이 나라를 살리는 원동력이 되었음을 잊지 말아야 한다. 역사학자 에릭 홉스봄Eric Hobsbaw은 '역사학은 영토 분쟁의 학문적 첨병'이라며, "역사학이 때로는 핵물리학보다 더 무서울 수 있다."라고 경고한 바 있다.

애국가 보존의 의미

필자는 2004년에 출간한 『리더다운 리더가 되는 길』에서 중국, 일본의 끝없는 역사 침탈을 대비하여 애국가를 보존하여야 한다는 이색적인 논리를 제기하여 노무현 정부의 청와대 혁신도서로 주목을 받은 바 있다.[7]

애국가는 그저 엄숙하고 짧은 한곡의 노래가 아니다. 국민을 단합시킬 뿐 아니라 과거의 역사를 반영하면서 동시에 만들기도 하는 상징성의 표상이다.[8]

대한민국의 애국가의 가사 중에서 "동해물과 백두산이 마르고 닳도록"의 의미는 동해와 백두산이 크기도 클 뿐만 아니라 동해바다가 마를 리 없고 백두산이 다 닳을 수도 없으므로 '영원성'을 상징하며 이는 조국을 영원히 사랑하자는 의미라고 해석했다. 이렇듯 동해바다는 예로부터 우리 민족의 무한한 가능성과 진취정신을 상징해 왔으며, 백두산은 우리 민족의 정신적 구심점이자 패기의 상징으로 숭배되어 온 영산靈山이라는 점도 적시했다. 애국가에 나오는 동해는 국제적으로 일본해라는 명칭과 혼용되는 실정이고, 백두산은 북한이 6·25 참전 대가로 정상頂上 관리권을 포함하여 절반 가량을 중국 땅으로 넘겨주어 백두산은 반 이상이 중국 땅이 된 것이 현실이다.

동해의 명칭이 '일본해(sea of japan)'로 바뀐 이유가 무엇일까? 그것은 한반도 침략이 본격화되면서 제국주의적 논리에서 생겨난

7 최익용, 『리더다운 리더가 되는 길』, (다다아트, 2004). pp. 301-302.
8 알렉스 마셜(막미준 역), 『국가로 듣는 세계사』 (틈새책방, 2021년 8월) 참조

것이다. 일본은 러일전쟁의 승리를 계기로 한국의 저항을 봉쇄한 상태에서 독도를 일본 영토로 편입하고 동해를 일본제국으로 내해화內海化한 후 일본해로 공식 표기했다.

중국은 2003년경부터 한민족의 고구려 역사를 중국의 역사라고 주장하고 나섰다. 2008년 2월부터 시작된 '동북공정'은 중국 정부의 승인을 받은 중국사회과학원의 동북 3성이 연합해 추진하는 중국의 국책사업으로, 이는 고구려가 국사책에 기재된 삼국시대의 한 국가가 아닌 중국이 통치하고 있던 여러 군소 국가 중 하나였다고 역사왜곡을 한 것이다. 이는 기존의 '발해국' 흔적 지우기와 더불어 한국의 고대사에 대한 침탈 행위나 다를 바 없다. 중국은 우리의 발해사를 잠식해 왔고 이젠 고구려사마저 집어삼키려 하는 것이다.

통일 이후 불거질 수 있는 영토 분쟁을 예견하고 역사적 정당성을 선점하기 위한 전략으로 중국은 '동북공정'을 강력히 추진하고 있는 것으로 분석된다.

윤휘탁 교수(한경대, 중국현대사 전공) 에 따르면, 중국은 1998년 이후 문서와 지도의 '백두산' 명칭을 중국식 명칭인 '장백산'으로 모두 바꿨고, 2005년 지린吉林성 직속 특구 '장백산보호개발구'를 설치해 백두산 개발에 나섰다. 이후 중국은 '장백산문화건설공정'(백두산 공정)을 통해 백두산을 세계적 관광지로 조성하는 프로젝트를 진행하는 동시에 '장백산 문화론'을 통해 '장백산이 역사적으로 중국의 산'이라는 논리 개발과 전파에 나섰다는 것이다. '백두산 공정'은 고구려 등 한국 역사를 중국사의 일부로 왜곡시켰던 기존의 동북공정이 경제개발과 결합된 형태라는 점에서 예의주시해야 한다. 만약 중국이 백두산을 '장백산'이란 이름으로 유네스코 세계지질 공원에 단독 등재하게 된다면, 국제사회에서 '백두산'이란 명칭은 사라질 우려가 있고, 동북공정 이상의 충격을 가져올 수 있다. 2022년 베이징 동계올림픽을 계기로 '장백산이 중국의 산'이라는 선전을 강화할 개연성도 많다. 중국은 '아리랑, 가야금, 한복, 김치 등'을 중국의 문화유산으로 유네스코에 이미 등재를 한 바 있다.

수천 년의 역사가 입증하듯 한반도의 정세가 불안하면 중국은 항상 한반도 지역으로 세력을 확장시켜 왔다. 중국이 한반도를 자국의 영향권 하에 두기 위해 북한 김정은 체제를 활용하려는 책략에도 대비해야 한다. 특히 북한 급변사태 등이 촉발될 경우 중국은 정치 · 군사적으로 개입할 명분을 확보하기 위한 포석을 다지고 있는 것으로 분석된다.

이처럼 일본의 역사왜곡과 망언, 동해의 명칭, 독도 문제 그리고 중국의 '동북공정' 등의 저의를 면밀하게 고찰하면 대한민국의 애국가를 소중한 역사 정신이 깃든 국가전략자산으로 인식할 필요가 있다. 나아가 국민정신 문화 측면의 상징성과 역사의식이 넘쳐나기 때문에 국민 교육(특히 젊은 세대)에 애국가의 전략적 의미를 반영해야 한다. 우리는 대한민국의 자랑스러운 역사와 영토를 후손에게 물려주도록 중국, 일본의 역사 침탈에 대하여 체계적이고 논리적으로 대응해 나가야 한다.

미래의 운명:
세계의 등불 'Korea, G3'

초일류 선진강국 향한 여정

21세기 중반에 접어들면 4차 산업혁명이 본격화되어 인류의 생활방식Life Style 전반에 엄청난 변화를 몰고 올 것이다. 첨단 과학기술과 정보통신기술이 융합하여 전 세계가 초연결사회가 되고, 인공지능AI과 로봇의 활용이 일상화되며, 우주 개발경쟁이 심화되어 우주 여행이 일상화되는 시대로 변모한다. 이미 그러한 현상들이 나타나기 시작했다.

인류 공동체의 미래가 항상 장밋빛처럼 희망적이지는 않을 수 있다. 격랑의 파고처럼 밀려오는 변화의 물결에 선도적으로 적응하지 못하면 대한민국의 미래 비전은 환상으로 전락할 수 있다. 미래 비전의 구현은 현실에 대한 냉철한 진단에 기초하여 미래를 예측하고 체계적으로 대비하는 행동화 조치가 병행되어야 한다. 말이 아니라 행동으로 보여주며 국민과 소통하고 공감하며 때로는 집요하게 설득하고 결단하는 지도자가 나와야 한다. 하지만 현실은 어떤가? 일각에서는 '정치는 4류, 공무원은 3류'라는 자조 섞인 비판까지 등장할 정도로 "정치 논리가 경제 발전의 발목을 잡는다"는 여론이 팽배하다. 최근에는 공무원들이 권력의 눈치를 살피는 정치화 현상도 식별된다. 산업화와 민주화의 주역들이 자신들의 성취에 도취되어 "나 때는 말이야"라는 과거지향의 스토리텔링을 함에 따라 젊은 세대와의 소통도 어려워지는 현상도 나타난다.

염재호 고려대 전 총장은 미래를 만들지 못하고 과거에 묶인 한국 정치에 대해 다음과 같이 진단했다.[9]

오늘 우리 사회에는 한 개의 좌표축만 있고 모두 현재에서 과거를 향하고 있다. 미래를 향한 진보는 안 보인다. 좌파 기득권이건 우파 기득권이건 이를 타파하고 새로운 미래를 만들어보자는 정치가 과연 있는가. 지금 우리 정치는 미래 세대에게 과거를 주입시키는데 안간힘을 쓰고 있다. 전 세계의 국가와 시장들이 새로운 미래를 만들기 위해 정신없이 달리고 있는데 우리 정치는 과거의 기억만 들춰내고 있다.

과거의 틀에 얽매여 미래를 대비하지 못하는 리더그룹의 폐해를 신랄하게 지적한 '의미있는 쓴소리'다. 대한민국이 미래 비전을 성취하기 위해서는 깊은 역사의식에 기초하여 새로운 국가 미래에 대

---

9 https://news.joins.com/article/23803312

한 국가차원의 대전략이 필요하다. 21세기는 인도·태평양 시대가 될 것이라는 세계적 흐름을 읽어 낸 열강들이 '그레이트 전쟁'을 벌이고 있다. 유럽연합에 탈퇴한 영국까지 동아시아 해상에 군함을 상주시키고, 항공모함 전단까지 한국에 입항시키는 시대로 변모하고 있다. 이처럼 급변하는 환경하에서 대한민국이 시대의 흐름, 첨단과학기술의 발전 등을 읽어내면서 자유민주주의 가치를 공유하는 국가들과 동맹이나 전략적 파트너십을 형성하는 것은 대단히 중요한 의미를 내포한다.

미국의 인도·태평양 전략은 중국 견제의 성격을 넘어 해양 안보차원을 넘어서 가치 동맹을 확대하는 전략으로 확대하고 있다. 대한민국이 한미동맹을 강화하는 기조를 유지하는 것은 현실적일 뿐 아니라 미래지향적 가치가 넘쳐나는 전략적 선택이다. 단순히 북한의 위협에 대처하고 중국견제에 동참하는 수준이 아니다.

대한민국도 국가위상에 걸맞도록 독자적으로 신남방 외교전략을 적극적으로 추진하고 G7국가들과 긴밀하게 협력하는 등 한미동맹을 기반으로 평화, 안보, 번영을 위한 전방위 외교안보 전략을 구사하고 있다. 세계사적 관점에서 그리스의 정치가 페리클레스Pericles의 언급은 시사하는 점이 많다. 그는 "강대국은 베푸는 것으로 동맹을 맺지, 받는 기쁨으로 동맹을 맺어서는 안 된다."라며 강대국의 배려정신을 강조했다. 그러나 중국은 수천년 동안 한반도의 주역들을 동맹이자 동고동락을 나눌 형제로 여기기보다는 '중국몽中國夢'을 실현하기 위한 속국으로 간주해 왔다. 시진핑 집권 이후 한국을 중국몽 책략은 더욱 가속화되고 있으며 동북공정에 이어서 '서해공정'까지 추진하고 있다.

대한민국이 초일류 선진강국을 향해 전진하려면 주변국의 저의를 간파함과 아울러 미래지향적 마인드를 확산시켜야 한다. 미래세대의 주역들이 역사의식을 올바로 정립한 바탕 위에서 진취적 개척정신을 발휘할 수 있도록 국가 지도자부터 혁신되어야 한다.

2022년 3월의 대통령 선거는 대한민국의 미래를 위한 위대한 선택이 되어야 한다. 올바른 지도자를 선별하는 통찰력은 '국민 리더십 문화'의 핵심이다. 인기몰이나 포퓰리즘에 휘둘리지 않는 국민이 정치권에 경종을 울리고, 정치를 4류가 아닌 1류로 끌어올려야 대한민국이 초일류 선진강국을 향한 여정을 힘차게 시작할 수 있다고 확신한다.

부국강병의 국력방정식

대한민국은 부국강병의 선진강국이 되어야 한다. 현재 세계 10위의 경제대국, 6위의 군사강국으로 세계의 주목을 받고 있지만 국가안보를 위태롭게 바라보는 시선도 만만치 않다. 현실적 위협인 북한의 핵·미사일 도발이 지속되고 위장평화 공세와 대남심리전까지 가세하고 있다. 국제사회가 대북한 제제를 가하면서도 북미대화와 남북대화의 불씨를 살리면서 비핵화를 달성하기 위해 노력하고 있지만 김정은 체제의 전략적 셈법 또한 만만치 않다. 중국의 시진핑 주석은 미국 트럼프 대통령에게 "한국은 중국의 일부였다."라는 등 터무니없는 역사 왜곡을 하는 등 한반도를 영향권 하에 두려는 의도를 공개적으로 표출했다. 한일관계 역시 순탄치 않고 일본의 진정어린 사과는 요원한 가운데 독도를 일본의 영토라고 억지주장을 지속하는 실정이다.

러시아는 북한의 핵무기 문제해결보다는 남북을 이용한 국익 챙기기에 신경 쓰고 은연중 북한을 미중 외교에 이용하려 하고 있다. 이러한 주변국의 책략을 고려하여 그 어느 때보다 안보의식을 고양하며, 한미동맹을 더욱 견고하게 다지는 가운데 국민 대통합을 성취해 나가야 한다. 우리 국민이 단합된 결기를 보여주면 북한과 주변국의 책략과 술수는 실효를 거두지 못한다.

레이 클라인 박사의 '국력방정식'이 지닌 국부론의 함의를 성찰하여 부국강병의 대한민국을 건설하는 데 온 국민이 힘과 지혜를 모아야 할 것이다. 국력방정식은 1980년에 간행된 『World Power Trends and U.S. Foreign Policy for the 1980s(세계 국력 추세와 1980년대 미국의 외교정책)』에 처음 등장한 이후 1994년에 간행된 『The Power of Nations in the 1990s: A Strategic Assesment(1990년대의 세계 각국 국력: 전략적 평가)』에서 구체화되었다.[10] 클라인 박사는 국력$_{Power}$을 유형요소와 무형요소로 대별하고, 국가전략과 국민의 의지를 중시한 것이 특징이다.

아래에 제시한 바와 같이 클라인의 국력방정식은 P=(C+E+M)×(S+W)으로 집약된다. 여기서 P는 국력Power을 뜻하고 C는 Critical Mass, 즉 국토 면적, 인구 규모 등 국가의 자연적 조건, E는 경제력을 의미하며 M은 군사력을 의미한다. S는 전략을 의미하고 W는 국민의 의지를 의미한다.

----

10 국력방정식은 1980년에 간행된 『World Power Trends and U.S. Foreign Policy for the 1980s(세계 국력 추세와 1980년대 미국의 외교정책)』에 처음 등장한 이후 1994년에 간행된 『The Power of Nations in the 1990s: A Strategic Assesment(1990년대의 세계 각국 국력: 전략적 평가)』에서 구체화하였다. 김용석(역), 『國力分析論』 (國防大學院 安保問題研究所, 1981) 참조.

클라인 박사는 국력방정식에 의거하여 각 나라들에 대해 절대적인 수치가 아니라 상대적인 수치를 부여하고 있다.

유형요소　　　　　　　　　　　무형요소

P=(C(Critical Mass) + E(Economy)+M(Military)) x (S(Strategy)+W(Will))
국력(P)=((영토 · 인구)+(경제력)+(군사력))x ((전략)+(국민의 의지))

미국, 중국, 브라질, 러시아, 호주, 캐나다 등은 땅 넓이에서 100점 만점 국가로 간주하고, 인구가 1억이 넘는 국가들을 100점으로 간주하여 중국, 미국, 러시아, 브라질 등은 인구와 영토에서 각 100점씩, 즉 C에서 200점 만점을 받는 나라이며 경제력은 미국을 200으로 놓고 다른 나라들에게 상대적인 수치를 부여하고 있으며, 군사력의 경우, 미국과 러시아를 100으로 계산하고 있다.

미국은 1990년대 초반 광대한 영토, 1억 이상 인구, 세계 최고의 경제력으로 (C+E+M)에서 만점인 500점에 해당하는 나라였고 C와 M은 만점이나 경제가 파탄 난 러시아는 410점(인구 100점, 영토 100점, 군사력 100점, 경제력 110점), 일본은 310점(영토 30점, 인구 100점, 군사력 50점, 경제력 130점) 등으로 계산했다.

클라인은 무형의 국력요소인 국가전략$_{Strategy}$과 국민의 의지$_{Will}$를 상징하는 S, W이며, S와 W를 더하여 1을 기준으로 숫자를 부여하고 이를 유형의 국력요소와 곱했다는 점이 큰 특징이라 하겠다. 전략과 국민의 의지가 높은 스위스와 대만에게는 1.5, 이스라엘에게는 1.4를 부여했으며, 이 나라들은 양호한 전략과 의지 덕택에 실제 국력의 1.5배 혹은 1.4배를 발휘하는 나라들이다. 의지와 전략이 부실한 미얀마, 방글라데시, 앙골라 등은 S+W가 0.4에 불과하다. 즉, 클라인의 국력방정식 중 결정적인 중요한 부분은 국민 의지와 국가전략을 의미한다. 이 부분은 0이 될 수 있으며, 그 경우 전체 국력이 0이 될 수 있기 때문에 국력의 무형요소를 강조할 때 자주 인용된다.

국가전략과 국민 의지가 없는 경우, 국력의 총량이 0으로 전락할 수 있다는 점에 주목해야 한다. 로마 제국의 멸망은 동·서로마 간의 반목, 정치적 불안정, 경제침체, 도덕성 타락 등에 기인하여 순식간에 국민(리더)의 의지가 약해지면서 초래되었다.

국민 의지가 0에 가까워진 로마는 하루아침에 무너졌다. 탑을 쌓기는 어려워도 무너뜨리기는 쉽다는 국력방정식의 교훈을 명심해야 한다. 세계의 주요 선진국들은 국가적인 혁명을 거친 후 산업혁명, 지식혁명 등으로 국민 의지가 승화되어 국력으로 결집되는 과정을 거쳐 왔다. 대한민국이 국력방정식의 의지로 통합만 된다면, 십수년 내에 5대 강국으로 우뚝 설 수 있다. 우리가 국민 의지를 통한 선진화 혁명을 이룬다면 결국 치열한 경쟁을 이겨내고 G3 강국이 될 것으로 판단된다.

국력방정식 관련한 논의에서 핵심 포인트는 국민 의지가 국력의 결정적 요인이라는 점이다. '국민 의지'의 중요성은 이 책의 제목인 『대한민국 운명』과 연결된다. 국민 의지를 새로운 차원으로 끌어올리는 개념을 '정신 혁명'으로 집약시키고, 이를 정신, 교육, 경제 혁명으로 연결하면 '튼튼한 국방안보태세 확립은 위 3대 혁명의 초석역할을 한다. 21세기 선진강국으로 나아가는 첫 출발로 국민의 정신을 새롭게 정립하는 과업부터 완수해야 한다.

국격 바로 세운 선진강국의 위상

대한민국의 품격이 세계인의 존경을 받는 수준에 도달했다고 자부할 수 있는가? K-Pop이 세계적 인기몰이를 하고, K-방역을 비롯한 한국 의료체계에 대한 칭송이 이어지고 있지만, 국가의 위상이나 품격에 부족한 점이 많다. 세계인의 축제인 4대 메이저 스포츠인 동·하계 올림픽, 월드컵, 세계육상선수권대회 등을 성공적으로 개최하여 국위선양이 많이 되었지만, 아직도 갈 길이 멀다.

2021년 8월 일본 도쿄 하계올림픽에서 한국 선수단이 보여 준 성숙한 스포츠맨십과 여유있는 모습에서 선진국다운 품격을 느꼈다는 반향까지 등장했다. 전반적으로 세계 속에서 한국의 위상이 높아지고 있다는 공감대가 확산되기 시작한 것은 사실$_{facts}$이다. 하지만 아직 개선해야 할 여지가 많은 것 또한 인정해야 한다.

21세기에는 국가 간 신뢰 조성은 물론, 선·후진국을 구별하는 잣대로 국격의 중요성이 제고되고 있다. 삼라만상 모든 것에 격이 있듯이 사람에게도 나라에게도 격이 있다. 사람의 격에 따라 평생의 운명이 좌우되듯이 국가도 국격에 따라 국운이 좌우되며 역사를 이루게 된다.

총체적 국력은 강해도 국격이 없는 나라를 선진국이라고 부를 수 없는 데서 국격의 중요성을 인식하게 된다. 국격$_{國格}$의 사전적 정의는 '나라의 품격'이다. 사람에 대해 '인격$_{人格}$'이란 말을 쓸 때와 비견되는 말이다. 국격이 높아야 국제사회에서 리더십이 발휘될 수 있다고 본다. 사람의 인격이 총체적인 것이듯, 국격도 정신·교육·물질 문화의 총체적인 결과물로서 국격을 높이려면 다양한 분야에서 품격이 높아져야 한다. 품격을 향상시키는 원동력은 국민 개개인이 공유하고 공감하는 나라의 혼國魂과 연계되어 국가발전에 추동력을 제공한다. 이러한 차원에서 중국의 중화주의, 일본의 사무라이 정신, 미국의 개척정신을 고찰해 본다.

첫째, 중국은 역사적으로 두 가지 절대정신이 있다. 중국의 본질적인 절대정신은 중화주의이다. 즉 중국이 천하의 제일이고 중심이라는 주의이다. 21세기 들어 유교가 사회주의 문제를 보완할 유력한 대안이라 여기고 경제 대국 중국을 세계에 보여줄 수 있는 도덕적, 문화적 가치로서 유교를 장려하고 있다.

둘째, 일본은 제국주의 시대나 현재나 사무라이(무사도) 정신을 일본의 영혼으로 내세운다. 화려하게 폈다가 한꺼번에 지는 벚꽃처럼 무사는 죽을 때가 되면 미련 없이 목숨을 던지는 것이 영광이라는 뜻이다.

셋째, 미국은 개척정신으로 오늘날의 미국을 건설하였다. 미국은 역사가 짧은 나라이지만 영국과의 독립전쟁, 서부개척 등을 통해 50개 주에 달하는 거대한 나라로 세계의 중심국가가 되었다.

이처럼 주요국가의 정신은 국민 속에 뿌리를 내려서 맥을 이어오면서 국격을 형성하는 데 기여해 왔다.

우리나라도 한민족의 혼과 정서가 반영된 품격 있는 정신문화를 형성하여 초일류 선진강국으로 발돋움해야 한다. 품격 있는 정신문화는 교육문화로 연결되고, 교육문화는 물질(경제)문화를 만들어 국격을 형성한다. 사우디아라비아처럼 돈이 많다고 선진국이 아니듯, 국격을 갖추어야 선진국이 되는 것이다.

국격이 K-pop처럼 브랜드 파워를 형성하여 대한민국의 가치를 증진할 뿐 아니라 세계인의 존경과 선망이 되는 국가로 자리매김하게 한다. 서양인의 눈에 비친 동아시아의 국격과 동양인의 이미지를 폄훼한 상징조작이 한때 국제사회에 독버섯처럼 퍼진 전례를 교훈으로 삼아야 한다. "중국인은 더럽고, 일본인은 예의 바르고, 한국인은 교활$_{Sly}$하다." 일부 미국인들은 일본과 전쟁을 치렀음에도 불구하고 일본인을 동양 최고의 문명인으로 간주하는 인식을 갖고 있다. 근대화의 선두주자로 한때 동양을 석권했고, 청일, 러일 전쟁에서 승리한 후 미·소를 상대로 전쟁을 치른 나라가 아닌가. '국화와 칼'로 대표되는 일본의 국민성은 강자 앞에서 상냥하고 예절 바르기로 따라갈 인종이 없으며 국민소득과 교육수준이 높아 깨끗하고 매너가 좋은 나라로 꼽히는 것이다.

문제는 대한민국 사람들에 대한 잘못된 평가다. 일부 나라에서는 한국인을 그들 어휘로 '슬라이$_{Sly}$' 하다고 하는데 도대체 이 단어의 함의가 무엇인가? 냉철하게 말하자면, 이 말은 머리가 좋긴 하지만 그 좋은 머리를 좋은 방향으로 쓰지 않고 나쁜 방향으로 쓰는 것을 의미한다. 이기적으로 약아빠지고 기회주의 성향으로 겉과 속이 다르다는 의미를 내포하고 있다.

우리 국민들은 잘못 형성된 국가 이미지를 타파하고 문화민족으로서의 참모습이 올바로 알려지도록 전략적 소통을 강화해야 한다. 근면하고 성실하며 명석한 두뇌와 민첩한 행동을 구현하는 정서를 교활$_{Sly}$한 것으로 왜곡하는 의도 자체가 불순하지만 혹시 그러한 오해를 유발할 소지는 없었는지 성찰해야 된다. 이제 국력에 상응한 외교력을 발휘하고 국제사회를 향한 홍보도 강화해 나가야 한다.

OECD 국가 중에서 국민행복지수[11], 건강지수, 취업률, 공익성,

---

11 『2020 세계행복보고서』에서는 대한민국을 153개국 중 61위(5.872점)로 발표했다.

시민성, 신뢰지수 등 높아야 할 항목은 하위권이고, 자살률, 실업률, 저출산율, 위증죄, 무고죄, 사기죄 등 낮아야 할 항목은 상위권으로서 국격을 갖추지 못한 현상 등을 냉정하게 평가해 볼 필요도 있다. 국격에 따라 한국인에 대한 예우가 달라지고, 그 나라에 유입되는 인재 수준이나 수출품의 가치까지 영향을 받는다. 이제 'Made in Korea'는 세계 시장에서 품질이 보장되는 명품의 기준으로 작용하기 시작했다.

일찍이 독일의 철학자 프리드리히 헤겔Friedrich Hegel은 "역사는 그 속에 스스로 전진하는 정신 또는 영혼을 가지고 있다."라고 하면서, 이것을 '절대정신Absolute Geist'이라고 칭했다. 많은 나라가 이 절대정신, 고유의 사상과 이념을 갖고 있으며, 그 사상과 이념을 바탕으로 국격을 형성해 왔다.

유럽의 기사도 정신, 중국의 유학 사상, 일본의 사무라이 정신, 미국의 개척정신 등은 해당 국가의 정신문화이자 영혼이며, 기층을 형성하는 토대로 맥을 이어오면서 국가의 정체성을 유지·발전시켜 왔다. 우리가 찾고 회복해야 할 절대정신과 국혼은 정치, 경제, 사회, 문화적 이해, 또는 종교적 교리에 의해서 무시되거나 퇴색되어서는 안 된다. 절대정신과 국혼이 바로 서야 정치·경제·종교도 바르게 갈 수 있고, 신뢰받는 나라가 되어 국격이 높아진다.

2019년에 비해 7계단 하락했다.

2부

위기를 기회로 대전환 :
국민이 나선다!

제3장

국가위기의
실체는 무엇인가?

1

국내적 위기 현상

5천 년 역사가 위기의 연속

한민족의 터전 한반도의 5천 년 역사는 수많은 위기와 국난으로 점철되었다. 전란(외침 932회, 내전 3천여 회)이 잦아 전쟁 속에서 삶을 이어왔다. 삼국시대의 전쟁 횟수는 460회에 이르는데 그중 내전을 275회(60%) 겪는 시대였다.[12]

6·25전쟁 발생 이후에도 지난 70년간 북한의 대남 도발이 끊이지 않아(3,094회, 국방백서) 군사적 긴장은 여전히 현재 진행형이다.[13] 정전협정에 따라 '동족상잔의 비극'을 낳은 남북한 전면전은 포성이 멈췄지만, 무장공비 침투와 포격, 핵실험, 미사일 발사

---

12 김영수, 『삼국시대의 첩보전』(완주군 : 아이필드, 2018).
13 「2020 국방백서」는 1967년 이후 24번째로 발간되었으며, 국방정책을 홍보하여 국민의 알권리를 보장하고 국방정책 방향에 대한 국민적 공감대와 투명성을 높이기 위한 것이며 북한을 '주적'으로 표현했는가로 2년마다 언론의 관심이 집중되어 왔다.

등 도발이 끊이지 않았고 도발 양상도 진화하고 있다.[14] 대남 도발의 특징을 살펴보면 1980년대까지는 주로 공비나 간첩 침투와 같은 전술적 도발이 많았다. 1990년대부터 현재까지는 핵核이나 미사일, NLL(서해북방한계선), 방사포 발사 등 전략적 도발을 자행해 왔다.

1953년 7월 체결된 정전협정은 말 그대로 전쟁을 끝낸 것이 아니라 군사분계선을 설정해 놓고 휴전하고 있는 것이며, 휴전이 장기화됨에 따라 평화상태인 것처럼 오인하는 것이나 다를 바 없다. 외침과 내전이 끊이지 않았던 과거사를 돌아볼 때 우리 선조들이 반만년 역사를 보존한 것 자체가 경이롭다. 우리민족의 국난극복 역사의 각론은 힘들었지만, 총론은 위대하다고 볼 수 있다. 고난과 역경의 역사 속에서 꿋꿋이 살아남은 선조들의 자취가 쌓여 한민족 특유의 기질을 형성하고 위기를 돌파하는 저력이 뛰어나다고 할 수 있다. 만일 선조들이 모두 그 시대를 한탄하고 절망했다면 우리나라는 소멸하였을 것이고 민족의 역사와 문화는 흔적도 남지 않았을 것이다.

하지만 우리 역사 가운데도 왕들과 현대사의 대통령 중 일부는 제 역할을 다하지 못하였다. 그 결과 국민들은 "이게 나라냐!(국지불국: 國之不國)"라고 절규하며 반발했던 사태가 많았다. 주요 사례를 들면 다음과 같다.

• 고구려는 쿠데타로 권력을 장악한 연개소문(665년)이 일생을 마감하면서 후계자인 삼형제에게 "너희는 물과 물고기처럼 화목하

---

14 대남 도발의 특징을 살펴보면 1980년대까지는 주로 공비나 간첩 침투와 같은 전술적 도발이 많았다. 1990년대부터 현재까지는 핵(核)이나 미사일, NLL(서해북방한계선), 방사포 발사 등 전략적 도발을 자행해 왔다.

게 지내라. 벼슬을 두고 다투지 마라."라는 유언을 남겼다. 그러나 두 형제는 치열한 권력다툼 끝에 장남 연남생이 당나라에 투항하고 차남 남건이 연개소문의 뒤를 이어 권력을 장악했으며, 고구려는 형 연남생을 앞세운 당나라 군대에 어이없이 무너졌다. 게다가 보장왕의 최측근 신하였던 승려 신성은 당나라 간첩으로 평양성 문을 열어줄 정도로 나라의 기강이 무너져 백성의 원성이 높았다고 전해지고 있다.

• 신라 진성여왕 시대에는 왕권의 부정부패와 왕실의 추문으로 전국 곳곳에 민란이 극에 달해 백성들은 굶주림에 죽어갔다. 결국, 신라는 후삼국으로 분열되고 내전이 격화되어 "이게 나라냐!"라는 백성의 울부짖음 속에 경순왕은 나라를 고려에 헌납하였다.

• 백제 의자왕은 초기에는 해동성자로 불릴 만큼 훌륭한 왕이 었으나, 점차 무녀 금화와 손자삼요損者三樂[15]의 방탕한 생활에 빠져 나라는 망하고, 왕은 당나라에 끌려가 비참하게 생을 마감하였다.

• 고려 말에는 이인임(李仁任, 1312~ 1388년)의 국정농단을 위시하여 권문세족의 부정부패와 권력횡포가 극심했다. 그로 인해 백성은 농토를 빼앗겨 "이게 나라냐!"라는 절규의 소리가 하늘을 찔렀다. 결국, 이성계의 역성혁명이 일어나는 원인을 제공했다.

• 조선 말, 나라를 지키는 군인이 5,000여 명에 불과할 정도로 안보상태가 허술한 데다 군사들에게 줄 월급이 모자라 쌀에 모래를 섞어서 지급할 지경이 되자 임오군란이 발생하여 청나라 개입의 빌

---

15 '손자삼요(損者三樂)'는 논어에 나오는 공자님 말씀으로 "교만하게 즐기기를 좋아하고, 방탕하게 노는 데 빠지기를 좋아하고, 주색에 싸여 음란하게 놀기를 좋아하면 해롭다"라는 뜻임.

미가 되었다. 거기에다 고종, 명성황후, 대원군의 권력투쟁과 사대부의 부정부패가 극에 달해 일본과 전쟁 한번 못해보고 강제 합병 당하는 비운을 맞이했다.

• 1945년 8·15해방 이후에도 격렬한 좌우 이념투쟁과 6·25전쟁의 혼란으로 당시 1인당 GDP 60불 수준의 가난한 백성으로 전락한 국민들이 초근목피草根木皮로 연명하며 "이게 나라냐!"라고 울부짖었다.

• 2016년 '이게 나라냐!'라는 현상이 박근혜 정부에서도 발생했다. 2017년 촛불집회로 이어져 박근혜 대통령은 최초의 탄핵된 대통령이 되었고 감옥살이를 하게 되었다.

• 2021년 문재인 정부에서도 부동산 폭등, 부정부패, 진영싸움, 민생문제, 성남 대장동 사건 등으로 '이게 나라냐!'라는 현상이 재현되는 조짐을 보이며 위기감이 고조되고 있다. 최근 더불어민주당 초선들이 주관한 간담회에서 자신을 '촛불집회'에 열심히 참석한 더불어민주당 지지자라고 소개한 20대 이○○씨는 "윤미향·조국 사태 등을 보며 20대가 엄청나게 실망했다. 만약 코로나가 아니었다면 민주당이 촛불집회 대상이었을 것"이라고 말했다.[16]

대한민국은 위기 징후가 곳곳에서 분출하는 가운데 2022년 3월 대통령 선거에서 새로운 지도자를 선출하는 여정을 향해 나아가고 있다. 많은 국민들이 위기의식을 공유하면서도 새로운 전환점을 맞이할 것이라는 기대감도 공존한다. 우리가 20세기에 독립한 국가

----

16 2021년 5월 20일 더불어민주당 초선 의원들이 개최한 '쓴소리 경청' 간담회에서 참석자들은 정부에 대한 '쓴소리'를 여과 없이 표현했다. 특히 정부·여당의 부동산 정책에 분노한 20~30대의 생생한 목소리가 나와서 언론의 주목을 받았다.

중에서 경제 발전과 민주주의 발전을 동시에 성취한 모범적인 나라인 것은 사실이다. 하지만 화려한 성공신화에 가려진 어두운 그늘이 부정적 여파를 불러일으키고 있다.

지난 수년을 돌아보면, 세월호 침몰 사건의 여파와 이른바 '최순실 국정농단' 사태로 박근혜 대통령이 탄핵되었고, 문재인 정권이 시작되었다. 2020년에는 조국 사태, 부동산 폭등 문제, 토지주택공사LH 사태 등으로 민생이 불안해진 데다 코로나−19 팬데믹 현상까지 겹쳐서 민생이 피폐해지고 사회 곳곳에서 분열과 대립이 분출하여 국민들의 가치 혼란으로 이어졌다. 이런 상황일수록 정치권이 앞장서 갈등 조정에 나서야 하는데 여야를 막론하고 실망스러운 행태를 표출함으로써 오히려 국민이 정치를 걱정하는 형국으로 치닫고 있다.

한반도 안보정세도 불안정 국면을 벗어나지 못하고 있다. 2021년 1월 바이든 정부 출범으로 미국의 한반도 정책이 대화와 협상을 통한 외교적 해법을 모색하고 있어서 트럼프 정부 시절보다 안정감은 복원되는 흐름이 형성되기 시작했다. 하지만 한반도를 둘러싼 동북아 정세가 돌파구를 찾지 못하고 정체됨에 따라 안보위기를 다시 고조시키는 난폭한 역주행이 시작될 가능성이 실존하는 상황이다.

이러한 전환기일수록 국가 지도층이 역사의식과 국가경영 철학을 올바로 정립하고 국민적 대통합을 통한 국력결집에 나서야 한다. 그러한 기대와 희망이 좌절되면 또다시 국민이 나서서 "이게 나라냐!"고 절규하는 역사의 아이러니가 반복될 수 있을 것이다.

대전환의 갈림길로 접어든 대한민국호號는 어디로 있는가? 항해의 속도보다 중요한 것이 방향이다. 그리고 빙산의 일각처럼 수면 아래에 가려진 암초를 식별하여 항로를 조종해 나가는 경륜과 지략이 우리나라 지도자들에게 절실히 요청된다. 공동운명체인 대한민국호에 동승한 지도층들이 좌파·우파로 갈라지거나 정치적 이해득실을 찾아서 합종연횡하면서 극단적 분열과 대립으로 치닫으면 대한민국호의 승객인 국민들의 불안한 속앓이와 분통은 심화될 것으로 우려된다. 게다가 코로나-19 장기화에 따른 주름살은 민생을 더욱 어렵게 만들고 빈부격차를 증폭시키고 있다.

해법은 결국 국민에게서 나와야 한다. 국민이 나서서 나라를 이끌고 가는 수밖에 없다. 필사즉생必死卽生의 결기로 앞장서서 나라를 살려야 한다. 공무원 사회가 책임지지 않으려는 풍토는 도를 넘은 지 오래되었고, 대통령 선거를 앞둔 시점의 정치권에 기대할 수도 없다. 한반도 운명을 좌우하는 대전환의 시대를 맞이했는데도 정치권은 극단적 이념대결과 파벌주의와 특정후보에 줄대기 경쟁에 함몰되어 허우적거리고 있다. 정치 리더십이 표류하여 정부와 국회는 경제·민생의 걸림돌이 된 지 오래다. 특히 청년실업, 소득양극화 등으로 허덕이고 있다. 이러할 때일수록 국민들이 허탈감에 빠지고 원망과 분노를 표출하거나 침묵의 소용돌이에 빠지지 말아야 한다.

'오 필승 코리아~'와 '대~한민국! 짝짝짝~짝짝'을 소리 높여 외치던 2002년 월드컵 당시의 신명나는 문화마저도 실종되어 마치 '죄수의 딜레마'라는 덫에 걸려 있는 듯하다. 자기 지역, 자기 집단, 자기 세력의 이익만을 추구하다가 서로 뒤엉킨 채로 함께 벼랑으로 밀려가는 형국이다. 해법이 뭔지는 뻔히 알고 있지만, 서로를 믿지 못하고 '네가 죽어야 내가 산다'는 생각 때문에 위기를 기회로 바꾸지 못하고 있다. 그래서 필자는 국민이 앞장서는 '국민 리더십 문화운동'을 전개해 나가야 절망을 희망으로 바꾸고 대한민국의 역동성을 되살릴 수 있다고 외치는 것이다. 그것이 바로 『대한민국 운명』을 새롭게 만드는 프로젝트의 시작이라고 확신하기 때문이다.

정신, 교육, 물질(경제)문화 쇠퇴가 위기를 불러온다.

우리나라의 과거 역사는 홍익인간 정신과 동방예의지국의 나라로서 정신, 교육, 물질문화가 조화를 이루었다. 그러나 조선 말 강제 합병, 6·25전쟁, 20세기 후반 산업화 혁명을 거쳐 오면서 매너 없는 나라, 공공성이 없는 나라, 떼법의 나라 등 부정적 모습을 보인 측면도 있다. 대한민국이 정신, 교육, 물질(경제) 문화를 수준 높게 끌어올리고 각각의 가치가 절묘한 조화와 균형을 이루어야 글로벌 리더국가로 자리매김할 수 있다.

일찍이 백범 김구 선생은 『백범일지』에서 수준 높은 문화의 중요성을 강조하면서 '아름다운 나라'로 발전하기를 소원하였다.

"나는 우리나라가 세계에서 가장 아름다운 나라가 되기를 원한다. 가장 부강한 나라가 되기를 원하는 것은 아니다. 내가 남의 침략에 가슴이 아팠으니 내 나라가 남의 나라를 침략하는 것을 원치 아니한다. 우리의 부력富力은 우리의 생활을 풍족히 할 만하고 우리의 강력强力은 남의 침략을 막을 만하면 족하다. 오직 한없이 갖고 싶은 것은 높은 정신 문화의 힘이다. 높은 정신 문화의 힘은 우리 자신을 행복하게 하고 나아가서 남의 행복을 주기 때문이다. 인류가 현재에 불행한 근본 이유는 인의仁義가 부족하고 자비가 부족하고 사랑이 부족하기 때문이다."

김구 선생은 정신문화를 토대로 교육, 물질(경제) 문화의 발전을 통한 행복한 선진국 건설을 꿈꾸었다. 그러나 현실은 정신문화가 추락하면서 교육, 물질문화가 쇠퇴하여 심각한 국가사회 문제를 빚으며 악화되고 있다.

특히 우리나라는 전통 가치관이 잘 갖춰져 있는데도 제대로 실현하지 못하고 있는 실정이다. 전통 가치의 수직 문화는 역사, 철학, 사상 등의 인문학과 고난의 체험으로 이루어져 쉽게 변하지 않는 문화로서 지혜를 이루는 기반이 된다. 반면 외면적 수평 문화는 권력, 명예, 물질 등으로 이루어져 시대 상황 여건에 따라 자주 변하는 문화이다. 수직 문화가 인생의 의미와 삶의 길을 찾는 심연深淵의 문화라면 수평 문화는 손자삼요損者三樂와 같이 본능적 쾌락과 재미를 추구하는 문화이다.

국가가 발전하려면 전통 가치의 수직 문화가 중심을 이루고 수평 문화는 수직 문화와 조화 및 균형을 이루어야 한다. 최근 수평 문화가 수직 문화를 압도하여 본능적 유희와 쾌락을 찾는 사회 분위기가 조성되고 물본주의 문화 현상이 심화되어 사회문제로 대두되고 있다. '이게 나라냐!'식의 자조주의가 파생된 원인이 정치권에만 있는 것은 아닐 것이다.

다음 그림에 예시한 바와 같이 학교·가정·사회·국가 등 전반적으로 가치관의 혼란 현상이 노블레스 오블리주 실종 현상과 복합되어 나타난다. 대한민국 공동화 상황에까지 이르게 된 것은 인성, 도덕성, 리더십 실종으로 인해 각계각층이 서로 분노하는 연쇄작용이 일어나기 때문일 것이다. 이로 인해 정신, 교육, 물질적 가치의 공동화 현상은 악화되고 있다. 이러한 공동화 현상은 다음 그림에서 볼 수 있듯이 여러 가지 문제를 일으킨다.

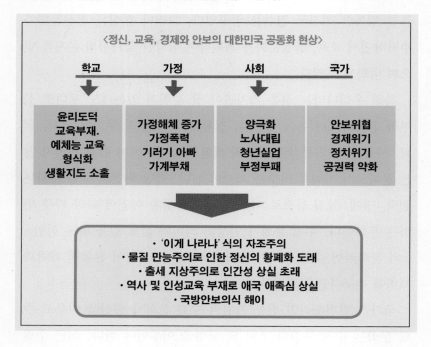

대한민국이 배고픔을 이겨냈지만 분노하는 사회로 변한 것은 상식이 통하지 않는 현상이 너무 빈번하게 발생하는 측면도 있다.

김민은 분노하는 사회 현상을 다음과 같이 진단했다.[17]

한국은 '배고픈 사회'에서 '분노하는 사회'로 변하게 됐다. 타인과 비교하는 성향이 강해질수록 일과 지위 및 물질을 중시하고, 과소비와 과시적 소비 경향도 심해진다. 특히 공정 경쟁이 가능하지 않는 상태에서 행해지는 상호 비교는 자기 발전의 촉매가 되기보다 역기능으로 발전하는 경향

----

17 김민, 『이기적 국민』, (틔움출판, 2017) p. 331.

이 있다. 낮은 지위로 인해 자신의 운명을 더 이상 스스로 지배할 수 없다고 느끼는 사람은 더욱 분노를 키우게 된다. 상대적 박탈감이 커지고 행복감도 떨어지는 것이다. 한국인이 지닌 묘한 특성도 사람들의 행복감을 낮추는 기능을 하고 있다.

우리 사회는 농경사회, 산업사회를 거쳐 4차산업혁명 시대로 진화했지만, 행복지수는 이러한 발전과 정비례하지 않는 듯하다. 산업화, 민주화 그리고 급속한 외래문물 유입 등 급격한 성장과 양극화 현상을 경험하면서 가치관의 혼란이 심화되었다. 더욱이 IMF를 거치면서 돈이 인간의 생명까지 좌우하자 물질만능주의에 물들어 국민 인성이 더욱 훼손되었다.

동방예의지국의 전통에 대한 애정과 관심은 사라지고, 물본주의가 사회를 지배했다. 그 결과 우리의 민족혼을 21세기 대한민국 절대정신과 국혼으로 승화시키지 못해 정체성과 국가관이 흔들리는 시대가 되었다.

그렇다면 우리는 대한민국의 국민으로서 어떠한 결단을 내려야 할 것인가? 인성과 도덕이 실종된 나라가 되어 5천 년 역사의 한국혼을 표류토록 할 것인가? 아니면 동방예의지국의 자랑스러운 전통과 역사를 다시 살려 위기를 슬기롭게 극복하고, 초일류 선진통일강국으로의 발판을 만드는 당당한 국민이 될 것인가?

한 나라의 정신, 교육, 경제, 안보의 가치는 그 나라의 국민 정체성과 국가정체성을 좌우한다. 대한민국 국민이 전통 가치를 살리지 못한다면 외국의 전통 가치에 지배를 받게 된다. 따라서 정신, 교육, 경제(물질)문화의 전통 가치를 보존하고 살리는 것이 국운융성의 상승기류를 타고 초일류 선진강국으로 가는 지름길이다.

국론 분열과 진영싸움(정치 실종)

국난이 끊임없이 발생한 원인 중에는 무능하고 부패한 리더들이 민생을 돌보지 않는 무책임한 행태, 고질적인 파벌 의식과 패거리 문화의 폐해가 크게 작용했다. 특히 국론 분열과 진영싸움으로 인해 온갖 시련을 극복한 이후에 뼈아픈 교훈을 쉽게 잊는 '망각 증후군'의 병폐도 크다고 본다.

역사를 돌이켜보면, 삼국시대에는 오랫동안 전쟁과 갈등으로 대립하다가 신라가 통일을 이루었고, 후삼국 시대에도 또다시 신라, 후고구려, 후백제로 나뉘어 갈등과 전쟁을 치르고 나서야 고려로 통일되었다. 그나마 조선 시대에는 한민족이 분열되어 나라가 쪼개지는 일은 없었으나 무능한 군주와 권신들로 인해 당파가 갈려 국론의 분열과 정쟁政爭이 격화되면서 임진왜란과 병자호란 등 전쟁과 침략의 수난을 겪어야 했으며, 끝내 일제에 의해 국토를 강점당하고 국권을 박탈당하는 민족적 수모를 겪어야 했다.

조선 말기 실학자 박지원은 『열하일기』에서 조선 망국의 현상을 진단하고 대처 방법을 절절히 기록했으나 조선왕조는 이를 받아들이기는커녕 금서로 지정했다. 박지원은 『열하일기』에 '청나라라면 어떤가? 누구에게든 배우고 또 배우자'고 절규했지만 정조마저 『열하일기』의 문체文體를 비판하고 속죄를 요구하는 실정이었다. 결국 『열하일기』는 필사본으로 돌고 돌다 1901년이 되어서야 출판되었으나, 이미 망국의 길에 들어서 때를 놓친 이후였다. 이처럼 조선의 지배층은 성리학 이념에 얽매이고 국제 정세에 어두운 편벽함으로 인해 나라의 위기에 대응하기보다는 당파싸움으로 허송세월을 보냈다. 8·15 해방 이후에는 강대국의 이해관계와 이념적 대립으로 남북으로 나뉘어져 정부가 수립되었고, 결국 동족상잔의 6·25 전쟁을 거쳐 휴전이 된 채, 현재까지 남북한이 군사적으로 대치하는 실정이다. 더욱 안타까운 것은 대한민국 사회 내부에 '남남갈등'으로 비유되는 진영싸움이 치열하게 전개되고 있다는 점이다. 이러한 연장선에 이른바 '색깔론' 논쟁이 나오고, 종북좌파/친미우파 대결구도마저 형성되는 실정이다.

무능한 리더들이 정치권을 비롯하여 각계각층의 고위직위를 장악할수록 국민들은 불행해질 수밖에 없다. 보수와 진보의 진영싸움, 패거리 문화, 부정부패, 부정 축재, 탈세, 공금횡령, 부동산투기, 성폭행·성추행, 자식의 부정 입학, 군 복무 기피 등을 일삼는 인물들이 도덕적으로 열심히 산 사람을 밀어내고 고위직책을 차지하고 큰소리치며 대물림하는 사회가 된다면 위기의 악순환에서 탈출하기 어려워진다. '악화가 양화를 구축하는 격'의 그레셤 법칙 Gresham's Law 이 실효적 지배를 하고 있다. 이른바 '기회는 평등하고, 과정은 공정하며, 결과는 정의로운 사회'는 솔선수범하는 행동화 조치를 통해서 구현되는데, 현실은 말로만 평등·공정·정의를 내세운다.

일각에서는 지도자가 학연·지연·혈연이 다른 상대편에서 나오면 시기와 질투는 물론 중상모략도 서슴지 않는다. "사촌이 땅을 사면 배가 아프다."라는 말을 보면 "배고픈 것은 참을 수 있지만, 배가 아픈 것은 참을 수 없다."라는 기인한 시기질투 문화가 은연중에 널리 퍼져 있다. 훌륭한 리더가 탄생하면 손뼉을 치며 좋아

해야 하는데, 아이러니하게도 공연히 배 아파하는 풍토가 사라지지 않고 있다. 더욱이 우리의 정치를 주도하는 정당들은 이념을 내세운 진영의 울타리를 세우고, 그 안으로 들어오지 않는다면 악으로 규정하고, 적대시한다. 이제 대한민국 국민은 달라지고 있으며 국민 리더십 문화를 통해서 아직까지 남아 있는 폐습의 찌꺼기를 과감하게 걷어낼 수 있다고 확신한다.

'공정과 정의' 편의주의(이중잣대)

대한민국의 미래는 공정과 정의가 올바로 정립되느냐에 달려있다. 우리 국민들은 문재인 대통령의 취임사에서 강조된 국정철학을 크게 환영하고 기대했다. "기회는 평등하고, 과정은 공정하고, 결과는 정의로울 것이다."라는 약속은 한 번도 경험하지 못한 아름다운 국가로 나아가는 이정표와 같은 가치 기준이라고 해도 과언이 아니다. 그러나 핵심을 찌르는 가치 기준이 대상자에 따라 다르게 적용되는 이중잣대와 같은 현실로 인해 '실망을 넘어 분노의 여론'을 조성했다. LH사태를 비롯하여 조국 법무장관 사태, 충남지사 안희정, 부산시장 오거돈, 서울시장 박원순의 성폭력과 성추행 사건, 윤미향 사건, 김경수 경남지사 댓글 공작 사건 등 국가 고위 지도자들의 행태가 민심을 흔들어 놓았다.

특히, "부동산 하나는 확실하게 잡겠다."라고 한 대통령의 약속은 26번의 부동산 대책에도 부동산 폭등의 결과를 낳았고, '살아 있는 권력도 철저히 수사하라'는 약속 또한 지켜지지 못해 국민의 원성과 불만이 고조되어 '사회적 울분'이 형성되고 있다.[18] 조국·LH 사태를 거치면서 공정한 시스템에 대한 신뢰에 금이 간 청년층의 불안감은 더 커졌다. 20-30세대가 문 대통령에게 등을 돌리기 시작한 것도 조국 사태가 시발점이었다. 최근 케이스탯리서치 조사에 따르면 청년층의 불안 지수는 이제 위험 수위에 도달했다. 전체 성인의 70%가 평소 자신의 삶과 미래에 대해 '불안을 느낀다'고 했고, 특히 20대(78%)와 30대(75%)의 불안감이 가장 높았다. 불안의 종류별로는 소득과 일자리에 대한 20대와 30대의 불안감이 각각 83%, 77%로 더 심각했다.

이러한 현상에 대해, 영국의 저명한 통신사 로이터통신은 '내로남불Naeronambul'이라는 용어까지 써가면서 한국사회의 병리현상을 꼬집었다. '내로남불'은 국내외 언론에서 자주 사용하는 보통명사의 지위까지 차지한다. 'My romance, your adultery(내가 하면 로맨스, 남이 하면 불륜).'라는 설명까지 곁들인 내로남불은 뉴욕타임즈 신문에서도 사용할 정도로 한국사회에 만연한 집권층에 대한 혐오감을 한마디로 압축한 표현이다.

"문 대통령의 전임자 박근혜 전 대통령이 탄핵되고 투옥된 후 정치 정화를 맹세하며 집권했던 그들의 성폭력·부정부패, 위선

----

18 2021년 2월 서울대 연구팀(유명순 교수)의 한국 사회 울분 조사 결과에 의하면, 국민 10명 중 6명은 만성적 울분 상태에 있다. 특히, 가장 울분을 많이 느끼게 하는 영역은 정치·정당의 부도덕과 부패였다. 연구팀이 전국 19세 이상 성인 1,478명을 대상으로 한 설문조사 방법은 울분이 '전혀 없었다'(0점) 부터 '아주 많았다'(4점) 로 답하게 하는 방식이었다. 2018년 1.73, 2020년 1.58, 2021년 1.75점으로 울분이 커진 것으로 나타났다.

과, 겉으로는 도덕적 우월성을 앞세우고 뒤로는 부정한 방법으로 부를 축적하며 자기 가족을 위해 권세를 악용하는 '내로남불'에 유권자들은 분노했다."라며 지방자치 보궐선거(서울, 부산 등) 결과를 분석했다.

집권층에 대한 혐오감은 '부동산, 입시, 군대 문제' 관련 부정부패가 진원지일 경우가 많으며, 문재인 정부가 강조한 '평등, 공정, 정의'에 역행하면서 국가와 사회에 대한 총체적 불신이 눈덩이처럼 불어나고 있다.

반면, 최근 스포츠계의 공정, 정의 사례가 화제가 되고 있다. 2021년 7월 도쿄올림픽의 양궁 종목에서 금메달을 대부분 대한민국이 획득했다. 우리나라 양궁의 비결은 선발 과정의 철저한 공정, 경쟁과 준비 과정의 디테일이다. 한국에서는 '대표로 선발만 되면 금메달'이라는 말이 나올 정도로 철저하게 실력을 검증한 결과이다. 과거 기존 대표 선수는 1, 2차전을 면제해 줬지만 이번엔 그런 특혜도 없었다. 이렇게 살아남은 선수들은 치밀한 실전 훈련을 했다. 이처럼 도쿄올림픽에서 보여준 한국선수들의 성숙한 매너의 모습이 국격을 높여줄 뿐 아니라 국민 리더십 문화 운동과 일맥상통한다.

2

국외적 위기 현상

외침에 시달린 국난

인류의 역사는 냉철하게 볼 때 힘이 지배하는 사회로서 영원한 우방도 적도 없으며 오직 국익만 있다. 최근 국제사회는 정글의 법칙이 더욱 노골화되고 있다. 인류는 1·2차 세계대전을 경험한 후 UN을 비롯하여 유네스코, IMF 등을 통해 세계의 모든 나라가 국가 간의 관계를 제도·규칙화해 놓았다. 그리고 이를 기반으로 국가관계를 형성하여 인류평화와 번영을 도모해 왔다. 그러나 강대국들의 이기주의적 국익 우선주의로 보호무역 강화, 패권경쟁 등이 기승을 부려 국제질서를 어지럽히고 있다.

한반도를 둘러싼 미·중·일·러의 복합적 관계가 미국과 중국의 패권경쟁과 맞물려 불안정성을 증폭시키고 있다. 일부 전문가들은 이러한 질서재편 현상을 신냉전에 비유하기도 한다. 기본적으로 자국의 국익추구를 최우선 가치로 설정하여 국제관계의 기본 틀을 흔들고 있다. 대한민국이 이러한 국제정세의 변화에 둔감하거나 애매한 입장을 취하면 미국, 중국, 일본, 러시아에 둘러싸여 시련을 겪었던 비운의 역사가 재현될 우려마저 제기되고 있다. 조선 시대에는 임진왜란 발발 20여 일 만에 한양이 점령되었다. 일본군이 서울로 진격하는 도중에 싸워서 빼앗은 성보다 빈 성에 들어간 경우가 더 많았다고 할 정도로 조선의 방비는 허술했다. 가장 먼저 나라를 위해 희생하고 결의를 다져야 하는 장군과 성주들이 도망을 가는 상황에서 왕(선조)마저 도성을 버리고 피난길에 올랐다.

임진왜란의 교훈을 망각한 탓에 40년 후인, 1636년 병자호란 당시에는 한양에 소동이 일어날까 봐 청나라 군대淸軍가 국경을 넘을 때 이를 알리는 봉화가 서울에 도달하지 못하게 했다. 청군이 침입하자 인조도 이틀 만에 남한산성으로 도망간 결과 47일 만에 삼배구고두三拜九叩頭의 치욕적인 항복으로 조선은 청군에 짓밟혔다. 6 · 25 전쟁 발발 전에도 신성모 국방부 장관은 "전쟁이 나면 점심은 평양에서, 저녁은 압록강에서 먹는다."라며 북진통일을 호언장담하였지만 막상 북한군이 서울에 진입하기도 전에 대통령 등 지도자들은 백성을 놔두고 먼저 피신하는 행태를 보였다.

인류 역사는 전쟁의 역사나 다를 바 없다. 국방안보태세가 부실한 나라의 외교력이 실효를 발휘하는 경우를 찾아보기 어렵다. 미국은 세계 최강의 막강한 군사력을 유지하면서 외교협상을 벌일 때 항상 강조하는 표현이 있다.

"모든 선택지가 책상 위에 있다.All options are on the table!"라는 표현은 강한 국방안보 역량이 있으니, 경거망동하지 말라는 강한 압박의 메시지가 담긴 강압외교를 뜻하는것과 마찬가지다. 국방안보 역량이 약한 나라는 국제사회에서 영향력을 행사할 수 없고, 자국민을 보호하지 못한다. 북한은 핵·미사일 개발로 인해 국제사회로부터 강력한 제재를 당하고 있지만 '핵보유국 행세'를 하면서 김정은 체제 유지에 안간힘을 다하고 있다.

사실상 북한의 핵무장은 전직 대통령들의 전략 리더십과 혜안 부재로 인한 결과물이다. 노태우 대통령의 일방적인 한반도 비핵화 선언으로 인해 전술핵무기는 철수되었고, 김영삼 대통령은 북한이 핵폭탄을 제조하고 있는데도 무기수 간첩 이인모를 북송시켜 주었다. 또다시 "어느 동맹국도 민족보다 나을 수 없다."라는 시대착오적 망발을 하여 감상적 통일운동이 확산되고, 북한의 핵무기 제조를 막지 못했다.

또한 김대중 대통령의 햇볕 정책, 노무현 대통령의 포용 정책 등은 남북한 관계를 일시적으로 호전시키는 듯한 '전략적 착시 현상'을 유발했고 북한으로 하여금 핵무기 완성에 필요한 시간과 자금을 제공해 주는 결과로 귀착되었다. 이명박, 박근혜 대통령의 대북 압박정책도 북한의 핵무장 완성을 저지하기는커녕, 핵무기 완성의 속도를 가중시키는 결과가 되었다.

이처럼 역대 대통령의 대북한 정책은 실패를 거듭해 왔음을 인정해야 한다. 물론 대한민국만의 전략적 패착은 아닐 것이다. 북핵 문제 해결을 위한 6자회담 참여국 모두의 전략적 허점을 파고든 북한 정권의 집요함이 오늘의 상황에 이르게 한 것이다. 하지만 김정은 정권의 전략적 오판으로 인해 국제사회와 대립을 지속하면 국제사회로부터 고립이 심화되고 결국에는 체제붕괴의 도미노 현상에 휘말릴 소지도 배제할 수 없다. 북한은 25년 만에 핵무장을 완성했다고 호언장담하지만 핵 때문에 체제불안이 가중되는 딜레마에 빠질 개연성이 높다.

중국 시진핑 주석은 기회 있을 때마다 북한은 중국의 혈맹이라고 강조했다. 중국이 한반도의 평화와 안정을 지향하며 모든 도전은 대화와 협상으로 해결해야 한다고 강조하는 저의는 한반도에 대한 미국의 영향력을 견제하려는 의도와 연계되어 있다.

21세기의 중반으로 접어들면서 미중경쟁이 더욱 가속화될수록 대한민국의 외교안보 전략은 영리하고 민첩한 돌고래처럼 스마트 파워를 극대화시켜야 할 것이다. 민생에 여념이 없는 국민들이 국가의 외교안보 전략까지 수립하고 추진할 수는 없다. 그래서 국가안보 의식이 투철하고 전략적 지략이 넘치는 국가지도자를 선출해야 한다. 특히, 안보포퓰리즘으로 인기몰이에 여념이 없는 대권 후보는 영웅적 국민의 국민 리더십 문화 운동으로 혹독한 대가를 치르도록 해야 한다. 왜냐하면, 대내 위기는 먹고 사는 문제이지만 대외 위기는 생사의 문제이고, 국가존립과 직결되기 때문이다.

격동기 역사의 시련

한반도 위기의 악순환은 숙명인가? 특히 격동의 근현대사에서 리더의 잘못된 판단과 선택으로 인해 국민들이 감내하기 어려운 희생을 치렀다. 조선 말기에 집권세력이 권력다툼을 벌이면서 쇄국정책을 선택함으로 인해 근대화를 성취할 기회를 잃고 말았다. 1875년 일본의 한반도 침략의 서곡序曲이었던 강화도조약부터 1945년 8월 15일 독립을 이룰 때까지 우리 민족은 일제의 야욕과 한국혼

魂 말살 정책으로 격동기 및 시련기를 겪어야만 했다. 일제의 탐욕과 폭력이 극악에 달해 눈물과 피와 땀으로 얼룩진 채 끝없이 펼쳐진 칠흑 같은 나날들을 보내는 동안, 한민족의 아름다운 인성과 신뢰의 전통은 잔혹하게 훼손됐다. 일제는 일본 정신을 주입시키려는 철저한 사상개조 교육을 감행했다. 한국어 과목의 폐지와 일본어 상용, 신사참배 강요, 창씨개명 강요, 학생 강제 동원 및 징병, 징용제 등이 대표적이다. 특히 창씨개명은 우리 민족이 당한 가장 큰 인성 말살의 상징적인 사건이다.

강제로 성과 이름을 하루아침에 일본식으로 고치게 해 우리 민족의 혼과 정체성 등 인성을 뿌리째 뽑아버리고 말살하겠다는, 세계 역사에 유례없는 대사건이었다. 또한, 조선어학회와 진단학회 등 문화 학술연구단체를 해산시켰다. 1945년에 독립하여 건국을 했으나, 이번에는 남북으로 분단되어 이념전쟁 등 다시 한번 수많은 혼란과 시련을 겪었으며, 1950년 6·25 기습남침이 김일성, 스탈린, 모택동의 음모로 자행됐다. 1,129일간의 6·25전쟁은 동족에 대한 살육과 전 국토의 초토화 등 비극적 전쟁으로 확전되었고, 일진일퇴의 참화 속에 우리 민족 인성파괴의 상처는 더욱 깊어졌다.

1953년 7월 27일 정전협정으로 전쟁의 포성은 멎었지만 300만 명의 인명과 엄청난 재산 피해를 입고 국토는 잿더미가 됐다. 당시 1인당 국민소득은 30달러 정도로 세계에서 가장 가난한 나라 중 하나였다. 국민들은 폐허 위에 지어진 판자촌에서 전쟁 후 남겨진 군수물자를 재활용해 만든 생활물자로 생계를 유지했으며, 당시 세계 최하위 소득으로 연명하기조차 어려운 나라였다. 반세기가 넘는 세월이 흘러 경제적으로 엄청난 발전을 이룩했음에도 남북분단과 정전의 아픔과 위기는 여전히 현재 진행형이다.

근현대사 역사 위기일지

연도별	시대별	주요사건이 인성문화에 끼친 악영향
1875~1910	· 조선말기 · 대한제국	· 1876년 강화도조약(일본 강압에 의한 불평등조약) · 1895년 을미사변(명성황후 시해) · 1905년 을사늑약(한반도와 만주 일대 권리 점유) · 1907년 한·일신협약(외교권 박탈, 고종황제 폐위) · 1910년 한일강제합병(주권 병탄)
1919	· 상해임시정부	· 3·1운동의 영향: 상해임시정부 수립
1910~1945	· 일제강점기	· 극악무도한 한민족 말살 및 수탈정책 · 식민지 노예화정책, 사상개조 교육
1945~1948	· 남북분단	· 38선을 경계로 남은 미국, 북은 소련이 분할통치 · 좌우이념 대립의 극대화 및 정치테러 지속발생
1948. 8.15	· 대한민국광복	· 자유민주주의 체제의 건국
1950~1953	· 남북한전쟁	· 김일성, 스탈린, 모택동의 음모로 기습남침 · UN군 참전으로 공산화 방지, 전국 황폐화
1950년대	· 전후 복구	· 미국 원조로 먹고사는 시대 · 빈곤의 악순환 지속, 전쟁 복구사업 추진
1960년대	· 군사정부 · 경제개발	· 1960. 4·19혁명: 이승만 독재정권 퇴진 · 1961. 5·16쿠데타: 박정희 군사정권 출범 · 5개년 경제개발계획 수립 적극 추진
1970년대	· 경제개발시대	· 수출 주도의 경제개발 성공, 빈곤시대 탈출 · 경제성장 고도화시대 · 1979. 10·26 박정희 서거(암살) · 12·12 쿠데타로 전두환 정권 출범
1980년대	· 민주화 산업화시대	· 전두환 군사정권 재출범에 따라 민주화운동 열풍 · 1987. 6·10민주화항쟁 · 1987 노태우 대통령 직선제 선출
1990년대	· 문민정부시대	· 1992 김영삼 정부에 이어 97년 김대중 정부 집권 · 1997 IMF 경제위기 도래
2000년대	· 선진국진입시대	· 2002 노무현 정부 집권에 이어 이명박 정부 집권 · IMF 위기, 경제 압축성장 등의 후유증으로 갈등 고조

강대국 패권경쟁과 한반도 위기

인류의 역사는 전쟁의 역사이다. 안보가 취약했던 국가는 전쟁의 비극을 피할 길이 없었다. 안보의식이 강한 국가는 부흥했으며 그렇지 못한 국가는 쇠퇴의 길을 면치 못했다. 이렇듯 안보는 국가운명에 토대와 같은 역할을 한다. 안보가 흔들리면 정신, 교육, 경제 등 다른 중추적 기능들이 제대로 발전할 수 없다. 바다에서 가장 위험한 것이 태풍과 삼각, 사각 파도이다. 3~4개 파도가 동시에 일어나기 때문에 뱃머리를 어느 방향으로 잡아야 할지 몰라 위험에 빠질 수밖에 없다. 최근 대한민국의 주변 안보 상황을 이런 현상에 비춰 봐야 한다.

조용헌 건국대 석좌교수는 다음과 같이 말한다.[19]

배산임수背山臨水를 한반도에 대입하면 배산背山은 중국이다. 대륙의 에너지이다. 임수臨水는 어디인가? 일본과 미국으로 상징되는 해양 세력 아니겠는가. 한반도가 풍수적으로는 배산임수 명당이지만 지정학적으로는 대륙과 해양이 충돌하는 곳이다. 시절 인연이 좋을 때는 이 만남이 융합으로 작용할 것이다. 시절 인연이 좋지 않으면 이 두 세력의 만남이 전쟁으로 나타난다. 역사를 돌아보면 애석하게도 융합보다는 충돌이 많았다.

---

19 https://www.chosun.com/site/data/html_dir/2017/03/05/2017030501688.html

대한민국은 국력이 약하면 대륙·해양 세력의 충돌로 안보가 취약해지는 특성을 가진 나라다. 우리가 강하면 호랑이 같은 나라가 되고 우리가 약하면 토끼 같은 나라가 되어 스트롱맨(미·중·일·러)들에 의해 둘러싸여 먹잇감이 될 수도 있다. 한반도의 위험은 물론, 아태지역에서는 남중국해 및 센카쿠 열도(중국명: 댜오위다오)의 해양 갈등으로 인해 신냉전이 형성되고 있다. 한반도의 지정학적 위치를 흔히 '일본의 심장부를 향한 비수', '중국의 머리를 때리는 망치'라고 하지만 우리가 약하면 강대국들의 각축장으로 전락한다. 국제정치학의 세계적 석학인 존 미어샤이머(74) 미 시카고대 정치학과 교수는 강대국들에 둘러싸여 가장 불리한 위치에 있는 두 나라로 한국과 폴란드를 꼽는다.

미국과 중국이 패권경쟁을 벌이며 충돌 가능성이 큰 곳이 한반도 지역이다. 그는 "한국은 한 치도 실수가 용납되지 않는 지정학적 환경에 살고 있다. 국민 모두가 지혜롭게 전략적으로 사고해야 한다."라고 충고한다. 우리 지도자들은 열강의 굴레와 위협에서 벗어나기 위해 동북아 안보 구도가 한국 국익에 유리하게 형성되도록 전략적 지략을 발휘해야 한다. 한반도는 지정학적으로 미·중·러·일 등 세계 최강의 군사 강국에 둘러싸인 동북아의 교두보이며, 남북 200만 대군이 대치하고 있는 화약고다. 그래서 한반도를 둘러싼 국제정치는 곧바로 전쟁과 평화의 문제로 이어진다. 어느 쪽으로 전개될 것이냐의 방향은 각국의 국가 '대전략'에 입각한 동맹의 관리, 그리고 동맹의 역학 관계와 직결돼 있다.

우리나라 주변을 둘러싼 열강들의 전략적 움직임을 구체적으로 진단할 필요가 있다.

먼저, 잠에서 깨어난 '사자' 중국은 시진핑 황제 시대로 돌아가려는 책략을 구체화하고 있다. 한반도를 중국의 영향권 아래 두고 남북한의 긴장관계를 활용하려는 시진핑 주석은 장기집권체제를 구축하고 패권 강화에 혈안이 되어 있다. 과거 세계의 중심축처럼 위세를 떨쳤던 중화제국의 황제로 복귀하려는 듯 전세계를 향한 영향력 확대 전략을 펼치며 미국과 치열하게 경쟁하고 있다. 자체적으로 중화민족주의를 고양시키는 선전선동을 강화하면서 대한민국을 겨냥해서는 고고도미사일방어(THAAD 사드) 문제, 한·미 동맹과 연합군사훈련, 북한의 비핵화, 한중 경제 교역 등을 빌미로 전략적 압박행보를 이어가고 있다.

둘째, 조심해야 할 '북극곰' 러시아는 푸틴 정권이 장기간 집권하면서 과거 제정 러시아의 짜르 시대로 돌아가려는 듯한 전략을 구사하고 있다. 과거 소련연방 시대의 패권의 영광을 되살리기 위해 사이버 공격, 정보 공작 등을 자행하면서 UN 안보리 상임이사국으로서 중국과 함께 미국에 대한 견제와 더불어 북한 편을 들고 있다. 더욱이 북한에 핵과 미사일 기술을 제공했다는 것은 공개된 비밀에 속할 정도이므로 북한 핵·미사일 위협이 자국을 겨냥하지 않는 한 적극적인 대북한 제재를 기대할 수 없다.

셋째, 믿을 수 없는 '여우' 일본은 전쟁할 수 있는 보통국가화를 추진하면서 일각에서는 군국주의 부활하려는 움직임마저 나타난다. F-35 등 첨단 스텔스 전투기를 도입하고 대중국 견제를 명분으로 항공모함 전단까지 확보하는 등 군사력 증강에 박차를 가하고 있다. 국가 의지에 따라 해외 파병은 물론 전쟁할 수 있는 보통국가화를 추진하는 것은 명백한 사실이다. 더욱이 과거 아베 수상은 북한의 도발을 이용해 "3개월이면 핵무기로 무장할 수 있다."라고 공언하는 등 북한의 핵미사일 위협과 중국의 군사력 위협을 빌미로 공세적 군사력 증강에 매진하고 있다. 또한 독도 영유권 주장, 종군 위안부 관련 망언 등 끊임없이 대한민국과 갈등 관계를 유지하면서 미국의 눈치를 살피고 있다. 미국은 '한·미·일' 삼국의 긴밀한 안보 공조를 희망하지만 한일관계에 역사적으로 각인된 앙금은 해소될 기미를 보이지 않고 있다.

위에서 간략히 고찰한 바와 같이 주변 열강들의 전략적 속내와 외적으로 표출하는 외교적 레토릭修辭에 현격한 차이가 있다는 점을 명심해야 한다. 한반도가 남북한으로 분단되어 군사적 대치를 하고 있는 근본적 원인은 결국 '디바이드 앤드 룰Divide and Rule'이라는 열강의 분할을 통한 전략적 관리가 작용한 측면이 강하다. 대한민국은 세계 유일의 분단·휴전 국가로 남아있고, 강대국들의 속내가 분할통치를 선호하는 성향과 맞물려 있다고 보아야 한다.

필자가 앞에서 분석한 바대로 '애국가(동해물과 백두산)'를 보존하기 위해 국가적 역량을 결집해야 할 정도로 열악한 안보 환경임을 상기해야 한다. 동해는 국제적으로 일본해Sea of Japan와 함께 사용되고 있고, 백두산은 국제적으로 중국이 반을 차지(6·25 참전 대가)한 데다 '장백산'이라는 명칭으로 유네스코에 등재를 추진되고 있는 실정이다.

강대국들이 한국을 배제한 상태에서 우리의 운명을 결정하는 역사는 더 이상 반복되어서는 안 된다. 청·일 전쟁, 러·일 전쟁 당시부터 한반도를 분할하기 위한 위도까지 구체적으로 논의된 바 있고 2차 대전 말 얄타회담에서 강대국 간 흥정에서 38도를 기준으로 분할이 되었고, 6·25전쟁으로 현재의 군사분계선이 사실상의 국경선으로 작용하고 있다. 유엔사령부가 관할하는 비무장지대 DeMilitarized Zone, DMZ이지만 지구상에서 가장 강력한 무장세력이 배치되어 자유민주주와 공산주의가 대치하고 현장으로서의 상징성이 존속되고 있다.

1972년 베이징을 방문한 미국 대통령 닉슨은 저우언라이周恩來를 만나 "북이든 남이든 코리안은 감정적으로 충동적인 사람들이다." 이라고 했다. "중요한 것은 이 충동적이고 호전적인 사람들이 사건을 일으켜서 우리 두 나라(미국과 중국)를 놀라게 하지 않도록 영향력을 발휘하는 것이다."라고 발언한 사실이 확인된 바 있다. 미국과 중국의 전략적 속내를 극명하게 드러낸 한반도에 대한 인식이며, 그 그림자는 아직도 한반도에 드리워져 있다.

실제로 2017년 미·중 정상회담 당시 트럼프는 "시진핑에 따르면 한국은 사실 중국의 일부였다."라고 전언했다. 중국인들이 이런 인식을 가진 것은 중국의 대한반도 정책에 근본적 방향성을 설정하는 기제로 작용한다.

2021년 1월 출범한 미국의 바이든 행정부가 중국의 시진핑 체제와 이심전심으로 한반도를 전략적으로 관리하려는 마인드가 작용하면 미·중 신냉전 체제와 무관하게 한국과의 긴밀한 협의 없이 미국과 중국이 협상테이블로 향하는 이른바 '코리아 패싱'이 발생하지 않도록 내면적 동향에까지 예의주시해야 한다.

북한의 핵·미사일 위협을 한국만의 문제가 아니라 국제사회의 평화와 안전을 위협하고 핵확산금지협약NPT에 정면으로 도전하는 도발행위로 규정하고 국제사회가 단호하게 대처해야 한다. 이를 위해서 고려 시대 서희의 외교담판이 성공했던 전략적 혜안의 결기를 발휘해야 한다.

한 · 미동맹과 국가안보

"평화를 원하거든 전쟁에 대비하라." 로마제국의 전략가였던 베게티우스의 격언은 오랫동안 서양의 정치사상가들과 군사 지도자들이 금과옥조로 여겨왔다. 오늘날에도 국제관계를 현실주의적으로 접근하는 전문가들이 역사의 경고처럼 받아들이며 평화를 위한 전쟁대비를 주문한다.

우리나라는 한반도 안보역학의 구조적 특성을 고려하여 한미동맹을 더욱 견고하게 다져야만 전쟁 방지는 물론 국가의 발전을 도모할 수 있다. 한 · 미동맹은 1953년 10월 1일 한 · 미 상호방위조약을 체결한 이후 오늘에 이르기까지 대한민국 안보의 핵심적인 축으로 자리하고 있다. 6 · 25전쟁 후 대한민국에서 전쟁이 다시 일어나지 않은 데에는 한 · 미동맹이 결정적 역할을 했다. 한미동맹은 선언적 관계가 아니라 주한미군과 한미연합방위태세를 유지하고 있다는 점이 국제사회의 일반적 동맹관계와 차원을 달리한다.

2021년 8월 중순 미군이 채 철수를 완료하기도 이전에 아프가니스탄이 탈레반 무장세력에 의해 무너지는 것을 국제사회가 충격적으로 받아들이고 있다. 특히, 미군 철수가 진행되던 카불 공항으로 몰려들어 군용기에 매달리는 아프간 난민들의 처참한 동영상을 지켜본 우리 국민들은 다시 한번 주한미군의 중요성을 체감하는 계기가 되었다. 아프가니스탄의 비극적 운명은 한미연합 군사훈련을 축소 · 조정하는 대한민국의 현실에 시사하는 바가 크다.

미국의 한미동맹에 막연한 확약보다 중요한 것이 주한미군의 주둔이고, 양국 군대의 상호운용성Interoperability을 확인하고 연합작전을 발전시키는 것이 국가안보에 결정적으로 기여한다. 미국처럼 강력한 군사력도 현지 작전의 특수성을 고려한 실전적 협조체제가 강구되지 못하면 테러세력에 가까운 탈레반 무장세력의 발호와 특수전 행태에 맥을 추지 못하게 된다.

아프가니스탄 사태의 교훈이 생생한 2021년은 한미동맹 68주년인 동시에 한미연합 군사훈련을 둘러싸고 남북한 대화 재개 논리의 연장선에서 정치적으로 논란이 증폭된 전환기적 특성을 반영해 주고 있다. 다행스럽게도 2021년 5월 21일 워싱턴에서 개최된 한미 정상회담(문재인─바이든 대통령)을 통해서 자유민주주의의 가치를 지키는 가치동맹으로 격상되고, 한미 미사일협정에 따른 족쇄가 완전히 풀리는 등의 성과를 만들어 내었다.

한·미동맹의 국가 전략적 가치를 재조명해 보면 크게 다음과 같은 세 가지로 집약할 수 있다.

첫째, 한·미동맹은 동북아의 안정과 평화를 보장하는 균형추로서의 가치가 크다. 이러한 전략적 균형은 중국·일본·러시아와의 복합적 관계에 기인한 역동성과 연결되어 실효적 가치로 발휘한다.

한·미 동맹은 1953년 체결된 후 한반도를 넘어 동북아 평화를 지키고, 대한민국의 경이로운 경제발전과 국제협력을 보장해 주는 기능을 발휘했다.

둘째, 한·미동맹은 주변국의 위협으로부터 대한민국을 보호해 주는 역할을 한다. 현실적으로 주변 강대국들이 군사적으로 한국을 무시하지 못하는 이유는 한미동맹의 위력이 반영된 것으로 보아야 한다. 이른바 '전략적 착시현상'이라는 것이 있다. 그 개념은 한국 자체의 국가역량을 과대평가하는 오류를 의미한다. 미국과의 동맹관계가 아니라면 중국, 러시아, 일본이 한국을 현재 수준처럼 대우하지 않을 것이다. 나날이 가중되는 중국으로부터의 군사력 위협에도 불구하고 한국이 제 목소리를 내는 것은 미국의 군사력이 뒷받침하는 측면이 실존한다. 만약 한·미 동맹이 없었다면 2012년 3월에 중국이 우리 남해지역의 이어도(수중 암초)를 중국 영토라고 주장했을 때 강력하게 항의할 수 없었을 것이다. 100여 년 전 미·일·러·중 4국 관계에서 미국과 중국 사이에서 어정쩡한 태도를 취하다가 얄타회담, 포츠담회담 등에서 분단의 운명을 자초했던 실수를 되풀이하지 말아야 한다.

셋째, 한·미동맹은 북한의 전면전이나 남침도발을 억제하는 '전쟁 억지'에 결정적 역할을 한다. 북한 정권이 집요하게 주한미군 철수를 주장하는 속내는 전쟁 억지력을 해체하여, 전한반도의 공산화 목표를 달성하려는 책략과 연결되어 있다. 북한의 완전한 비핵화가 달성되기 전에 섣부르게 종전선언과 평화협정에 합의하면 주한미군 철수론으로 비화된다는 점을 명심해야 할 것이다. 한반도의 평화와 안전이 보장되더라도 주한미군의 전쟁 억지 효과를 존속할 수 있는 전략적 지략을 발휘해야 할 것이다.

2021년 5월 21일 발표된 문재인-바이든 한·미 정상회담 공동선언문은 한미동맹의 중요성을 인정하는 '동맹 확인서'였다. 공동선언문은 70년 전 한국과 미국이 전장에서 함께한 우정과 희생과 신뢰를 재확인하면서 지역과 세계의 안정, 인권, 법치에 기여한 동맹 관계를 높이 평가했다. 기존의 정상회담과 차별화되는 포인트는 한미동맹을 글로벌 동맹으로 끌어올리는 실질적 합의를 이루어 냈다는 점이다. 대통령차원의 정상외교는 전략적 고려사항을 국민에게 소상하게 설명하기 어려운 측면이 있다.

한미동맹은 중국에 맞서는 거점으로서 한국을 활용하려는 미국의 대중국 전략의 의미도 있기 때문에 대한민국은 미국의 의도를 전략적으로 활용하는 스마트함을 발휘한 것으로 보아야 한다. 한미동맹을 글로벌 협력관계로 격상시킨 점은 상징성이 매우 강한 성과로 인정해야 한다. 바이든 대통령이 싱가포르 북 · 미 정상 합의를 존중하고 남북 협력을 지지하도록 했으며, 한미 미사일 지침에 의한 각종 제한을 완전히 종료시켰다. 나아가 국제 원자력시장에서 미국의 협력을 확보하고 한국을 세계 바이오 시장의 생산 허브로 강화하는 성과를 올렸다.

국민들은 정치적 성향에 상관없이 잘한 것은 지지하고 성원하는 성숙된 자세를 견지해야 한다. 나아가 한 · 미동맹의 가치를 전략적으로 활용하여 북한 비핵화 성취는 물론 그 여세를 몰아서 자유평화 통일을 성취하는 추동력으로서 한미동맹을 활용하도록 국민 리더십을 발휘해야 한다.

유비무환의 국방안보태세 확립

가깝고도 먼 세 나라(한국, 중국, 일본)

21세기에 세계의 패권 구도가 동북아 지역으로 옮겨 가면서 2021년 한국, 중국, 일본의 삼국 관계는 더욱 중요해졌다. 전 세계 인구와 경제의 약 25%를 차지하기 때문에 삼국의 협력은 지역을 넘어 국제사회의 중심축으로 자리매김하고 있다. 사실상 미국이 한반도에 주둔하기 때문에 한ㆍ중ㆍ일을 넘어서 미국에 동참하는 네 나라 관계라는 큰 틀로 접근해야 할 것이다.

한ㆍ중ㆍ일의 역사는 결코 홀로 성립되지 않는다. 14세기에 중국에서 아라비아에 이르는 지역을 순식간에 정복한 칭기즈칸 시대의 몽골도 한반도를 완전히 지배하는 데는 30년이나 걸렸다. 몽골이 일본 정복을 단념한 이유는 일본의 역사에서 생각하고 있는 것처럼 '가미카제'가 불었기 때문이 아니라 조선의 저항에 힘을 다 써버렸기 때문이다. 그 반대의 경우도 있다. 16세기 말 도요토미 히데요시는 당시 압도적인 군사력을 가지고 명나라를 정복하려고 했지만, 조선의 저항에 부딪혀 단념했다.

- 가라타니 고진, 송태욱 역 『일본정신의 기원』

한반도를 중심으로 형성된 삼각형의 밑변을 한국, 좌·우측 변을 중국과 일본이라고 할 때, 삼각형의 어느 한 축이 무너지면 좌우측 변이 모두 밑변을 덮치는 균형 파괴 현상이 일어난다.

고려 시대 원나라의 일본 정벌이나 조선 시대 일본의 명나라 정벌, 제2차 세계대전 무렵 일본의 중국 정벌 및 난징대학살도 삼국의 이러한 구도를 잘 보여주는 사건들이다. 이 사건들은 중국과 일본이 동북아 패권을 잡기 위해서는 먼저 한국을 공략해야 하며, 한국이 이런 상황에서 살아남으려면 삼각형 구도를 잘 유지해야 한다는 사실을 말해준다. 이에 우리의 최선책은 일본과 중국의 균형자 역할을 할 수 있는 정삼각형 관계를 만들 수 있도록 부국강병을 이루는 것이다.

한·중·일 관계에서 경제 실력은 기초 체력과 같다. 기초 체력을 다져 극중·극일을 넘어 감히 대한민국을 과거처럼 넘보지 못하도록 해야 한다. 이러한 차원에서 한미동맹의 가치는 안보를 넘어 구조적 균형을 달성하는 선진강국 전략의 토대에 해당한다.

최근 주한일본 대사관 총괄공사가 문재인 대통령의 대일 외교를 비난한 사건이나 주한 중국 대사가 야권 대선 주자의 한미동맹 관련 발언을 공격을 반박하는 행태를 보인 것은 전형적인 정치적 의

도가 게재된 내정간섭에 해당한다.[20]

　우리 가장 가까운 이웃 두 나라와의 관계가 어쩌다 이렇게 됐는지 되돌아보지 않을 수 없다. 중국은 먼저 고개를 숙이거나 약하게 보이면 더 능멸하고 들어오는 나라다. 오랜 기간 그런 외교를 지속해야 왔기 때문에 습성화됐다. 한중관계를 안정적으로 유지하려는 대한민국의 선의를 악용하려는 의도는 없는지 분석하고 검증해야 한다. 문재인 정부는 출범 초부터 '사드 3불' 약속으로 중국의 사드 반대 압박에 굽히는 듯한 행보를 보인 측면도 있었다.

　중국은 문 대통령 방중 때 공개적으로 홀대하는 듯한 예우를 하여 논란을 불러일으킨 바 있다. 북한 김일성 정권의 명백한 6·25 남침을 도왔고, 참전하여 정전협정에 서명까지 한 당사국이다. 그러한 역사적 증거에도 불구하고 중국이 '평화 수호를 위해 싸웠다'는 억지논리에 정면으로 반박하지 않고 입을 다물고 있는 게 지혜로운 선택인가? 이러한 연장선에서 중국이 한반도 서해상의 중간선을 넘어와 자국의 바다처럼 만들려는 이른바 '서해 공정'을 벌여도 공식적으로 항의하지 않는 것은 그들의 역사왜곡 습성에 너무 미온적으로 대처하는 것이다. 중국이 이런 대한민국의 대응을 선의로 응답하는 것이 아니라 더 치고 들어온다는 것을 역사가 입증해 준다. 이미 중국은 만만한 국가를 상대로 '힘의 외교력'을 보여주고

----

20 주한 일본대사관의 '서열 2위'인 소마 히로히사 총괄공사는 2021년 7월 15일 한국 언론(여성기자가 취재)을 만난 자리에서 성적인 표현을 동원해 문재인 대통령을 비난했다고 전해졌다. 다음날인 2021년 7월 16일 주한 중국대사 싱하이밍은 중앙일보에게 게재한 "한중관계는 한미관계의 부속품이 아니다" 제하의 기고문을 통해서 주한미군의 사드(THADD·고고도 미사일방어)체계 배치 등에 대한 윤석열 전 검찰총장의 입장을 공개적으로 반박하는 등 중국과 일본의 주한대사관 고위관계자들의 노골적 행태에 대해 국민들이 민감하게 반응하였다.

있다. 수천 년 역사를 돌아보면, 한·중 관계가 우호적이었던 적은 거의 없었다. 역사적으로 대한민국 외침 932여 회 중 60%는 중국의 침략이고 40%는 일본의 침략이다. 그나마 최근에 우리를 함부로 대하지 못하는 이유는 한·미동맹과 더불어, 대한민국의 국가 위상이 높아졌고, 중국보다 국민소득이 높고 문화 수준이 앞서기 때문이다. 대한민국은 한·중·일 관계에서 자전거의 진행과 같은 운명이다. 자전거 페달을 계속 밟아 중국 및 일본과 균형을 유지하거나 앞서가지 않으면 균형은 깨질 수 있음을 명심해야 할 것이다.

중국이 한미동맹을 약한 고리로 만들려는 전략적 셈법에 속아 넘어 가지 말고, 사안의 경중 완급을 판별하여 지혜롭게 대처해 나가야 한다. 물론 외교 전략은 때로는 유연성과 탄력성이 필요하다.

그러나 어떤 경우에도 양보하거나 바뀔 수 없는 근본 원칙이 있다. "합의를 지키는 국가라는 신뢰, 작은 이익을 따라 표변하지 않는 나라라는 무거움, 국내 정치를 위해 외교를 희생시키지 않는다."라는 확실한 인식을 주변국에 각인시켜야 한다. 이처럼 근본 원칙을 지키려면 강력한 군사력이 뒷받침되어야 하고 총체적 국력과 국격을 유지하는 지략을 발휘해야 한다.

'중국의 조용한 침공' 출간한 클라이브 해밀턴Clive Hamilton 교수의 인터뷰는 의미심장한 메시지를 던져 준다.[21]

---

21 클라이브 해밀턴(김희주 옮김), 『중국의 조용한 침공(Silent Invasion) : 대학부터 정치, 기업까지 한 국가를 송두리째 흔들다", (서울 : 세종서적, 2021년 6월). 그는 호주 찰스 스터트(Charles Sturt) 대학 교수로 재직 중이며 한국의 중국에 대한 행태를 '위험한 도박'에 비유한 정도로 강력한 경고 메시지를 전하고 있다. 세부적 내용은 https://www.chosun.com/international/china/2021/07/20 참조.

"중국은 궁극적으로 미국을 제치고 세계 유일의 패권국이 되려 한다. 이를 위해 호주, 한국, 일본 등이 미국과의 동맹에서 이탈하는 것을 전략 목표로 추진하고 있다."라고 했다. 한국 상황과 관련해서는 이렇게 진단했다. 중국은 한국 각 분야 지도층에 베이징 옹호론자와 유화론자들을 이미 많이 확보했다. 재계에는 베이징을 만족시키는 걸 유일한 목표로 삼고 활동하는 사람이 많다. 한국 정치 지도층은 중국에 지레 겁을 먹고 나약한 태도를 유지하고 있다. 중국에 유화적인 자세로 한국인들이 어렵게 쟁취한 독립과 자유를 지킬 수 있을까. 그것은 '위험한 도박'이다. 그는 "지금 한국 내 친중親中 정치인, 재계 엘리트, 여론 형성자들은 자유와 독립을 팔고 있다."라며 "한국인들은 독립과 자유를 지키기 위해 중국이 경제 보복을 한다면 이를 감내하고 이겨내야 한다."라고 경고했다.

한반도의 안보위기가 국론 분열과 방심의 탓도 있지만 집권층이 '전략적 모호성' 유지를 안보전략으로 착각하는 탓도 크다. 역사의 교훈을 잊는다면 주변국의 야욕에 희생당하는 일이 재현될 수도 있음을 우리는 명심해야 한다. 자기 성찰이 부족한 사람은 잘못되면 남을 탓한다. '잘되면 내 탓, 잘못되면 조상 탓'이라는 속담도 그런 의미다. 이런 사람은 자신이 무능하고 힘이 없어 어렵게 된 것이 아니라 상대가 힘세고 악질이라 그렇다고 주장한다.

한·중·일 삼국 관계에서 우리가 범할 수 있는 우둔함은 개인의 문제가 아니라 국가의 미래 존망과 직결된다. 이러한 차원에서 국민이 국가차원의 안보전략이 올바로 정립되도록 여론을 조성해야 한다. 이것이 국민 리더십 문화 운동과 연결된다. 현재의 한·중·일 관계는 북한 문제도 맞물려 있고 미국과 러시아까지 관련되어 복잡한 양상임을 인정하더라도 전문가들이나 정치지도자들에게 전적으로 의존할 수 없다.

대對 중국 전략 – 중화주의의 함정

21세기 들어서면서 한국과 중국의 경제적 상호의존성이 심화되고 있다. 이러한 흐름을 거스를 수는 없지만, 시진핑 시대의 중국을 올바로 알고 지혜로운 대중국 전략을 강구해야 한다. '경제는 중국, 안보는 미국'이라는 식의 이분법적 대응을 해서도 안 된다. 중국의 진정한 본질과 야망을 깨닫지 못하면 우리나라는 늘 당하고, 위험에 빠질 수 있다. 중국은 정치, 경제, 외교, 문화 등 모든 면에서 세계적인 영향력을 구축하는 나라인데 유독 대한민국에 자국중심의 외교적 결례를 서슴없이 벌이고 있다.

한국과 중국은 1992년의 수교 이후 교류를 확대해 왔고, 2008년에는 전략적 협력 동반자도 관계를 격상시켰다. 중국은 우리의 제1위 교역 대상국이며, 북한 비핵화를 위해서도 중국의 역할은 중요하다. 그러나 한중 관계는 협력의 경험 이상으로 어두운 역사의 흔적을 남기고 있다.

중국은 6·25전쟁이 미국이 시작한 침략 전쟁이고 중국의 개입은 '항미원조抗美援朝'라고 주장한다. 우리는 북한의 비핵화를 위해 중국의 협조가 필요하다고 생각하지만, 매년 유엔 안보리 대북제재위원회의 전문가 보고서가 발표될 때마다 북한이 제재를 회피하도록 지원하는 국가로 지목되는 것이 중국이다.

2021년 7월 1일 중국 공산당 창당 100주년을 맞아 새로운 100년을 위한 좌표를 제시하며 '중국몽中國夢'을 강조했다. '창당 100년에 이어 건국 100년을 맞는 2049년까지 '중화민족의 위대한 부흥'을 이루겠다는 구상이다. 그 핵심은 시진핑 주석 체제를 공고히 다짐과 아울러 강한 중국의 미래를 역설하면서 내부적 통합을 달성하려는 의도가 담겨 있다. '중국몽'이 국제사회에서 지지를 받으려면 자국의 편협한 이익_{interests}보다는 국제사회의 혜택_{benefits}을 추구해야 한다. 우리와 중국은 역사적으로나 문화적으로 밀접한 관계를 유지해 온 것은 사실이다. 하지만 중국의 일방주의는 미래 지향적 한·중 관계에 바람직하지 않다. '중국은 높은 산봉우리' 등과 같은 사대주의적 찬사를 보낼 때가 아니다. 자유와 인권, 유엔을 중심으로 하는 국제 체제와 WTO로 상징되는 자유무역 원칙에 충실한 대한민국의 기본 정책을 중국에 설명하고 일관성을 유지해야 한다.

2022년 한중수교 30년을 맞이하는 대한민국은 클라이브 해밀턴 교수가 경고한 '조용한 침공_{Silent Invasion}'의 메시지를 되새길 필요가 있다. "머지않아 이 세상은 중국의 것이 될 것이다."라는 속내는 애국심을 넘어 야망이 서려 있는 정서다. 1949년을 기점으로 수모의 한 세기가 끝나고 중국이 세계의 중심에 다시 서려는 '백년의 마라톤'이 시작되었다고 보아야 한다.

역사적으로 볼 때, 한漢 제국의 성립 이래 중원의 패권자가 바뀔 때마다 한반도는 크고 작은 영향을 받아왔다. 중국 최초의 통일왕조 진나라에 이어 들어선 한나라는 무제 때 전제 통치제도를 확립하고 왕권을 강화하여 대외적으로 크게 영토를 확장하면서 고조선을 멸망시켰다. 또한 수나라는 고구려를 침략하다가 망했으며, 당나라는 고구려와의 전쟁에서 패하자 신라의 동맹국이 되어 고구려와 백제를 멸망시켰다. 이후 나당동맹을 어기고 신라를 공격했으나 매소성, 기벌포 전투에서 대패하고 물러섰다. 몽골족이 세운 원나라는 중원의 패권자가 되자 고려를 침략하여 속국으로 삼았으며, 여진족이 세운 청나라는 정묘호란을 일으켜 조선과 형제의 맹약을 맺었다가 다시 병자호란을 일으켜 조선의 항복을 받음으로써 조선의 종주국이 되었다. 이어 중국은 6·25전쟁에 참전하고 그 대가로 백두산의 절반을 북한으로부터 할양받았다. 중국은 과거의 숱한 침략과 6·25 전쟁에 대해서 단 한 번의 사과나 유감 표시조차 없었다. 이러한 역사적 사실을 간과한 채 아직도 사대주의 사상이 몸에 배어 있는 일부 지도층 인사들이 있다.

아직도 21세기의 시대정신을 읽지 못하고 친중정서에 빠지거나 '중국이냐? 미국이냐?'라는 이분법적 단순논리에 빠져서 중국을 선택해야 한다는 시대착오적 선택을 할 가능성을 배제하기 어렵다. 대한민국의 운명과 직결되는 중차대한 과제가 아닐 수 없다. 2022년 3월 대선으로 선출된 차기 정부가 한·미동맹에 소홀하고 중국으로 기우는 관계를 유지한다면 안보가 위태로워질 뿐 아니라 중화질서에 다시 편입되는 역사적 시행착오 현상이 대두될까 우려하는 국민들이 많다.

프랑스 언론인 카롤린 퓌엘caroline puel은 『중국을 읽다』라는 저서에서 "오늘날 중국의 꿈은 8세기 당나라에 버금가는 역사적 황금기를 누리는 것이다. 중국의 국가 목표는 강성한 당나라 시대의 부활이다."라고 강조했다. 중국이 꿈을 이루면 정치, 경제, 문화, 외교, 군사 등 모든 분야에서 세계의 기준이 되고, G2(미·중 두 나라가 국제사회 주도)가 아니라 G1(중국이 단독국가로 국제사회 주도)으로 우뚝 서려는 것이다. 앞으로 중국의 영향력이 커질수록 한반도 정세, 특히 통일에 끼치는 영향도 커질 것이다. 남북한 군사적 대치 현실을 안정적으로 관리하면서 남북대화와 교류를 복원하는 가운데 북핵 문제를 해결하고 궁극적으로 자유민주통일을 달성하려는 대한민국에게 중국의 '중국몽' 행보는 기회가 아니라 명백한 도전이다.

『중국 공산당사』에 기술된 사상의 뿌리를 살펴보자.[22]

중국 리더들의 전략은 마오쩌둥이 전면적으로 그 독자성을 전개한 1945년 7전 대회 때의 당 헌장에서 다음과 같이 표현되고 있다. '중국 노동당은 중국 노동자계급의 선진적 조직부대이며 그 계급조직의 최고형식이다.' 중국 공산당은 마르크스·레닌주의의 이론과 중국 혁명실천의 통일사상인 마오쩌둥 사상을 당의 모든 공작 지침으로 삼는다 하여 중국 혁명 실천의 통일사상이 모택동 사상이다.

마오쩌둥의 뒤를 이은 덩샤오핑은 '도광양회(韜光養晦 : 재능을 숨기고 때를 기다린다)' 전략을 구사했다. 이어서 후진타오의 '화평굴기(和平崛起 : 평화롭게 우뚝 일어선다)'를 거친 다음 2013년 등극한 시진핑은 '주동작위(主動作爲 : 대외 정책에서 해야 할 일을 주도적으로 한다)'를 추진하고 있다. 그는 2017년 12월 19일 시진핑 중국 국가주석의 이름을 딴 사상을 정립하여, 당장(黨章: 당헌)에 이어 헌법에까지 명기하였다. 이러한 조치는 시진핑 주석이 마오쩌둥에 버금가는 절대 권력을 구축했음을 의미한다.

2018년 시진핑은 집단지도체제가 아닌 사실상의 '일인천하' 시대를 연 후, 중국몽(中國夢: 21세기에 중국의 영광을 되살리기)을 부르짖고 있

----

22 우노 시게아끼, 김정화 역, 『중국 공산당사』, (일월서각, 1984), p.13.

다. 또한 시진핑의 중국은 약소국에게도 '샤프 파워(sharp power : 회유와 협박, 교묘한 여론조작 등을 통해 영향력 행사)' 전략을 이용하고 있어 비난이 일고 있다. 샤프 파워 전략의 일환으로 티베트와 신장의 분리 요구를 탄압하고 있다. 더욱이 동북공정으로 고구려, 백제, 발해의 역사를 모두 중국사에 편입하려 하는가 하면, 이어도가 중국의 관할 해역이라고 주장하는 등 한반도를 속국으로 간주하는 역사인식을 노골화하고 있다. 중국은 역사 이래 가장 넓은 영역을 보유하고 있는 현재를 기준으로, 옛날 남의 나라 땅에서 일어난 일까지 중국의 영토에서 일어난 중국의 역사라고 주장한다. 우리는 이러한 두 얼굴의 중국을 예의주시하면서 덩샤오핑의 도광양회를 타산지석으로 삼아 동북공정을 비롯한 역사왜곡에 치밀하게 대처해야 한다.

일부 전문가들은 『왜 중국은 세계의 패권을 쥘 수 없는가』에서 다음과 같은 분석을 제시했다.[23]

중국의 청년 세대들이 진실에 눈을 뜨고 새로운 중국을 건설하기 위한 진실의 대장정에 나서리라는 점이다. 어쩌면 이러한 격동으로 인해 세계사는 또 한 번 거대한 변화의 소용돌이로 빠져들지도 모른다. 가혹한 소수민족 탄압, 끊임없는 국경분쟁, 권력의 의도대로 제조되는 뉴스, '영원히 홀로 살아야 할 4,000만 명의 독신 남성들, 체제를 위협할 잠재적 반정부 세력의 성장, 세상에서 가장 불명예스러운 상표 '메이드 인 차이나.' 빈곤과 범죄로 신음하는 무간지옥(無間地獄)...... 등 대륙의 실상을 전한다.

----

23 칼 라크루와, 데이빗 매리어트, 김승완 외 역, 『왜 중국은 세계의 패권을 쥘 수 없는가』, (평사리, 2011), p.473, 표지.

더욱이 미국과 달리 중국은 태평양만 접하고 있는데 대만, 한반도, 일본의 3겹으로 막혀 해양진출이 쉽지 않다. 최근 시진핑의 장기집권 추진으로 개혁, 개방이 후퇴하고, 초고속 인터넷 검열과 표의문자로 인한 소통의 한계 등으로 인해 21세기에 본격화될 미중 패권 경쟁에서 승리하기 어려울 것이라는 전망이 나온다. 도널드 트럼프 전 미 대통령의 참모인 피터 나바로 백악관 국가무역위원장은 중국 부상을 경계하는 책『웅크린 호랑이』에서 "중국 공산당 중앙군사위원회는 '삼전 전략(심리전, 여론전, 법률전)'을 공식 승인했다."라고 밝혔다.

• 심리전은 경제 · 외교 압력, 유언비어 등으로 상대국을 혼란에 빠뜨리는 것이다.

• 여론전은 국내 · 외 여론을 조작해 사람들이 공산당을 무심결에 따르게 하는 것이다. 대중對中 경제 의존도가 높은 한국을 두려움과 혼란에 빠뜨리겠다는 계산이다.

• 법률전은 합의문 등 문서로 상대국을 제압하는 것이다. 그 예로 '삼불(三不: 사드 불추가, 미국 MD 불가입, 한 · 미 · 일 3국 동맹 불추진)'을 한 · 중 합의문에 넣는 데 성공했다.

또한, 중국은 세계패권을 장악하기 위해 미국, 일본, 유럽연합 등과 경쟁하고 있어 여러 국가의 경계대상이 되고 있다. 중국은 동중국해에서 일본과 센카쿠 열도를 놓고 영유권 분쟁을 벌이고, 남중국해에서는 서사西沙, 남사南沙, 동사東沙, 중사中沙 등 4개 군도에 매장된 석유와 천연가스를 확보하기 위해 베트남과 필리핀을 상대로 영유권 다툼을 벌이고 있다.

중국에 대한 한국 정부의 대응은 베트남과 필리핀, 일본에 비해 소극적이다. 예컨대 베트남은 아세안 국가 중 유일하게 중국의 무력에 담대하게 대처했다. 중국이 거대한 군함을 출동시키면 베트남은 작은 군함으로라도 저항하여 중국이 베트남에게는 절대로 함부로 대하지 못하도록 강력한 쐐기효과(학습효과)를 만든다. 베트남처럼 대국의 횡포에 힘과 기백으로 맞서고, 때로는 그들과 더불어 지낼 수 있는 지혜를 발휘하지 못하면 험난한 국제사회에서 국익을 지킬 수 없고 안보마저 위협당한다. 2018년 8월 중국을 방문한 말레이시아 총리가 말레이시아 동해안 철도사업, 송유관 사업 등 일대일로 프로젝트 3건을 취소하겠다고 발표했다. 가난한 개도국을 빚의 함정에 빠뜨리는 일대일로를 신식민주의라고 정면에서 비난했다. 베트남이나 말레이시아뿐아니라 대만, 미얀마, 필리핀, 부르나이 등 인접국가 대부분이 자국의 국익에 직결된 이슈에 대해 집요하게 저항하고 있다. 산자부 전장관 정덕구 니어$_{NEAR}$재단 이사장이 '극중지계克中之計'를 펴냈다.

'중국이 필요로 하고 두려워하는 나라가 되지 못하면 공존이 아니라 예속뿐이다. 예속은 구조적인 공존이 아니라 예속뿐이다. 예속은 구조적인것이어서 당대에 끝나지 않고 다음 세대에 상속된다.'

지금부터라도 한국은 동북공정이나 이어도 문제가 불거질 때마다 임기응변식 대응하지 말고 분명한 원칙과 전략에 따라 강단있게 대응해야 한다. 약한 모습을 보이면 중국은 더 많은 것을 요구하는 속성이 있음을 수천 년간의 역사를 통해서 체험했다. 대한민국의 운명(통일된 선진강국)은 역사의 교훈과 가르침을 토대로 지혜로운 전략과 전술을 구사하는 한편 초일류 선진강국을 성취하는 것이다. 중국이 이웃나라들을 길들이려 하지 말고 시대정신에 부합하는 외교안보 전략을 펼치기를 기대할 수는 없다. 그렇다고 중국과 맞대결을 하는 등 자충수를 두어서도 안 될 것이다.

대對 일본 전략 – 일본과 독일의 역사 인식

일본(망언 릴레이)과 독일(역사 참회)은 극명한 대조를 이룬다. 아베 일본 총리는 2013년 8월 15일 전몰자 추도사에서 "아시아 여러 나라에 손해와 고통을 안긴 데 대해 깊은 반성과 더불어 희생당한 분들께 심심한 애도를 표한다."라는 부분을 빼버렸다. 지난 1993년 이후 20년째 모든 총리가 빠뜨리지 않았던 표현을 일부러 뺀 것이다. 또한, 2014년 4월 29일 보도된 독일 언론과의 인터뷰에서 "일본은 독일의 화해와 사과 방식(철저하고 지속적인 사과, 배상, 처벌)을 따를 수 없다."라고 말했다. 반면에 독일의 역사인식은 완전히 결이 다르다. 독일은 끊임없는 사죄와 보상은 물론이고, 영토반환과 공통역사 교과서 편찬 등을 통해 피해국들과 화해를 시도했다.

그러나 일본은 자신들이 주변국을 침략한 '가해자'가 아니라 태평양 전쟁에서 원폭피해를 본 '피해자'라는 의식만 더욱 키워왔다. 독일 전범을 다룬 뉘른베르크 재판에서 나치의 반인륜 범죄를 단죄한 데 반해, 일본의 도쿄 전범재판에서는 식민지배와 세균전, 위안부 등 반인륜범죄는 처벌대상에서 빼놓았다. 일본은 독일이 전후 유럽의 진정한 화해와 평화를 위해 어떻게 노력해 왔는지 성찰하고 본받을 필요가 있다.

유엔헌장 53조에는 아직도 '일본은 유엔의 적국'이라고 규정되어 있으며, 107조에는 "적국으로 규정된 나라가 침략전쟁을 할 때는 유엔가입국이 안보리 결의 없이 그 국가를 공격할 수 있다."라는 행동지침까지 명시되어 있다.

일본: 반성을 모르는 국가	독일: 진실로 반성하는 국가
• 전쟁 범죄로 피해를 본 국가에게 영토할양은 커녕 분쟁(독도, 센카쿠 열도)을 끊임없이 일으킴 • 독도 영유권 주장, 동해를 일본해로 표기, 역사 왜곡 등 침탈 행위 자행	• 제2차 세계대전 후 영토의 상당 부분을 떼어주겠다고 선언한 후 실천. 도덕적 명분과 정치적 입지를 다져 EU에서 영향력이 가장 큰 나라로 발전 • 폴란드에 오데르–나이센 선 동쪽지역 영도 11만 km², 프랑스에 알자스 로렌 지방(일본 규슈 면적의 70퍼센트) 영토 할양
• 1995년 무라야마 총리가 국회에서 일본의 침략 사죄담화 발표 • 2013년 4월 아베 총리는 국회에서 무라미야 담화를 부정하며 "침략에 대한 국제적 정의가 없다. 위안부 강제 동원 증거가 없다" 등의 망언 지속 • 침략에 대한 국제적 정의가 없다고 했지만, 1974년 UN총회 결의안 제3314호에서 침략을 "다른 국가의 주권, 영토, 또는 정치적 독립에 위배되는 무장력의 사용"이라고 정의 • 아베총리는 침략을 사죄하기는커녕 사실조차 인정하지 않고, 1910년 한일 강제병합이 근대 국제법적 합의에 의한 것이라고 망언	• 빌리 브란트 전 총리는 1970년 폴란드 바르샤바 유대인 위령탑 앞에서 무릎을 꿇고 희생자들에게 사죄하였으며, 메르켈 총리 역시 2009년 폴란드에서 열린 제2차 세계대전 발발 70년 기념식에서 무릎을 꿇고 사죄한 이후 2013년까지 지속적으로 사죄 • 1960년 '나치 피해 포괄 배상협정' 체결 후에도 추가 배상 문제 해결을 위해 1981년 '독일-프랑스 이해증진 재단 출연 조약' 체결 • 2000년 '기억 책임 미래재단' 설립 • 2012년 구 공산권 거주 전쟁 피해 생존자 8만 명 추가 배상

※ 독일은 93조 여 원을 써가며 진정성 있는 반성으로 세계가 인정

일본이 국제사회에서 경제 대국에 걸맞는 대접을 받으려면 과거사에 대해 반성하고 사과해야 하며, 다시는 그런 일이 재발하지 않도록 하겠다는 확약을 해야 한다. 미국과 유엔을 비롯한 국제사회의 유약한 대처에도 문제가 많다.

『신 한일관계론』에서는 다음과 같이 말한다.[24]

한국과 일본은 아직도 가깝고도 먼 나라라 아니할 수 없다. 과거사 문제와 아직도 사라지지 않는 민족혼의 앙금, 중국위협론을 보는 상이한 입장, 한·미·일 삼국 공조의 구조적 문제점, 일본의 보통국가화에 대한 한국의 생득적 위협, 북한을 다루는 데 있어서 한·일 간의 차이점 등 아직도 넘어야 할 과제는 숱하게 남아 있다. 단순히 시장경제와 민주주의, 그리고 사회문화적 협력의 강화만으로 해결될 수 있는 사안이 아니다. 국력, 국익, 국격, 민족적 정체성 측면에서 한·일 관계는 아직도 과도기적 전환 국면에 있다고 평가할 수 있다.

일본이 미국과의 합의를 빌미로 독도 영유권 분쟁을 일으킬 가능성도 있다. 최근 일본이 그 증거로 내세우려 하는 것은 '러스크 서한(독도는 1905년 이래 일본의 시마네현 오키 섬 관할에 있고, 일찍이 한국에 의해 영유권 주장이 이루어졌다고 볼 수 없음)'이다. 그러나 1953년 작성된 일본 외무성의 명령서는 '다케시마가 일본 땅이라는 1905년 시마네현 고시 40호를 공포한 경위와 섬에 대한 연혁 등 사료를 보고하라'는 내용(시마네현의 단독결정)이 공개됐다. 우리는 일본의 영유권 분쟁에 대해 평소 철저히 준비하고 적극

24 한국 오코노기 연구회, 『신한일관계론』, (오름, 2005), p. 31.

적으로 대응해야 한다.

역사적으로 일본은 우리로부터 정치, 경제, 문화 등 모든 분야에서 많은 혜택을 받으면서 성장했다. 앞서 인용한 『신한일관계론』에서는 다음과 같이 서술하고 있다.[25]

2001년 12월 일본천황의 기자회견에서 천황 스스로가 "환무천황桓武天皇의 생모가 백제의 무령왕의 자손이라고 일본속기에 기술되어 있는 바와 같이 한국과의 인연을 느끼고 있습니다."라고 솔직히 발언하였다. 새로운 세기는 한·일 양국이 체제의 공유를 넘어서 상호의 역사와 전통을 존중해 나아가면서 의식의 공유를 향해 나아가야 할 시대라고 강조하였다.

역사적으로 일본은 삼국시대부터 끊임없는 침입과 약탈을 지속했고, 1910년 한일 강제합병의 만행까지 서슴지 않았으나 진정성 있는 사과는커녕, 역사왜곡과 독도 영유권을 끊임없이 제기하고 있다. 일본은 독도가 일본의 막부조차도 한국 땅이라고 명기했고, 일본의 옛 지도에서 조차 한국 영토로 표기했었던 역사적인 사실을 인정하지 않는다. 2017년 2월 영남대 독도연구소는 1868~1912년(메이지 시대) 일본 소학교에서 사용하던 지리부도 교과서에 울릉도와 독도가 우리나라 영토라고 적힌 사실을 확인했다. 그러나 일본은 『2020년 방위백서』(16년째)에도 '독도는 일본 땅'은 물론 '동해가 아닌 일본해'를 추가했다. 이처럼, 일본은 타 국민에게 뼈아픈 고통을 안겨주었던 침략행위에 대해 일체 반성의 기미를 보이지 않고 역사를 왜곡하기에 바쁘다.

----

25 한국 오코노기 연구회, 『신한일관계론』, (오름, 2005), p. 417.

일본인 한국사 연구자인 미야지마 히로시宮嶋博史 교수 역시 『일본의 역사관을 비판한다』에서 일본이 전쟁 책임에 대해 반성하지 못하는 이유가 봉건제론과 같은 우월주의 역사인식에서 비롯되었다고 지적한다. 이는 자국의 동아시아 침략과 우월론을 합리화하는 근거로 작동했다. 더 나아가 제2차 세계대전 패전 후 지금까지 전쟁에 대해 근본적인 반성을 하지 못하는 뿌리가 이 봉건제론이다.

세계에서 일본을 우습게 보는 나라는 대한민국뿐이라는 우스갯소리가 있다. 사실 경제 규모 세계 3위, 군사력 세계 5위, 노벨상 수상자가 28명이나 되는 나라를 우습게 보는 것은 상식적이라고 할 수 없다. 하지만 일본이 그 위상에 걸맞지 않게 행동할 때가 있는 것도 사실이다. 독도, 위안부 문제, 반도체 소부장(소재, 부품, 장비) 수출규제 등을 보면 일본이 진정한 문명국가인지 의심하게 된다. 한때 일본이 '경제적 동물'이라고 비난받았듯이 자국의 이익을 위해서는 대의명분이나 체면도 쉽게 버릴 수 있다는 인상을 주기도 한다.

한일관계는 세계사에서 보기 드문 비극의 역사로 이를 완전히 해결하는 것은 정말 어렵다. 해결이 어려울수록 국민의 반일감정을 자극하는 등 감성적 대처를 지양하고 민족혼을 바탕으로 극일을 통해 차분하면서도 치밀하게 일본의 논리를 압도하고, 국제사회와 전략적 공감대를 확충해 나가야 한다. 최근 일본의 운명, 국운이 쇠퇴조짐을 보이고 있다. 대표적으로 디지털 문명으로 대격변의 시대에서 일본은 아날로그 시스템이 발목을 잡고 있는 등 한국이 극일을 넘어 초일의 시대로 가고 있다. 미국이 애매한 중립을 취하거나 일본을 편들지 않도록 한미동맹을 지렛대로 활용하는 지혜도 절실하다.

제4장

위기를 기회로
대전환

영웅적 대한국민
리더십은 무엇인가?

대한민국 헌법 제1조는 모든 권력이 국민으로부터 나온다는 사실을 천명하고 있다.[26]

국민은 통치자의 통치대상이 아니라 통치자를 선택하여 세우는 주인이다. 우리 국민들은 수많은 외침을 당하면서도 국난극복의 자랑스러운 역사를 이어왔다. 위기가 닥칠수록 국민이 하나가 되어 도전을 극복해 온 신화 창조의 주역이다. 국민들의 나라사랑 정신은 세계적 지도자들도 인정할 정도로 정평이 나 있다. 로마교황도 2020년 12월 신임 한국대사를 접견한 자리에서 "한국 국민은 영웅적 국민"이라고 말했다. 또한, 우리 국민이 두뇌가 명석한 점은 구체적 데이터로도 확인된다. 최근 주요 국제기관 및 대학의 세계 IQ

---

26 헌법 제1조 ①항 : 대한민국은 민주공화국이다. ②항 : 대한민국의 주권은 국민에게 있고, 모든 권력은 국민으로부터 나온다.

발표자료에 의하면 한국 1위 (106), 일본 2위 (105), 독일/이탈리아 5위 (102), 중국/영국 11위 (100), 미국/프랑스 18위 (98), 이스라엘 43위 (94)이다. IQ 세계 1위의 한민족은 세계에서 제일 부지런하고 역동적인 민족으로 평가받고 있다. 이처럼 애국심이 있고 머리가 좋은 우리 민족이 선진강국으로 발돋움하지 못하는 이유는 국민통합을 성취하지 못함에서 비롯된다.

한 가지 결정적으로 부족한 점이 있다. 국민이 나라의 주인이라는 주인의식이 상대적으로 결여되어 있다. 묵묵히 소임을 다하는 국민들이 국가발전의 주역이요 영웅이라는 의식을 고양하지도 않았다. 통치자들이 국가권력에 순종하는 것을 미덕으로 추켜세웠고, 국민을 주인으로 받들지도 않았다. 선거 때만 국민을 외치다가 선거가 끝나면 국민을 무시하는 행태까지 나타나는 것이 우리의 슬픈 자화상이다. 이제 이러한 문화가 완전히 바뀌고 달라져야 한다.

2021년 7월 초 유엔무역개발회의UNCTAD가 한국의 지위를 개발도상국 그룹에서 선진국 그룹으로 공식인정했다. 유엔에 의해 대한민국이 아시아 · 아프리카 등 개도국 그룹에 속해 있다가 57년 만에 처음으로 미국 · 영국 · 독일 · 프랑스 등 선진국들이 속한 그룹으로 지위를 옮기게 됐다. 이제 선진국으로 위상이 높아진 만큼 국격을 제고하여 선진국 국민답게 국가위상을 확립해야 한다. 국민들은 대한민국 경제영토를 세계로 넓히고 한류 확산의 주역이 되고 세계의 시대정신을 선도하는 국가로 도약해야 한다. 이것이 우리 선조의 바람이고, 국민들의 희망이며, 후손들을 위한 위대한 유산이 될 것이다. 보통사람들이 나라사랑의 정신을 갖고 힘을 합쳐서 선진강국을 만드는 대열에 합류하는 것이 '국민 리더십' 문화의 확산과 맥을 같이 한다. 특별한 사람들의 탁월한 기여만을 칭송하는 개념이 아니다.

우리 민족은 시대에 따라 나라 이름은 바뀌었으되 국난을 극복하며 역사를 이어왔다. 나라가 어려움에 빠져 있을 때 위기를 극복하는 힘은 늘 국민으로부터 나왔다. 통상적 개념의 리더보다 더 리더 같은 '국민 리더십'에 따른 호국정신이 나라를 지켜왔고, 국가 발전의 추동력이 되었다. 한 나라의 힘은 리더십과 팔로워십이 융합된 결과물로 국민은 그 힘의 원천이었다. 21세기를 사는 국민들은 리더를 감시하면서도 팔로워십을 발휘하는 지혜로움이 있어야 한다. 국민이 리더다운 리더를 선출하는 혜안을 발휘하는 것도 '국민 리더십'의 중요 덕목 중의 하나다.

미국 하버드 대학의 바버라 켈러먼Barbara Kellerman 교수는 『팔로워십Followership』제하의 저서에서 팔로워를 다섯 가지 유형으로 나누어 분석했다. 첫째, 무관심자(Isolate; 제일 나쁜 팔로워), 둘째, 방관자(Bystander; 무임 승차자), 셋째, 참여자(Participant), 넷째, 운동가(Activist; 신념의 참가자), 다섯째, 완고주의자(Diehard; 상황에 따라 리더보다 더 리더 같은 자)이다. 필자는 완고주의자를 어떠한 어려움에도 불굴의 투지를 발휘하는 사람들이며, 이러한 성향이 한국인들의 기질에 적합한 팔로워라고 확신한다. 보통사람으로 생업에 전념하지만 상황에 따라 리더보다 더 리더처럼 행동하고 중요한 역할을 하는 팔로워들이다.

캘러만 교수의 설명처럼 '때로는 방관하지 말고 리더를 옳은 길로 인도하고, 내부 고발도 하고, 자기 일처럼 열심히 해야 좋은 팔로워'로서 영웅적 국민이 되는 것이다.

우리는 국내외적으로 전환기의 진통을 겪고 있다. COVID-19 대유행과 우리의 생존과 번영을 위협하는 초국가적 안보위협이 가중되고 있다.

국내적으로도 청년 실업난, 도덕성 해이, 양극화 현상, 이념 갈등과 대립, 부정부패, 주택가격 급등 등 갖가지 고난에 지쳐있다. 그런데도 우리 국민들은 내면에 체화된 역동적인 DNA를 바탕으로 국내외의 수많은 위기를 극복해 왔다. 앞으로 우리 앞에 닥칠 어떤 국가적인 위기도 전화위복으로 승화할 것이다.

국민 리더십이 위기 극복의 원동력이다. 안보·경제 포퓰리즘을 비롯한 인기영합주의에 흔들리지 않고 묵묵하게 생업에 전념하며 국민의 의무를 성실히 수행하는 지조 있는 삶 자체가 국민 리더십으로 승화된다. 나와 가족을 위해, 이 사회를 위해, 이 나라를 위해 내가 해야 할 일이 무엇인지를 더욱 깊이 생각하며 살아야 할 시점이다. "운명의 한반도, 운명의 내 고향, 운명의 내 땅이다."라는 인식을 견지하고 21세기 통일된 선진강국을 향한 여정에 동참해야 한다.

대한민국 국민의 수준 '민도民度'에 외국인들이 경탄하는 일화가 너무 많다. 일례로 커피숍에서 노트북과 스마트폰을 책상 위에 놓고 자리를 비워도 아무도 가져가지 않는 대한민국 국민들의 도덕성과 의식 수준에 외국인들은 감동하고 있다. 길에서 통화하는 사람의 스마트폰까지 낚아채가는 외국의 모습과 너무나 비교되기 때문이다. 아파트 앞에 택배물건을 그냥 놓고 가도, 마트 앞에 물건을 진열해 놓아도 가져가는 사람이 없는 나라로 성숙했다. 트럭에 싣고 가던 소주병이 도로에 쏟아지자 행인들과 인근 상인들이 나서서 깨진 소주병들을 단 5분 만에 치우는 국민들이다. 선진국임을 자부하는 미국 사회가 따라서 올 수 없는 선진화된 국민 문화다. 이러한 생활 속의 단면들도 '국민 리더십' 문화와 관련이 있다.

'마이클 브린_{Michael Breen}' 기자[27]는 『한국인을 말한다』라는 저서에서 다음과 같이 말한다.

- 한국인은 부패, 조급성, 당파성 등 문제가 많으면서도 또한 훌륭한 점이 정말 많다.
- 일하는 시간 세계 2위, 평균 노는 시간 세계 3위인 잠 없는 나라
- 문맹률 1% 미만인 유일한 나라
- 세계 유일의 분단국가이며 아직도 휴전 중인 나라.
- 노약자 보호석이 있는 5개국 중 하나인 나라.
- 음악 수준이 가장 빠르게 발전한 나라.
- 지하철 평가 세계 1위로 청결함과 편리함 최고인 나라.
- 세계 봉사국 순위 4위인 나라.
- 문자 없는 나라들에게 UN이 제공한 문자(3개국)는 한글이다.
- 가장 단기간에 IMF를 극복해 세계를 경악시킨 나라.
- 세계 10대 거대 도시 중 한 도시를 보유하고 있는 나라.(서울)
- 세계 4대 강국을 우습게 아는 배짱 있는 나라.
- 인터넷, TV, 초고속 통신망이 세계에서 최고인 나라.
- 세계에서 가장 많은 발음을 표기할 수 있는 문자를 가진 나라. (한글 24개 문자 11,000개의 소리를 표현 가능, 일본은 300개, 중국은400개에 불과)
- 세계 각국 유수 대학의 우등생 자리를 휩쓸고 있는 나라. (2위 이스라엘. 3위 독일)

----

27 마이클 브린은 영국에서 태어나 미국의 워싱턴타임스, 영국 가디언과 더 타임스 서울 특파원을 지내며 30년 이상 한국에서 살아온 한국 전문가다.

- 한국인은 유태인을 게으름뱅이로 보이게 하는 유일한 민족.
- 까칠하고 비판적이며 전문가 뺨치는 정보력으로 무장한 한국인

  또한, 최근 세계인들이 대한민국을 경이롭게 바라보는 분야가 급증하고 있다. 조선 1등 강국, 자동차 4대 강국, 반도체 1등 강국, 휴대폰, 냉장고, TV, 세탁기 1등국, 세계의 가전제품 30%가 한국산, 고속도로 34개, 세계기능올림픽 9년 연속 1등, 인천공항(세계 공항서비스 평가) 12년 연속 1등, 서울 지하철 세계 1등, 초음속 전투기 수출국 등 세계 1등 제품이 무려 162개이고, 5년 후면 500개 증가가 예상된다. 이에 따라 한국은 기술적·경제적으로 영국, 프랑스, 이탈리아를 추월하였다.
  이처럼 탁월한 한국인의 참모습을 우리 스스로 인정하지 못하고 부정적으로 폄훼하는 아이러니도 실존한다.

국민이 앞장서는
문화와 선진강국

'국민 리더십' 문화란?

국민 리더십에 추가되는 문화란 일종의 범사회적 각성에 의한 붐을 형성하는 큰 흐름을 일컫는다. 리더 고갈, 리더교육 부재 등 리더십 문화가 퇴보하고 있어서 더욱 '국민 리더십' 문화에 대한 갈증이 심해지는 측면도 있다. "우리 시대의 가장 보편적인 갈망 가운데 하나는 강력하고 창조적인 리더십에 대한 굶주림이다."라고 갈파한 '제임스 번스James Burns'의 절규처럼 우리는 창조적이고 효과적인 리더십을 요구하는 시대에 살고 있다. 국민 개개인이 리더십 갈증만을 호소할 것이 아니라 스스로 리더의 대열에 동참하는 것이 '국민 리더십' 문화 현상이다.[28]

리더십은 그 시대의 문화와 가치를 배경으로 생성된다. 21세기

---

28 일찍이 세종대왕께서 국가적인 프로젝트의 일환으로 집현전을 만든 것은 건국 초기의 리더 부족 현상은 물론 백성들의 리더십 문화 부재 현상을 해결하기 위한 목적이었다.

를 이끌어 갈 시대정신과 가치에 상황에 알맞은 리더십이 '국민 리
더십'이다. 그리고 이것은 범국민적 문화운동으로 확산해야 파급력
이 커지며 시대를 이끌어가는 원동력이 된다. 대한민국이 당면한
위기를 기회로 전환할 뿐 아니라 21세기 중반에 통일된 선진강국으
로 나아가는 목표를 달성하기 위해서도 국민 리더십이 선양되어야
한다. 그동안 리더십은 '주어진 상황 속에서 목표 설정이나 목표를
설정하기 위하여 개인 혹은 집단의 행동에 영향을 미치는 과정'이
라고 생각하여 '영향력 행사'를 핵심 개념으로 오인해 온 측면도 없
지 않다.

이제는 '영향력 행사'만으로는 팔로워들의 동의를 얻어내기에 부
족한 시대이다. '영향력 행사'의 개념에서 '공감과 감동의 서번트 리
더십'으로 변화된다는 점에 주안을 두고 이론을 정립하여 15년 전
에 박사학위 논문으로 제시한 바 있다.[29] 공감과 감동을 바탕으로
한 '이심전심 리더십' 문화의 조성은 국민 리더십 문화 운동으로 승
화될 수 있다고 확신한다.

국민이 앞장서기도 하지만 국가 지도자를 올바로 선택하여 자발
적인 팔로워 역할을 하는 것도 이심전심 리더십을 구현하는 방법으
로 자리매김할 수 있다. 자유민주주의 체제이므로 다양한 의견이
상호 충돌할 수 있다. 하지만 합법적 절차를 거쳐서 국민이 선출한

---

29 최익용, 「한국형 이심전심 리더십 모형 구축에 관한 연구」 (세종대 박사학위 논문,
2006), pp. 1~67. 논문의 핵심은 리더와 팔로어의 상호작용 형태와 결과를 중시하는 것
이다. 특히 팔로어가 공감해야 리더십이 생성되고 그 리더십이 정당화되어 권위와 지속성이
보장된다. 리더와 팔로워가 '소통 → 공감 → 감동 → 이심전심 리더십 → 이심전심 조직체'
의 과정을 거쳐야 구성원이 심복心腹, 승복承服하는 조직 문화가 형성된다는 것이다.

국가 지도자를 중심으로 역량을 결집하는 문화가 지속되어야 선진국이 된다. 안타깝게도 국가의 지도층이 공감과 소통의 리더십을 발휘하지 못하여 사회적 갈등이 증폭되고 국가적으로 큰 손실을 초래하는 것이 현실이다.

케네디 대통령의 유명한 연설문에도 '국민 리더십' 개념이 투영되어 있다.[30]

이제 세계는 많이 달라졌습니다. 그것은 인간이 모든 형태의 빈곤과 모든 형태의 삶을 파괴할 수 있는 힘을 자신의 손안에 쥐고 있기 때문입니다. 장구한 세계 역사를 거치면서 겨우 몇 세대만이 최악의 위기에서 자유를 수호할 역할을 다해낼 수 있었습니다. 우리가 기울이는 열정과 신념, 헌신이 우리의 조국, 그리고 조국에 봉사하는 모든 국민들을 밝게 비춰줄 것이며 거기서 나오는 찬란한 불꽃이 진정 온 세상을 밝혀 줄 것입니다. 미국 국민 여러분, 조국이 여러분을 위해 무엇을 할 수 있을 것인지 묻지 말고, 여러분이 조국을 위해 무엇을 할 수 있는지 자문해 보십시오. 그리고 세계의 시민 여러분, 미국이 여러분을 위해 무엇을 베풀어줄 것인지를 묻지 말고, 우리가 손잡고 인간의 자유를 위해 무엇을 할 수 있을지 자문해 보십시오.

리더십의 문화에서 가장 중요한 요소가 바로 '공감과 감동'이다. 체계적인 교육을 통해 공감과 감동의 이심전심 국민 리더십 문화를 조성하여 권위적인 영향력 행사보다는 자유민주적이고 인간적인

---

30 https://blog.naver.com

공감과 감동의 리더십 교육문화를 조성해야 한다.

국민 리더를 육성하고 보호

현재 우리 사회에서는 공감을 넘어 감동을 주는 올바른 리더, 영웅을 찾기가 쉽지 않다. 왜 그럴까? 우리 문화는 현재의 리더를 육성·보호하고 미래의 리더를 창조·발굴하기는커녕 리더의 싹을 자르는 폐습을 극복하지 못하고 있다.

그러나 일본은 역사적인 인물의 '영웅 만들기'를 통해 국민의 단결과 국가발전을 도모했다. 대표적인 예는 우리나라에서도 오랫동안 베스트 셀러였던 『대망』이라는 소설이다. 이 소설에는 세 명의 영웅이 등장한다. 과감한 추진력의 오다 노부나가, 신출귀몰한 용병술의 도요토미 히데요시, 그리고 대망을 안고 끊임없이 자기 절제를 하는 도쿠가와 이에야스, 소설은 이들을 일본 역사에서 불세출의 영웅으로 그리고 있다. 각 인물의 장점을 부각함으로써 영웅화한 것이다. 일본 사람들은 메이지유신 시대의 역사 속에서 숱한 신화와 영웅을 창조하고 발굴했다. 그리고 근대화에 선구적 역할을 했다고 떠받들고 있다.

중국의 영웅 만들기는 일본의 영웅 만들기와 비교하면 훨씬 노골적이었다. 『열국지』를 통해 춘추오패春秋五覇, 즉 중국 춘추시대에 패권을 거머쥔 5인(제나라의 환공, 진나라의 문공, 초나라의 장왕, 오나라의 합려, 월나라의 구천)을 영웅화했다. 영웅 만들기의 백미라고 할 수 있는 『삼국지』는 제갈공명, 유비, 조조, 손권, 관우, 장비, 주유, 조자룡 등을 지금까지 추앙받는 영웅으로 만들었다.

박우희 세종대 총장은 세계 총장협의회에서의 환담 내용을 다음과 같이 전했다.

"중국에는 있는데 한국에는 없는 것이 있다. 그중 하나가 '공칠과삼功七過三'의 문화다. 등소평이 마오쩌뚱의 행적을 평가하면서 그의 공功이 일곱 가지이고 과過가 세 가지인데, 공이 과보다 크기 때문에 그를 중국 근현대사의 최고지도자로 받들어야 한다고 주장한 것이다. 이는 인생만사에 공과 과, 득得과 실失, 미美와 추醜의 상반된 면이 공존한다는 만물의 진리를 가리키고 있다. 이런 인식을 바탕으로 중국의 통치체제는 안정되고 사회와 경제가 그 바탕 위에서 큰 흔들림 없이 발전하고 있다."

반면에, 우리나라는 역사적 사실에 근거해 영웅을 창조하고 발굴하는 작업이 너무 미미하다. 영웅을 지나치게 미화하는 것도 나쁘지만, 역사적으로 뛰어난 인물이 많음에도 영웅을 창조·발굴하는 일은 고사하고, 현재의 리더를 보호하고 육성하는 일조차 쉽지 않으니 안타까운 일이다.

한국인의 정서는 다른 사람의 업적과 공헌을 인정하는 데 인색하며, 리더와 영웅이 보호받는 환경을 조성하지 못했다. 심지어 자신의 정적과 경쟁자는 물론, 자기보다 잘난 인물은 사소한 과오라도 들춰내고 트집 잡아 크지 못하게 밟으려는 풍토가 있다. 그러면서도 국정이 어지럽고 사회가 혼란에 빠지면 진정한 영웅이나 지도자가 슈퍼맨처럼 등장해 난세를 극복해 주기를 바란다.

역사 속에서 영웅적인 리더들을 발굴하고 창조하려면 역사학자나 철학자도 중요하지만 시인, 소설가, 동화 작가, 드라마 작가, 만화가, 교육자 등 창작자와 스토리텔러의 역할도 매우 중요하다. 고대 그리스의 영웅 아킬레우스와 오디세우스도 당시의 작가이자 음유시인인 호메로스의 서사시 『일리아스』와 『오디세이아』에서 창조되지 않았는가? 우리나라의 광개토태왕, 태조 왕건, 성왕 세종대왕, 성웅 이순신, 명의 허준 등도 모두 역사서보다는 소설, 드라마, 영화에서 영웅으로 부각되어 널리 전파되었다.

문·사·철文·史·哲을 경시하는 풍토에서는 인문학의 결핍으로 인해 역사 속 영웅들이 발굴되고 창조될 수 없다. 역사 속 영웅 리더들을 발굴하고 창조하려면 먼저 국민들에게 상상력을 불어넣어주는 창작자들이 많이 배출되고 존중받는 사회가 되어야 한다. 이와 아울러 국민들이 책 읽는 문화를 조성토록 하여 지식 사회, 지성 사회, 철학 국가가 되어야 리더다운 리더를 양성할 수 있는 문화가 조성되는 것이다.

'사촌이 땅을 사면 배가 아프다.', '배고픈 것은 참을 수 있지만, 배 아픈 것은 참을 수 없다.' 식의 사고가 판치는 문화 풍토에서는 좋은 리더가 나올 수 없다. 어떤 국가조직이든 일단 리더를 선출했으면 구성원과 함께 잘 성장할 수 있도록 여건을 만들어주고 보호해야 한다. '공칠과삼功七過三'의 성숙한 관용과 배려의 자세로 리더를 평가해야 한다. 그래야 리더가 넘치는 나라가 되어 21세기를 주도하는 선진강국을 건설할 수 있다.

3

리더십의 역사적 교훈

리더십이 사라질 때

조지 버나드 쇼는 "역사가 되풀이되고 예상치 못한 일이 반복해서 일어난다면 인간은 얼마나 역사에서 배울 줄 모르는 존재인가." 라고 갈파했다. 제임스 볼드윈은 "탐욕에 눈이 멀면 보이는 것이 없다. 탐욕의 대가는 참혹할 만큼 비극적이다. 역사는 단순히 과거에 관한 것이 아니다. 역사가 강력한 힘을 갖는 까닭은 우리 안에 역사가 있기 때문이고, 우리가 깨닫지 못하는 다양한 방식으로 우리를 지배하기 때문이다." 라고 역사의 중요성을 역설했다.

우리의 역사적인 리더십 행태를 살펴보자. 우리의 역사는 지혜로운 리더를 만나 백성들이 편안하고 평화로운 시대를 구가한 때도 많았지만, 나쁜 리더를 만나 전쟁과 갈등으로 고초를 겪었던 때도 많았다.

대한민국의 5천 년 역사를 살펴보면, 최고 통치자의 리더십에 따라 나라의 기틀이 강건해지기도 하고, 흔들리기도 했으며, 나라가 부흥하거나 쇠퇴하기도 했다. 정리해 보면, 왕조시대에 최고 통치자의 리더십이 타격을 받는 경우는 다음 3가지였다.

첫째, 왕이 적장자가 아닐 때다. 적통이 아니라는 이유로 왕위 계승에 불만을 품은 세력이 리더십을 소멸시킨 대표적인 경우로 조선의 광해군을 들 수 있다. 광해군은 성군의 자질이 충분했지만 후궁 공빈 김씨의 둘째 아들이라는 한계가 있었고, 선왕인 선조는 인목왕후의 소생인 영창대군을 편애했다. 따라서 광해군은 세자로 책봉되었지만 선위될 때까지 후계가 불안했다. 그 결과 영창대군을 지지하는 파들이 생겼고, 광해군이 왕위에 오른 후에도 정사에 걸림돌이 되었다. 결국 광해군은 리더십을 제대로 발휘하지 못하고 인조반정으로 폐위되고 말았다.

둘째, 외척 세력에 의해 신하의 권력이 강해졌을 때다. 고려의 경원 이씨에 의한 세도정치, 조선 명종 때 윤원형 일가의 권력 독식, 그리고 조선 후기 안동 김씨 가문의 60년 세도정치 등이 그런 경우다. 이는 국왕에게 리더십이 집중되지 않고 신권이 강화되면 한 나라의 운명이 바뀔 수도 있음을 보여주었다. 조선 후기의 세도정치는 왕을 무능하게 만들고, 서구 열강들과의 교류가 필요했던 격동의 시기에 나라의 근대화를 막아 버렸다.

셋째, 왕의 실정이 계속될 때다. 왕이 사치와 향락에 빠져 실정을 계속한 예는 우리 역사 속에 여러 번 등장한다. 백제의 의자왕은 유흥과 향락에 빠져 나라를 망국의 길로 이끌었고, 신라의 진성여왕은 부정부패와 음란한 생활로 백성들의 봉기를 야기했다.

리더십이 발휘될 때

리더는 평안할 때도 혹시나 일어날지 모르는 위협에 대비해야 하며, 안일하거나 방탕하면 안 된다. 국가도 우리의 몸과 같아서 도전을 하면 할수록 견고해지고 강해지며, 나태하거나 안일해질수록 약해진다. 국가가 평안했을 때 대비하지 못하면 국가위기나 내란이 발생하여 돌이킬 수 없는 결과를 초래한다는 것을 역사는 말해주고 있다.

고구려의 광개토태왕과 신라의 문무대왕, 백제의 근초고왕, 고려의 문종, 그리고 조선의 세종대왕과 정조대왕 같은 왕들은 지금도 한결같이 존경받는 리더들이다. 이들의 공통점은 무엇일까?

첫째, 조화와 통합, 화합 리더십을 갖추었다. 조화와 통합, 화합은 한쪽에 치우치지 않고 다양성을 인정하는 탕평 정치로 대변된다. 내치와 외치에 탁월하게 대처하고, 인재를 능력과 품성에 따라 골고루 등용하여 나라의 안정을 꾀하고, 의견이 양쪽으로 나뉘면 양쪽 의견을 모두 청취하고 판단한 뒤에 최선의 방책을 내어 모두가 수긍하거나 만족하는 결론을 이끌어내는 것, 이것이 바로 진정한 조화와 통합, 화합을 의미한다. 리더가 갈등을 조정하는 입장에서 한쪽 의견만 수용한다면 독선과 편견을 가진 리더이며, 양쪽의 의견을 모두 듣고도 제대로 갈등을 조정하지 못한다면 무능하거나 우유부단한 리더이다.

둘째, 역사적으로 위대한 리더들은 법치를 확립하고, 공명정대하고 정확한 가치관과 기준을 바탕으로 양쪽을 조율함으로써 모두가 만족할 수 있는 옳은 선택을 이끌어냈다. 또한 법치를 중시하되, 항상 냉정하고 기계적인 판단에 따라 결론을 내리기보다는 예외를 인정하고 포용력을 발휘하는 정치력도 함께 보여주었다.

셋째, 위민의 정치를 했다. 항상 백성의 의견을 묻고, 백성이 살기 좋은 나라로 만들기 위해 고군분투하는 리더야말로 팔로워(국민, 백성)를 신명 나게 한다. 이것이 결국 시너지효과를 냄으로써 국력이 신장되는 것이다. 위민 정신과 애민 정신의 대표적인 리더는 조선의 세종대왕이다. 세종대왕은 조선 시대 최초로 지방 여론 조사를 통해 정책을 결정했고, 백성의 편의를 위해 과학기술 및 문화를 발전시켰다.

넷째, 학습을 게을리하지 않았다. 학습은 리더에게 필수적인 조건이다. 세종대왕도 항상 경연을 열어 신하들과 의견을 나누고 공부했다. 세종대왕은 뛰어난 리더가 되기 위해 독서를 소홀히 하지 않았으며, 이를 통해 조선의 융성을 이끌어냈다.

다섯째, 대외정보력을 갖추어 주변 정세를 정확히 읽어냈다. 선덕여왕, 김춘추는 탁월한 정책전략가로 성공적인 외교를 통해 신라 통일을 이루었다.

묵자의 『묵자절용墨子節用』에는 "성인이 나라를 다스리면 그 나라를 배로 늘릴 수 있고, 크게 천하를 다스리면 천하의 힘을 배로 늘릴 수 있다."라는 말이 있다. 유능한 리더는 국운을 상승시키고, 용렬한 리더는 국운과 국력을 쇠퇴시킨다. 그러므로 리더는 항상 올바른 리더십을 발휘하여 팔로워를 이끌어야 한다. 『서경書經』은 "군자는 백성들이 좋아하는 바를 좋아하고 백성들이 싫어하는 바를 싫어하는 사람이며, 민중을 얻으면 곧 나라를 얻게 되고 민중을 잃으면 곧 나라를 잃게 된다."라고 했다. 또 맹자는 어진 정치를 주장하면서 "백성이 귀하고 군주는 가볍다."라고 했다. 위민의 리더십이 통치 리더십의 근본인 이유다.

리더십 부재가 위기 초래

『이솝우화』에는 리더십에 관한 이야기가 있다. 한 마리의 호랑이가 이끄는 백 마리 양의 무리와 한 마리의 양이 이끄는 백 마리의 호랑이 무리가 싸움을 벌인다면 그 결과는 어떻게 될까? 백 마리의 호랑이 무리는 리더인 양을 닮아 온순하고 순진하게 변할 수밖에 없으며 싸우는 방식도 양의 무리 형태를 닮아 갈 수밖에 없다. 그렇지만 한 마리의 호랑이가 이끄는 백 마리의 양들은 호랑이 리더를 닮아가 결국 호랑이가 이끄는 양의 무리가 승리하게 된다.

한국의 리더십은 호랑이(영웅적 국민) 무리를 이끄는 양(리더십 결여)의 모습과 같아 승리할 수 없는 구조적 문제가 되고 있다. 아무리 국민의 능력이 뛰어나도 리더의 공감 역량이 부족하다면 위기가 지속되어 불행을 자초하는 경우가 많다. 국민들의 수준은 호랑이 수준인데 지도자를 자처하는 그룹이 양처럼 무능력하여 국민들에게 비전을 제시하지 못하고 있다.

국가차원의 문제에 국한되지 않는다. 아버지의 권위가 실추된 가정, 교사의 권위가 무너진 교육현장, 기업가 정신을 망각한 일부 CEO, 리더십을 상실한 4류 정치인 등 사회 곳곳의 리더십 부재로 인한 부작용이 끊임없이 확산되고 있다. 독서와 공부를 등한시하는 리더들이 위선적인 행동과 기회주의, 물본주의를 추구하면서 오로지 돈과 권력, 개인의 명예를 독식하려는 사람들은 진정한 리더가 될 수 없다.

국가지도자가 올바른 리더십을 발휘하지 못하면 국민들은 불만을 토로하고 반발하기 마련이다. 국민의 상식으로 이해하기 힘든 대형사건·사고가 빈번하게 발생하는 이유도 리더십의 부재로 설명할 수 있다.

리더다운 리더	←→	출세주의 리더
능력 competence 인격 personality 봉사 commitment	←→	기회주의 opportunism 위선 hypocrisy 물욕주의 materialism
행복(국가+사회+개인)	←→	돈, 권력, 명예(개인)

정치권만의 문제가 아니라 최근 우리 군을 비롯하여 사회 각계각층에 리더십 부재로 인해 문제들이 국가역량을 소진하고 있다.

그렇다면 한국의 리더십은 어디로 가야 할 것인가? 과연 우리나라는 언제쯤 가정·사회·국가의 리더십 부재 현상을 극복하고 진정한 리더십의 모습을 회복할 수 있을까? 바로 지금이야말로 진정한 리더십의 정체성을 찾아야 할 때다. 국가적 리더와 국민들이 동일한 정체성으로 뭉칠 경우 일당백의 시너지효과를 발휘해 위기를 기회로 만들어 대한민국 운명을 세계 최고의 선진강국으로 승화시키는 자랑스러운 대한민국이 될 것이다.

4

국가 운명을 좌우하는 리더

    제2차 세계대전을 일으킨 히틀러는 전 유럽을 참혹한 전쟁의 소용돌이로 몰고 간 장본인이다. 유소년기와 청년기를 오스트리아 빈에서 보낸 그는 독일인보다도 더욱 게르만 민족주의에 심취하고 열광한 인물이었다. 그는 유대인들이 사회적 지위를 유지하기 위해 오스트리아의 언론뿐만 아니라 주요 요직을 장악하고 있다고 보았다. 그리고 그 힘의 원천은 매춘, 고리대금 등 돈이 되면 무엇이든 하는 '간교한 유대인의 정신'이라고 생각했다.

    그는 사회주의를 이상적인 정치체제로 보았다. 사회주의의 사회제도는 고대 국가인 스파르타의 사회제도와 매우 유사하다. 스파르타의 사회적 기반은 노예제를 바탕으로 하고 있으며, 일정한 병역의 의무를 마쳐야 시민권을 획득할 수 있었다. 또한 스파르타에는 장애가 있거나 몸이 허약한 아이를 버림으로써 우수한 유전자를 유지시키는 풍속이 있었다.

히틀러는 스파르타의 사회제도를 맹신했으며, 여기서 극단적인 역사인식과 사회현상을 바라보는 관점이 형성되었다. 성장 과정에서 만들어진 인종주의와 극단적인 범게르만 민족주의의 결합이 낳은 유대인 대학살이라는 참극 뒤에는 그의 이러한 사관이 깔려 있었다. 히틀러의 극단적이고 그릇된 역사의식은 광적인 리더십으로 발휘되어 독일뿐만 아니라 전 유럽을 전쟁의 포화 속으로 몰고 갔으며, 그 경제적 손실(1천조 달러 이상)과 사상자 수(4천여만 명)는 천문학적인 수치에 이른다. 만약 히틀러가 올바른 역사관을 바탕으로 리더십을 발휘해 제1차 세계대전 이후 패망한 독일을 재건했다면 오늘의 역사는 전혀 다른 모습으로 전개되었을 것이다.

역사의 특징과 교훈은 현재 우리가 직면한 여러 문제를 해결할 해답의 실마리를 제공한다.

조선 중기 광해군과 신하들이 명나라와 금나라 중 어디를 선택할지를 두고 격렬하게 논쟁하던 역사의 한 장면을 떠올려보라. 이는 마치 미국과 중국이 벌이는 패권 다툼 사이에서 선택을 강요당하고 있는 지금의 대한민국 상황과도 비슷하다.

국가의 운명은 리더의 역량에 좌우된다. 주지하다시피 인류의 삶은 당대를 풍미한 리더들의 역사다. 그들의 이합집산과 리더십 행태에 따라 국가의 운명이 결정된다. 특히 절묘한 지정학적 요충지에서 중국, 러시아, 일본 등 강대국을 이웃으로 두고 살아온 우리의 입장에서는 동북아의 평화와 발전을 주도할 탁월한 리더가 더욱 절실하다.

5

리더의 정체성

리더의 역사의식과 국가정체성

'역사 리더십'이란 역사의식과 국가정체성이 조화를 이루는 리더십이다. 올바른 사관을 바탕으로 효율적인 국가 관리와 발전을 도모할 수 있는 리더십이야말로 진정한 리더십이라 할 수 있을 것이다. 인간의 행·불행과 조직의 운명은 어떠한 리더가 존재하느냐에 따라 달라진다. 더욱이 국가의 통치권자가 내리는 다양한 의사결정은 현재는 물론 후대에까지 큰 영향을 미친다.

진정한 리더가 참다운 리더십을 발휘했던 시대는 당대는 물론 후대까지도 융성기를 보낼 수 있었지만, 그렇지 못한 시대는 수천 년 쌓아왔던 문명을 파괴하고, 살육과 패륜으로 인류의 정신문화를 퇴보시키기도 했다. 세종대왕, 광개토태왕, 이순신과 같은 리더들이 없었다면 우리 역사는 어떻게 되었을까? 반대로 고구려를 망하게 한 연남생 · 남건 형제와 같은 리더들이 없었다면 지금 우리는 어떤 모습으로 살고 있을까?

다행히도 지금 우리는 대통령을 포함한 주요 리더들을 우리 손으로 직접 뽑으며 살고 있다. 어진 리더를 만나는 것도 무능한 리더를 만나는 것도 모두 우리 손에 달렸다. 따라서 대한민국이 직면한 위기를 기회로 대전환하여 초일류 선진강국, 세계의 등불 코리아가 되려면 리더를 올바로 선출해야 한다. 국민이 선출하는 국가 리더는 역사의식과 국가정체성이 올바로 형성되었는지의 여부가 핵심적 기준이 되어야 한다. 국민이 리더를 올바로 선출하는 것이 대한민국의 미래를 만들어 나가는 첫 출발이며, 국민 리더십 문화라고 할 수 있다.

그러기 위해서는 국민들부터 우리 역사를 바로 아는 것이 우선되어야 한다. 그동안 우리는 식민사관과 사대주의의 영향으로 우리 역사의 중요성을 간과해 왔다. 이제 우리는 일제에 의해 왜곡된 식민사관을 척결하고, '사실에 입각한 민족사관의 관점'에서 한국사를 재조명하고 바로잡아야 한다. 사실에 대한 해석은 달라질 수 있지만 역사적 사실 자체를 왜곡하거나 조작해서는 안된다. 중국과 일본의 경우처럼 사실 자체를 왜곡하거나 주변국 침탈의 논리로 악용하지 말아야 한다. 역사를 바로 알아야 대한민국의 자아정체성과 국가정체성이 제대로 확립될 수 있다.

국가정체성은 역사와 정치, 문화와 경제 등 한 나라의 지배적인 사회 제도에 대해 국민이 갖는 일체감과, 국가라는 집단에 속해 있다는 소속감을 말한다. 이는 국민적인 합의에 의해 지속적인 합리화 과정을 거친다. 다시 말해, 국민 화합 또는 국민 통합 과정을 통해 형성된다고 할 수 있다. 국가정체성은 일순간에 형성되는 것이 아니다.

에릭슨_{Erik H. Erikson}의 연구에 따르면, 자아정체성이 부족한 사람은 정신적으로 불안하고 좌절감을 느끼며 대인관계에 어려움을 겪는다. '내가 누구이고 무엇을 위해 사는지'를 스스로 정의 내릴 수 있어야 존재의 의미를 찾을 수 있다는 것이다. 우리는 아동기부터 국가를 상징하거나 대표하는 대상과의 동일시 과정을 통해 자아정체성을 키우며 일생에 걸쳐 국가정체성을 형성한다. 국가정체성은 아동기에 국가에 대해 감정적으로 자각하고, 청소년기에 국가의 기능과 국민의 권리, 의무 등과 관련된 추상적 개념을 파악해 실제 생활에 적용하는 등 역사의식을 통해 형성되기 때문에 역사교육이 그 무엇보다 중요하다.

국가정체성이 강한 사람은 개인보다 국가를 우선시하며, 국가를 위해 개인적 희생을 감수한다. 그래서 종종 국가정체성은 애국심, 충성심, 내셔널리즘 등과 유사하게 사용되기도 한다. 국가정체성이 바르게 형성된 리더는 국가와 민족에 자부심을 갖고, 국가와 사회를 위해 헌신하려는 마음을 품게 된다. 국가정체성은 개인뿐만 아니라 국가나 단체, 조직을 결속시키므로 국가 성장의 발판이 될 수 있고, 국가 안보와 역사 보존에도 큰 영향을 미친다.

국가정체성으로 무장한 애국자는 쳐들어오는 외적 앞에서 국민과 나라를 위해 목숨을 내놓기를 주저하지 않는다. 우리 역사 속 수많은 애국지사와 무명용사들처럼 말이다. 올바른 리더의 역사의식과 국가정체성은 애국심으로 승화되어 역사 르네상스의 기반이자 역사 리더십의 요체가 된다는 것을 기억해야 할 것이다.

리더의 자아정체성 정립

인간의 삶이란 사람과 사람의 관계 속에서 인성의 결과물을 생성하여 모든 운명을 낳는 과정이다. 인간성은 개인의 행복은 물론, 조직 · 국가의 운명을 좌우하는 데 핵심요소로 작용한다.

웨이슈잉은 하버드 대학의 교육목적을 "사람이 되는 것"이라고 역설했다.[31]

하버드의 핵심적인 교육 이념인 '인문(인성) 교육'은 이곳의 전통으로도 불린다. 하버드의 교육은 맹목적인 성공이나 1등 대신에 먼저 '사람'이 되는 것을 기본으로 하고, 그 다음이 '인재(리더)'를 양성하는 것을 목적으로 한다. 다시 말해서, 하버드 교육이념은 인문학을 바탕으로 다음 세대의 진정한 인재를 양성하는 것이다.

현대는 인공지능 시대로 협업과 소통의 인성이 더욱 중요시된다. '더불어 사는 세상, 인간이 되라'라는 화두가 인간의 기본임을 명심해야 한다.

독일의 시인 베르톨트 브레히트(1898~1956)의 시 「독서하는 노동자의 질문」을 음미해 보자.

시저는 갈리아 사람들을 무찔렀지.

그의 옆에 요리사는 없었던가?

책장을 넘길 때마다 등장하는 승리.

그런데 누가 승리자들의 연회를 위해 요리를 만들었던가?

----

31 웨이슈밍 지음, 『하버드 새벽 4시 반』, 이정은 역. (라이스메이커, 2015), p. 230.

이 시에서 역사는 강자와 승자만의 것인가에 대한 질문을 던지고 있다. 요리사는 언제든지 교체할 수 있지만 알렉산더와 시저는 유일무이한 존재인가? 역사적 관점에서 보자면, 알렉산더, 칭기즈 칸도 따지고 보면 기존 세력을 등에 업은 인간관계의 우연의 결과물일 수도 있다. 인간은 서로를 해치지 않고 보호해야 한다. 더불어 사는 세상, 나부터 인간다운 인간이 되어 더불어 같이 가면 얻어갈 수 있는 이익이 많고 멀리, 오래, 행복하게 갈 수 있다. 탐욕을 줄이고 만족할 줄 아는 것(소욕지족: 小慾知足)과 자기 분수에 만족할 줄 아는 것(안분지족: 安分知足)을 지켜 더불어 살아가면 우리의 인성은 이해와 사랑이 샘솟아 행복해질 것이다.

일찍이 루소는 "자신의 성품(인성)을 지혜롭게 개발하여 인간관계를 잘 이어나가야 한다."라고 주장했다. 21세기 인류는 지구촌의 종말을 우려하며 살고 있다. '지금 알고 있는 것을, 그때 알았더라면' 하고 후회하는 시대가 없어야 개인은 물론 조직, 국가, 나아가 지구촌의 평화와 번영이 보장될 수 있다.

여러 꽃이 어울려서 피어 있을 때 가장 아름답듯이, 사람도 이타주의의 공동체, 공동선善 정신으로 어울려 살아갈 때 세상은 더욱 아름다워질 것이다. 리더가 되기 전 인간다운 인간이 되어 더불어 같이 가면 얻어갈 수 있는 이익이 많고, 멀리, 오래, 행복하게 갈 수 있다. 탐욕을 줄이고 만족할 줄 아는 인간다운 인간으로 살아가면 더욱 행복해질 것이다.

3부

대한민국 리더의
환골 탈태:
국가운명개척

제5장

국가 운명을 개척하는 리더 세우기

역사속 왕의 리더십 교훈

타산지석의 역사 리더십 교훈

세종대왕은 혁신 및 창조정신, 벤처정신, 실용정신, 인재 육성 등 다방면에서 뛰어난 능력을 갖춘 리더십의 교과서라 할 수 있다. 세종은 즉위 초기부터 왕권을 안정시켜 나라를 편안하게 하고, 정치, 경제, 사회, 문화, 국방 등 전 분야에서 혁신과 창조가 가능케 했다. 이러한 리더십으로 세계가 놀랄만한 국가 발전을 이루어냈다. 특히 훈민정음 창제 및 보급, 과학과 농업·의약 기술의 발전, 국토 확장, 공법제정 등 모든 분야에 걸쳐 국가의 기틀을 다져나간 결과, 부강한 국가로서 찬란한 민족문화를 꽃피웠다.

또한, 대마도 정벌과 4군 6진 개척 등 국방에서도 성과를 보였다. 세종 리더십의 요체는 위민爲民과 여민與民으로, 백성들이 불만이 생기기 전에 미리 정책을 세워 실천했다. 세종의 국가경영에서 위민은 단순한 이데올로기적 수사가 아니라 구체적인 실천으로 이어졌다.

세종은 백성의 세제를 개편하기 위해 신료와 백성, 그리고 중앙과 지방의 여론을 골고루 청취했다. 10여 년의 의견 수렴 과정을 거쳐 1430년 전국적인 투표를 실시했는데, 17만 2,806명이 참가해 찬성 9만 8,657명, 반대 7만 4,149명이라는 결과를 얻었다. 당시 시대 상황에서 엄청난 수의 백성들에게 투표하게 해 의견을 반영하려 한 세종의 노력과 정성은 실로 창의적이고 민주적이었다. 더 중요한 것은, 찬성이 앞섰지만 반대한 백성들의 뜻도 반영하기 위해 그로부터 6년 동안 충분히 보완해 세제 개편안을 확정했다는 것이었다. 세종은 나라의 제도 개혁이나 법 제정에서의 민의 수렴의 중요성과 그 파급 효과를 간파한 위대한 지도자였다.

박현모 세종리더십연구소 연구실장은 2013년 2월 미국 워싱턴에서 열린 '세종 리더십' 강좌에서 세종대왕의 리더십을 미국의 링컨 대통령의 리더십과 비교해 설명했다. "링컨은 자신의 최대 라이벌이었던 윌리엄 수어드_{William Seward}에게 국무장관이라는 요직을 맡겼다. 나라가 위험한 시대로 접어드는 시점에서, 짐을 나누어질 인재로 정적을 선택한 것이다." 세종 역시 링컨 대통령과 마찬가지로 정적이나 반대파를 조정으로 불러들였다. 대표적으로 양녕대군의 폐위를 반대하다가 태종의 눈 밖에 나 유배를 갔던 황희(黃喜)를 중용했다. 선왕인 태종의 충신이었던 이들도 재상으로 임용했다. 조선 사회를 통합하기 위해서는 서로 다른 색깔을 가졌다 하더라도 유능하다면 중용해야 한다는 것이 세종의 생각이었다. 세종은 백성을 하늘이 맡겨준 귀한 존재라고 생각하고, 그들과 더불어 나라를 다스리는 '여민 정치'를 지향했다. 세종이 왕위에 오른 뒤 급선무는 기본 통치이념인 유교를 제도화하고 이를 백성들에게 정착시키는 것이었다. 그는 이를 급진적이고 일방적으로 추진하지 않고 백성의 어려움을 이해하고 그들의 공감을 불러일으킬 수 있는 정치를 지향했다. 그래서 늘 백성에게 중요한 정보와 지식을 공개해 스스로 판단할 수 있게 함으로써 백성을 정책 입안에 참여시키려 했다. 세종이 이처럼 '여민'을 중시한 것은 백성을 위한다는 위민정치가 오히려 백성을 해치는 일로 변질되는 경우가 많았던 것을 고려했기 때문이다. 그의 머릿속은 늘 '위민'의 한계를 극복할 방법에 대한 구상으로 가득 차있었고, 고뇌에 찬 구상의 결과로 '여민 리더십'이 탄생한 것이다. 해시계와 물시계를 만들어 백성들이 농사를 짓고 생활하는 데 유용하게 하고, 훈민정음을 창제해 누구라도 글을 통한 지식 습득이 가능케 한 것은 그 대표적인 사례로 볼 수 있다. 세종이야말로 당시 세계의 그 어느 군주보다도 여민 리더십을 모범적으로 실천한 리더라고 말할 수 있다.

한편, 전장을 진두지휘한 광개토대왕과 문무대왕은 누구도 흉내 낼 수 없는 강력한 리더십으로 역사를 융성하게 했던 인물이었다. 두 왕의 공통점은 모두 전쟁에 참전해 진두지휘하는 강인한 리더십으로 눈부신 역사를 만들어냈다.

반면교사의 역사 리더십 교훈

조선조 중기 선조는 27명의 왕 중 최악의 리더라고 해도 과언이 아니다. 임진왜란 시 백성과 동고동락해야 하는 것이 리더의 소명임에도 불구하고 조선의 영토를 넘어 중국으로 피난하려다 유성룡 등 신하의 만류로 저지당하고 백성들은 선조의 행위에 분노를 느껴 왕의 피난한 길을 왜군에게 알려주는 등 민심이반 현상이 심했다.

　최악의 왕과 더불어 최악의 조정 대신들이 조선조 기반을 흔들어 놓은 적도 있다. 인조 15년 1월 30일은 병자호란 패배로 삼전도(현 서울 송파구)에서 청 태종에게 무릎을 꿇고 항복을 고한 날이다. 삼전도의 치욕 이후 조선의 고관대작들이 줄줄이 사직서를 냈다고 한다. 문제는 이들의 물러남이 나라를 지켜내지 못한 울분과 반성 때문이 아니었다는 것이다.

　왕위를 계승할 소현세자가 패전으로 청에 볼모로 끌려가게 되는데, 청나라에서 판서의 자식들도 인질로 데려가려 하자 앞다퉈 자리에서 물러나려 했던 것이다. 평소 같으면 거머리처럼 관직에 달라붙었을 고위 공직자들의 자식 걱정도 이해가 안 되는 건 아니지만 국가가 백척간두에 섰을 때 일신의 안위가 우선이었던 이들을 보면 조선이 왜 무릎을 꿇을 수밖에 없었는지 이해가 된다.

　고종은 헤이그밀사 사건으로 일제의 압박을 받아 1907년 순종에게 왕위를 넘긴 뒤 1919년 1월 21일 덕수궁에서 세상을 떴다. "이나라가 번영을 되찾으려면 과거처럼 행동해서는 안 된다."라는 고종의 뼈아픈 후회는 오늘날 이 순간에도 유효하다.

　우리의 대통령은 탁월하고 위대한 리더십을 발휘한 왕과 최악의 리더십을 발휘한 왕들을 교훈으로 삼아 위대한 대통령이 되도록 정혼精魂을 다해야 할 것이다.

2

대통령 리더십은
국가 운명을 좌우

대한민국 대통령은 한국호號의 선장

미국에서는 대통령(프레지던트)의미를 '회의장에 미리 나와 앉는 사람'이라는 뜻으로 두고 있다. 그러나 우리나라는 제왕적 제도의 폐해 때문에 건국 이후 범국민적으로 존경받는 대통령(국가 지도자)이 없는 불행한 나라이다. 이러한 현상은 세계적으로 드문 현상으로 21세기 대한민국 국운융성기를 맞아 2022년 3월에 선출되는 대통령은 대한민국 운명을 개척하여 국내외적으로 존경받는 대통령이 되어야 할 것이다. 우리나라에서 가장 시급한 과제는 대통령의 제왕적 권위주의를 타파하고 국민통합을 이루는 일이다. 국민통합이야말로 정신, 교육, 경제, 안보 태세를 공고히하고 지속적인 국가발전을 이루는 토대이다. 반드시 국민통합을 이루는 대통령이 선출되도록 모든 지도자들은 물론 국민들이 올바른 선택을 해야 하는 역사적인 운명의 대선이 될 것이다. 국민 리더십 문화를 통해 반드시 올바른 지도자를 선출해야 하는 시대적 당위성을 안고 있다.

2022년 5월 새로 취임하는 대통령은 대한민국 국운의 변곡점을 맞이하는 대통령이다. 즉, 21세기 한반도 운명을 개척할 대통령으로서 코리아 전성시대를 지향한 토대를 구축해야 할 시대사적 사명을 띠고 있다. 필자는 차기 대통령이 수행해야 할 국가경영 어젠더 중에서 '정신문화, 교육, 경제, 안보'의 대혁신을 주문하고자 한다. 대한민국이 초일류 선진강국이 되도록 그랜드 디자인을 감당해 내야 할 소명을 부여받은 것이다.

유권자인 국민 개개인이 올바른 대통령을 선출하도록 정신 바짝 차리고 신성한 투표권을 행사해야 한다. 대선은 인기투표가 아니다. 단순히 호감이 간다고, 인간성이 좋다고, 스토리가 있다고 뽑아선 안 된다. '위기의 한국호號'를 살려낼 유능한 선장이 누구인지 냉정하게 판단해야 한다. 그래야 대한민국이 모처럼 맞이하는 국운 융성의 기회를 잡아 Korea G3로 도약하는 기반을 다질 수 있다.

대통령은 국가 미래 비전과 정책으로 철저히 무장하여 위기를 기회로 대전환하는 대한민국 운명 개척자가 되어야 한다. 21세기 대한민국 시대정신을 제시하고 이에 따른 국가정책과 전략을 구체적으로 실현할 수 있는 해법을 내놓아야 한다. 코로나-19 펜데믹 시대를 헤쳐나갈 국가전략은 물론 민생, 안보, 단기 · 중기 · 장기적인 경제 발전에 대한 특별한 대책을 강구해야 한다.

이 책에서 목표로 설정한 '통일된 선진강국, Korea G3' 건설의 비전과 구체적 추진 전략을 제시하여 국민과 함께 만들어 나가야 할 것이다.

우리 대통령들의 선거공약과 취임사 이행률은 F학점

우리나라 대통령 대부분은 선거공약과 취임사의 이행률이 F학점으로 통치 리더십의 근본적인 문제가 되고 있다. 선거공약은 당선을 위한 수단과 방법으로 이해의 여지는 있지만 대통령의 취임사가 제대로 이루어지지 않는다는 것은 대통령 통치 리더십의 근본 문제이다.

대통령 취임사는 헌법정신은 물론 대통령으로서 국민에게 국정을 약속하는 신성한 의미가 담겨 있다. 즉, 대통령 취임사는 통치철학과 국가의 비전, 국민의 행복을 약속하는 신성한 선서이다.

이와같은 상징성에도 불구하고 대부분의 대통령들의 취임사는 F학점으로 평가받고 있다. 예외적으로 박정희 대통령의 자립 경제와 자주국방을 위한 열정적인 취임사는 당시 대다수 국민들이 빈곤을 극복하고 잘 살아보겠다는 열망으로 절대적 빈곤에서 벗어나도록 추진력을 발휘했다는 점이 높은 평가를 받고 있다. 또한 김대중 대통령의 IMF 경제위기 극복 의지가 담긴 취임사도 국민적, 시대적 요청에 공감을 얻었고 실제로 목표를 달성했다.

향후 우리 대통령 국가리더십은 선거공약과 취임사를 반드시 실천하여 대한민국 운명을 개척하는 리더십으로 자리매김해야 한다. 대통령의 위대한 리더십은 세계의 등불 코리아로 나아가는 견인차 역할을 해야 한다. 이러한 대통령이 진정 국민들로부터 존경과 사랑을 받아 역사에 길이 남는 리더가 된다. 현재의 한국 대통령 제도는 국가의 흥망성쇠에 결정적 역할을 할 수 있을 정도로 권한과 책임이 막중하므로 선거공약과 취임사를 준비하는 초심을 잃지 않고, 최종성적(이행률)이 A 학점으로 승화되어야 한다. 존경받는 대통령이 지속적으로 배출되도록 국민이 도와주고 앞장서는 문화도 병행되어야 한다. 그것이 바로 '국민 리더십 문화'에 해당되는 것이라 할 수 있다.

여기서 문재인 대통령의 취임사 요지를 통해 대통령 리더십 교훈을 식별하고자 한다.

제 가슴은 한 번도 경험하지 못한 나라를 만들겠다는 열정으로 뜨겁습니다. 그리고 제 머리는 통합과 공존의 새로운 세상을 열어가는 청사진으로 가득 차 있습니다. 오늘부터 저는 국민 모두의 대통령이 되겠습니다.

저를 지지하지 않은 국민 한 분 한 분도 저의 국민, 우리의 국민으로 섬기겠습니다. 2017년 5월 10일 이날은 진정한 국민통합이 시작된 날로 역사에 기록될 것입니다. 오늘부터 나라를 나라답게 만드는 대통령이 되겠습니다. 우선 권위적인 대통령 문화를 청산하겠습니다. 준비를 마치는 대로 지금의 청와대에서 나와 광화문 대통령 시대를 열겠습니다. 머리와 어깨를 맞대고 토론하겠습니다. 국민과 수시로 소통하는 대통령이 되겠습니다. 주요 사안은 대통령이 직접 언론에 브리핑하겠습니다. 퇴근길에는 시장에 들러 마주치는 시민과 격의없는 대화를 나누겠습니다. 때로는 광화문 광장에서 대토론회를 열겠습니다. 대통령의 제왕적 권력을 최대한 나누겠습니다. 권력기관은 정치로부터 완전히 독립시키겠습니다. 그 어떤 기관도 무소불위의 권한을 행사할 수 없도록 견제장치를 만들겠습니다. 거듭 말씀드리지만 문재인과 더불어민주당 정부에서 기회는 평등하고 과정은 공정하고 결과는 정의로울 것입니다. 약속을 지키는 솔직한 대통령이 되겠습니다. 선거 과정에서 제가 한 약속을 꼼꼼하게 챙기겠습니다. 거짓으로 불리한 여론을 덮지 않겠습니다. 공정한 대통령이 되겠습니다. 특권과 반칙이 없는 세상을 만들겠습니다. 상식대로 해야 이득을 보는 세상을 만들겠습니다. 이웃의 아픔을 외면하지 않겠습니다. 소외된 국민이 없도록 노심초사 하는 마음으로 살피겠습니다. 국민의 서러운 눈물을 닦아주는 대통령, 소통하는 대통령이 되겠습니다. 사랑하고 존경하는 국민 여러분, 5월 10일 오늘 대한민국이 다시 시작합니다. 나라를 나라답게 만드는 대역사가 시작됩니다. 이 길에 함께 해주십시오. 저의 신명을 바쳐 일하겠습니다.

이에 대해 한겨레 신문 홍세화 칼럼은 다음과 같이 평가했다.

4년 전 촛불을 들었을 때를 돌아보자. 오늘 무엇이 바뀌었나? 대통령과 장관들, 국회의원들의 면면 말고? 이젠 재벌개혁이란 말조차 나오지 않게 되었고, 교육개혁은 이미 포기한 듯 관심 바깥의 일이 된 지 오래다. 부동산 문제는 악화됐고, 비정규직 노동자들은 '프레카리아트'가 되는 일방통행의 길만 있을 뿐이다. 대통령은 국가수반이면서 최고 정치지도자로서 기자회견이나 국정브리핑을 통해 각 분야의 정책 방향, 그 실행과 검증 과정을 밝혀 국민의 알 권리를 충족시키면서 국민을 이끌고 가야 한다. 그런데 문 대통령은 기자들과 만나려 하지 않는다는 점에서 박근혜 전 대통령을 닮았다. '광화문 대통령 시대'가 경호의 어려움 등의 이유로 금세 '없던 일'이 된 것은 이해할 수 있다. 국민과 열심히 소통하겠다는 약속이 가뭇없이 사라졌는데, 이에 관해서는 설명이든 해명이든 듣지 못했다. 〈기자협회보〉에 따르면, 역대 대통령의 직접 브리핑과 기자간담회를 합친 횟수는 김대중 150회, 노무현 150회, 이명박 20회, 박근혜 5회, 문재인 6회다. 최근에 있었던 '국민과의 대화'에서 "전국적으로 부동산 가격이 오히려 하락했을 정도로 안정화되고 있다." "부동산 문제는 자신 있다고 장담하고 싶다."고 자신감을 피력했을 때는 대통령이지만, 오늘 전혀 다른 결과 앞에서는 질문을 받지 않는 임금님이 된다. 당 대표 시절 지자체장의 잘못으로 선거를 다시 하게 될 때엔 후보를 내지 않겠다고 다짐했다. 국민 사이에 갈등을 일으키는 사회 현안에 대해서는 처음부터 침묵으로 일관한다.

현직 대통령에 대해 평가를 객관적으로 내리는 것은 쉽지 않다. 역사가의 몫이 있고, 국민의 몫도 있다. 다만, 대통령의 선거공약과 취임사의 이행률은 사실에 입각하여 확인하고 검증해야 한다. 국민이 망각 증후군으로부터 벗어나야 차기 대통령의 리더십이 성공하도록 도와주는 것이다. 대통령의 리더십도 공과가 있고, 성공과 실패가 전부 최고 통치자로 귀결되는 것도 아니다. 하지만 대통령의 취임사가 감동적이었던 것에 비해서 현실이 지나친 괴리현상이 보인다는 점을 객관적으로 적시하여 나라사랑과 역사사랑의 정신으로 교훈을 삼으려는 것이다.

역대 대통령의 리더십 평가

필자는 『리더십이란 무엇인가』에서 대통령의 공감 리더십을 강조한 바 있다.

국민은 대통령을 믿고 따라야 한다. 최근에 한국 국민들은 너무 많이 알고 앞서 뛰고 있는데, MB정부는 아날로그 리더십에 고 · 소 · 영(고려대 출신, 소망교회 인맥, 영남출신) 중심의 조각 인선으로 도덕성의 전기 스위치마저 끊어진 상태라는 것이 지배적 여론이다. 이와 같은 사태의 책임은 국민은 물론 각계각층 지도자 모두에게 있지만, 대통령을 비롯 정부의 책임이 더 크다. 현명한 국정철학과 지혜로운 리더십으로 국민들이 공감할 수 있는 줄탁동시의 리더가 되고, 어미 닭이 병아리를 껴안고 포옹하듯이 국민과 소통하며 위민 리더십과 필사즉생(必死則生, 죽기로 각오하면 산다)의 정신으로 극복해야 한다.

우리 국민은 2022년 5월 취임하는 대통령은 국민들과 공감과 감동의 리더십으로 국민행복을 증진시켜 대한민국이 동방의 등불을 넘어 세계의 등불로 우뚝서는 비전을 제시하여 국민행복을 증대시켜야 한다. 더불어 부국강병, 국태민안의 나라를 만들어 주변국이 감히 넘보지 못하도록 하면서 통일의 기반을 닦는 자랑스런 대통령이 되어야 한다.

유교적 전통이 남아 있는 우리나라에서 대통령과 국민의 관계는 수직적이다. 대통령학 전문가 함성득 고려대 교수는 "과거 한국의 대통령에 대한 인식은 아버지 모습과 메시아 모습이 혼재한다."라고 지적했다. 어려운 상황을 해결해 주는 모습과 무조건 섬겨야 하는 유교적 아버지의 모습이 있었다는 뜻이다.

이렇다 보니 국민이 대통령에게 기대하는 것은 비이성적으로 높을 수밖에 없었다. 하지만 실제로 문제가 생기면 '아버지'이기 때문에 냉정하지 못하다. 반면 미국이나 프랑스에서는 대통령의 직무능력과 사생활을 철저히 분리한다. 프랑스의 사르코지 대통령이 이혼하고 다시 결혼하는 사적인 것은 용납하지만 직무와 관계된 문제가 불거졌을 때는 재임 중이라도 철저한 조사가 뒤따른다.

대통령 리더십 평가[32]

시대·정치적 여건 대통령 스타일	긍정적	부정적
적극적	적극적 성취형 (Innovator)	좌절형 (Frustrated)
소극적	소극적 대응형 (Guardianship)	실패형 (Inadequate)

국정운영에 대한 평가에서도 차이가 난다. 한국에서는 대통령에 대한 평가가 다소 감정적이다. 일방적으로 기대는 종속적 관계이기 때문에 자기의 이익에 반하면 감정적 비난을 하는 것이다. 그러나 미국과 유럽에서 대통령은 수평적 파트너이기 때문에 직무에 대해서 이성적인 평가가 뒤따른다.

김광웅 서울대 명예교수는 "한국인은 대통령이 권력의 정점에 있다고 과장되게 믿고 있다."라면서 "이것은 과거의 잔재이자 분명한 착각이다."라고 말한다. 최진 대통령리더십연구소 소장은 "이승만에게는 양반 할아버지의 모습을, 박정희에게는 추진력 강한 군인, 노태우에게는 탈권위, 노무현에게는 청렴을 기대한 것처럼 시대마다 각기 다른 대통령 모델이 요구되어 왔다."라고 말한다.

지금까지 많은 대통령이 자신의 시대를 열었다. 그 시대들을 거치며 대한민국은 숨차게 달려왔다. 세계가 놀라는 기적을 이루다가 때로 넘어져 상처 입고 피를 흘리기도 했다. 성취의 감격과 보람도 맛보았지만, 좌절과 회한의 눈물을 삼키며 몸부림치기도 했다. 그

---

32 Richard Rose , "Evaluating Presidents," George Co. Edwards, Ⅲ, John H. Kessel, and Bert A. Rochman(eds.), Researching the Presidency(Pittsburgh, University of Pittsburgh Press, 1993). pp. 453~484.

그래서 이상과 현실을 조합한 대통령의 탁월한 리더십을 국민들은 염원한다.

UN은 1948년 2월 16일, 가능한 지역 내에서의 선거 실시 권한을 UN 한국임시위원단에 부여했고, 5월 10일 남한에서만 총선거가 이루어졌다. 7월 17일 헌법을 제정·공포한 데 이어, 7월 20일 첫 번째 대통령 선거에서 대통령에 이승만, 부통령에 이시영이 당선되며 대통령제가 시작되었고, 8월 15일 역사적인 대한민국 건국을 선포하게 된다.

이승만 초대 대통령 시대는 해방 전후의 극심한 사회혼란과 전쟁, 빈곤 등으로 많은 어려움을 겪었던 시기였다. 이승만 전 대통령은 건국과 더불어 민주주의의 싹을 틔우고 산업화의 기반을 닦았지만, 독재와 부정부패로 무너졌다. 그는 장기집권으로 불행을 자초해 1960년 3·15부정선거에 따른 4·19혁명으로 결국 하야했으며, 하야 후 하와이로 망명해 이국땅에서 생을 마감하는 비운을 맞았다.

박정희 전 대통령은 '우리도 한번 잘살아 보세', '하면 된다'라는 경제부흥 리더십을 내세워 후진국의 사슬을 끊고 '한강의 기적'을 일궈냈다. 사회·경제적 기반 없이 민주주의의 발전을 기대하기는 어렵다. 박정희 전 대통령은 경제개발을 최우선 과제로 삼고, 새마을운동으로 국민적 열정을 일깨웠으며, 그의 이런 노력은 민주주의 발전의 초석이 되었다.

하지만 박정희 전 대통령은 근대화와 경제 발전이라는 큰 업적에도 부의 편중, 소외계층 양산 등으로 국민의 반발을 샀으며, 1972년 10월 유신으로 종신집권 체제를 구축하려는 무리수를 두었고, 결국 1979년 10월 26일 심복인 김재규 전 중앙정보부장의 총탄에 죽음을 맞았다.

박정희 전 대통령이 서거한 후 과도기 정부를 이끌었던 최규하 전 대통령은 1980년 신군부에 의해 8개월여 만에 하야하며 역대 최단명 대통령으로 남았다.

고려대 김승채 교수는 전두환 대통령에 대해 '정치 발전과 민주화에는 부정적 성과만 가져온 지도자'라고 비판했다.

전두환 전 대통령은 1981년 3월 3일 취임 시 권력형 비리, 친인척 비리는 가차 없이 엄단하겠다고 공언했으나, 재임 7년 반 동안 동생은 새마을운동본부 회장으로 70여억 원을 횡령한 혐의로, 형은 노량진수산시장 강탈 사건 연루 혐의로, 처남과 처삼촌은 부정비리 혐의로 줄줄이 구속되는 등 47명의 친인척과 측근이 구속되고 29명이 불구속되는 엄청난 부정부패 사건이 일어났다. 본인과 가족이 7~8천억 원에 이르는 검은돈을 모은 것으로 드러나 일족이 '비리의 백화점'임을 보여준 꼴이 되었다.

노태우 전 대통령은 민주화와 북방외교에서는 상당한 성과가 있었으나, 경제 문제를 비롯한 국내 정책은 큰 성과를 내지 못했다. 또한 노태우 전 대통령 역시 처사촌인 박철언이 슬롯머신 사건으로 구속되고, 동서 금진호가 거액의 비자금 조성에 관여해 유죄 판결을 받는 등 친인척의 부정부패 행렬에서 벗어날 수 없었고, 자신도 재벌들로부터 수천억 원대의 뇌물을 받아 구속되는 등 부정부패 정권으로 낙인찍히면서 국민들에게 실망을 안겨주었다.

신군부 세력으로 대통령에 오른 전두환·노태우 두 대통령은 12·12군사반란과 5·18민주화운동 무력 진압, 부정축재 등의 혐의로 각각 사형과 무기징역을 선고받고 2년가량 복역했다.

김영삼 전 대통령은 경제정의 실현과 금융실명제 실시, 군부 세력의 탈정치화 등의 성과를 거두었으나, 전시성 정책 남발로 신뢰를 잃었고, 경제 부실화가 빠르게 진행되었다. 민주화 시대를 연 김영삼 전 대통령 본인은 비교적 깨끗한 정치인이었지만, 재임 시절 아들이 구속되는 등 부정부패의 불운을 피해 가지 못했다. 결국, 정권 말기에 외환위기를 맞음으로써 경제적으로 실패한 대통령이 되었다.

김대중 전 대통령은 국제통화기금 관리 체제 위기를 극복했고, 기업 · 금융 · 공공 · 노동 등 4대 개혁을 밀어붙였다. 또 햇볕정책을 추진했지만, 일각에서는 퍼주기 식 대북 정책에 대한 반론이 지속되고 있다. 김대중 전 대통령도 임기 말 차남 김홍업과 3남 김홍걸이 기업체에서 청탁 명목으로 금품을 수수한 혐의로 구속 기소되면서 대통령이 직접 대국민 사과까지 해야 했다.

노무현 전 대통령은 정경유착 탈피, 탈권위주의라는 측면에서는 성과를 도출했지만, 부동산 가격 폭등, 양극화 심화, 국가 채무 증가 등은 분배, 복지, 자주를 강조한 참여정부 5년의 성적표를 초라하게 만들었다. 정치 개혁과 높은 도덕성을 앞세워 참여 정부를 탄생시킨 대통령이었지만, 그 역시 일가(아들, 딸, 형)와 측근의 부정부패로부터 자유롭지 못했고, 결국 스스로 운명을 마감하는 세계사에 유례없는 불행한 대통령이 되었다.

이명박 전 대통령은 세계 경제위기 극복, G20 회의 유치 등 경제적 · 외교적으로 성과가 있었지만, 소통의 리더십이 부족했다. 더욱이 747공약(성장률 7퍼센트, 국민소득 4만 불, 세계 7위 경제대국)을 무리하게 밀어붙이려다 지나친 저금리와 고환율, 대규모

투자 정책 등 경제에 구조적 부담을 가중시켰다는 비판을 받고 있다. 특히 4대강 사업을 무리하게 추진하여 국민의 공감대를 얻지 못했고, 역대 대통령들처럼 임기 말 친인척 측근 비리로 불행한 퇴임을 맞았다.

박근혜 전 대통령은 국정원 특수활동비 35억 원을 상납받는 등에 대한 재판결과 징역 22년을 선고받고 영어의 몸이 되었다. 전직 대통령이 비리로 구속되는 등 국가적 불행을 초래하고 있다. 대통령을 비롯한 국가 위정자들은 국가와 민족을 위해서는 부모 등 사사로운 정에 얽매이지 않아야 한다는 것으로 우리의 대통령들에게는 각별한 의미로 새겨들어야 할 가치가 있다.

최근 많은 정치인들이 모두 대통령이 되겠다고 예비경선에 출사표를 던지고 있다.

우리나라의 대통령 리더십을 살펴볼 때, 편협한 이념과 역사의식을 올바른 정치철학으로 착각하는 현상이 있다.

천하는 신기神器, 신령스러운 기물이라는 말이 있다. 작은 생선을 구울 때 조심스레 뒤집 듯 세상을 함부로 다뤄선 안 되는 것이다. 최근 위정자들이 공정과 정의의 기준을 마구 재단하여 통치하다보니 위기가 지속되고 있다. 정치철학이 없는 정치공학은 사상누각임을 알아야 할 것이다.

한국의 전직 대통령들은 누구나 公功 · 과過가 있다. 공은 공대로 인정해 주고 과는 과대로 평가하는 역사적 인식과 더불어 재평가가 필요하다.

특히, 이승만 대통령은 과보다는 국가를 세운 국부國父 대통령으로서의 공을 높이 평가하고 박정희 대통령은 반만년 역사 이래 처음으로 우리 국민을 가난에서 탈퇴시킨 최초의 경제적 대통령으로 공을 바르게 평가해야 한다는 여론이 최근 일고 있다.

강정인 서강대 정치학교수는 2009년 11월 한국 정치사상학회(회장 서병훈) 주최로 열린 심포지엄 〈한국 정치의 진보와 보수〉에서 한국의 보수와 진보가 화해하려면 한국 현대사에서 그들이 기여한 정당한 몫을 찾아서 밝히는 것이 중요하다고 말한다. 보수 쪽에 대해선 "대한민국의 자랑스러운 역사는 이승만의 건국과 박정희의 경제발전만이 아니라 그들의 업적이 진보 세력의 끈질긴 투쟁에 의해 민주화로 귀결되었기 때문에 비로소 가능했다는 점을 받아들여야 한다."라고 지적했다.

동시에 진보 쪽에 대해서도 "자유민주주의와 자본주의를 근간으로 한 이승만과 보수 세력의 건국, 그리고 박정희 정권의 경제발전을 토대로 하여 1987년의 민주화가 가능했고, 또 그것이 지속가능한 민주주의로 전개되었다는 점을 인정해야 한다."라고 주장했다.

역사에는 언제나 명암이 있게 마련이다. 전직 대통령을 선과 악의 잣대만으로 통치 결과를 판단하는 것은 오류를 범한다.

단재 신채호는 "역사를 비하하는 사람은 역사를 말할 자격조차 없다."라고 했다. 프랑스 정치 철학자 시몬 바일은 "과거를 파괴하는 것은 모든 죄악 중에서 가장 큰 죄악이다"라고 했다. 우리가 전직 대통령을 격하시키면 국가도 국민도 격하된다. 그리고 미래는 오늘의 대통령을 또다시 격하시킨다. 역사와 전통을 격하시키는 나라는 결코 위대한 미래를 창출할 수 없다.

우리도 미국처럼 우리 대통령의 공과를 바르게 평가하여 역사적 측면에서 재정립하는 과정이 필요하다. 훌륭한 대통령의 공적功蹟은 국가의 공적이며 나아가 국민의 공적이다. 대통령과 국민의 지혜를 모아 대통령의 공적을 많이 쌓아 성공한 대통령, 존경받는 대통령이 되도록 리더십 문화를 조성해야 한다.

제왕적 대통령 제도와 단임제의 한계

역대 대통령들이 취임사에서 한결같이 국민에게 약속하고 다짐하는 대목이 있다. 경제의 자립과 발전, 준법과 국가기강의 확립, 부정부패의 척결과 일소가 그것이다. 이러한 약속에도 박정희와 최규하를 제외한 전두환, 노태우, 김영삼, 김대중, 노무현, 이명박, 박근혜 전 대통령 모두가 자신 또는 가족들이 거액의 뇌물을 받는 범죄를 저질러 국민을 배신했다. 우리 국민의 염원은 "이 같은 절대 부패의 불행한 업보를 완전히 끊어낼 수 있는 장치는 없을까?"이다.

전임 대통령 중 대부분이 퇴임 후 행복하지 못했다. 대한민국 대통령에겐 왜 이런 불행이 반복되는 걸까? 정치학자들과 정치인들은 제왕적 대통령제의 폐단을 첫째 이유로 꼽는다. 헌법상 입법·사법·행정 삼권분립 시스템을 갖추고 있으나 권력은 행정부 수장인 대통령에게 집중되어 있다. 권력의 3대 축인 검찰총장, 국세청장, 국가정보원장은 물론 사법부 수장인 대법원장까지 대통령이 인사권을 좌우하고 있다. 한 정치학과 교수는 "우리나라 대통령제는 사실상 절대 권력에 가깝기 때문에 재임 중에는 견제가 제대로 이루어지지 않는다."라면서 "대통령의 권력을 제도적으로 견제할 수 있는 장치가 마련되어야 한다."라고 강조한다.

전문가들은 제왕적 대통령제에서 절대 권력은 절대적으로 부패하므로 차제에 권력 시스템을 바꿔야 한다고 주장한다. 이제 우리는 개헌을 심각하게 고민해야 한다. 5년마다 도박판같이 수단방법을 가리지 않고 당선에 혈안이 되어 있다. 그러다 보니 승자독식의 대통령제에 대한 폐단이 심화되는 실정이다.

미국의 양원제와 프랑스의 이원집정부제 등과 같이 대통령의 권력을 제도적으로 감시하고 제어할 수 있는 시스템이 우리나라에는 없다. 더욱이 전직 대통령의 비리를 파헤쳐야 재임 시 대통령의 지지율이 올라간다고 보는 정치권 시각도 문제가 된다.

미국 대통령의 가장 큰 꿈은 재선에 성공하는 것이다. 재선에 성공하지 못했다는 것은 한마디로 국민들로부터 불신임을 받았다는 증거이며 실패한 대통령인 것이다. 지금까지 44명의 대통령 중 재선에 실패한 사람은 10명에 불과하다. 그렇기 때문에 처음 대통령에 당선이 되면 '어떻게 하면 국민의 지지를 받는 정치를 할까?' 하고 노심초사한다. 그러면서 자연스럽게 국민을 두려워하고 임기 마지막까지 국민의 뜻에 맞는 정치를 하게 된다는 것이다.

이런 점에서 볼 때 우리나라의 대통령 단임제는 심각한 문제가 있는 제도다. 『성공한 대통령 실패한 대통령』에서 저자 김충남은 "오늘의 한국 현실에서 성공하는 대통령이 나오기는 쉽지 않다. 이것은 누구도 바라는 바가 아니지만, 그것은 피할 수 없는 현실이며 심각한 문제가 아닐 수 없다."라고 진단했다.

아무리 유능한 정부라고 해도 모든 주요 정책을 몇 년 만에 완벽하게 해결할 수 없다. 적어도 10년 이상의 원대한 장기구상과 장기

전략에 입각하여 일관성 있게 밀고 나가야 한다. 그러나 현실은 그렇지 못하다. 대통령 임기 5년은 세계에서 가장 짧은 것이다. 장관이나 대통령 참모진의 재임기간이 1년도 안 되는 나라는 세계에서 유례를 찾기 어렵다.

국가 경영의 책임을 진 사람들의 전문성도 팀워크도 만족스럽지 못할 수밖에 없다. 해야 할 일은 너무나 많고 그것도 얽히고설켜서 마음대로 되지 않는다. 대통령은 하루하루의 바쁜 일정에 끌려 다녀야 한다. 이런 상황에서 어떻게 성공하는 대통령, 성공하는 정부를 기대하는 것은 어려운 실정이다.

국가 경영이라는 관점에서 보면 너무 짧은 기간이다. 대통령 취임 후 1년은 팀을 짜고 국정을 파악하며 계획을 세우는 데 보내야 한다. 마지막 1년은 대통령선거를 하고 정부 이양을 준비해야 한다. 제대로 일할 수 있는 기간은 3년 정도에 불과하다.

한 가정의 계획을 세우고 실천하는 데도 1~2년은 걸리는데 하물며 국가 경영을 그렇게 짧은 기간에 어떻게 제대로 할 수 있겠는가? 그래서 국가 발전은 과거 정부의 정책을 계승하고 발전시키면서 하나하나 쌓아 나가야 한다. 과거와 단절한 채 이룩하기는 어려운 것이다.

정치가 안정되어 가고 국가 발전 계획도 장기간에 걸쳐 일관성 있게 적극 추진되는 나라가 체계적으로 발전할 수 있다. 싱가포르의 리콴유 수상은 권위주의라는 비판을 받았지만 40여 년에 걸쳐 조그마한 도시 국가를 세계 경쟁력 1위의 나라로 만들어 우리나라 약 2배의 국민 GDP나라가 되었다. 독일의 콜 수상은 16년 넘게 재직하면서 독일의 통일을 이룩했고 이어 메르켈 수상도 18년 동안 능력, 수완, 헌신 및 성실함으로 독일인들을 이끌었다. 특히, 위법과 비리는 없었으며, 탁월한 리더십을 발휘했다. 따라서, '세계의 여인'이라는 별명을 얻었다. 그녀가 전 동독출신이면서도 독일은 물론, EU를 이끄는 탁월한 지도자가 되었다. 영국의 대처 수상도 10년을 재직하며 영국 경제의 경쟁력을 키웠다. 스페인의 곤살레스 수상도 14년을 넘게 집권하며 민주화 과정을 극복했다.

그러나 우리의 제왕적 대통령은 모든 것을 잘하려고 노력했지만, 제대로 이루어지는 것은 하나도 없다는 여론이다. 지지율에 전전긍긍하고 노심초사하는 게 일상이다 보니 임기가 끝나갈수록 마음은 지옥이고, 책임을 회피하려 한다. 여야를 가로질러 존경받는 대통령이 나올 수 있는 상황이 아니다. 대통령도, 국민도 불행해지는 나라이다. 2022년 3월 당선되는 대통령 이후로는 대통령 리더십으로 미래 비전과 프로세스로 승부해서 코리아 G3 강국의 기반을 구축하는 대통령이 되어야 할 것이다.

박정희 대통령 리더십 재평가

1961년 박정희의 등장의 의미는 정치적으로 군사 쿠데타지만 경제적으로 볼 때에는 경제 혁명이었다. 국가 최고 지도자는 백성들을 행복하게 하는 핵심이 경제력이라는 것을 확신했다. 유신헌법은 잘못이지만, 나라를 가난에서 벗어나게 한 그의 피땀눈물에 경의를 표하고 싶었다. 박정희 대통령이 포항제철과 경부고속도로를 만들지 않았다면 우리가 지금 어떻게 살았을까?

경제력은 결국 기업이 만든다고 믿고 샛길 기웃거리지 않고 오로지 그 한길로 매진했으며 우리 역사 최초의 대사건인 새마을운동의 횃불을 올리는 계기가 되었다. 박정희 대통령은 우리나라의 전통적인 사농공상을 뒤집어 상공농사로 간 최초의 혁명적 역사 인식으로 무에서 유를, 불가능에서 가능으로 만드는 경제혁명의 성과를 가져와 국내보다 해외에서 높이 평가하는 글로벌 리더다.

지금 만일 경부고속도로 공사를 한다고 하면 돈은 둘째 치고, 환경 평가 등의 걸림돌이 많아 계획대로 못했을 것이다. 천성산 굴 하나 뚫는데 비구니 스님 한 분의 단식으로 인해 수조 원을 낭비하는 나라가 되었다. 이 돈을 그들이 그토록 강조하는 사회안전망에 투자했다면 얼마나 칭송을 받겠나 하는 아쉬움이 남는다. 정말로 박정희의 통치 리더십, 경제 리더십은 우리나라를 대단한 나라로 만들었다. 경부고속도로가 나라를 북에서 남으로 대동맥을 뚫었다. 생태계가 일부 파괴되고 차단되었을 것이다. 그러나 파괴된 환경에 적응하는 동·식물들의 생존을 위한 자연의 섭리가 또다시 작동할 수 있다. 이 파괴를 통한 수많은 재창출, 재창조 효과는 경부고속도로가 국가의 경제 산맥의 중심축 역할을 하고 있음을 보여준다.

서울과 지방 사이의 간격이 좁혀져 문명의 혜택이 원활하게 소통됐고 특히 농어촌 지역에 총체적으로 엄청난 이득이 돌아 '개천에서 용 나는 역할'을 톡톡히 하고 있다. 그런데도 고속도로 입구에 그 흔한 박정희 송덕비 하나 없는 이상한 나라라고 말한다. 박정희에 대한 솔직한 재평가와 재조명이 필요하다고 판단된다.

우리나라 건국의 국부 이승만이 있다면 경제의 국부인 박정희가 있다. 박정희는 국가를 부국강병으로 인도한 걸출한 국가적 리더이자 세계적 리더라 생각한다. 싱가포르 리콴유 전 총리는 아시아에서 박정희, 덩샤오핑, 히데요시를 최고의 리더로 꼽는다.

세계의 위대한 리더 중 털어서 먼지 안 나는 사람과 기업이 얼마나 있겠나? 미국의 최고 위대한 대통령 링컨도 사후 100년 뒤에야 위대한 대통령으로 평가받았고 당대에는 독재자나 폭군으로 불리는 등 호의적인 평가를 못 받았다고 했다.

박정희 대통령의 공·과를 냉정하게 따진다면 공이 훨씬 크다고 국내외 모두가 인정하는 분위기다. 특히 중국 등 외국에서는 박정희의 리더십을 더욱 평가한다. 중국이 나가야 할 길을 먼저 달려가 실적으로 보여준 사람이 박정희였기 때문에 중국의 덩샤오핑도 박정희 리더십을 높이 평가하고 벤치마킹했다고 한다.

박정희의 경제개발 성공은 민족적 한(恨)인 빈곤으로부터 해방이라는 역사적 의미뿐만 아니라 한국의 기적을 일으켜 세계적 경탄의 대상이 되었다. 개발도상국 경제개발의 모델이 되었다는 의미도 있다. 최근 한국 경제를 배우려고 세계가 주목하고 배우러 온다. 경제뿐만 아니라 자주국방을 향한 집념 등은 부국강병의 국가적 토대를 마련했다.

또한 박정희 대통령의 시대정신이 반영된 새마을운동은 대한민국 5천 년 역사의 고질적인 폐습을 일거에 혁파한 정신력인 동시에, 한국 사회의 계층 및 지역 격차와 불평등을 없애려고 노력한 혁신적인 평등운동이자 문화운동이었다. 새마을운동을 통해 평등이라는 사회적 토대가 마련되면서 비로소 민주주의의 토양이 조성된 것이다.

국가적인 측면에서 역사와 사회에 국가적 공헌을 한 것이 크다면 그 공적을 인정해 주어야 한다. 그러나 일부에서는 작은 흠을 침소봉대하여 아예 박정희의 탁월한 리더십을 평가절하하고 있다.

우리 현대사는 산업화와 민주화를 50여 년 만의 기간으로 동시에 성공시켜 한강의 신화를 창조했다. 그럼에도 '부끄러운 대통령' 상만 부각시키고 있다. 링컨은 6 대 4 정도의 공·과를 가지고 있지만 미국 전직 대통령 중 가장 위대한 대통령이다. 정치적 허물과 갈등을 용광로 속에 녹여 국가 발전으로 가는 동력으로 활용하고 있다. 이런 선진국의 정치적 지혜가 우리에게도 긴요하다.

미국, 중국, 일본 등 주요 강국들은 공보다 과가 더 많더라도 국가적 인물에 대해서는 자국의 미래를 위하여 영웅 만들기에 혈안이 되어 있다.

'국부國父' 마오쩌둥 전 주석은 독선으로 일관한 통치자였다. 특히 무모했던 대약진운동, 광기 어린 문화혁명, 6·25참전 등에서 수천만 명이 죽어나갔다. 일부 중국 지식인들은 "술酒 마오 때문에 중국이 30년을 허비했다."라는 격한 발언을 하곤 한다. 그럼에도 톈안먼天安門에 걸린 그의 사진은 철거되지 않았고 광장 남쪽 마오쩌둥 기념관에 안치된 시신이 훼손되지도 않았다. 베이징대학교의 한 교수는 "덩샤오핑 전 주석 시절, 마오쩌둥 전 주석에 대한 평가는 이미 끝났다. 역사가들은 공과 과가 모두 4대 6 정도이지만 마오쩌둥은 여전히 중국의 새로운 시대를 연 국부"라고 평가했다.

니얼 퍼거슨Niall Ferguson은 《니얼 퍼거슨의 시빌라이제이션Civiliztion》(21세기북스, 2011)에서 20세기에 산업화를 시도한 아시아의 호랑이들 중 민주적인 제도를 채택한 국가는 없었고, 어떤 국가의 경우든 경제적 성공 뒤에 민주화가 뒤따랐다는 것을 실례로 증명하고 있다. 경제적 토대 없는 민주주의는 사상누각沙上樓閣에 불과하다는 것을 고려할 때, 당시 빈곤국가에 머물렀던 대한민국을 지배한 시대정신은 '국민의 자유권 신장', '국민에 의한 정치', '민주화'보다는 '국민의 생존권 보장', '국민을 위한 정치', '산업화'가 우선이었다고 말할 수 있을 것이다.

　대한민국 선진국 진입은 박정희 근대화 혁명과 탁월한 경제 리더십의 결과물이다. 박정희는 백년대계의 경제 정책과 전략을 경제 리더십으로 꽃을 피운 인물이다. 더욱이 민족의 한, 가난을 물리치고 새마을운동으로 근대화 혁명을 성공시켜 국내보다 외국에서 더 알아주는 세계적 지도자이다.

3

정치인이 국민에게 큰 짐

국민이 정치인을 걱정하는 세태

21세기 대한민국 정치인들은 '정치는 나라를 바르게 하는 것政者 正史'이며 '국가는 최선을 다하는 삶을 실현하는 공동체'라는 당위성을 망각하고 있다.

국민 대중은 우중愚衆이 되기도 하고, 현중賢衆이 되기도 한다. 국민들은 21대 국회의원을 뽑아준지 2년여 만에 우중이 되었다는 여론이다. 4류 정치의 정쟁에 매몰되어 국민들마저 우중이 되도록 만들었다고 해도 과언이 아니다.

4류 정치인의 부정부패와 도덕적 해이가 극에 달했다는 여론이 지배적이다. 선거부정을 일삼는 국회의원들의 자세로 법안을 만든다는 것은 자기모순이다. 이제 정치권은 스스로 자정운동을 통해 깨끗한 정치위상을 세워야 한다.

이러한 현상은 정의 · 법치 · 민주라는 최대 공공자산이 권력의 도둑정치로 희생되었다고 말한다. 최대의 공공 자산을 권력이 노략질해 대중 독재를 정당화한다는 여론이 돌고 있다. 우리나라 정치는 외적으로는 위민정치이고, 내적으로는 민주주의가 파괴된 도둑정치라는 오명을 뒤집어쓰고 있다.

우리 사회에서 정치와 정치인에 대한 국민의 신뢰와 기대는 매우 낮다. 각종 여론조사 결과가 이를 잘 보여주고 있다. 덧붙여 정치와 정치인에 대한 국민들의 혐오감이 널리 퍼져있는 것도 부인하기 힘든 사실이다. 미국의 신학자이자 정치개혁가인 제인스 프리먼 클라크(1810-1888)의 경고를 귀담아 들을 필요가 있다. "정상배 정치꾼은 다음 선거를 고민하고 올바른 정치인은 오직 국가와 후손을 고민한다."라고 지적했다. 올바른 정치인은 국가를 위해 봉사하고 정상배 정치꾼은 사리사욕을 위해 수단방법을 가리지 않기 때문이다.

정치인들은 국익을 위해 보수, 진보 상관없이 신념을 일부 양보하고 타협하려는 노력이 필요하다. 최근 정치권은 갈등을 스스로 해결하지 못하고 사법부에 떠넘기고 있는 상황이다. 4류 정치인들은 그 역할이 점점 축소되고 최종적 판단을 책임지게 된 사법부는 온갖 정치적 갈등과 다툼에 휩싸이고 있다. 정치는 사법부가 하고 있고, 정치인은 사리사욕을 채운다는 이미지가 국민들이 생각하는 대한민국의 4류 정치이다.

이는 국가와 국민, 정치인 모두에게 불행한 일이다. 정치란 무엇인가? 정치란 사회적 의사결정과 직결되어 있다. 우리가 몸 담고 있는 공동체의 이익을 증진시키고 국민 다수의 이해관계에 부합하는 의사결정을 이끌어 내는 것이야말로 정치와 정치인이 해야 할 가장 중요한 과업이다.

그리스 철학자 플라톤은 『국가』에서 '정치를 외면한 가장 큰 대가는 수준 낮은 자들에게 지배당하는 일'이라는 의미심장한 말을 남겼다. 동서고금을 막론하고 국가, 사회의 갈등과 반목은 늘 있어 왔다. 이것을 해결하는 것이 정치로서, 바른 정치는 다름을 배척하지 않고 갈등을 바로잡아 앞으로 나아가게 한다.

금태섭 전 더불어민주당 의원은 2020년 11월 14일 "300명 국회의원들을 불러다가 '당신, 왜 정치하느냐?'고 물어보면 '나는 이것 때문에 정치한다'고 답하는 사람을 찾기 쉽지 않다."라고 말했다. "과거 목표가 분명할 땐 정치인들도 목표가 분명했고 왜 정치하는지 쉽게 말할 수 있었다. 우리 사회가 어느 정도 자리 잡히고, 복잡해지면서 나아갈 방향을 한마디로 하기가 어려워졌다."라고 설명했다.

필자는 일찍이 『대한민국 리더십을 말한다』에서 3류 정치 리더십에 대해 논한 바 있다.[33]

근간 국민들은 국회의원 등 정치인들을 3류로 여기며 비하하고 국회의원 특권을 모두 내려놓으라고 질타하고 있다. 심지어는 적폐의 근원이라고 원망하며 국회의원 소환 제도를 입법화하기를 원한다. 김영란법 대상 1호가 김영란법에서 제외된 것은 3류가 아니라 5류 수준의 집단에서나 가능한 행태라는 여론이다. 국회의원들은 빠른 시일 내에 모든 특권을 내려놓는 혁신적인 조치를 취해야 국민들이 공감하고 감동하여 존경하는 1류가 될 것이다.

----

33 최익용, 『대한민국 리더십을 말한다』, (스마트비지니스, 2010) pp. 102~113.

정치인들은 내우외환의 위기를 외면하고 과거의 적폐 논란으로 정치적 공방만 벌일 것이 아니라 문제가 있는 부분은 검찰 수사 등 사법적 판단에 맡기고 정치는 정치가 할 일을 해야 한다. 우리 정치의 사분오열 현상은 불신과 분열로 엉켜 있으므로 자아진단을 통해 수신과 성찰의 의정 활동이 절실하다. 정치인이라면 정치 원리와 이치를 잘 꿰뚫고 역사의 흐름을 잘 파악하여 국민을 안정시키고 민심을 얻는 정치를 펴야 한다.

국민 불신 1호 - 4류 정치인

　　일찍이 한비자는 "태산에 부딪혀 넘어지는 사람은 없다. 사람을 넘어지게 하는 것은 작은 흙더미다."라고 말했다. 이명박 정권 시절에 방송계의 황제 소리를 들었던 최시중 방송통신위원장은 양재동 파이시티 인허가를 미끼로 수억 원을 받은 혐의로 법정에 섰다.

　　"인생의 황혼기에 작은 흙더미에 걸려 넘어졌다."라고 70 중반의 나이에 회한의 눈물을 흘렸다. 말솜씨와 지략으로 언론의 주목을 받으며 이명박 정권 탄생에 일등공신 역할을 했던 정두언 전의원도 비명에 생을 마감했다. 그는 '만사형통'이라는 세간의 비아냥을 받던 대통령의 형을 물고 늘어지다가 흙더미를 잘못 밟고 권력에서 멀어진 것으로 알려졌다. 깨끗한 진보정치의 대명사인 노회찬 정의당 대표는 4천만 원과 고결한 목숨을 바꿨다.

　　정치인에게 주는 돈은 공짜가 없다. 가시가 달린 생선이라 삼키면 목구멍에 걸리게 되어있다.

　　가짜 수산업자에게 고급 자동차를 접대받은 박영수 특검이 서슬 퍼런 자리에서 내려왔다. 그가 누구인가? 박근혜 대통령을 탄핵으로 몰고 간 특별검사(포청천)이 아니었던가? 어디 그뿐인가?

도덕적으로 깨끗하다고 자부해 온 민주화 시민운동가들이 권력의 단맛에 취해 하루아침에 나락으로 떨어진 사례는 열거할 수 없을 정도로 많다.

대통령 측근의 이른바 실세들은 한결같이 도덕적 오만함의 뒤에 자신을 가리고 냄새가 진동하는 분토에 걸려 넘어졌다. '정치인은 교도소의 담장 위를 걸어가는 것'이라는 비유까지 회자되고 있다. 한 발 헛디디면 교도소에 떨어지게 되어 있다. 정치와 권력의 세계에서 돈과 여자를 비껴가기는 참으로 어렵다.

한비자는 진시황의 부름을 받고 진나라의 수도 함양에 갔다가 동문수학한 승상 이사의 모함에 걸렸다. 천재인 그도 이사가 쳐 놓은 그물에서 빠져나갈 수 없음을 알고 옥중에서 49세의 나이로 꿈을 펴지 못하고 음독했다. 자신이 말했던 흙더미에 걸려서 넘어진 것이다.

절대권력을 꿈꾸던 이사도 불알이 거세된 내시 조고의 간계에 걸려 아들과 함께 함양성 교외에서 처형당했다. 일인지하 만인지상의 영화를 누렸던 그의 마지막 희망은 아들과 함께 누렁이를 데리고 함양 교외를 산책하는 것이었다.

집권 말기에 접어들면 청와대와 권력의 중심에 섰던 인물들이 국민의 지탄을 받는 사건사고로 감옥살이를 하는 것은 5년마다 벌이는 물고 물리는 한풀이 정치 데자뷰를 보는 듯하다.

세계경제포럼World Economic Forum의 여론조사 결과 정치인 불신도에서 한국은 85%로서 한국의 많은 국민들이 정치인들을 신뢰하지 않는 것으로 나타났다. 싱가포르는 3%로 정치인에 대한 불신이 거의 없어 매우 대조적이다.

또한 서울대 리더십 센터에서 조사한 자료에 따르면 우리나라 엘리트 집단의 공공 리더십 지수는 전반적으로 낮게 나타났다. 942점 만점으로 분석된 엘리트 집단의 공공 리더십 지수를 보면 시민단체 대표가 382.25점, 기업 최고경영자가 371.29점이었으며, 정치인과 지식인 집단은 각각 319.99점과 310.70점으로 아주 낮았다. 여러 엘리트 집단 가운데 정치인 집단이 특히 낮은 점수를 기록한 것이 눈에 띈다. 불행하게도 정치계 리더는 전문성, 도덕성, 능력, 자질 결여 등 리더로서의 결격 사유가 많아 '정치다운 정치'를 기대하기는 어려운 실정이다. 대화와 타협이라는 의회민주주의의 원칙은 실종되었고, 정치권은 부패, 무능집단으로 국가위기를 초래한 책임이 가장 커서 지탄의 대상이 되고 있다.

동아대 이대규 명예교수는 기고문에서 다음과 같이 말한다.[34]

한국이 선진국으로 우뚝 서기 위해서는 무엇보다 정치권의 뼈아픈 반성과 피나는 노력이 선행되어야 한다. 정치권은 'Going Together' 캠페인을 통해 상대주의적, 공리주의적 그리고 합리주의적인 선진 정치문화 풍토를 조성해 나가야 한다. 정치권은 선진 한국 건설을 위해 견제하고 경쟁하면서 서로 도우며 함께 걸어가는 참신한 모습을 이제는 국민에게 보여주어야 한다.

1880년에 황쭌셴(황준헌)은 일본을 방문한 조선 수신사修信使 김

----

34 http://www.kookje.co.kr/news2011

홍집에게 『조선책략』을 증정하며 조선이 당리당략으로 싸움만 하는 현실을 연작처당燕雀處堂으로 비유하면서 조롱했다. 연작처당은 '처마 밑에 사는 제비와 참새'라는 뜻으로, 편안한 생활에 젖어 위험이 닥쳐오는 줄도 모르고 조금도 경각심을 갖지 않는 것을 비유하는 고사성어이다. 마치 우리 정치인들이 위중한 나라의 위기 앞에서도 집안싸움에 정신없는 행태가 연상된다.

특히 국민을 무시하고 막말을 쓰는 행태가 현재 정치인 수준을 말하는 것 같다. 철학자 비트겐슈타인은 '내 언어의 한계는 내 세계의 한계'라고 했고, 키케로는 '당신의 입에서 나오는 말의 무게를 저울에 달아 보라'고 했다. 일정한 지휘에 오른 사람은 어휘 선택과 문장 구성에 자신의 삶에서 우러나온 인격과 품위를 담아야 한다.

정치인은 수기치인修己治人이어야 한다. 자신의 인격을 제대로 닦은 뒤에 남에게 봉사하는 치인治人의 일을 해야 한다는 의미이다. 정치인들은 노자의 말을 깊이 새길 필요가 있다.

탁월한 리더는 있는 듯 없고 없는 듯 있는 사람, 보통의 리더는 사람들이 갈채하며 따르는 사람, 최악의 리더는 사람들에게 손가락질 받는 사람, 최상의 리더는 말을 최소한으로 하고 과업이 완성되어 큰 목적이 달성되었을 때 사람들의 입에서 "우리가 스스로 해냈다."라는 말이 나오게 하는 사람이다. 한국정치인의 과제는 분열, 대립과 소모적 정쟁을 지양하고 여·야간 정책대결을 통해 진정한 의미의 입법기관의 역할을 충실히 수행하여 선진국을 건설하는 것이다.

김도연 전 포스텍 총장은 다음과 같이 말한다.[35]

어느 시기부터 대학교수가 정치판 주변으로 모여드는 게 일상적 모습이 됐다. 과거에는 이를 '어용 지식인', '폴리페서'로 분류했는데, 요즘에 이들은 자칭 '참여 지식인'이라고 말하고 있다. 교수의 도덕성이 일반 사람보다 나을 리 없지만, 학생을 가르치는 직업이라 스스로 경계하는 면은 있을 것으로 여겼다. 하지만 조국 법무부장관 후보자의 뻔뻔함을 보면서 그런 막연한 기대도 접었다.

대선 철이 되면 캠프마다 교수 1000명씩 동원되니, 우리 사회가 대학을 신뢰하겠나. 학생은 교수에게 지식만 전수받지 않는다. 삶의 자세도 배우는 것이다.

동서고금의 모든 나라에서 지도층의 인성이 살아 있지 않으면 그 사회·국가의 미래는 밝을 수 없다. '윗물이 맑아야 아랫물도 맑다.'는데, 이렇게 윗물이 혼탁하니 국가 장래가 걱정스럽다. 더욱이 외부에 드러난 비리는 빙산의 일각이며, 실제 저질러진 비리와 부정부패는 가늠조차 할 수 없다.

정치학의 아버지라 불리는 마키아벨리에 따르면 "시간이 흐르면 도덕성도 함께 부패하고, 치료를 하지 않으면 도덕성의 부패는 그 나라 정체성의 파멸을 불러온다."라고 했다. 너무도 정확한 표현이다.

현재 EU 등 선진국에서는 정치를 봉사하는 직업으로 명예를 중히 여겨 봉급이 없는 나라가 많고 부정비리는 거의 없다. 그들은 국회의원이 힘들어 못 하겠다는 소리가 나올 정도이다. 북유럽국가 국

---

35 www.chosun.com/site/data/html_dir/2019/08/18/2019081801937

회의원들은 대중교통을 이용하며 보좌관도 없다. 법안을 발의하거나 대정부 질의를 할 때는 자정을 넘어 퇴근하는 것이 다반사다. 특히 스웨덴에서는 가장 고된 직업이 정치인이다. 1995년 잉바르 칼손 총리가 하야를 천명하고 집권 시민당이 총리후보 5명을 추렸으나 그중 4명이 총리직을 거부했다. 반면 우리나라 국회의원들의 혜택은 세계에서도 으뜸가는 실정으로 200여 개의 특권(불체포 및 면책, 세비 등 30여억 원)을 누리고 있다. 지금까지 용두사미로 그친 특권 내려놓기 약속을 이젠 지켜야 한다는 것이 국민의 여망이다.

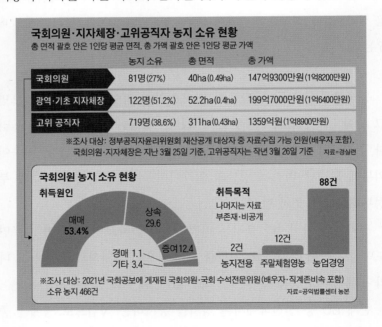

국회의원·지자체장·고위공직자 농지 소유 현황
총 면적 괄호 안은 1인당 평균 면적, 총 가액 괄호 안은 1인당 평균 가액

	농지 소유	총 면적	총 가액
국회의원	81명(27%)	40ha(0.49ha)	147억9300만원(1억8200만원)
광역·기초 지자체장	122명(51.2%)	52.2ha(0.4ha)	199억7000만원(1억6400만원)
고위 공직자	719명(38.6%)	311ha(0.43ha)	1359억원(1억8900만원)

※조사 대상: 정부공직자윤리위원회 재산공개 대상자 중 자료수집 가능 인원(배우자 포함).
국회의원·지자체장은 지난 3월 25일 기준, 고위공직자는 작년 3월 26일 기준   자료=경실련

국회의원 농지 소유 현황

취득원인
매매 53.4%
상속 29.6
경매 1.1
기타 3.4
증여 12.4

취득목적
나머지는 자료
부존재·비공개
농지전용 2건
주말체험영농 12건
농업경영 88건

※조사 대상: 2021년 국회공보에 게재된 국회의원·국회 수석전문위원(배우자·직계존비속 포함)
소유 농지 466건
자료=공익법률센터 농본

최근 시대를 반영하는 지혜로운 정책이나 올바른 국가의 설계보다는 진영논리에 기대는 정치 패거리가 활개치는 현실이 안타깝다. 진영을 떠나 올바른 정치는 적극 지지하고 잘못된 권력은 엄중히 경고하는 이상적인 정치문화가 간절히 필요한 시대이다. 결국, 정

치적 허무주의와 냉소만 부르는 오늘날의 정치는 역사의 수레바퀴를 뒤로 돌려 역사의 죄를 짓는 나쁜 행태이다.

김기현 국민의 힘 원내대표는 "한때 대한민국 체제를 뒤집으려고 했던 사람들이 그 대한민국에서 가장 많은 혜택을 누리며 이제 '꼰대 · 수구 · 기득권'이 돼 가장 많은 해악을 끼치고 있다."라며 '586'(50대 · 80년대 학번 · 60년대생)의 세대교체를 역설했다.

한국 정치가 좀처럼 나아지지 못하고, 나쁜 역동성의 정치가 악화되고 있는 실정이다. '국가와 국민을 위해 일한다.'라는 정치의 근본을 망각하고 오직 출세, 이기주의에 함몰되어 있다. 진정한 서번트, 경세經世 리더십은 찾아볼 수 없다.

윤평중 교수는 "586세대는 오랫동안 사회의 기득권을 누렸다. 1997년 외환위기와 정권교체라는 시대변화 속에서 이들은 30대부터 정치 · 경제 권력의 핵심에 들어서서 20년간 그 자리를 지켰다. 과거엔 민주화에 헌신한 공功이 있었지만, 이제는 과過가 많아졌다고 본다."라고 말했다. 국민들은 정치권에 혁명적 변화가 일어나길 고대하고 있다. 아직은 바람 현상이지만 태풍으로 바뀌어 정치인의 세대교체를 이루는 진정한 정치혁명이 되길 기대하고 있다. 진보와 보수의 당 체제를 떠나 민주당은 운동권에서 벗어나 합리적인 진보당으로 변하고, 국민의 힘은 합리적인 보수당으로 진화하여 진정으로 나라와 국민을 위한 정치가 가시화되기를 열망하는 것이 민심의 현주소라고 할 수 있다. 이러한 열망을 띤 민심을 겸허하게 수용하여 정치 리더십이 본연의 자리를 되찾기를 기대해 본다.

고위 공무원의
무능력과 정치화

목민관의 솔선수범과 아전의 순종

대한민국 헌법 1조는 '이 나라의 주인은 국민이다.' 7조는 '공무원은 국민의 봉사자다.'라고 되어 있다. 공무원은 국민의 공복으로서 오직 국민을 향해 바라보고 가야 한다. 충성을 다하고 청렴하며 정의로워야 한다는 의미이다. 국가의 일을 처리하는 공무원은 공익을 최우선시해야 하고, 사리사욕을 추구해서는 안 된다. 국가는 엘리트 집단의 것이 아니라 주권자 국민 모두의 것이기 때문이다.

대한민국 공무원은 국민들이 선망하는 직업으로 기대도 크다. 공무원들은 국민들에게 모범을 보이고 선진국의 공무원처럼 빛과 소금의 역할을 해야 한다. 그러나 공무원들의 군림하는 행태가 개선되지 않고 무사안일주의로 예산낭비는 물론 효율성이 낮다는 것이 국민들의 지배적인 여론이다. 더욱이 패거리 문화와 부정부패는 음성화되어 가고 있다. 주요 공직자들은 퇴직 후에도 영향력을 발휘하는 등, 관피아의 집단 문화가 상존하고 있어 국민 불만이 해소되지 않고 있다. 일부 공무원들은 선거 때마다 눈치보기식 행태에다 복지부동 근무 자세를 취하고 있어 영혼 없는 공무원이라는 소리를 듣고 있다. 더욱이 최근 일부 정치인의 공무원 길들이기에 겁 먹은 공무원들은 마치 홍위병 같다는 비난 여론이 일고 있다. 2020년 말 김태년 민주당 원내대표는 "어느 부처 공무원들이 겁 없이 집단 행동을 하느냐?"라고 했다. 대한민국 공무원들을 향한 경고이자 정당이 원하는 공무원의 표상을 말하는 듯하다.

2021년 대한민국 공무원은 110만여 명에 달한다. 공무원은 필요하지만 공무원이 많다고 과연 좋은 나라일까? 다산 정약용은 아전이 많을수록 나라에 해가 되고 백성에게 부담을 주기 때문에 아전의 수를 최소화해야 한다고 강조했다. 국가파산을 겪었던 그리스의 가장 큰 문제는 공무원 숫자가 지나치게 많다는 데 있었다. 최근 정부의 공무원 수가 급증하는 현실을 고려하여 그리스 사태를 반면교사로 삼아야 한다. 선출된 정치권력 앞에서 임명직 공무원들은 무력하다. 비단, 현 정부뿐만 아니라 보수, 진보를 망라한 과거 정부에서도 마찬가지였다.

대통령과 청와대가 거칠게 권력을 휘두르면 관료들은 바람보다 빨리 몸을 숙여 영혼 없는 충실한 테크노크라트로 전락하여 비난 대상이 되고 있다. 관료들은 무책임까지 4류 정치를 닮아가고 있다는 여론이다. 관료가 정치 논리에 굴복하면 정책 설계 역량이 급속히 퇴화하여 엉터리 부실 정책을 양산하게 된다. 더욱이 공무원들은 철밥통이라는 소리를 들어가며 특권계급화되어 가고 있다. 국민들은 공무원들이 갑이고 국민이 을이라고 생각한다. 민주주의 국가에서는 공무원이나 국민이나 모두 주인으로서 동등한 주체이므로 상호가 갑을 대상이 아니다. 구태여 갑을 관계를 따진다면 공무원이 공복이기 때문에 공무원이 겸허하게 을의 자세를 스스로 취해야 하나 공무원 우월주의 문화는 근절되지 않고 있다. 다양해진 소통 채널의 영향으로 공무원의 의식이 많이 개선되고 있는 점도 인정해야 한다.

국회 인사청문회에서 고위관료의 위장전입, 부동산투기, 세금탈루 등 적폐 유형이 매번 거론되어 낯이 뜨거울 정도이다. 특히, 일부 공무원들의 부동산 투기가 국민의 원성을 자아내고 있다.

한국토지주택공사LH 직원들의 내부 정보를 활용한 부동산투기 의혹이 잇따라 제기되어 국민들의 공분을 촉발한 사태의 파장은 매우 컸다. 또한 대전에 있는 관세청 산하 관세평가분류원(관평원)이 세종시 이전 대상이 아닌데도 예산 171억 원을 타내 세종시에 신청사를 짓고는 뒤늦게 이전이 무산됐다고 한다. 관련 부처는 세금 171억 원을 지원하고 세종시 아파트 공무원 특별 공급 대상으로 지정까지 해주었다. 일부 공무원들이 모든 정보를 독점하고 사익을 위해 재량권을 가지고 공권을 남용하고 있어 국민들의 불신이 하늘을 찌르고 있다.

또한 2018년 월성 원전 1호기 조기 폐지 사건을 들여다보면 백운규 전 산업통상부 장관이 월성 1호기 한시적 가동 건으로 보고서를 올린 것에 "너 죽을래?"라고 말하며 즉시 가동중단으로 보고서를 다시 쓰게 하는 일이 드러났다. 이런 일이 있다 보니 그 공무원들이 원전 폐쇄, 경제성 평가 조작, 공문서를 위조한 불법 출국금지

사건 등에서 범죄의 하수인으로 대거 등장했다.

다산은 '속리(束吏, 고위 공무원)'의 대원칙을 다음과 같이 말한다.[36]

아전(하급 관리관)을 단속하는 일의 근본은 자기 자신을 단속하는 데 있다. 목민관의 마음과 목민관의 마음과 몸가짐이 바르면 명령을 내리지 않아도 행정이 제대로 행해지지만, 바르지 못하면 아무리 명령을 내려도 행정이 제대로 돌아가지 않는다.

우리 공무원들은 정약용의 『목민심서』를 공직윤리의 교과서로 삼아 마음을 갈고 닦으면서 도덕성을 회복해야 한다. 도덕성은 청렴을 잉태하고 청렴은 지혜와 비전을 생성하는 토대가 된다. 공무원뿐 아니라 지도자들은 『목민심서』를 필독서로 지정하는 한편, 정약용의 청렴한 인격을 존경하여 수신과 성찰의 거울로 삼아야 할 것이다. 공무원들은 국민 세금으로 봉급을 받는 공직자다. 공직자는 국가와 국민에 대한 충성심과 애정을 바탕으로 국가 발전을 위한 정책 목표를 수립하고 이를 달성하기 위해 열과 성을 다하는 자세가 기본일 것이다.

국민 지탄받는 공무원 행태

과거에는 정치인들이 진영 싸움 및 포퓰리즘으로 비합리적인 정책을 밀어붙이려고 할 때마다 관료들이 잘못된 부분을 조정하여 실행 가능한 정책으로 수정해 왔다. 그러나 현재는 관료들이 탁상공론식의 정책에 동조하는 등 공무원 정신이 결여된 실정이다. 미국,

---

36 박석무, 『목민심서, 다산에게 시대를 묻다』, (현암사, 2021), p.140.

영국, 프랑스, 일본 등 주요 선진국은 파격적인 기업지원정책으로 경제부활을 본격화하고 있는 데 반해, 우리나라는 관료들이 정치계 눈치를 보느라 지속적인 경제성장 등 선진국 도약의 장기계획 과제가 실종된 상태다.

공무원은 경제성장 등 국가발전을 이룩하는 데 중심역할을 해야 하는 핵심세력이다. 근간 공직사회는 사기와 근무기강이 모두 떨어지다 보니 국가발전에 걸림돌이 되고 있다. 정권교체(선거) 시마다 중요 정책은 대통령 선거공약이라는 명분 아래 정치권에서 결정하고 있다.

일부 공무원들이 기회주의로 근무에 소홀하여 복지부동 적폐현상이 지속되고 있다. 공무원이 영혼 없는 공무원으로 전락할 수밖에 없는 환경이 조성되고 있다.

우리 정부의 조직 문제는 정치화될수록 관료체제가 강화되고 있어 부정부패가 심화되고 있다는 것이다. 관료란 공무원으로서 정치적으로 영향력을 행사하는 고급공무원을 말한다. 관료들은 자신들의 정치적 입지를 공고히 하기 위해 권력을 가지려 노력한다. 국내외를 막론하고 관료사회는 전반적으로 부정부패가 심하고, 공무원들에게 정치적 의도를 위해 소수의 희생을 강요하기도 한다. 때로는 대중의 지지와 정치권력의 극대화를 추구하고, 필요에 따라서는 위민이 아닌 특정 집단의 이익을 위해서 정책을 결정하여 항상 문제 요인이 되고 있다.

국가를 위해 정진하여 근무하겠다는 분위기보다는 상관의 지시에 따라 근무하는 무사안일주의의 근무가 될 수밖에 없다.

이제 우리 공무원들이 사명감을 가지고 국가를 위해 열심히 근무할 수 있도록 공무원 기강과 분위기를 쇄신시켜야 한다. 공무원이 소신껏 일할 수 있는 여건과 제도를 마련하여 공무원들의 사기를 올려주고, 혼魂을 불어넣는 근원적인 대책이 긴요한 실정이다.

정부는 2018년 3월 인사상 불이익 금지 조항을 담은 국가공무원법 개정안을 심의 의결했다. 영혼 없는 공무원에 대한 국민의 실망을 해소할 수 있는 계기가 되도록 해야 한다. 우리 모두 개정안이 실제로 힘을 발휘하도록 성원을 보내어 공무원들의 사명감을 확립하여야 할 것이다. ·

'리더는 많으나 리더십은 없다.'라는 말처럼 우리의 공무원들은 영혼이 고갈되어, 대한민국이 중국, 싱가포르 등 주변 국가보다 성장하지 못하고 오히려 정체된 상황이다. 우리 공무원들은 수십 대, 수백 대 일의 치열한 공시를 통해 등용된 인재들로 한국은 물론 세계가 인정하는 능력과 영혼을 갖춘 모범집단이 되어야 할 것이다. 공무원 정신, 공무원 영혼의 본보기는 싱가포르가 아니라 대한민국이 되어야 하는 것이 시대적 소명이라 생각한다.

사私는 나요, 공公은 우리다. 사는 개인이요, 공은 전체다. 사는 작은 것이요, 공은 사보다 큰 것이다. 사에 사로잡히면 공이 안 보인다. 사심私心 · 사욕私慾 · 사감私感 · 사정私情은 우리의 눈을 흐리게 하고 판단을 어지럽게 하고 공익을 망각하게 한다.

우리가 일상생활에서 구호처럼 애용하는 말이 멸사봉공滅私奉公이다. 공무원은 대공정신大公精神으로 공익을 위해 개인의 생명조차 스스로 버린다는 뜻이다. 관료체제 안에서 높은 지적능력과 도덕성을 갖춘 인물로 성장하여 국가를 이끄는 것이 공무원이라 할 수 있다.

이제 우리 공무원들은 자아혁신의 정신혁명을 통해 수신과 성찰의 근무 자세로 자랑스러운 공무원, 영혼이 살아 있는 공무원으로 거듭 태어날 필요가 있다. 또한 국민의 비난이 아닌 국민의 사랑을 받는 공직자상의 확립을 위해 힘써야 한다.

국가위기극복의 책무를 가진 국가 지도자들은 현재의 위기상황에 대해 사명의식과 부끄러움을 느껴야 한다. 현대의 대표적인 사상가인 사르트르가 『존재와 무』에서 말했듯이 부끄러워할 줄 아는 양심을 가져야 한다. 국가지도자(공직자, 정치인)로서 책무를 다하지 못해 국가가 위기상황에 처한 것에 부끄러움과 죄의식을 갖고 성찰하여 애국적 마인드를 가져야 한다.

한국의 전통적인 관료제도를 볼 때, 공무원에 의해 국가의 운명이 크게 좌우된다. 공직자에게는 나라사랑이 운명이다. 항상 국가발전과 부국강병을 생각하면서 정진하는 자세를 갖추어야 한다. 공무원들은 "나라가 바로 서면 천심이 순해지고(국정천심순: 國正天心順) 공직자가 깨끗하면 국민이 저절로 편안해진다(관청민자안: 官淸民自安)."라는 명심보감 성심편의 장원시壯元詩를 마음속에 새길 필요가 있다.

유능한 공무원, 모범적인 공무원, 이른바 수신제가치국평천하身齊家治國平天下정신에 입각한 참다운 공무원이 꽉 찬 나라가 되어 일류선진국으로 도약하는 데 초석이 되어야 하겠다.

5

노블레스 오블리주 실종

추락하는 한국의 청렴도

최근 한국은 노블레스 오블리주의 실종으로 국가 · 사회적으로 큰 어려움을 겪고 있다. 따지고 보면 노블레스 오블리주의 실종이 쌓이고 쌓여 와우아파트 붕괴, 삼풍백화점 붕괴, 성수대교 붕괴, 서해 훼리호 침몰, 대구지하철 참사, 저축은행 비리, 세월호 참사, LH사태, 조국 법무부장관 사건, 성남 대장동 사건 등으로 이어져 국민들에게 충격을 준 것이다. 탐욕에 물들어가는 노블레스 그룹을 바라보는 국민들의 마음은 허탈하다.

산업화와 민주화, 정보화를 반세기 만에 이루어낸 머리 좋고 근면 성실한 민족이 축구선수가 골대 문전에서 헛발질하듯 선진국 문턱에서 사회 지도층의 비리와 부정부패, 그로 인한 사회적 갈등과 분열 때문에 헛발질하고 있는 형국이다. 우리 사회가 이처럼 내홍을 겪고 있는 근본적인 이유는 국가를 책임지고 이끌어 나가야 할 리더 집단의 노블레스 오블리주의 실종과 도덕적 해이 Moral Hazard 때문이다.

김명수 대법원장은 사법부의 법관들로부터 "입만 열면 거짓말한다."라는 비난 등 내외적으로 사퇴의 압력을 받고 있다. 그런데도 김원장의 며느리인 강모 변호사가 근무하던 ㈜한진 법무팀이 2018년 초에 대법원장 공관公館에서 만찬을 열어 노블레스 오블리주의 해이 현상을 대법원장이 극명하게 보여준 바 있다.

근간 서울대 사회발전연구소가 한국 사회의 노블레스 오블리주 지수를 측정했다. 대상 집단 모두 합격선인 66점을 넘지 못했으며, 평균 점수는 26.48점에 불과했다. 최고 점수를 얻은 것은 대학교수 집단으로 45.54점이었으며, 국회의원과 정치인은 16.08점으로 가장 도덕적이지 못한 집단으로 나타났다. 이러한 현상이 더욱 악화될 경우 국가 지도층이 비난과 조롱을 받는 불안한 사회가 될 수 있다.

우리는 역사적으로도 국가 지도층의 타락으로 나라를 잃었던 가슴 아픈 경험이 있다. 구한말 대한제국 주재 외교관들은 자신과 가족의 안위 외에는 관심이 없는 조선의 군정 대신들을 비난하며 조선의 멸망을 경고했다. 개화파 지식인 윤치호尹致昊도 명성황후가 백성은 살피지 않은 채 왕과 왕자, 자신의 안전만 추구했다며 비판했다.

국제투명성기구 Transparency International 가 발표하는 국가별 공무원·정치인 부패 인식도에서 우리나라는 180개국 가운데 2017년 51위, 2018년 45위, 2019년 39위, 2020년 33위를 차지했다. 그러나, 구체적으로 실체를 들여다보면, 권력과 결탁한 공직자나 정치인의 공금 횡령과 성범죄, 의혹 사건 등 각종 비리가 음성화, 지능화되어 끊이지 않는다.

우리 국민이 가장 원하는 통치의 리더십은 갈등과 분열을 넘어 소통→신뢰→통합→화합→융합으로 가는 시너지 리더십이다. 이를 통해 조속히 국가 경제의 안정과 발전을 이루고, 국민 복지를 향상시키기를 기대하는 것이다.

이와 같은 리더십은 도덕적 리더십을 기반으로 하며, 최고의 정치·경제·사회 리더십이 융합될 때 가능해진다. 이를 위해서는 자기성찰과 자기혁신이 필요하다. 대한민국의 소리, 국민의 소리를 겸허히 받아들여 노블레스 오블리주 정신을 토대로 한 청렴·봉사·헌신의 리더십을 발휘할 때다.

리더층의 노블레스들은 스스로 청렴성을 상실한 현재의 풍토를 정화하고 정신과 물질이 조화를 이루는 가치관을 정립하는 데 앞장서야 한다.

공자는 "나라에 도가 있을 때는 가난하고 천한 것이 수치요, 나라에 도가 없을 때는 부유하고 귀한 것이 수치다.邦有道 貧且賤焉恥也 邦無道 富且貴焉恥也"라고 말했다. 나라에 도가 행해지지 않아 제대로 된 정치가 이루어지지 못하고 권력을 남용한 자들의 비리가 횡행하는데도 그것을 바로잡으려 하지 않고 자신의 안위만 생각하는 것은 리더가 가져야 할 도리가 아니라는 것이다.

지금 대한민국의 모습은 어떠한가? 대한민국 리더로서 당신은 지금 무엇을 하고 있는가?

역사 속의 노블레스 오블리주

리더 계층의 노블레스 오블리주에 따라 그 나라, 그 민족의 흥망성쇠가 결정되었던 사례는 동서고금의 역사에서 어렵지 않게 찾아볼 수 있다.

적진으로 뛰어들어 자신의 목숨을 버리고 신라의 승리를 이끌어 낸 화랑 관창官昌의 일화는 노블레스 오블리주란 무엇인지 분명하게 보여준다. 또 고려의 최영崔瑩 장군은 국왕 바로 다음의 권력을 가졌지만 청렴결백했다. 집은 기어서 들어가고 나와야 할 정도로 초라했다. 방 안은 흙벽 그대로였고, 바닥엔 멍석을 깔았는데, 벼룩이 이리 뛰고 저리 뛰었다. 늘 낡은 옷을 입었고, 쌀독이 빌 때도 있었다. 평소 고고한 지조를 지켰던 최영 장군은 "내가 탐욕의 마음을 가졌다면 무덤 위에 풀이 날 것이요, 그렇지 않으면 나지 않으리라."라는 유언을 남겼다. 그의 유언대로 무덤에는 풀이 나지 않았다고 전해진다.

조선 중기, 자신과 가족의 목숨을 초개와 같이 바친 고경명高敬命 장군도 노블레스 오블리주를 실천한 모범적인 사례이다. 임진왜란이라는 위기를 맞아 고경명을 비롯한 삼부자가 나라를 위해 목숨을 바쳤다. 고경명 장군 집안은 국가로부터 불천위不遷位를 받아 그 이름과 업적을 남기고 있다. 불천위란 위패를 옮기지 않는 것을 말한다. 보통 제사는 4대까지 지내고 5대조의 위패는 묘소 앞으로 옮겨 묻는 것을 원칙으로 하지만, 불멸의 대학자거나 국가에 큰 공로를 세운 인물은 4대가 지나도 위패를 옮기지 않고 영원토록 제사를 지내게 했다. 임진왜란 때 의병을 일으킨 홍의장군 곽재우郭再祐 역시 노블레스 오블리주의 전형을 보여준다. 곽재우는 의령에서 은거하던 중 임진왜란이 일어나자 의병을 일으켰으며, 이후 의병의 숫자는 2천 명에 이르렀다. 그의 의병 봉기는 자발적인 의병활동의 시발점이 되었으며, 위기에 빠진 국가를 살리기 위해 목숨을 아끼지 않고 적진에 뛰어든 그의 헌신과 기발한 전략 덕분에 조선은 왜군의 전라도 침공을 막아낼 수 있었다. 일제 강점기 수많은 애국지사와 독립운동가들은 노블레스 오블리주 귀감으로 역사 속에 빛날 것이다.

이러한 우리 선조들의 솔선수범과 자기희생 정신은 혹독했던 일제 강점기의 학정과 6·25전쟁을 거치면서 맥이 끊기고 말았다. 지금 우리 사회에는 특권층이 솔선수범해 사회적 의무를 다하려는 문화가 부족하다. 참으로 안타까운 일이 아닐 수 없다.

우리에게 과거사와 현대사를 통틀어 가장 유감스러운 역사가 있다면, 국난이나 위기에 직면해 리더로서의 사명감을 망각하고 도망간 리더들이 있다는 사실이다. 도망간 리더 중 최악은 조선의 14대 왕 선조다. 선조는 왜국의 침략에 대한 두려움을 견디지 못하고 의주로 도망쳤다. 선조는 역사의 교훈을 망각하고 국방에 소홀했을 뿐만 아니라 백성을 도성에 버려두고 도망감으로써 나라를 적의 수중에 넘겨버렸다.

조선의 26대 왕 고종은 신변에 위협을 느껴 왕세자와 함께 약 1년 동안(1896년 2월 11일 ~ 1897년 2월 25일) 러시아 공관으로 피신 갔던 아관파천俄館播遷의 주인공이다. 지도자의 도망은 현대에 들어와서도 되풀이되었다. 대한민국 건국 대통령 이승만은 6·25전쟁 시 국민을 버리고 먼저 피난했다. 내각책임제의 장면 총리도 5·16쿠데타가 발생하자 제일 먼저 천주교 수녀원으로 도망가 쿠데타를 성공하게 만들었다.

항복하는 지도자, 도망가는 지도자, 거짓말하는 지도자를 둔 국가와 국민은 불행하다고밖에 표현할 길이 없다. 국가 안보는 리더층에 대한 국민의 강한 신뢰에 기초할 때 굳건해진다. 병역을 면제받은 사람을 우스갯소리로 '신의 아들' 또는 '장군의 아들'이라고 부른다. 사회적으로 신분이 높은 사람들의 자제가 불법으로 병역을 면제받는 풍토가 많다 보니 생겨난 말이다. 언젠가 '장군의 아들'이 가장 고되고 어려운 곳에서 복무하는 장병이라는 말로 의미가 바뀌는 날이 와야 한다. 심지어 6·25 전쟁 시 우리 장군의 아들들이 참전하지 않은 데 반해 미국 장군의 아들들은 30여 명이 참전하여 전사자까지 속출했다.

역차별이 아니라 사회 지도층 리더들의 진정한 솔선수범이 나라를 살린다는 것이다. 이스라엘 등 외국의 노블레스 오블리주 리더십을 타산지석 삼아야 할 것이다. 노블레스 오블리주 리더십은 국가 안보는 물론 사회 발전의 핵심 역할을 하고, 국민통합과 행복에 크게 영향을 미친다.

우리는 노블레스 오블리주 정신을 계승해, 공직사회의 정신문화로 정착시켜야 할 것이다. 선진국에서는 사회 지도층과 부유층이 주도적으로 유산 기부에 나서는 경우를 종종 보게 된다. 우리의 기부문화도 확대되고는 있지만 아직은 미미하다. 실종된 노블레스 오블리주의 부활을 위해 국가사회 지도층의 적극적인 동참이 필요한 시대이다.

6

포퓰리즘 조장하는
나쁜 리더 : 국민이 응징

포퓰리즘 조장은 망국의 원인

포퓰리즘Populism이란 대중인기 영합주의다. 일명 페로니즘으로도 불리는데, 자기의 정치적 야망을 달성하기 위해 국가와 사회 발전의 장기적인 비전이나 목표와 상관없이, 국민의 뜻에 따른다는 명분으로 국민을 속이고 선동해 지지를 이끌어 내려는 정치행태를 의미한다. 대중의 인기를 이용해 선심성 정책을 표방해 정략적인 이득을 취한다는 차원에서 부정적 의미가 강하다. 현대 세계사가 입증하는 바와 같이 국민복지를 명분으로 포퓰리즘 정책을 폈던 그리스, 베네수엘라, 아르헨티나 등 국가들이 부도나거나 파탄에 직면했다. 한국 정부는 포퓰리즘 정책이 내포한 문제점들을 진단하여 정치, 경제, 안보 관련 정책을 추진할 때 국민여론을 빌미로 삼아 단기적 인기에 영합하지 않도록 해야 한다. '성장'과 '분배'의 조화는 경제 정책의 근간으로 분배 개선을 통한 양극화 해소가 중요하지만 경제성장이 전제되지 않은 분배 개선은 포퓰리즘으로 위태로울 수밖에 없다. 안보분야에서도 군 복무 기간을 대통령 선거 때마다 선거공약으로 내세워 단축해 온 선례를 답습하지 말아야 한다. 저출산·고령화 사회로 치닫는 통계적으로 입증된 인구변화 데이터에도 불구하고 대통령 선거 때마다 단골 메뉴로 등장했다. 이러한 선거공약을 내세우는 리더는 국민이 표로 응징해야 한다.

로마의 철학자였던 세네카_{Lucius Annaeus Seneca}는 "경제는 불필요한 지출을 피하는 학문이며 혹은 우리들의 재산을 적절하게 관리하는 기술이다."라고 하였다. 그런데 대한민국 정부의 현실은 어떤가? 재산의 적절한 관리가 아니라 '퍼주기식 분배정책'이 지속되고, 코로나-19 대응을 계기로 보편적 복지론에 근거한 현금살포가 유행병처럼 번지고 있다. 국민들은 정부가 제공하는 공짜 돈에 익숙해져 폼프리포사(국가의 과도한 보호로 무기력하게 살아가는 인간)로 전락하는 것은 아닌지 깊은 성찰이 필요하다.

송상현 서울대 명예교수가 2021년 5월 '공정과 상식 회복을 위한 국민연합' 창립 토론회에서 다음과 같이 말했다.

포퓰리스트가 정권을 잡으면 민주적 절차를 왜곡한다. 포퓰리스트가 정권을 잡으면 개혁을 화두로 내세우고 개혁이란 이름하에 민주적 절차를 경시·왜곡하고 자신들의 취향이나 이상대로 국가를 개조하려 든다. 포퓰리즘은 대의민주주의를 위협한다. 진보주의자들은 도덕적 우월 의식과 계급적 지식에 빠져 권력을 상층부에 집중시켰다.

대한민국 경제의 지속가능한 성장은 4차 산업혁명의 고도화와 더불어 포퓰리즘을 막아야 한다. 그래야 지속가능한 복지가 가능하고 국가안보가 튼튼해진다.

한국경제신문 백광엽 논설위원은 다음과 같이 국가재정 적자의 부작용을 경고했다.[37]

발권력으로 나랏빚을 한은에 떠맡기는 것은 일견 쉬워 보이지만 일종의 금기다. 비非기축통화인 원화의 신뢰를 추락시켜 두고두고 후폭풍을 불러올 가능성이 다분하다. 유가 급락으로 돈줄이 끊긴 마두로가 발권력으로 '페트로 포퓰리즘'을 지속하다 170만% (2018년)라는 하이퍼 인플레이션을 자초한 게 불과 3년 전 일이다. 재정 팽창과 통화 과잉 발행은 남미 '포퓰리즘 벨트'에서 공통적으로 목격된다. 재정적자로 소비를 늘리고 수요를 창출하겠다며 의지를 불태웠지만 결말은 예외없이 '짧은 희열 뒤의 긴 인플레와 고실업'이었다.

국회가 행정부의 예산 낭비를 견제하지 못하고 일부 국회의원들이 마치 국가 예산을 자신의 지역구를 향한 선심용 예산처럼 끼워넣으려는 현상까지 식별된다. 이러한 정치인은 국가재정을 파탄내는 동역자일 뿐만 아니라 국가와 국민의 운명을 파멸로 인도하는 나쁜 정치꾼이며, 후손들에게 빚만 짊어주게 된다.

우리는 어떠한 어려움이 있더라도 후손에게 과도한 빚을 물려주는 행보에서 벗어나야 한다. 젊은 세대들의 미래에 눈덩이처럼 불어나는 부채를 안겨주어서야 되겠는가?

----

37 https://www.hankyung.com/opinion/article/2021012649921

국민이 나서서 응징해야 한다.

포퓰리즘의 특징은 '지금 단 것은 빨아먹고, 쓴 것은 미래 세대에 넘겨주는' 나쁜 행태로서 망국의 요인이 되고 있다는 것을 우리 국민은 모두 깨닫고, 포퓰리즘 정치를 근원적으로 막아야 할 것이다.

최근 일련의 국가 예산 집행이 '중남미식 포퓰리즘'과 닮아가는 것은 아닌지 확실한 검증을 하는 데 국민이 나서야 한다.

2001년 예산이 100조 원을 처음 넘긴 이후 2017년 박근혜 정부 당시 400조 원이 넘게 편성되었다. 그 후 5년 만에 600조 원 울트라 슈퍼예산으로 늘었고, 나랏빚은 약 660조 원에서 약 1,100조 원으로 급증하여 재정 중독 현상이 심각하다.

정권이 바뀔 때마다 현금 살포식 포퓰리즘이 쌓이면 재정 불량국으로 추락하여 국가신인도에까지 타격을 입게 된다. 국회 예산정책처는 복지 확대를 위한 적자 재정이 지금처럼 지속될 경우 2060년 국가 채무가 기존 예상보다 3,400조 원 폭증한다고 경고했다.

최근 '재정의 정치화'라는 말을 흔히 사용한다. 재정정책이 집권층의 이해에 따라 잘못된 방향으로 이탈하는 포퓰리즘 현상을 말한다. 재정의 포퓰리즘 논란이 끊이질 않는 이유는 국가 미래와 성장을 위해 혼신을 다해야 할 재정정책이 정파적인 이해에 따라 마구잡이로 사용된다는 것을 말한다.

일본의 월간지 『문예춘추文藝春秋』는 '일본의 자살自殺'(지식인 그룹이 공동 작성, 1975년)이라는 논문을 통해 동서고금 제 문명을 분석했다. 분석결과, 모든 문명국가들이 외적이 침략이 아닌 내부요인 때문에 스스로 붕괴한다는 결론을 내렸다. 그들이 찾아낸 '국가 자살'의 공통 요인은 이기주의와 포퓰리즘(대중인기 영합)이었다. 국민이 눈앞의 이익만 추종하고 지배 엘리트가 대중에 영합할 때 그 나라는 쇠망한다는 것이다. 아르헨티나의 페론과 그리스의 파판드레우는 "국민에게 줄 수 있는 모든 것을 주라. 국민이 원하는 것은 다 주라."라고 했다. 무조건적인 현금복지정책으로 그들은 장기 집권을 했지만 재정이 파탄 났고, 그 피해는 고스란히 국민들의 고통으로 돌아왔다.

1950년대 국민소득 세계 4위였던 베네수엘라의 몰락을 이끈 사람이 차베스 대통령이다. 좌파 포퓰리즘 22년 만에 경제가 완전히 망하면서 국민 10%가 해외로 탈출하고 남은 사람은 음식을 찾아 쓰레기통을 뒤지고 있는 나라로 전락했다. 2017년 한국을 방문한 슈뢰더 전 독일 총리가 포퓰리즘을 경계하는 발언을 하여 주목을 끌었다. "정치 지도자는 직책을 잃을 위험을 감내하고라도 국익을 위해 어려운 결정을 내려야 한다. 어떤 정치인도 선거에서 패배하고 싶지는 않지만 포퓰리즘만은 안 된다. 인기가 없어도 큰 국가이익을 내다보고 용기 있게 행동해야 한다."라고 강조했다.

프랑스 대통령 마크롱의 개혁적 조치도 시사하는 바가 크다. 그는 국가부채를 줄이기 위해 2019년과 2020년 연금 지급액을 0.3%씩만 인상하는 것으로 어려운 정책 결정을 단행했다.

한국 정부가 발표한 복지정책은 시대적 필요성이 충분히 인정된다. 하지만 복지예산을 넘어선 선심성 자금 투입을 어떻게 어디서 충당할 것인지에 대한 구체적 방안은 제시하지 못하고 있다. 복지정책을 뒷받침할 수 있는 성장정책이 병행되어야 선순환 경제 논리와 맞아떨어진다. 성장 없는 복지는 위선일 수 있다. 문재인 정부의 대표적 경제정책은 '소득주도 성장'이다. 세금과 복지로 가계소득을 높여주면 소비가 늘어나고 이는 투자로 이어져 성장하고 일자리가 증가한다는 구조다. 성장보다 분배를 앞세우는 정책이다. 포퓰리즘에 가까운 분배우선 경제정책의 부작용은 수년 뒤에야 나타나기 때문에 대중이 마약처럼 빠져들기 쉽다. 복지지출은 한번 늘어나면 다시 줄이기 어렵고, 증가폭도 갈수록 커지는 경향이 있다. 포퓰리즘의 유혹을 끊는 것이 진정한 지도자이고 그런 지도자가 있느냐 없느냐가 나라 운명을 가른다.

대한민국 운명을 바꾸는 차원에서라도 포퓰리즘에 가까운 퍼주기 정책 기조에 지혜롭게 대처해야 한다. 스위스 국민들처럼 포퓰리즘 정책이 낳는 복지혜택은 국민들이 먼저 나서서 거부하는 국민 리더십 문화를 형성해야 한다.

바람직한 국민 복지 향상은 북유럽의 보편적 복지 국가에서 보듯이 경제·복지 체제가 민주 헌정 체제의 정의로운 헌법에 조응하면서 여러 법률과 정책들을 통해 정치·사회적 정당성을 획득하여 국민들이 공감할 수 있는 정책을 개발하는 것이 되어야 할 것이다.

제6장

국민이 앞장서
4대 악습 청산

국민통합과 진영갈등

국민 대통합으로 민생 안정

　개발도상국들이 발전모델로 삼고 싶어 하는 대한민국의 선진국 진입은 자랑스러운 선열들의 애국심과 헌신 위에서 어렵게 성취된 것임을 우리는 결코 잊어서는 안 된다. 2021년 7월 유엔무역개발회의(UNCTAD)는 한국을 개발도상국에서 선진국 그룹으로 공식 변경한 것을 계기로 국민 대통합을 성취하여 초일류 선진강국으로 도약해야 한다. 국론의 분열과 갈등이 지속된다면 대한민국이 쌓아올린 금자탑은 일순간에 무너지고 또다시 역사적인 불행을 맞이하는 악순환으로 회귀할 수 있다. 젊은 세대와 소상공인 등 국민 저변층의 민생불안이 장기간 지속될수록 민심의 이반 현상이 나타나고 다양한 갈등이 연쇄반응을 일으킨다. 역사적으로 볼 때 국가 정체성을 확립하고 국민통합을 이룬 시기는 국운이 융성하여 부국강병과 국태민안을 이루었다. 고구려의 광개토태왕 시대를 역사의 교훈으로 삼아 코리아 르네상스 시대를 맞이하자. 코로나-19 대유행 상황이 장기화되고 빈부격차로 인한 양극화가 심화될수록 자유민주주의와 시장경제주의의 기본 가치 자체가 흔들리게 된다. 2022년 대선을 앞두고 정치적 분열과 갈등 현상이 다른 분야로 확산되어 총체적 위기국면으로 회귀하는 것은 아닌지에 대해서 애국적 국민들이 우려하며 밤잠을 설치고 있다. 5-60대 이상의 기성세대만의 '나라 걱정 신드롬'이 아니다. 일자리를 찾지 못해서 방황하는 젊은 세대들의 고충 앞에서 국민 통합을 거론하기 어려울 정도로 사회 각계각층에 문제점이 팽배하고 있는 실정이다.

대한민국의 헌법이 보장하는 자유민주주의 국가 정체성에 바탕을 두고 국민통합을 반드시 이루어야 한다. 가정은 가화만사성, 조직은 인화단결, 국가는 국민통합을 이루어 행복의 나라를 만들어야 한다. 국민통합이 이루어져야 진정한 애국심이 발현된다. 국민이 애국심을 갖고 국가를 수호한다는 것은 국가의 영토뿐만 아니라 자유민주주의와 시장경제주의의 가치를 지키고, 발전시켜 세계의 모델이 되는 것이다.

정신, 교육, 경제, 안보의 4대 중추가 균형적으로 발전한 일류 선진강국이 되려면 국민통합이 기본이다. 국민통합은 서번트 리더십으로 자기 것을 먼저 내려놓아야 분위기가 형성된다. 서로서로 관용과 사랑으로 포용하는 국민 리더십을 문화 운동 수준으로 끌어올려야 한다. 왜냐하면, 현재 대한민국 사회가 직면한 진영 갈등과 대립·반목 현상은 정치권이 해결하지 못할 수준이다. 정치리더십이 갈등과 분열을 조장하여 반사이익을 챙기려는 저의까지 가세하는 형국이다. 통합을 내세운 정치적 이합집산으로 몰고 가서는 안 된다. 국가와 민족의 미래를 올바로 이끄는 차원의 국민대통합을 지향하는 것이다. 민주당 초선 의원들이 주최한 행사에서 2030 청년들은 "코로나가 아니었으면 민주당이 촛불 집회 대상이었을 것이다."라고 성토했다. 진보·중도 지식인들이 주축이 된 '만민토론회' 모임에선 "한국 정치가 선동 정치로 타락하고 있다."라고 질타했다. 우리에게는 머뭇거릴 시간이 없다. 국제정세는 급변하고, 이웃나라들은 항시 우리를 넘보고 있다. 여당과 야당, 보수와 진보 모두 국가라는 틀에서 한 가족이다. 영남과 호남도 이웃사촌이다. 양극화로 갈라진 계층의 벽도 넘어서야 한다. 남과 북도 언젠가 통일되어야 할 단일민족, 단일국가이다. 국민 대통합의 개념은 이러한 모든 부문을 총괄하는 새로운 흐름을 만드는 것이다.

역사의 어느 시대이거나 사회 내 갈등은 존재해왔다. 때로는 이익을 두고 때로는 미래로 나아갈 방향에 대한 의견 차이와 다툼이 있었다. 그러나 그 갈등을 풀어내고자 했던 노력도 역사가 주는 귀중한 교훈이다. 나와 다른 것은 배척 대상이 아니라 공존 대상이다.

영국이 해가 지지 않는 나라로 대영제국이 된 것은 국민화합을 통해 이념 갈등을 풀었기 때문이다. 반면 1950년대 5위권 선진국 반열에 올랐던 아르헨티나가 지금은 후진국으로 전락했다. 자원부국 중동국가들이 명실상부한 선진국으로 진입하지 못하고 맴도는 것도 사회적 갈등을 해결하지 못했기 때문이다.

국민 모두 상생하고 배려하는 리더십으로 가야 국민의 고통이 사라지고 행복해진다.

정치 진영 갈등이 사회 전반에 악영향

우리나라는 삼국시대부터 한일 강제합병까지 당쟁, 사화 등으로 극렬히 대립하고 분열되어 결국 망국의 나락으로 추락한 뼈아픈 역사의 그늘이 있다. 미국의 건국의 아버지(조지 워싱턴, 존 애덤스, 토마스 제퍼슨)들은 '뭉치면 살고 흩어지면 죽는다Strength in unity'의 국민 대화합과 통합으로 대영제국을 이기고 독립을 쟁취하였다. 이처럼 나라의 흥망성쇠의 가장 큰 요인은 '대화합이냐, 분열이냐'가 좌우했다. 다시 말해 대화합으로 뭉치면 흥하고, 분열하면 망한다는 것이 역사의 교훈이다. 국론분열의 그늘진 역사를 걷어내고 이제 새로운 통합의 여정으로 나가야 한다는 당위성은 모두가 인정하면서도 정치권의 진영 갈등이 사회 전반에 악영향을 초래하고 있다.

『노무현이 만난 링컨』에서는 다음과 같이 말한다.[38]

링컨은 국민통합을 통한 국가의 재건만이 미국의 미래를 약속한다는 사실을 호소했다. 대통령에 재선된 링컨은 취임사에서 남부의 분리주의자를 응징하자고 하지 않았을뿐더러 남북전쟁을 정의와 불의, 선과 악의 대결로 보지도 않았다. 그는 차원 높은 종교철학적 관점에서 화해와 관용으로 갈등을 해결하자고 촉구했다.

대통령 선거에서 승리한 진영이 국가정체성 마저 흔드는 '승자독식'의 관행부터 바꾸어야 한다. 대한민국 헌법이 보장하는 국가의 기본이념과 가치를 토대로 통합을 이루어야 한다. 우리의 기본이념

---

38 노무현 지음, 『노무현이 만난 링컨』, (학고재, 2002), p. 276.

과 가치는 5천 년 역사의 토대를 이룬 홍익인간 정신과 자유민주적 공동체 정신으로 더불어 사는 것이다. 대한민국이 추구하는 보편적 가치인 자유와 평등에 대한 입장의 차이가 너무 크다. 보수 내지 우익은 자유와 성장을 중요시하는 반면, 진보 내지 좌익은 평등과 분배에 더 역점을 두고 있다. 그 실천방법으로 자유주의 · 자본주의와 사회주의 · 공산주의로 나뉘어 경쟁하였으나 양자는 모두 모순에 직면하여 스스로를 수정하며 진화 · 발전하여 자유민주주의 · 자본주의경제가 자리 잡았다. 정반합正反合의 원리처럼 보수와 진보가 국민을 위해 정책대결을 벌이며 경쟁하는 것은 분열이 아니다. 건전한 방향으로 진행되는 경쟁은 국가를 발전시키고 국민의 행복을 증진시킨다.

그러나 우리나라는 진영간의 정책 경쟁이 아니라 진영 다툼을 넘어 죽기 살기 식으로 싸우는 형국이다. 우리의 위기는 극단의 치달음으로 사회와 국가안정을 도외시하는 막무가내식 접근에서 증폭된다. 정치권에 의탁할 것이 아니라 국민이 나서서 조화와 중용의 원리를 생활 속에서 실천해야 한다. 정치인들이 각성하도록 국민이 앞장설 수밖에 없다. 대한민국이 직면한 현안 문제의 해결뿐 아니라 미래 비전과 추진 전략에 대한 역량을 기준으로 지도자를 선출하는 수준높은 국민 의식民度으로 선진강국을 만들어 나가야 한다. 이것이 국가정책과 전략으로 승화되어 진정한 국가발전이 되도록 해야 할 것이다. 눈앞의 정치적 이해에 매달릴 때가 아니다. 정치권은 국론분열을 야기할 만한 언행을 삼가고 국가 미래를 위해서 협력하는 의연한 모습을 보여야 한다.

김황식 전 총리는 기고문을 통해 다음과 같이 언급했다.[39]

우리나라에서 끊임없이 전개되는 것이 보수 · 진보, 좌우이념 논쟁입니다. 국가의 정책은 물론, 개인의 성향까지도 어느 한쪽으로 구분하여 밀어넣어야 직성이 풀리는 사회 분위기입니다. 그러나 당사자 본인도 그 평가에 언제나 수긍하지는 않는 것 같습니다. 또한 같은 당사자라도 사안과 상황에 따라 입장이 엇갈리기도 합니다. 이는 보수와 진보를 가르는 기준들이 애매하기도 하고 기준들 사이에 일관성이 유지되는 것도 아니기 때문입니다. 흔히 기존 질서나 가치를 존중하되 변화가 필요하면 점진적으로 고쳐 나가는 것이 보수이고 기존의 잘못을 보다 적극적으로 개혁해 나가는 것이 진보라고도 하지만, 이것도 부분적인 설명에 지나지 않습니다.

대한민국이 진보 · 보수주의로 갈라져 극렬하게 싸우기보다는 조속히 대한민국 애국주의 중심으로 국민대화합과 통합이 절실하다는 것이 국민들의 간절한 여망이다. 보수와 진보 양자는 서로 선의의 경쟁을 하고 때로는 협력해야 하는 관계로 발전하는 사회가 건강하고 국가가 이상적으로 발전할 수 있다.

이시형 박사는 보수와 진보의 특성을 다음과 같이 분석했다.[40]

보수conservative는 원래 "자유를 보존하는 자"라는 뜻이다. 자유지향 인류를 가장 행복하게 만든다고 믿기 때문이다. 이념이란 나라가 떡을 어떻게 키울 것인가? 키운 떡을 어떻게 나눌 것인가? 이 두 가지 문제를 누가 어떻게 결정할 것인가? 기본적으로 세 가지 질문에 대한 답이다. 보수와

39 http://news.mk.co.kr/column
40 https://scholar.google.co.kr/scholar

진보는 이 세 가지 질문에 대해 서로 다른 방향을 제시한다. 보수는 '자유'를 지향하고 진보는 '평등'을 지향한다.

'자유와 선택'을 지키자고 외치는 사람들이 바로 '보수'다. 이들의 외침은 따뜻한 보수, 정의로운 보수로서 '자유를 보존하자'는 것이다.

그렇다면 진보는 누구인가? 바로 '평등'을 추구하는 사람들로서 공정한 진보, 정의로운 진보의 가치를 외치는 사람들이 되어야 한다. 자유는 다 좋은데 불행히도 부작용이 있다. 반드시 '불평등'이 생긴다는 점이다. 사람 역량이 다 다르기 때문이다. 그러면서 '평등'을 이루자고 외치는 사람들이 진보다. 보수와 진보는 태생적으로 경쟁하고 갈등할 수밖에 없다. 정부는 집값도 명령으로 잡으려 한다.

분양가 상한제, 대출 제한, 주택 매입에 관한 각종 제한 등 급기야는 부동산 거래 허가제까지 들먹이는 참담한 상황이 되었다.

사람과 달리 '시장'은 절대명령에 복종하지 않는다는 경제의 기본 원리를 모르는 전형적인 '진보적 착각'이다. 보수 정권이라면 절대 명령하지 않았을 것이다. 대신 주택 공급을 대폭 늘렸을 것이다. 실제 1990년대 보수 노태우 정권은 집값을 잡기 위해 분당 등 신도시에 주택을 50여 만 호나 짓도록 했다. 그래서 명령 한마디 하지 않고 집값을 잡았다. 대부분의 국민들이 도대체 이 나라가 어디로 가고 있는지 서로 반문하고 있다. 급변하는 세계정세와 경제 패권 전쟁 속에 대한민국이 국가 역할을 제대로 하려면 환골탈태 리더십으로 진영을 깨고 진영을 초월하여 애국리더십으로 정진해야 할 것이다.

국가 지도층이라면 이젠 보수 진보 가릴 것 없이 참된 보수, 참된 진보로 나라사랑을 실천해야 한다. 대한민국의 미래를 위해 이념의 양극화, 극단화는 지양하고, 국가 미래의 비전과 꿈을 제시하고 부정부패 근절 등 적폐 청산에 나서야 할 것이다. 적폐의 뿌리가 되고 있는 진영싸움, 극단적인 이념과 정치를 청산해야 한다.

민주주의 국가에서는 건전하고 실력 있는 보수와, 진보세력이 반드시 필요하다. "새는 좌우의 날개로 난다."라는 말이 있듯이 우리나라의 보수, 진보도 새처럼 잘 날 수 있는 세력으로 튼튼하게 성장하여야 한다. 보수 · 진보의 극렬한 좌우이념 대립은 자신의 실수는 용납이 되고 타인은 용서할 가치가 없다고 생각하여 국민을 사랑하고 존중하는 데에서 벗어나 있다.

대통령 등 국가 주요 지도자들은 진영갈등 청산에 앞장서서 국론 통합의 길을 반드시 가도록 해야 할 것이다. 대한민국의 운명, 미래를 위한 헌신적인 리더십과 대승적인 정치가 너무나 절실한 실정이다. 국가정체성이 바로 서야 국민이 긍지와 자부심을 가질 수 있고 진정한 애국심이 나온다. 진영 싸움을 그치고 대한민국의 수호와 나라 발전을 위해 진정한 국민역량을 발휘해야 할 때이다.

2

고질적 적폐

자아(정신)혁명으로 적폐청산

최근 적폐 청산 문제가 사회적 이슈가 되어 적폐 청산의 중요성이 제고되고 있다. 적폐란 오랫동안 지속되고 고착화된 사회의 병폐이자 악惡을 의미한다. 적폐청산은 국가 대개조를 위해 반드시 거쳐야 할 과정이다.

진정한 적폐 청산은 모든 지도자와 국민의 자성과 성찰로부터 시작되어야 한다. "모든 잘못은 내 탓이요."라는 김수환 추기경의 말씀처럼 자아성찰과 자아(정신)혁명을 토대로 개인의 적폐부터 청산되어야 국가 사회의 모든 적폐가 청산될 수 있다. 자강自強을 통해 자아 혁명으로 나가서 모든 국민이 인격을 갖추어야 할 것이다.

자강은 '정신적으로 무지하고 나태하여 멀리하는 것뿐만 아니라 불의 · 부정의 유혹을 물리치려는 노력을 게을리해서는 안 된다.'는 의미이다. 국가는 인격을 갖춘 개인이 모여 튼튼한 가정사를 이루고 가정사가 모여 국가 역사를 형성한다. 따라서 개인의 성실함이 모여야 비로소 건전한 사회를 이루고 건전한 사회가 튼튼한 나라를 만든다. 개인의 자강은 위기를 기회로 만드는 힘의 원천이 된다.

『관자』의 '권수權修'에서는 자강을 통한 수신제가치국평천하修身齊家治國平天下를 강조하고 있다.

제 몸이 다스려지지 않는데, 어찌 다른 사람을 다스리겠는가? 다른 사람이 다스려지지 않는데, 어찌 집안을 다스리겠는가? 집안이 다스려지지 않는데, 어찌 고을을 다스리겠는가? 고을이 다스려지지 않는데, 어찌 나라를 다스리겠는가?

나라가 다스려지지 않는데, 어찌 천하를 다스리겠는가? 천하는 나라의 뿌리고, 나라는 고을의 뿌리고, 고을은 집안의 뿌리고, 집안은 사람의 뿌리고, 사람은 몸의 뿌리고, 몸은 다스림의 뿌리다.

적폐청산은 '수신제가치국평천하'의 의미와 같이 국민의식을 바꾸는 근본적인 방법으로 내 안의 적폐, 우리 가정의 적폐, 우리 조직의 적폐, 우리 정부 조직의 적폐 순으로 청산한 후 제도개선과 시스템 정비를 통해 이루어 내야 된다. 팔이 안으로 굽는 식의 적폐 또는 불합리한 적폐 청산은 득보다 실이 더 클 것이다. 적폐청산은 이중잣대(내가 하면 로맨스 남이 하면 불륜)식 처리가 아닌 대인춘풍, 지기추상(待人春風 持己秋霜: 다른 사람을 대할 때는 봄바람처럼, 자기 자신을 대할 때는 가을 서리처럼. 『채근담』)의 냉철한 판단으로 행해져야 한다.

김지하 시인은 한국 경제신문 인터뷰에서 우리나라에 만연한 부정부패에 대해 극명하게 말했다.

"1970년에 '오적五賊: 재벌, 국회의원, 고급공무원, 장성, 장차관'을 발표했으니 벌써 40년이 넘었군요. 요즘에도 '오적'이 있습니까?"라는 질문에 "오적? 오적이 아니라 오십 적, 오백 적이 설쳐요. 별의별 도둑놈들이 많아."라고 하였다. 최근의 신新 부정부패는 과거의 구舊 오적보다 오히려 조직적으로 먹이사슬로 지능화되었고 조직화되어 규모가 점점 커지고 있다.

국가 지도자들은 성찰의 자세가 절실히 요구된다. 국민들이 느끼는 적폐 중의 적폐 대상자는 정치인 등 국가의 지도자들이다. 국회의원, 지방의회의원, 국정원, 검찰, 경찰, 세무서 등 권력기관부터 먼저 적폐를 청산하여 '윗물이 맑으면 아랫물이 맑다.'라는 속담을 실천해야 할 것이다. 모든 지도자는 시민의 대표자로서 인격과 식견을 갖추고 품위를 지켜야 한다는 것이 국민들의 여망이기 때문이다.

맹자는 정치인의 덕목으로 여민동락(與民同樂: 무슨 일이든 민중과 함께 즐거움을 나눌 것)과 천명(민심이 곧 천심으로 천명은 민중의 소리이다)을 꼽는다고 말했다. 중국 고대 은나라를 창건했다고 전해지는 탕왕이 매일 사용한 반기(盤器: 세면기 같은 것)에는 '일일신 우일신日日新 又日新'이라는 글이 새겨져 있었다. 즉 날마다 잘못을 고치고 덕을 닦아 '날마다 새롭게 한다.'는 뜻이다. 이처럼 성현들은 한결같이 도덕성과 수신을 강조했다.

이중잣대의 교훈

적폐청산은 부정부패의 근원을 차단하고 대상자를 도덕적으로 치유하지 않으면 오적처럼 지속적으로 발생된다. 김지하 시인의 '70년대 오적'이 21세기에는 오십적五十賊으로 늘어났다. 그 이유는 적폐의 진원지를 뿌리 뽑지 못하고 제도적으로 근절하지 못했기 때문이다. 따라서 적폐 청산은 제도적인 개선과 적폐의 진원지를 뿌리 뽑는 것이 핵심이다. 오적보다 더 조직화된 무리들이 야합하고 내로남불식 처세를 하는 실정이다. 적폐를 청산하기 위한 대안으로 여겨졌던 집권세력은 새로운 적폐대상이 되는 형국이다.

서울대학교 명예교수협의회는 『나의 학문, 나의 삶』에서 다음과 같이 말한다.[41]

요즈음 유별나게 내로남불, 내가 하면 로맨스 남이 하면 불륜이란 신조어가 유행이다. 타인의 행동에 대해서는 마치 정의의 화신처럼 비판하고 공격하면서, 정작 자신은 뒤에서 전혀 다른 파렴치한 처신을 하는 행위를 빗대어 표현하는 시사용어다. 남의 일에 대해서는 원칙적이고 합리적이며 정의로운 말을 잘하지만, 정작 자신 관련 일에 대해서는 원칙도 없고 자기중심적으로 처신하는 이중 잣대를 가진 사람들이 주변에 의외로 많음을 느낀다. 자신은 반미주의자이고 미국을 방문한 적이 없다고 지지자들에게 자랑스럽게 외치면서, 자기 자식들은 미국에 유학을 보내고 미국에 부동산도 구입해 놓고 있다. 교육의 기회균등과 평등화를 위해서 자사고, 외고

---

41 서울대학교 명예교수협의회, 『나의 학문, 나의 삶』, (서울대학교 명예교수협의회, 2020), pp. 182 ~ 183.

등 특수학교는 없애야 한다고 주장하면서, 본인의 자녀는 특수학교에 보내 대학 진학의 혜택을 누린다. "자기가 자신을 추천하는 법이 어디 있느냐?"라고 목소리를 높이며 원칙론을 주장하면서도, 자신은 명예와 상금에 연연하여 자천하거나 주위에 자신의 추천을 부탁한다.

역대 정권을 거쳐 오면서 정도의 차이는 있었지만, 비리는 끊이지 않았다. 실례로 LH사태, 대장동 사건 등은 2030 세대의 좌절 등 국민들의 분노를 촉발시켰다. 우리나라처럼 정권 말기마다 대통령 측근이나 친·인척이 줄줄이 감옥에 가는 나라는 없다. 고위층의 공직 부패, 기업 부패, 시민 부패를 청산하지 못하는 한 GDP가 아무리 높아져도 대한민국이 진정한 선진국이라고 할 수는 없는 것이다.

박근혜 대통령은 2016년 1월 5일, 새해 첫 국무회의를 주재하면서 "적폐가 경제 활력 회복의 걸림돌이라는 점을 분명히 인식해야 한다. 경제 활성화를 위한 정책도 중요하지만 그것을 갉아먹는 적폐나 부패를 척결해야 한다."라고 말하여 적폐의 용어를 맨 처음 사용하고 강조한 장본인이다. 그런데 그 장본인이 적폐 청산 대상으로 국격을 훼손하였으니 안타까운 현실이다.

2014년 세월호 참사의 근본 원인은 '관피아'라는 암적 존재에 의한 민관 부패 커넥션이었다. 노벨경제학상을 수상한 밀턴 프리드만Milton Friedman은 이를 '철의 삼각형Iron Triangle' 모형으로 설명했다. 이는 이익집단, 정치인, 관료 간에 형성되는 강철처럼 단단한 관계를 일컫는다. 이 유착은 괴물속물근성 DNA로 변종되기 때문에 깨끗이 뿌리 뽑지 않고서는 결코 안전한 나라가 될 수 없다.

적폐는 켜켜이 쌓여 고착화된 폐단이므로 쉽게 청산할 수 있는 성질의 것이 아니다. 철저하게 진실을 밝히고 단호한 법의 심판이 뒤따라야 잔혹한 불행의 사슬을 끊을 수 있다. 이는 진실과 정의, 정직의 시대로 가기 위한 불가피한 진통이다.

전직 대통령들의 사법처리를 통해, 절대권력을 가진 대통령의 통치 행위는 적폐 청산의 가장 중요한 대상임을 느낄 수 있다. 대한민국이 선진국이 되기 위해서는 전직 대통령이 부정부패로 구속되는 사태가 더 이상 없도록 해야 한다.

이제 대한민국 지도자들은 리더다운 리더가 되어야 한다. 모든 지도자, 공직자들은 도덕성과 청렴성이 실종된 현실을 겸허히 자성하고 적폐를 청산해가야 한다. 나아가 모든 국민들도 정신과 물질이 조화를 이루는 가치관을 정립하여 절대적으로 적폐 대상이 되지 않도록 정진해야 할 것이다.

3

패거리 문화

'패거리'란 이념이나 가치처럼 '방향 지향성'이 아닌, 학연·지연·혈연·관연의 '연고 지향성'을 중심으로 함께 어울려 다니는 사람들의 무리를 낮잡아 이르는 말이다. 같은 패라는 집단의 울타리 안에서 서로만을 돌보며 존재의 안위를 구하고 공생하는 그들만의 진영논리를 통한 '끼리끼리' 문화가 바로 패거리 문화다.

전여옥은『대한민국은 있다』에서 "알고 보니 그 고향 의대는 'ㅇㅇ향우회' 조직이나 마찬가지였다. 개천에서 난 이무기들이 끼리끼리 모여 '개천에서 난 용'에게 모질게 셔터를 내리고 있었다. 혈연에, 학연에, 지연에 치여서 그는 꿈을 접었다."라고 말했다.[42]

최근 서울시장 보궐선거에 출마했던 박영선 전 중소기업벤처부

---

42 전여옥, 『대한민국은 있다』, (중앙M&B, 2002), p. 116.

장관은 '대한민국은 문재인 보유국'이라 외쳐 패거리 문화의 절정을 보여주고 당선되지 못하였다.

역사적으로 패거리 문화가 형성된 요인은 무엇일까? 그 원인에 대해 수많은 학자가 다양한 관점을 제시했으나 논리적으로 설명되지 않는 점이 여전히 많다. 혹자는 깊은 역사적 뿌리를 지적한다. 서기 4~7세기 삼국이 치열한 경쟁을 벌였고 신라가 통일한 뒤 정복지역에서 실시한 심한 차별 정책에서부터 영호남 균열은 시작되었으며, 후삼국시대에 들어 더욱 악화되었다.

또한 조선왕조실록 중『선조실록』과『선조수정실록』이 그 대표적인 사례라고 할 수 있다.

선조실록은 광해군 때 권력을 잡았던 북인들이 편찬한 것이다. 그런데 광해군이 인조반정으로 왕위에서 쫓겨나면서 서인들이 권력을 잡게 되었다. 그러자 서인들은 "북인 세력이 편찬한『선조실록』은 서인 출신 인물을 공정하게 기록하지 않았다."라며 실록의 내용을 수정해야 한다고 주장했다. 결국 서인의 뜻대로 내용을 수정해 편찬된 것이 바로『선조수정실록』이다.

조선 시대에도 역사를 두고 대립, 지역적 편견과 차별로 인해 야기되었던 갈등은 8·15해방과 남북분단, 6·25전쟁과 남북한의 대치, 3공화국 이후의 영호남 갈등, 최근 대한민국 내 공직진출 및 승진 시 발생하는 지역·차별 인식으로 인한 지역갈등의 조짐 등으로 이어지며 적나라하게 드러나고 있다. 대권을 꿈꾸는 후보들이 영호남 지역갈등을 조장하여 선거전략으로 악용하는 행태는 청산해야 할 폐습이다. 학연·지연·혈연·관연 등의 패거리 문화가 진화를 거듭하면서 나쁜 습관으로 악화되지 않도록 정치인부터 솔선수범해야 한다. 지연, 혈연 등 패거리 개념의 나쁜 습관은 국가발전에 암적 요인은 물론 망국의 근원이 될 수 있으므로 조속히 청산해야 한다. 한국의 정치권에 각인된 패거리 문화는 삼국시대부터 역사를 뚫고 자라난 망국적 악습이다. 지금도 영호남의 패거리를 비롯해 정계, 재계, 학계, 심지어 시골동창회까지 패거리문화가 독버섯처럼 자라고 있다. 로마의 흥망성쇠에 관한 책을 여러 권 쓴 시오노 나나미는 "나라가 망하는 비극은 인재가 부족해서가 아니라 인재가 있어도 그 활용 시스템이 제대로 작동하지 않을 때 일어난다."라고 말했다. 인재 등용을 제대로 하기 위해서는 패거리 문화 근절이 긴요하다. 역대 대통령 모두가 패거리 문화에 휩싸여 친인척 및 권력형 대형비리의 책임에서 자유롭지 못했다. 사안의 옳고 그름은 따지지 않고 뜻이 같은 무리끼리는 서로 돕고 그렇지 않은 무리는 배척하는 '당동벌이黨同伐異'의 이분법적 사고가 국가발전을 크게 저해한다.

끝없이 이어지는 대형 사건사고는 패거리 커넥션이 암덩어리처럼 뿌리를 내린 결과다. 우리나라에는 패거리들이 만든 변종 마피아Mafia들이 판을 친다. 모피아(옛 재무부+마피아), 정피아(정치인+마피아), 교피아(교육부+마피아), 관피아(관료+마피아) 등 이른바 마피아 천국이라 해도 과언이 아니다. 이 때문에 들리는 것은 오로지 국민의 탄식 소리뿐이다.

4

역사 망각 증후군

고토古土에 대한 소명의식

역사적으로 만주는 한민족이 활동했던 땅이었다. 중국의 동북 지방(요령성 · 길림성 · 흑룡강성)과 내몽골 동부, 러시아의 연해 주 · 아무르주 · 하바롭스크 남부는 오랫동안 중국이나 러시아와 구 별되는 역사 공동체를 이루어왔다. '만주'라 불린 이 지역의 주인은 동호東胡 · 숙신肅慎 · 예맥濊貊족이었다. 세 종족은 2,000년 넘게 이 지역을 무대로 흥망성쇠와 합종연횡을 거듭하다가 19세기 중반부 터 서쪽과 북쪽에서 밀고 들어온 중국과 러시아에 영토를 내주고 말았다.

우리가 기억해야 할 북방영토는 압록강―백두산정계비―토문 강―송화강―흑룡강―동해에 이르는 지역이다. 이곳은 오늘날 중국 의 간도와 러시아의 연해주를 포함하는 지역으로, 한반도 면적의 두 배가 넘는 광활한 땅이다. 간도와 연해주는 고조선과 부여, 고구려와 발해가 지배해 온 땅으로, 이후에도 조선인들이 계속 점유하며 살아온 곳이다. 발해가 망한 뒤 1천여 년 동안 거란과 여진이 지배했지만, 중국의 한족이 지배한 적은 없었다. 중국이 만주지역을 지배한 것은 100여 년밖에 되지 않는 근대의 일이다.

그런데 1860년 청나라는 러시아와 북경조약을 맺으면서 연해주 일대를 조선의 동의도 없이 러시아에 넘겨주었다. 또한 을사늑약으로 대한제국의 외교권을 빼앗은 일본은 1909년 청나라와 간도협약을 맺어 간도를 청나라에 넘겨주었다. 이렇게 우리나라는 우리의 북방 영토인 간도와 연해주를 남의 손에 빼앗기고 말았고, 일본에 강제 합병되고 6·25전쟁을 겪으면서 북방 영토를 되찾을 기회를 잃고 말았다.

이제 우리는 민족주체성 부재와 역사 왜곡의 늪지대에서 과감히 탈피하여, 고구려의 유장 대조영이 세웠던 우리의 민족국가 발해를 우리 역사 속에 복원시켜 '통일신라시대'가 아닌 '남북국시대'로 이해함으로써 민족적 웅지를 펼쳐가야 한다.

동이족의 역사 무대도, 고조선과 고구려, 발해의 역사 강역도 다름 아닌 동북아 대륙이었고, 만주 벌판이었기 때문이다. 슬픈 역사를 교훈으로 삼아 발전의 계기로 승화시킬 수 있는 민족정신이 살아나서 나라 사랑, 역사 사랑의 국민이 되어야겠다. 역사를 망각하는 습성을 버리지 못한다면 우리는 슬픈 역사를 되풀이할 수밖에 없다.

역사를 잊어서는 안 된다.

　영국의 윈스턴 처칠은 "역사를 잊은 민족에게 미래는 없다."라
고 말했다. 아픔의 역사는 곱씹고 기억해야만 다시 되풀이되지 않
는 법이다. 독일은 자신들이 저질렀던 유대인 대학살, 홀로코스트
의 과오를 잊지 않기 위해 그 흔적을 그대로 보존해 후세에게 교훈
으로 남기고 있다.

　300여 년이라는 짧은 역사를 가진 미국에서도 국기나 대통령 초
상 등의 상징물과 각종 경축 행사를 통해 자연스럽게 애국심 강화
교육을 하고 있는 반면, 5천 년 역사를 가진 우리나라는 오랫동안
역사를 제대로 가르치지 않았다.

　국가보훈처 조사 결과, 10대와 20대의 현충일 의식지수는 5점 만
점에 각각 3.81점과 3.98점에 그쳤다. 현충일에 국기도 제대로 게양
하지 않는 세태가 지속되고 있다. 현충일의 의미를 모르는 사람이
많다는 것은 제대로 된 역사교육이 이루어지지 않았다는 반증이다.

　국가 없는 국민과 민족의 역사는 있을 수 없다. 이는 과거 우리
역사에서 일제 강점기 35년이 가르쳐준 뼈아픈 교훈이다. 국가는
국민과 민족의 방패이고, 국가의 존립을 위해 목숨을 바친 순국선
열과 호국영령을 숭모하는 일은 그 시대를 사는 사람의 의무다. 그
렇기에 역사를 잊어서는 안 되는 이유다.

　필자는 『리더다운 리더가 되는 길』에서 다음과 같이 말한다.[43]

　『삼국사기三國史記』에는 '의자왕이 궁인宮人과 더불어 음황탐락淫荒耽樂

---

43 최익용 『리더다운 리더가 되는 길』, (다다아트, 2004), p. 286.

하여 술 마시기를 그치지 않았다.'라고 기록되어 있다. 또한 『삼국유사三國遺事』에서는 '사자하 양쪽 언덕이 그림 병풍처럼 되어 있어 백제왕이 매번 놀면서 잔치를 열고 노래와 춤을 추었으므로 지금도 대왕포大王浦(금강의 유람지)라고 일컫는다.'라고 전한다. 이처럼 한 나라의 왕이 리더십을 포기하는 형국이 되자 간신들이 득세하여 충신들을 몰아냈고, 대외적인 영향력도 약해져 신라와 당의 '침공 대상 1순위'가 되고 말았다. 결국, 660년 신라와 당은 도합 18만의 군사로 백제 정벌에 나섰고, 의자왕은 그제서야 위급함을 깨닫고 대책을 논의하였으나 이미 의자왕은 리더십을 상실한 지 오래였고, 나ㆍ당 연합군이 황산벌에 도달할 때까지 아무런 대책도 세우지 못하였다. 의자왕은 뒤늦게 계백階伯을 내세워 반격을 시도하였으나 전멸당하고, 침공 10일 만에 수도 사비가 함락되고 말았다. 패망 후 의자왕은 당으로 압송되었다가 그곳에서 병사했다.

우리는 백제를 패망으로 이끈 의자왕의 무너진 리더십을 망각해서는 안 된다. 의자왕은 즉위 초 뛰어난 리더십을 발휘하던 왕이었으나 자만에 빠져 사치와 향락만을 일삼았다. 국가의 운명에는 무심한 채 편협한 시각으로 현실에 안주하는 안일함을 보여주었다. 최근 중국에서 의자왕의 무덤을 발견할 수 있다는 얘기가 나오고 있다. 단순히 백제 왕조의 마지막 임금에 대한 동경심이나 호기심이 아닌 우리의 역사를 재조명하고, 망각 증후군에 빠져서는 안 된다는 교훈으로 삼아야할 것이다. 임금이 나라를 망하게 한 역사적 사실을 교훈으로 삼아야 한다.

중국과 일본은 역사 왜곡과 날조를 통한 역사침탈을 서슴지 않고 있다. 중국은 동북공정을 통해 고조선이나 고구려가 고대 중국의 지방정권이었다고 날조하고 있다. 한나라 초의 어용 사가 복승 伏勝 등이 날조한 '기자조선설'의 폐해가 1천 년 이상 지속됐던 것을 볼 때, 이들의 역사 왜곡의 폐해가 어디까지 이어질지 알 수 없다. 일본은 한국 침략의 역사적 근거로 '임나일본부설'을 날조했고, 지금까지도 이렇게 왜곡된 내용을 중·고등학생들에게 그대로 가르치고 있다. 그리하여 지금까지도 이를 토대로 일본이 백제를 지배했었고 발해는 속국이었다고 날조한다. 그런데도 우리 정부와 국민들은 손을 놓고 있는 실정이다.

이웃나라는 풍부한 역사자료를 갖고 있다. 그것도 모자라서 역사 왜곡을 통해 역사 침탈을 하고 있는데도 우리는 이슈가 될 때만 여론이 들끓고, 금세 언제 그랬냐는 듯 식어버리는 망각 증후군을 앓고 있다. 이에 반해 미국에서는 공공역사까지 챙기고 있다.

『공공역사란 무엇인가』에서는 다음과 같이 말한다.[44]

공공역사는 정부기관, 민간기업, 미디어, 역사 유관 단체, 박물관, 나아가 개인의 활동에 이르기까지 학계 외부에서의 역사학 방법론과 역사학자 고용에 관한 것이다. (중략)

1990년대 역사학자 찰스 콜Charles Cole은 "공중public을 위한, 공중에 관한, 공중에 의한 역사."라고 말했다. 이는 공중이 공공역사가 지향하는 목표집단일 뿐만 아니라 공공역사 표현의 주제이며 생산자이기도 하다는 선언이다. 즉, 역사에 관심이 있는 사람들이 역사를 다루는 행위가 전부 공공역사에 속한다는 것이다.

----

44 마르틴 뤼케 외 (정용숙 역)『공공역사란 무엇인가』, (푸른역사, 2021), pp. 30 ~ 31.

최근 공공역사(독일에서는 응용역사로 호칭)의 붐을 타고 역사문화는 역사 연구와 역사교육의 주제가 되었다. 역사문화는 관찰되고, 분석되며 계속 확장되는 중이다. 외국에서는 최근 이러한 현상을 지지하는 한편 공공의 역사에 지대한 관심이 있다.

역사의 교훈을 쉽게 망각하면 역사의식과 역사에 대한 주체의식도 쉽게 실종된다. 국가정체성이 확립된 국민이라면 올바른 역사의식을 가져야 한다. 국민의 힘과 긍지의 뿌리는 역사의식에서 나온다. 특히 국가의 리더가 주체적인 역사의식이 없으면 국민들로 하여금 힘과 긍지를 갖게 할 수 없다.

국민과 지도자의 역사의식이란 민족사와 세계사의 흐름 속에서 자신에게 주어진 시대적 과제가 무엇인지를 알고, 그것을 실현하기 위해 끊임없이 노력하는 자세다. 또한, 자신이 추진하는 모든 일이 후대에까지 영향을 미치는 역사적인 행위라는 사실을 잊지 않고 항상 바르게 살기 위해 노력하는 태도다. 역사의 진실에 귀 기울여 정성스럽게 역사를 가꾸어야 한다. 역사를 이해하는 것이 자신의 자아정체성과 국가정체성을 정립하고 세상을 이해하는 데 큰 도움을 준다는 것을 잊지 말아야 할 것이다.

21세기 대한민국 운명,
확 바뀐다!

제7장

21세기는 코리아 르네상스 시대 –
3대 국운 ①

3대 국운을 선도하는
코리아 르네상스

동서고금을 막론하고 모든 국가의 흥망성쇠가 반복되는 이유는 무엇일까? 신의 섭리, 우주의 원리, 풍수학, 역사적 순환 등에서 찾으려는 시도는 지속되어 왔다. 존 나이비스트는 21세기 문명은 이스트 터닝(east-turnning: 동양 회귀)이라고 말한다. 동양회귀의 중심에는 한·중·일이 있는데 한·중·일 중에서도 대한민국으로의 회귀가 우주의 원리, 역사의 순환이라 판단하는 시각에 공감하는 움직임이 실존하는 것으로 본다.

세계사를 살펴보면 일찍이 세계를 주름잡고 호령했던 패권국가들은 반도국가에서 출발했다.

• 그리스는 비록 작은 발칸반도에서 출발하였지만, 오히려 그러한 조건을 적절히 활용함으로써 드넓은 바다와 바다 건너 대륙 곳곳에 그 위세를 떨쳤다. 오늘의 서양 문명은 그리스문화에서 유

래 된 것이요, 르네상스란 바로 고전 그리스문화의 부흥 운동이다.

• 세계를 제패하였던 이탈리아 로마는 이탈리아반도를 기점으로 대륙과 해양을 정복하여 세계제국을 건설하였다. 그리스가 서양문화의 정신적 기반을 마련하였다면 로마는 그것을 구체적 형태로 보급하였고 유럽 민족의 생활과 전통을 형성시켰다. 팍스로마나 (Pax Romana: 로마의 힘에 의한 평화)는 전 세계를 뒤덮고 로마는 유럽, 아시아, 아프리카 3대륙에 걸쳐 7천 5백만의 인구를 포용하는 세계의 정치, 경제, 문화의 중심지로 이름을 떨쳤다.

• 근세 초기 대서양 시대의 막을 연 선두주자 스페인은 5대양 6대주를 누비며 해질 날이 없었던 나라이다. 지중해 시대의 주역인 그리스와 로마가 반도 국가였듯이, 스페인은 이베리아 반도에서 출발한 작은 반도 국가였다.

• 문화의 발전이 그리스 ‒ 이탈리아 ‒ 스페인 ‒ 영국 ‒ 미국에서 21세기 그 기운이 다시 동양으로 이동하여 이른바 이스트 터닝(동양회귀)의 시대이다.

세계적인 역사학자 폴 케네Paul Kennedy는 21세기에는 아시아 태평양 시대가 열릴 것이라고 말한다. 그는 앞으로 세계 역사는 한국, 중국, 일본이 주도하는 이른바 아시아 태평양 시대가 될 것이며, 그 시대를 이끌어 갈 중심국가는 한국이 될 것이라고 예측했다. 그 이유로는 한국이 지닌 '사회 도덕성'과 '문화적 혼', '자유민주주의 역량' 세 가지를 꼽았다. 대한민국 반만년 역사를 분석해보면 300년을 주기로 르네상스 시대의 융성기를 반복했음을 알 수 있다. 고구려 시대(3·6세기), 통일신라시대(9세기), 고려 중기(12세기), 세종시대(15세기), 영·정조 시대(18세기)가 그랬다. 21세기 대한민국 르네상스 시대의 도래는 고조선의 등불을 시원(始原)으로 동방의 등불 코리아가 세계의 등불 코리아로 전환되는 것이다. 그것은 초일류 선진강국 Korea, G3로 발전하여 세계평화와 문명의 등불 역할을 담당하는 비전이며 실현될 것으로 확신한다.

이에 부응하듯 세계의 권위 있는 기관 등에서는 한국이 21세기 르네상스 시대를 맞이하여 초일류 통일 선진강국이 될 것으로 전망하고 있다.

• 골드만삭스가 2007년 11월 발표한 보고서에 기술된 내용에 의하면 우리나라 국민이 2050년에는 미국에 이어 세계 2위로 잘살게 될 것이라고 한다.

• 2014년 세계적 투자 전문가 짐 로저스는 "통일되면 한국은 세계에서 가장 역동적인 나라가 될 것이다."라고 말했다.

• 모건스탠리에서도 2018년 '4월 대한민국이 통일되면 세계 제5위의 선진국이 될 것'이라고 발표했다.

• 서양의 기업들은 북한에 많은 원유가 매장되어 있고, 주요 광물 매장량이 세계 10위권이라 판단한다. 경제적 잠재 가치가 4천조 원에 이르는 것으로 추산된다.

• '소프트파워' 개념을 만든 하버드 교수 조셉 나이는 한류와 미래에 대햇거 다음과 같이 말했다.(2021. 10. 5. 전략 국제문제 연구소(CSIS)주최 콘퍼런스 '안보를 넘어' 기조 연설문)

문화산업이 가장 역동적인 한국은 문화적 파워를 타고나 엄청난 성공 스토리를 쓰고 있다. 한국은 막대한 소프트파워를 가졌다. 올바른 투자와 노력을 통해 앞으로 더 많이 가질 수 있을 것이다.

소프트파워는 강압이나 거래가 아니라 매력을 통해 원하는 것을 얻는 능력이다. 1989년 베를린 장벽은 포화를 맞아 무너진 것이 아니라 서구 문화와 방송 노출로 변화된 사람들이 휘드른 망치와 불도저에 무너졌다.

• 조셉나이 교수는 "중국은 매년 100억 달러를 쓰고도 원하는 결과를 얻지 못했다. 퓨리서치 여론조사에 따르면 중국 소프트파워는 수퍼 파워가 아니다."라고 했다.

위에서 대한민국의 미래를 낙관적으로 전망하듯 21세기는 대한민국 융성, 번영의 시대가 되도록 범국가적, 범국민적 역량을 기울여야 할 것이다. 한반도가 위기에서 기회로 대전환하는 역사적 시점의 3대 국운이 열리고 있다. 우리 국민과 정부의 역할이 그 어느 때보다도 중요한 시대이다.

세계 속의 한국으로 국운이 상승하는 상서로운 조짐이 도처에서 움 돋고 있다. 국가위기 상황은 동트기 직전의 상황이라고 할 수 있다. 우리는 국민의 웅대한 결의와 애국심으로 대한민국 르네상스시대 등 3대 국운의 기회를 적극적으로 살려 대한민국의 운명을 세계의 등불 국가로 승화시켜 대전환의 시대를 이루어야 하겠다.

5천년 역사를 지탱해온 힘
– 코리아 르네상스

역사적으로 볼 때, 왕조 교체 시기는 사회 전반의 변혁기로 르네상스 시대를 맞이하였다.

이런 현상은 『삼국지』의 '치治가 길면 난亂이 있고 난이 길면 치가 온다.'라는 말처럼 어느 시대, 어느 국가, 어느 개인을 막론하고 기회와 시련은 반복적으로 오고 간다. 그래서 어느 역사나 태평성대 뒤에는 반드시 어지러움과 부패, 타락이 도래했고, 그런 난세 끝에는 현자(리더)가 출현하여 세상을 바로잡는 패턴을 반복해왔다.

우리 역사도 르네상스 시대가 주기적으로 순환되고 반복하면서 왕조가 교체되면서 반만년의 단일 민족, 단일국가 역사를 이어 왔다. 마찬가지로 우주의 원리도 주기적으로 순환하는 것이다. 주역周易에서는 8괘와 64괘가 반복하여 역사의 주기와 순환을 강조하는데 저자가 누군지 아무도 모르는 경전이다. 어떤 천재나 한 사람의 창작이 아니고, 수천 년 동안 많은 사람들에 의해 쌓여진 거대한 집단지성의 결과물이기 때문이다.

우리 역사 속 왕조들은 존속 기간이 매우 길었다. 고구려·백제·신라 삼국의 존속 기간은 평균 500년이었고, 고려의 존속 기간은 475년, 조선의 존속 기간은 519년이었다. 이에 반해 중국은 대략 200년을 전후로 왕조가 바뀌었고, 일본도 우리보다 훨씬 짧게 바뀌었다.

우리나라의 왕조가 유독 오래 유지된 이유는 무엇일까? 이는 우리 역사에 관심을 갖는 외국 학자들이 매우 궁금해하는 부분이다. 혹자는 이를 한국 사회가 느리게 발전했다는 증거로 해석하지만, 그러한 해석은 옳지 않다. 이를 사람에 비유해 오래 산 사람일수록 발전이 없다고 말할 수 있을까? 국가도 사람과 마찬가지로 생명을 가진 유기체다. 잘 관리하면 오래 유지되고, 제대로 관리하지 못하면 금방 망한다. 따라서 왕조가 장수했다는 것은 국가 관리를 잘했다는 뜻이다. 그렇다면 우리 역사 속 왕조들은 어떻게 국가를 관리했을까?

이러한 의문은 우리나라 왕조 교체의 특징을 살펴보면 자연히 풀린다. 서울대 한영우 명예교수는 『다시 찾는 우리 역사』(경세원, 2005)에서 왕조 교체의 특징을 3가지로 설명한다.

첫째, 한국사의 왕조 교체는 우발적이고 폭력적인 권력 이동이 아니라, 이전의 왕조가 수명을 다하여 사회적 모순이 극대화되는 상황에 이르면 새로운 개혁 세력이 내부투쟁을 통해 총체적인 개혁과 혁명을 추진하고 이를 백성이 추대하는 형식으로 이루어진, 민심을 어루만지는 통치 리더십의 결과였다. 그래서 왕조 교체 후에는 이전과는 다른 정치, 경제, 사회, 문화가 탄생한다. 한국사에서 사회 전반적으로 변화의 폭이 가장 큰 시기가 왕조 교체 시기인 이유다.

둘째, 왕조 교체의 주역은 넓게 보면 부패한 지배층을 제외한 국민 전체지만, 좁게 보면 중간 계층의 학자와 지식인, 무인들이다. 이들은 경제적으로도 어느 정도 여유가 있고, 교육도 많이 받은 사람들이지만, 중앙 정계에 진출한다 해도 기득권층의 배타성으로 소외감과 상대적 박탈감을 느끼기 때문에 체제에 대한 불만과 반감이 컸다. 이를테면 이들은 지배층과 피지배층 사이의 '한계집단marginal group' 특징과 강점을 살려 르네상스 시대를 주도했다.

셋째, 중간 계층은 평상시에는 출세 지향적이고 기회주의적인 성향도 지니고 있지만, 사회적 모순이 극대화된 시기에는 피지배층의 입장을 대변하는 개혁과 혁명 세력으로 등장한다. 대표적인 인물로 고려를 건국한 왕건을 들 수 있다. 왕건은 사농공상土農工商시대의 상인 출신이지만, 청부淸富를 통해 단단한 가문을 만들어 권력을 형성했다. 왕건 역시 쿠데타를 통해 정권을 장악하고 고려를 건국했다. 그리고 이전 왕조, 이전 정권의 사회적 모순을 해결하기 위해 통치 패러다임을 바꾸는 일대 변혁을 시도했다. 왕건이 죽고 왕위가 계승되면서 사회는 안정을 찾아갔다.

한국사에서 뚜렷한 왕조 국가를 세운 것은 삼국(고구려, 백제, 신라), 고려, 조선이다. 물론 그전에 고조선과 삼한(북삼한, 남삼한)이 있었으나, 중국, 일본의 사료 파기에 따라 공인된 기록이 남아 있지 않아 왕조사로서의 정확한 복원은 역사학자들의 몫이 되었다. 기원 전후 시작된 삼국시대부터 조선에 이르는 2천 년 동안은 왕조사를 분명하게 시대별로 구분할 수 있다. 이 기간에 삼국, 통일신라, 고려, 조선의 네 왕조가 교체되었으니 평균 500년을 나누어 가진 셈이다.

'대한민국' 나라 이름에는 건국의 의미와 나라를 세운 리더들과 백성의 염원이 깃들어 있다.

대한민국은 국내외적으로 격동기에 건국되었다. 상하이 임시정부 시절부터 시작된 건국 준비 기간은 짧지 않았지만, 건국 전후의 상황은 불안정했다. 과연 일제로부터 독립한 나라가 어떤 나라가 되어야 할 것인가를 두고 국론의 일치를 보지 못했다. 태조 때부터 이어온 '조선'이 되어야 하느냐, 아니면 고종 때 독립국임을 선포하며 재건국 했던 '대한'이 되어야 하는가를 놓고 의견이 분분했다.

사실 일제 강점기에도 우리나라를 칭하는 이름은 조선과 대한이 혼용되었다. 해방 후에도 처음부터 북은 조선, 남은 대한으로 확실하게 명칭이 나뉜 것도 아니었다. 북이 단독정부를 수립한 이후, 남쪽에서는 무슨 일이 있어도 통일정부를 세워야 한다는 주장이 있었으나, 결국 남쪽만의 정부를 수립하여 '대한민국'이라는 국호를 쓰게 되었다.

『환단고기』에 따르면, '한韓'의 뜻은 매우 다양하다. 『태백일사』〈소도경전본훈蘇塗經典本訓〉에는 "한韓은 역사의 통치자인 황(皇:임금)이라는 뜻이다. 이 황은 '크다'는 뜻이며, 크다는 것은 '하나'라는 뜻이다."라고 기록하고 있다.

또한 『삼성기』 상권 첫 문장은 '오환건국吾桓建國이 최고最古라'라고 되어 있다. 이것은 "우리 환족이 나라를 세운 것이 가장 오래다"

라는 의미다. 옛날 고조선 이전에 배달국이 있었고, 배달국 이전에 환국이 있었다는 것이다. 또한 김상일의 『한사상』(상생출판, 2014)에 따르면, '한'은 '가운데'라는 의미도 있다. 이 모든 것을 종합해볼 때, 한국은 '크고 밝고 중심이 되는 나라'라는 뜻이며, 대한민국은 '위대한 한민족(국민)'을 뜻하는 '대한민大韓民'과 '한국韓國'의 합성어로, '세상에서 가장 크고 밝고 중심이 되는 위대한 한민족(국민)이 주인인 나라'로 정의할 수 있을 것이다.

대한민국의 국명에는 '대한제국은 제국주의 이름으로 망했으니 민주주의로 큰 나라를 만들자'는 민족의 염원이 담겨 있다. 특히 민족주의 이념과 더불어 천손天孫사상과 홍익인간 사상을 고조선으로부터 이어받았다는 정통성이 살아 있는 국호이다. 국운 융성기에 들어섰다고 볼 수 있다.

21세기 대한민국은 르네상스 시대의 꽃을 피워 세계의 등불 팍스코리아는 21세기 대한민국 시대정신으로 승화되어 인류평화와 문명의 발전을 선도하는 국가가 될 것이다.

21세기 코리아 르네상스 시대를 맞아 홍익인간 사상과 이념을 토대로 올바른 역사의식과 역사 주체성으로 무장해야만 한다.

우리는 홍익인간의 철학과 사상으로 '동방예의지국→동방의 등불→세계의 등불 팍스코리아→초일류 선진통일강국→G3 대한민국'이 되어 르네상스 시대의 꽃을 피워야 한다.

문화유산은 르네상스의 힘

문화는 삶의 총화로서 우리 민족과 타민족을 구별 짓는 경계이고, 민족의 바탕이자 얼이며, 힘의 근간이다. 또한, 문화는 오랜 세월 동안 축적되고 다져진 인류의 업적이다. 5천 년 백성의 삶이 쌓여 생긴 뿌리이자 결과물이 문화다. 나무가 죽었다가 되살아나는 것은 뿌리가 있기 때문이다. 우리 민족이 많은 질곡을 겪고도 도약할 수 있었던 것은 튼튼한 민족문화의 뿌리가 있었기 때문이다.

유형 문화재나 무형의 음악, 마당놀이, 탈춤은 물론, 고조선의 천지화랑, 고구려의 다물정신과 무사도(조의선인)정신, 신라의 화랑도, 백제의 예술혼, 고려의 선랑, 조선의 선비정신 등도 우리의 민족문화다.

민족문화에 접목되지 않는 뿌리 없는 남의 문화는 마치 화병에 꽂아둔 꽃과 같아서 언젠가는 시들고 만다. 문화에 대한 주체성을 확립하는 일은 민족의 자존심을 높이고, 역사리더십을 발굴하고 발전시키기 위해서도 대단히 중요하다. 우리의 문화를 제대로 알고 올바르게 계승·발전시킬 때 비로소 우리는 진정한 문화 강국으로 거듭날 수 있을 것이다.

우리 민족은 스스로에 대한 강한 자부심과 뛰어난 문화적 기반을 바탕으로 주변 국가들의 문화와는 차별화되는 우리만의 문화를 이루어냈다. 그랬기에 수많은 침입을 받으면서도 그들의 문화를 무조건적으로 수용하거나 동화되지 않고 세계사에 자랑할 만한 우리 고유의 문화를 꽃피울 수 있었다.

신라와 고려의 찬란했던 불교문화와 조선 유교의 독보적 경지, 그리고 조선 후기에 서구 및 중국의 근대사상을 창조적으로 수용하고 개발한 주자학(실학사상) 등은 모두 외래문화를 주체적이고도 창조적으로 수용·발전시킨 실증적인 사례다. 『삼국유사』도 그 한 예로, 이는 토착 신앙과 불교가 혼융된 우리 문화 콘텐츠의 보고라고 말할 수 있다.

'세계유산'은 세계유산협약에 따라 세계유산위원회가 인류 전체를 위해 보호되어야 할 보편적 가치가 있다고 판단해 유네스코 세계유산 일람표에 등록한 문화재를 의미한다. 유형유산이든, 무형유산이든 또는 기록유산이든 세계유산으로 등재되어 있다는 것은 우리나라뿐 아니라 세계적으로도 뛰어난 가치를 지니므로 세계인의 관점에서 보호되어야 한다는 의미를 갖는다.

2021년 7월 서천, 고창, 신안, 보성·순천 4곳의 갯벌이 유네스코 세계 자연유산으로 등재되었다. 이에 따라 현재 우리의 문화유산 중 세계유산으로 등재된 것은 경주 불국사와 석굴암, 해인사 장경판전, 서울 종묘, 창덕궁, 남한산성, 수원 화성, 그리고 화순·고창·강화의 고인돌 등 문화유산 13건, 자연유산 2건을 보유하게 되었다.

각 유적은 모두 시대를 대표하는 것들이다. 불국사와 석굴암은 뛰어난 고대 불교예술의 증거이며, 해인사 장경판전은 팔만대장경을 봉안하기 위해 지어진 건축물로 매우 아름답고 건축사적 가치가 높은 유산이다. 왕실 제사를 모시는 사당인 서울 종묘와 조선 왕조의 궁전 가운데 가장 우수한 건축물로 평가받는 창덕궁, 형식의 다양성과 밀집도 면에서 세계적으로 유례를 찾기 어렵다고 하는 화순·고창·강화의 고인돌, 우리나라 성곽 유적을 대표하는 남한산성과 수원 화성 등도 모두 뛰어난 가치를 지닌 문화유산으로서 르네상스의 원천 역할을 하고 있다.

21세기는 문화가 국력의 시대로서 문화유산은 한류문화 발전의 등불 역할을 하고 있다.

한글은 세계문화의 보물

세계에서 가장 위대한 세종대왕은 자음 14자, 모음 10자, 모두 24자를 가지고 무려 11,000여 개의 소리를 낼 수 있는 세계에서 가장 과학적인 문자, 한글을 창조했다. 그뿐만 아니라, 우리 한글은 일본, 중국 등에 비해 컴퓨터에서 문자를 만드는 속도가 7배나 빠르다. 영국 옥스퍼드 대학의 언어 연구 결과는 한글은 과학성이나 독창성, 합리성 등에서 현존하는 전 세계 문자 중 단연 1위라고 밝혔다. 중국은 자기 나라 글자를 익히는 데만 수십 년이 걸린다.

그런데 우리는 초등학교 입학 전·후에 우리글을 다 익힐 정도로 세계에서 가장 짧은 시간에 쉽게 배울 수 있는 문자이다. 따라서 세계에서 문맹률이 제로 수준의 나라는 대한민국밖에 없다. 대부분의 문자는 누가, 언제 만들었는지 정확하게 알려져 있지 않지만 한글은 누가, 언제, 어떻게 만들었는지 정확하게 알려진 문자다. 10월 9일은 성왕 세종대왕이 한글을 만들어 세상에 펴낸 것을 기념하고, 우리나라 고유 문자인 한글의 우수성을 널리 알리기 위해 국경일로 정한 날이다.

세종대왕과 집현전 학자들은 1443년(세종 25년)에 한글을 만들었고, 3년간의 시험기간을 거쳐 1446년(세종 28년)에 최종적으로 반포했다. 한글의 처음 이름은 '훈민정음訓民正音'이었는데, 이는 '백성을 가르치는 바른 소리'라는 뜻이다.

세계에서 가장 훌륭한 글자(문자) 한글은 문자뿐만 아니라 그 속에 담긴 한글 정신에 가치가 있다. 애민정신, 자주정신, 실용정신이 깃들어 있기 때문이다.

노마 히데키의 『한글의 탄생』에서는 다음과 같이 그 우수성과 신비로움을 예찬하고 있다.[45]

한글이 태어나는 모습을 본다는 것은 그 신비함 속으로 파고 들어가는 일이다. 공기의 떨림을 우리는 언어음으로 듣는다. 이러한 과정에서 성립된 '말해진 언어'는 도대체 어떻게 해서 '문자라는 시각적인 장치'를 통해 '쓰인 언어'가 되는 것일까?

한글을 보는 일은 하나의 문자 체계를 뛰어넘어 언어와 음과 문자를 둘러싼 보편적인 모습까지도 보는 일이 된다. 한글의 탄생은 문자의 탄생이자 '지知'를 구성하는 원자의 탄생이기도 하고, '쓰는 것'과 '쓰인 것', 즉 '에크리튀르'의 혁명이기도 하다. 또한, 새로운 미를 만들어 내는 '게슈탈트(Gestalt: 형태)'의 혁명이기도 하다.

----

45 노마 히데키 지음, 김진아 외 2인 역, 『한글의 탄생』, (돌베개, 2012), pp. 11~15 발췌.

세계적인 석학들은 한글의 특징과 우수성에 대하여 연명한다. 미국 시카고대의 언어학자인 J.D 맥컬리 교수는 한글의 과학성과 수학적 체계성에 매료된 나머지 직접 한글의 우수성을 알리는 데 앞장서고 있다.

제임스 맥컬리 교수는 "한글은 현존하는 문자 체계 가운데 가장 독창적으로 창조된 것이며, 세계의 문자 체계 속에서 특별한 지위를 차지하고 있다. 그것은 문장을 단어로, 음절로, 그리고 음소로 분해하며 동시에 기본적으로는 음절문자의 형태를 유지하는 유일한 문자 체계다."라고 말했다.

한글은 우리의 문화유산이자 옛 조상의 정신이 살아 숨 쉬고 있는 존재이다. '국어기본법'은 "국가와 국민은 국어가 민족 제일의 문화유산이며 문화 창조의 원동력임을 깊이 인식하여 국어 발전에 적극적으로 힘씀으로써 민족문화의 정체성을 확립하고 국어를 잘 보존하여 후손에게 계승할 수 있도록 하여야 한다."라고 규정하여 한글의 중요성을 강조하고 있다.

2012년 10월 태국에서 개최된 제2회 세계문자올림픽대회에서 27개국 문자 중, 가장 쓰기 쉽고, 가장 배우기 쉽고, 가장 풍부하고 다양한 소리를 표현할 수 있는 문자로, 한글이 1위에 올랐다고 세계문자학회가 발표한 바 있다.

세계 문자 올림픽의 심사 기준은 문자의 기원, 구조와 유형, 글자의 수, 글자의 결합능력, 독립성 및 독자성, 실용성, 응용 개발성 등을 기초로 평가한 것이다. 세계 문자올림픽은 가장 쓰기 쉽고, 배우기 쉽고, 풍부하고 다양한 소리를 표현할 수 있는 문자를 찾아내기 위한 취지로 열렸다. 여기서 한글은 16개국이 경쟁한 지난 2009년 대회에 이어 또다시 1위를 차지함으로써 그 우수성을 세계적으로 인정받게 된 셈이다.

한글은 꿈의 알파벳으로 세계 문자창작자들에게는 세종대왕은 신적인 존재이다. 우리 국민만이 초 인류 가치를 모르는 실정이다. 한글은 398억 개 분절음을 표기할 수 있어 제4차 산업혁명의 AI 언어가 될 수 있다. 따라서 미래, 한글 데이터 저작권료가 우리의 먹거리가 될 여지도 있다.

대한민국은 전 세계 최고의 문자인 한글을 가진 나라이다. 세계 곳곳에 한국어와 한국 문화를 전파한다면 국가 위상 제고에 크게 도움이 될 것이다. UN은 문자 없는 나라들에 한글을 국어로 제공하여, 세계에서 3개 국가가 국어로 삼고 있다. 우리나라는 세종대왕 덕분에 한글을 수출하는 등 문화대국이 될 것이다. 이미 정부와 국민의 집중적인 지원과 관심으로 171개의 세종학당이 세계 곳곳에 들어섰고 수강생 수는 5만여 명에 달하고 있다. 한글이 세계어(국제어)로 발전할 수 있도록 중장기 계획을 수립, 적극적으로 추진하여 국가 위상을 제고시켜야겠다.

5

21세기 한류는
르네상스 시대의 등불

우리나라는 홍익이념의 오랜 역사를 가진 문화국가이다. 일본 문화의 뿌리도 한국 문화다. 일본 열도의 왜인들은 고구려, 백제, 신라 및 가야가 고대 국가 체제를 갖추어 나가는 동안에도 아직 미개한 생활을 하고 있었다. 일본은 한반도의 수준 높은 문화를 받아들임으로써 고대 문명의 싹을 틔웠고, 고대 국가로 발돋움하게 되었다. 최근, 세계무대에서 주목받는 한류는 그런 전통과 문화의 뿌리가 깊은 결과이다. 전통문화의 현대화와 문화예술의 선진화가 함께 융합된 한류가 세계적으로 확산되어 경제적 성과는 물론, 국격 제고의 큰 역할을 하고 있다. 21세기 한류는 문화산업에서 큰 의미가 있고, 콘텐츠 산업의 경쟁력을 높여 문화대국의 기반을 다져 가고 있다. 한류를 통해 대한민국은 문화대국으로 국격이 오르고 있다. 문화대국으로서 르네상스 시대를 꽃피우면 우리문화의 저력이

21세기 세계적으로 활짝 펴나갈 것이다.

우석훈 성결대 교수는 문화경제에 대하여 다음과 같이 말한다.[46]

한국에서 문화경제는 다른 '보이지 않는 것'의 경제보다 덜 부각되고 부차적인 것으로 간주되는 경향이 있는 것 같다. (중략) 진보 진영에서도 문화 경제는 여전히 주변부에 있고, 유명한 스타를 대선 캠프에 모셔서 현안 정리하면 되는 것 정도로 이해한다. 김대중 대통령을 제외하면 문화 경제를 국민 경제의 핵심 축이라고 생각한 사람도 별로 없다. 문재인 정부는 더더욱 그렇다. 그럼에도 불구하고 보수 진영에는 '감시와 처벌'이라는 이전 보수 정부의 아픔이 너무 강하게 남아있다.

국가의 문화적 경쟁력이 상품의 수출 경쟁력과 결합되어야 진정한 부를 창출한다. 그러한 점에서 기업들이 한국 문화의 국제적 위상에 관심을 가져야 한다는 점은 상당한 의미가 있다. 국가가 문화정책을 수립해야 한다면, 그것은 언제나 '건강한 공동체'를 지향하는 것이어야 하며, 이는 공공선에 입각하지 않으면 안 된다. 국가의 행위는 자의적이어서는 안 되며 언제나 정당성이 있어야 하기 때문이다.

따라서, 가장 좋은 문화정책이란, 국민 스스로 자신들이 행복하다고 생각하는 방식의 문화활동을 선택해 즐기는 것이며, 국가는 여기에 간섭하지 않는 것이다. 다만, 국가가 사회통합의 필요로, 또 국가의 브랜드를 통해서 교역의 부가가치를 창출하고자 한다면

----

46 https://www.chosun.com/opinion/essay

이는 그 목적하는 바에 맞는 수단으로 행해져야 한다. 이를 위해서는 정부에서는 공론의 장을 마련토록 해야 한다.

세계적으로 문화의 패러다임이 바뀌고 있다. 문화창조 대국은 문화와 첨단 산업이 융합하고, 국가 간의 벽을 허문 경계선에 인류 문명 창조의 꽃을 피우는 것이다. 세계적인 붐을 일으키는 한류는 시장을 단순히 확대하는 방식에서 벗어나 문화경제의 융합을 통해 시너지 효과를 거두어 국가위상을 제고해야 한다.

21세기 문화의 꽃을 피우려면 한류가 반드시 세계적으로 확산되어야 한다. 21세기 새로운 패러다임에 맞춰 한류를 선도적으로 이끌어야 한다. 특히, 방탄소년단의 세계 한류 팬이 사상 최초 1.5억 명 이상으로 돌파하였다.

전 세계 한류 팬이 계속 확산되어 팬덤 역시 넓고 두꺼워지면서 글로벌 규모의 팬더스트리fan+industry 시장이 형성되고 있다. '팬더스트리'는 팬 중심의 산업을 의미하는 신조어로 각종 굿즈 산업은 물론 차별화된 소통을 원하는 팬과 아이돌을 직접 이어주는 팬덤 플랫폼을 기반으로 하고 있다. 여기에 최근에는 K-pop 스타의 정치·사회적 영향력을 바탕으로 다양한 시민운동으로 성장하고 있다.

K-pop은 현재 진행형이며 새로운 역사를 쓰고 있다. 그 최전선에 BTS가 있다. 빌보드 차트 핫 100에서 무려 7주간 1위를 차지한 BTS의 '버터'를 밀어낸 곡은 이들의 신곡 '퍼미션 투 댄스'였다. 자기 곡으로 싱글 차트 1위를 밀어낸 그룹으로는 비틀스, 보이즈 투 멘 등에 이어 다섯 번째다. BTS는 K-pop의 글로벌 위상을 적어도 두세 단계 높인 현존 최강의 '문화적 우세종'이다. 전 세계 팝 시장의 주류로 편입한 게 아니라 새로운 주류를 만들었다.

BTS를 필두로 한 K-pop은 최근 전 세계에서 가장 빠르게 성장한 음악 분야다. 세계 음반 산업을 대표하는 단체인 '국제음반산업협회(IFPI)' 발표에 따르면 K-pop과 한국 음악 시장은 2020년 대비 44.8%라는 압도적인 증가세를 보였다. 하이브(옛 빅히트)의 위버스 등 대형 커뮤니티 외에 틈새를 노린 스타트업도 생겨나고 있다. 스타 영상 메시지 서비스인 스타리와 셀러비를 비롯, 팬들이 만든 K-pop 굿즈를 전 세계 팬에게 중계 판매하는 '덕질' 등이 대표적이다. K-pop 팬덤 경제 규모는 8조원대(IBK 기업은행 추정)를 넘어 앞으로 더욱 커질 것으로 보인다.

한국국제교류재단과 외교부가 함께 발간한 2018년 545만 명에서 2021년 한류 팬은 2억여 명으로 급증했다.

BTS는 전 세계에서 가장 강력한 초국가적 팬덤을 형성했으며, 'ARMY'(아미)라고 불리는 팬들은 사회, 경제 세력으로 거듭나, BTS와 관련 각종 이슈에 적극적으로 대응한다. BTS의 성공 덕분에, 만년 적자였던 문화예술저작권 수지가 2020년 상반기에 첫 흑자를 기록했다. 방탄소년단과 같이, 콘텐츠의 힘도 한 몫 했다. 영화 '기생충'은 2020년 미국 아카데미 시상식에서 4관왕을 거두는 한편, '미나리'는 2021년 아카데미 시상식 여우조연상을 받아 한국 영화를 세계에 알렸으며, 최근 웹드라마 '오징어 게임'Squid Game도 전세계를 열광시키면서 한국의 문화 컨텐츠가 세계인의 관심을 집중시키고 있다.

K-pop은 국내외 학자들의 주요 연구 대상이다. 전장이나 제국주의 도움 없이 한 나라의 문화가 이렇게 빠르게 세계로 확산된 사례는 유례를 찾아보기 어렵기 때문이다. 미국 빌보드 차트를 석권

하며 K-pop 시장 규모를 1조 2,000억 원(2018년 기준), 세계 9위까지 키워놓은 아이돌 산업의 경쟁력은 철저한 영재 교육과 글로벌한 기획에서 나온다.

여기서 중요한 것은 국내의 많은 인재들이 창의와 열정으로 가득한 융합형 문화 인재를 키워 21세기 문화창조의 대한민국은 물론, 세계 문화창조를 주도하는 역할을 해야 될 것이다. 제 2, 3의 방탄소년단, 기생충, 미나리가 나올 수 있도록 정부에서는 최선을 다해야 할 것이다.

세계한류학회 관계자는 "한류에 대한 인식과 더불어 한국의 위상도 높아졌다. 케이팝과 영화 등 문화 콘텐츠 외에 세종대왕의 업적 등 한국 역사에 관심을 갖는 사람도 생겼다"고 말했다. 유튜브·넷플릭스 등의 영향으로 한국 콘텐츠 이용자가 늘어난 것도 인기의 원인이었다.

2021년 한류 확산은 코로나19가 영향을 극복하고 국내의 많은 인재가 창의와 열정으로 융합형 문화 인재를 키워온 결과이다. 미래의 대한민국은 끊임없는 문화창조를 통해 세계 문화부흥을 주도하는 역할을 해야 할 것이다.

21세기는 문화가 국력의 시대로서 한류는 문화발전의 등불 역할을 하고 있다. 최근, 한류가 세계인들의 사랑을 받으며 행복을 주고 있어 한류는 친한세력으로 형성되고 있다. 동방의 등불 코리아가 세계의 등불 코리아로 발전하고 있다.

우리의 한류는 5천여 년의 역사와 전통을 가진 유무형의 찬란한 문화유산과 정신문화의 토대 위에서 결실을 맺은 것이다. 이제 다양한 장르의 한류 창작 활동을 지원하고 문화와 첨단 기술이 융합된 한류 육성을 통해 국가위상을 제고함은 물론, 경제발전에 이바지하도록 해야 하겠다.

우리의 문화는 5천여 년의 역사와 전통을 가진 유무형의 찬란한 문화유산을 토대 위에 한류 르네상스 시대의 결실을 맺고 있다. 이제 다양한 문화유산과 한류를 융합하여 문화 시너지 효과를 거둠으로써 국가위상 제고는 물론 문화경제와 문명의 역할로 크게 확산될 것이다.

한류는 세계인 모두가 이념과 관습을 넘어 세계가 하나가 되도록 인류평화와 문명발전에 기여하고 있다. 문화융성 시대를 맞아 한류가 첨병 역할을 하도록 더욱더 노력해야겠다.

4차 산업혁명은
르네상스 시대의 견인차

향후 4차 산업혁명은 각국의 운명과 위상을 좌우할 것이다.

1차, 2차 산업혁명은 기계화가 핵심이었고, 수학·물리 등의 과학 교육이 중심이었다. 3차 산업혁명은 인터넷과 재생에너지 결합이었으며, 4차 산업혁명의 핵심은 디지털 소프트웨어 기술이다. 특히 AI라는 소프트웨어 기술은 인간의 지적능력까지 기계로 대체할 가능성을 열었다. 4차 산업혁명을 먼저 선점하게 된다면 뒤에 따라오는 국가들이 따라온다고 하더라도 더욱 발전되기 때문에 격차가 더욱 벌어져 추월이 어려운 점을 감안한다면 국가의 명운을 걸고 추진해야 한다.

김태유 서울대 산업공학과 교수는 다음과 같이 말했다.[47]

---

47 https://www.chosun.com/economy

"우리 모두 4차 산업혁명에 대한 이해가 부족합니다. 4차 산업혁명 시대의 특징은 '선승독식先勝獨食'입니다. 산업화 시대에는 선진국을 벤치마킹하는 '후발국의 이점'이 있었습니다. 그러나 이제는 디지털 플랫폼 같은 특성 때문에 먼저 시작한 기업이 전 세계 시장을 순식간에 독점해버리는 시대가 왔습니다. 따라서 먼저 시작한 나라는 영원한 선진국으로, 또 늦게 시작한 나라는 영원한 후진국으로 전락하기 십상입니다."

영국은 18세기 산업혁명을 통해 세계패권 대국으로 도약했듯이 21세기 4차 산업혁명은 세계패권 국가를 가리는 결정적인 요인이 될 것이다. 이에 따라 세계 각국은 4차 산업혁명 선도국가로 도약을 통해 세계패권 국가를 지향하고 있어 치열한 경쟁을 벌이고 있다. 미국은 'Digital 전환', 독일은 'Industry 4.0', 중국은 '제조 2025', 일본은 'Society 5.0'의 캐치프레이즈를 걸고 4차 산업혁명 시대를 맞이하고 있다.

우리도 이들 선진국에 뒤지지 않도록 학계, 경제계, 정부 등 모든 관련 업체 및 기관이 일사불란한 협조체제를 구축하여 선도국가로 나서야 한다. 4차 산업혁명은 사실상 정치 · 경제 · 교육 · 문화 등 전 분야를 움직이는 원동력, 견인차 역할을 하게 되어 결국 세계패권 국가의 서열을 정하는 결과를 가져올 것이다. 따라서 우리의 4차 산업혁명도 21세기는 대한민국 르네상스 시대를 좌우하는 핵심 산업이 될 것이다.

산업혁명은 인류 사회와 경제적 변화를 불러왔다. 영국을 시초로 18세기 후반에서 19세기 초반에 소비재와 경공업을 중심으로 일어난 변화를 1차 산업혁명, 19세기 중후반에 전기화학 등 중화학

공업이 시작된 것은 2차 산업혁명, 20세기 후반 컴퓨터와 인터넷 기반의 지식정보 혁명을 3차 산업혁명으로 분류한다. 지금 인류는 정보통신기술 ICT의 융합으로 4차 산업혁명 시대를 맞이하고 있다.

4차 산업혁명을 빅데이터, 알파고와 같은 인공지능, 사물인터넷 등 단순한 기술혁명으로 오해하는 경우도 있다. 이러한 개별 기술들은 4차 산업혁명의 하나의 수단일 뿐 본질이 아니다. 4차 산업혁명은 현실Off-line과 가상On-line의 융합을 통한 예측과 맞춤이 본질적 속성이다. 다시 말해 인간을 중심으로 현실과 가상이 순환해 현실을 최적화하는 융합 혁명으로 봐야 한다.

『유엔 미래 보고서 2050』에서는 다음과 같이 말한다.[48]

• 정부 내 미래예측 부서와 미래학자 네트워크를 개설해 국가 차원에서 미래보고서를 만든다.

• 미래에 대한 범지구적, 다면적, 보편적, 장기적 관점을 담은 장기적 목표를 세우고, 이를 바탕으로 의사결정을 한다.

• 기관과 개인 집단지성 시스템을 만든다. 각 의회에 상임 미래위원회를 설립하고 국가 집단지성 시스템을 만든다.

인공지능, 로봇공학, 기타 ICT 관련 기술은 세계적으로 장기 실업을 일으킬 수 있다. 기술에 자리를 넘어야 할 일자리 대신 세계적 시작을 찾는 1인 기업과 같은 새로운 모델이 필요하다는 것이다.

----

48 박영숙·제롬 글렌 지음, 이영래 역. 『유엔 미래 보고서 2050』(교보문고, 2016), pp. 308~312.

4차 산업혁명은 디지털이 선도한 3차 산업혁명에서 한발 더 나아가 전자공학, 생물학, 물리학 등의 경계가 없어지고 융합하는 기술혁명을 밑바탕에 깔고 있다.

미래창조과학부 지능정보사회 중장기 종합 대책(안)

구분	과제	주요내용
지능정보 기술기반 확보	대규모 데이터 기반 구축	– 공공데이터 기계학습 가능한 형태로 전환 개방 – 데이터 거래소 구축 추진
	지능정보 기술확보	– AI 및 ICBM 핵심기술 개발 – 차세대 기술인 양자컴퓨팅뉴로모픽칩 연구
	초연결 네트워크 환경 구축	– 5G 서비스 상용화 – 해킹 원천 차단하는 양자암호통신 단계적 도입
전 산업 지능 정보화	공공서비스 신제품 활용 및 생태계 조성	– 전장 전력(국방), 지능형 범죄 대응(경찰), 행정복지 서비스(복지, 행자), 미래형 교통유통(국토) 마련 – 대규모 실증 테스트베드 조성 및 규제 샌드박스 도입 추진 – 로봇 3D 프린팅 등 스마트 제조기반 마련
	지능형 의료 서비스	– 의료분야 맞춤형 서비스 구현을 위해 10만 명 코호트 구축 – 지능형 헬스케어 로봇 개발 – 개인 맞춤형 진단 치료기술 개발
사회정책 개선을 통한 선제적 대응	미래교육 혁신	– SW 및 STEAM 교육 대폭 확대 – 중고교 학점제 도입 추진 – 지능정보영재 조기 양성
	고용변화 대응 및 사회 안전망 강화	– 유연근무제 확대 등 탄력적 노동시장 재편 – 신산업 신직업 전문인력 양성(매년 3천 명 석박사급 인력 공급) – 취약계층 어려움 지원을 위한 지능정보 기술 개발
	법제정비 및 역기능 대응	– 국가정보화 기본법 개정 등을 통한 국가 지능정보화 기본법 마련 – 신규 법적 이슈 연구 및 지능정보기술 윤리현장 제정추진 – 사이버 위협, AI 오작동 등 기술적 위협에 대비한 사이버 보안센터 구축

자료: 미래창조과학부

미래창조과학부는 인공지능 AI 등 지능정보기술이 가져올 사회적 파장에 대응하기 위한 중장기 전략을 추진하고 있다. 미래부가 정의하는 4차 산업혁명은 AI+I(사물인터넷), C(클라우드), B(빅데이터), M(무선), S(보안) 등의 주요 기술이 경제·사회·산업 전반에 초고속으로 변화를 일으키는 기술 혁명으로, 핵심 키워드는 '초연결'과 '융합'이다.

국가 지능정보화 기본법을 마련하고, 지능정보기술 윤리헌장 제정을 추진하기로 한 것은 다행이다. 미래 혁신의 시대에서 살아남기 위해서는 4차 산업혁명의 선도자로 도약하도록 과학기술 발전 정책은 물론, 다양한 학문분야 간의 융합, 인문사회-과학기술 간 융합이 필요하다. 또한, 사이버위협, AI 오작동 등 역기능 대비, 지능정보 창작물의 저작권 문제, 사고책임 등 새로운 법제 문제도 선제적으로 정비하고 신산업 창출을 가로막는 규제나 관행을 과감하게 폐지해야 할 것이다. 4차 산업혁명은 역사적으로 인류문명사적 대변화를 가져오는 사건이다. 따라서 디지털 비지니스 모델 디자인과 공학의 융합, 인문학·심리학과 비지니스의 융합 등 학문간 경계를 뛰어넘어 새로운 디지털 문명을 끊임없이 창조할 것이다.

4차 산업혁명이 초일류 선진국 도약의 발판이 될 것이기 때문에 국운(국력)을 가르는 기준이 될 것이다. 21세기 4차 산업혁명이 르네상스 시대의 견인차이듯이 정치, 경제 사회, 교육, 문화, 안보 등 모든 분야에서 국가발전의 운명을 좌우할 것이다.

4차 산업혁명은 어떤 나라엔 기회가 되고 어떤 나라엔 위기가 될 것이다. 올바른 방향 설정과 변화를 두려워하지 않는 유연한 대응으로 위기를 기회로 바꿀 수 있다. 우리나라는 글로벌 저성장 파고를 넘기 위한 해결책으로 '4차 산업혁명' 시대의 선두주자로 반드시 나아가야 한다.

제8장

21세기는 한반도 국운 융성시대 – 3대 국운 ②

1

21세기 한반도 기운

말 차축같은 형세

인류학자와 생태의학자들은 인간이 수십만, 수백만 년 동안 원시의 환경 속에서 살아남을 수 있었던 것은 위대한 우주사적, 역사적, 풍수지리 등 자연, 환경에 생존유전자DNA가 적응, 발전했기에 가능했다고 말한다.

모든 문명이 태초에 똑같이 시작되었을진대, 어찌하여 이토록 흥망성쇠가 어떻게 갈렸는지 생각해보자. 우리 민족은 5천 년을 살며 어려운 자연환경과 주변 국가의 침입 등 도전을 극복해냈다. 이 과정에서 우리만의 고난 극복인자를 체득화體得化했는데, 그것을 필자는 천손민족의 8대 DNA(유전인자)라고 명명한다. 우주사적, 역사적, 풍수지리적 지혜와 이 8대 DNA가 서로 결합함으로써 창의적이고 근성 있는 국민성을 만들었고, 이것이 결국 우리 민족의

4부 _ 21세기 대한민국 운명, 확 바꾼다! · 253

전인적 성장을 가능케 했다. 비슷한 현상을 영국의 석학 아놀드 토인비는 '도전挑戰과 응전應戰'으로 설명한다.

『한韓사상』에서는 다음과 같이 말한다.[49]

차축시대에 중국은 발흥할 때이고(한무제 같은 인물을 통해) 우리 고조선은 그 영광이 쇠퇴할 때이다. 그러나 분명히 해 둘 것은 중국문명(제2기)이 그 선행 문명인 상에서 계승 발전된 문명이라면 차축시대 이전의 전 차축시대Pre-Axial Age의 주인공은 당연히 동이족 (한민족)이었다는 것이다. 이 전 차축시대를 환단시대라 말하고 싶다. 이 시대가 단군, 환웅, 환인시대라 본다. 전 차축시대의 주인공은 동쪽의 동이계(고조선)였고 차축시대의 주인공은 서족의 화하계였다고 해석된다. 차축시대 이후 2,500여년이 지난 후 금세기와 19세기의 극동아시아의 주도권은 일본으로 넘어간다. 청일전쟁에서 일본이 이기고 일본이 한국을 식민지화하고 일본의 강세는 한동안 지속되었다. 극동아시아 역사에도 약 2,000~3,000년 단위로 주도권의 회전기간이 있었던 것 같다. 금세기를 말 차축시대 Last-Axial Age로 보고 싶다. 전 차축시대에는 한국이, 차축시대에는 중국이, 말 차축시대에는 모두가 전 차축시대의 정신적 유산을 자기 환경에 알맞게 창조적 변화를 시켰다.

이와 같은 현상에 대해 오쇼는 2565년 전 부처님(고타마 붓다)이 태어난 당시는 동양에서 천재가 태어날 가능성이 최고조에 달한 때였다. 동양(인도)은 모든 방향으로 최고조에 달했기 때문이라고 해

----

49 김상일 「한사상」 (상생출판, 2014) p.47.

석한다.[50] 그런데, 필자는 말 차축시대에는 일본에서 한국으로 기운이 이동하여 코리아 전성시대가 도래할 것이라는 예언을 믿고 있다.

이인영 통일부 장관이 2021년 1월 4일 마블 스튜디오의 공상과학 영화 '토르'에 등장하는 우주 현상을 현재 한반도 상황에 빗대며 "'대전환의 시간'이 우리 앞에 열리고 있다."라고 말했다. 이 장관은 이날 발표한 영상 신년사에서 "토르라는 영화를 보면 9개의 세계가 일렬로 정렬할 때 우주의 기운이 강력하게 집중되는데 이것을 '컨버전스'라고 한다."라며 "비유하자면, 이처럼 한반도 평화를 위해 집중된 '대전환의 시간'이 우리 앞에 열리고 있다."라고 말했다.

수억 겁의 세월 속에서 조금씩 변화하는 우주의 진리를, 백세시대 인간의 수명으로 확인한다는 것은 영원히 불가능할지도 모른다. 그렇다면 우주의 변화를 확인할 방법은 없는 것인가? 인류는 동양철학의 기본이 되는 역학易學에 대입하여, 변화하고 있는 우주 속에서 현시대의 좌표를 찾아보려 하는 것이다.

우주사적 관점으로 보면, 봄에는 씨앗을 뿌리고 가을에는 추수를 하듯 자연의 변화 (하늘의 이치)에 맞춰 해야 할 일을 찾아서 하는 것을 자연에 순응하는 순리의 삶이라 한다. 공자는 "하늘의 뜻에 순응하는 자는 살고 하늘의 뜻을 거스르는 자는 망한다.順天者存逆天者亡"고 하였다. 자연에 순응하기 위해서는 지구뿐만 아니라 우주 삼라만상의 변화하는 이치를 알아야 할 것인데 현대의 과학수준으로는 우주의 변화를 밝히는 데는 한계가 있다.

---

50 오쇼, 서미영 엮『운명이란 무엇인가』, (젠토피아, 2016) p. 225.

음과 양의 조화와 태극 문양

예로부터 우리나라는 태음주기를 사용했다. 29.5일 동안 끊임없이 차고 기우는 속성 때문에 달은 인류에게 하루, 한 달, 1년 이상의 시간을 계산할 수 있게 해줬다. 이를 이용해 영농, 수산업, 천기 등 다양하게 태음주기의 전체 패턴을 파악하여 미래를 상정하고 대비할 수 있게 해 주었다.

아울러 태음주기는 역법과 절기의 기준이 되어 문화와 문명을 발전시키는데 활용되었다. 그 결과 농경은 물론, 국가의 중요한 행사들도 태음주기에 맞춰 수천년간 진행되었다. 특이하게, 달은 우리로부터 매년 3.8㎝씩 멀어져 2만6천 년마다 1㎞씩 멀어지는 셈인데 앞으로 15억 년 뒤면 달은 지구의 인력권으로부터 완전히 벗어날 것이다. 반면, 우주의 기원과 그 작동 원리에 대해 깊이 성찰했던 이집트 등 고대인들에게 최고신은 창조주-태양신이었다. 태양신의 위상이나 역할은 비교적 일정하여 태양신은 우주를 창조하고 지배하는 명실상부한 신들의 왕으로서 역할을 했다.

음양의 흐름으로 된 세상

박기철 경성대 교수는 음양과 양음의 조화에 대해 다음과 같이 말한다.[51]

음과 양 중에서 무엇이 먼저 나타났을까? 천자문과 성경에 천지창조 때는 가물거리듯 혼돈스러웠으며 어두웠다고 되어 있다. 커다란 아지랑이와 같은, 구름 같은 무언가도 떠다녔을 것이다. 즉 먼저 음의 세상이었다. 이후 하나님께서 빛이 있으라 하시매 빛이 있었다(창세기 1:3). 양의 빛은 양인 해로부터 온다. 그러니 음 다음에 양이 나타났다. 그래서 창조의 순서에 맞게 양음이 아니라 음양이라고 하는 게 아닐까?

그래서인지 음양 관련된 낱말 중에 음이 먼저인 것들이 많다. 암수, 요철(凹凸), 암컷새&수컷새인 자웅雌雄, 암소&숫소인 빈모牝牡, 물불, 밤낮 등이 그렇다. 레디스&젠틀맨은 음이 먼저지만 남성이 여성을 배려하는 수사적 언어 표현이다. 물론 남녀, 신사숙녀, Bolt · Nut, Plus(+) · Minus(−), 천지天地, 하늘땅, 일월日月, 천하대大장군, 지하여女장군, 홀짝처럼 양이 먼저인 낱말들도 많지만, 이는 남성 중심의 언어 습관에 따른 변화일 듯하다. 음양의 순리로 헤아린다면 음을 뜻하는 글자가 먼저 나와야 옳다.

무극이면서 태극(○=☯)이던 혼돈체가 양의兩儀로 갈라지며 음양 형태가 드러났다. 음이 먼저 드러나며 그 안에 혼재되던 양도 나타났다. 그렇다고 음과 양은 따로가 아니다. 음양 간 흐름이 있다. ☯이 아니고 ☯인 이유다. 5~7천여 년 전 복희씨는 두루周 바뀌는易 흐름을 간파해 −−(음) −(양)으로 8괘를 그렸다. 주역인 역경易經의 기원이다. 고대 그리스인들이 몽롱해진 무녀로부터 모호한 신탁神託을 받았다면, 고대 중국인들은

----

51 http://kookje.co.kr/news2011

점을 치더라도 64괘(8괘×8괘)의 흐름을 따랐다.

우주의 흐름에 따라 보낸 시간을 역사라고 하면, 민족은 그 역사라는 시간을 살아가는 주체다. 그리고 그 민족이 공통적으로 공유하고 있는 고유의 태음적, 심리적 특성 등이 문화적 현상으로 민족정신이 형성된다. 우리의 문화적 특징은 세상만사 삼라만상 우주만유의 이치인 음양의 흐름을 헤아렸다. 시대가 변해도 음양의 흐름은 영원하다.

이러한 태음적, 심리적 문화현상은 인간을 비롯하여 주위에 일어나는 모든 일로서 우주 자연의 법칙에 따라 생멸한다. 아무리 혹독한 겨울이라도 봄이라는 변화 앞에서는 속수무책이지 않은가? 이 세상 어디에도 원인과 결과의 법칙을 건너뛰는 경우는 없다. 우주와 천지 만물의 음양 조화가 절대 불변의 순환이자 순리로서 진리라 생각한다.

2

디지털 시대 흐름에
상승기류 탄 한민족 특성

한반도 문명의 역사는 8천~1만여 년 전에 시작되었다. 사료에 공식 기록된 고조선의 역사만 따져도 5천여 년이 넘는 유구한 역사와 전통을 가지고 있다. '한민족의 뿌리를 어디까지 거슬러 올라갈 것인가?'에 대한 논쟁보다 중요한 것은 역사를 통해 민족의 정체성을 찾고 시대적 사명을 발견하는 것이다.

한민족은 한반도라는 지리적 공간을 배경으로 고유한 혈연 · 언어 · 문화적으로 독특한 공동체를 이루며 살아왔다. 한반도가 지구의 위도상으로 사계절의 변화가 뚜렷한 위치에 자리잡고 있을 뿐 아니라 반도 국가로서 외침을 많이 받았고 삼면이 바다로 싸여 있는 특성 등은 변화에 민감하게 적응하는 기질을 키운 것으로 역학가들은 분석하고 있다. 21세기 들어서 본격화된 아날로그에서 디지털 시대로의 대전환은 우리 민족의 특성과 맞아떨어지며 국운융성의 상승기류를 타게 되었다. 이른바 '빨리, 빨리!' 문화로 폄하되었던 남다른 속도감과 역동성은 그 가치를 새롭게 조명받기 시작했다.

역학 전문가 조경제는 한민족의 특성과 21세기로의 전환을 흥미롭게 분석하였다.[52]

역학에 의하면 지구에 춘하추동 4계절이 있듯, 우주에도 4계절이 있다. 우주의 4계절을 이해하기 위해서는 지구와 우주의 시간관계를 이해해야 한다. 우주 1년의 전반을 선천(先天: 춘하)이라 하고, 후반을 후천(後天: 추동)이라고 하는데 선천과 후천의 특징은 지구의 봄 여름 가을 겨울의 특징과 같다고 한다. 그런데 현재 이 시기는 우주시간에서 보면 여름이 지나고 가을로 접어드는 환절기에 있으며 21세기는 바로 가을의 문턱이 되는 것이다. 가을의 특징은 모든 열매가 완숙하여 수확하게 되듯 인류사회는 더욱 성숙하여 최고의 문명시대가 열리게 된다. 선천과 후천시대 특징을 구분하여 보면, 선천은 20세기 이전의 상극相剋 시대로서 서로가 투쟁하는 시기이다. 이때는 만물이 분열 발전하므로 모든 생명체는 종류와 수량이 늘고 서로 나누어져 대립하여 경쟁하게 된다. 따라서 강자가 약자를 먹어치우는 약육강식의 사회로서 정글의 법칙이 난무하는 시대이다. 이른바 양陽의 문화시대이다. 반면에 앞으로 다가올 후천시대는 21세기 이후의 통일시대로서 화합을 우선으로 하는 평화시대가 된다. 모든 사물이 대립하던 갈등에서 벗어나 하나로 뭉치는 통합과정을 겪게 되고 서로가 상

---

52 조경제, 『21세기 세계 웅비를 향한 한민족의 나침반』 (다물, 1997) pp. 50~51, pp. 99~100.

부상조하는 인간의 시대, 지상 천국이 되는 시대이다.

　역학이 제시하는 주장과 논리는 과학적으로 실증하여 보일 수
없다. 하지만 전통적인 관습과 통계에 의해 우주의 운행질서를 팔
괘로 체계화시킨 가장 오래된 학문이다. 역학의 논리로 살펴보면,
한반도의 위치는 간艮방이라고 한다. 주역 계사전에 간艮방은 모든
만물이 시작하고 끝나는 곳이라고 하였다. 만물이 끝나고 만물이
시작하는 것은 간방만큼 성盛한곳이 없다고 설명하고 있다. 간방은
24방위의 하나. 정동과 정북의 한가운데를 중심으로 한 15°각도 안
의 방위이다. 간艮에서는 모든 것이 시작될 때 즉시 시작하고 그칠
때 즉시 그치므로 움직임動과 고요함靜이 그때를 잃지 않는다고 하
였다時止即止 時行即行 動靜不失其時.

　역사로 실증된 바와 같이 6 · 25전쟁 이후, 한반도는 한미동맹과
일본을 중심으로 북한 및 중국, 러시아가 70여 년간 대립하는 형국
을 지속해 왔다. 그러나, 우주사적 · 역학적 관점에서 볼 때, 한반
도 긴장조성 상황은 머지않아 개벽開闢 바람을 통하여 매듭지어지
는 방향으로 나아간다는 것이다. 간방艮方의 한국과, 태방兌方의 미
국이 동양과 서양의 양대 축이 되어 지구의 에너지가 한반도로 모
이는 형국이라고 설명한다. 다시 말해, 천지인天地人의 조화와 기운
이 한국과 미국의 융합으로 응결되어 에너지를 발산하는 형상이라
는 분석이다. 허황된 주장이라고 폄하할 것이 아니라 큰 흐름을 긍
정적으로 해석하는 견해로 받아들일 필요가 있다.

　중국의 예언서 추배도推背圖에서는 간방의 의미를 달리 해석한

다. 추배도推背圖는 당나라 태종 때 만들어진 점술서로, 천문학자인 이순풍李淳風과 풍수지리학자인 원천강袁天綱이 함께 미래의 길흉화복을 기록한 책이다.[53]

중국 당나라 태종 때, 추배도 예언서는 1400년이 지난 이후, 홍콩, 마카오, 타이완에서 베스트셀러가 될 정도이다. 전체 60가지 중, 55가지 예언이 적중되었다. 남은 5개의 예언을 해석하기 위해, 많은 학자가 관심을 가지고 있다. 그 중, 하나로 간방 한민족의 지혜를 받들어 근본으로 돌아가 섬김만 못하도다. 추배도 예언서에서는 추推: 공경하여 높이 받들다. 배背: 간방, 즉 동이족, 우리 한민족을 따르고 기리는 그림이라는 의미, 다시 말해, 세계전쟁이 일어나면 전쟁을 멈추고, 세계인류를 구원하는 법방이 한민족으로부터 나온다는 해석이다.

배背는 등과 뒤라는 의미도 있지만, 여기서는 8괘의 하나, 간괘를 말한다. 방은 8방의 하나. 정동과 정북의 한가운데를 중심으로 한 45° 각도 안의 방위를 말한다. 만물을 마치고 시작하는 곳이므로 선천시대가 끝나고 후천시대가 시작되는 곳이 바로 우리나라라고 생각하는 것이다.

『주역周易』과 『정역正易』 이론에 따르면, 한국이 앞으로 지구의 중심축이 된다고 해석한다. 간방(艮方, 소년)인 한국과 태방(兌方, 소녀)인 미국이 동방과 서방의 중심축으로 작용한다는 보는 것이다. 미국은

----

53 https://m.blog.naver.com/PostView

자신과 제일 궁합이 맞는 소년少年인 한국과 가까워질 수밖에 없다고 해석한다.

그런데 간방艮方인 한국이 결실을 맺으려면 꽃잎이 져야 하고 또 꽃잎이 지려면 금풍金風이 불어야 한다. 금풍金風이란 서방西方바람을 말하는데 이 바람은 곧 해방 이후부터 우리나라에 불어오기 시작한 이른바 '미국 바람'이라고 볼 수 있다. 금풍金風의 최종 마무리는 미국 바람의 끝에 찾아오는 차가운 가을바람인 개벽開闢 바람을 통하여 견실堅實해질 것이다.[54]

우주사적, 역학적 이론에 따르면 지금까지 발생했던 역사적 사건들은 때맞춰 발생한 것으로 해석한다. 이러한 해석의 사실여부를 따지는 것보다 메시지의 방향성에 관심을 기울여야 한다. 메시지의 공통점은 "21세기가 한민족의 기세가 융성하게 펼쳐지는 시대가 될 것이다."라는 방향으로 집약되고 있다. 역학에서는 한반도의 허리가 잘린 휴전선은 허리의 기운이 약한 것으로 해석하는데, 21세기에는 이러한 기운을 극복하고 기운이 다시 활력을 되찾는 한반도 통일시대가 도래할 것으로 해석하고 있다. 이러한 해석에 전적으로 의존할 것은 못 된다. 하지만 21세기에 한반도 르네상스 시대가 도래하여 남북통일은 물론, 국운 융성으로 세계의 등불 코리아로 부상할 것이라는 해석을 부정할 필요는 없다고 본다. 석가모니의 일체유심조(一切唯心造 : 모든 것은 오로지 마음이 지어내는 것임)의 의미를 깊이 새겨 적극적, 진취적, 긍정적 자세를 갖추어야 할 것이다.

----

54 https://blog.naver.com/davinlim/140101549265

3

풍수지리 차원의 한반도 위상

땅이 살아야 사람도 살 수 있다.

풍수는 유교 경전 가운데 하나인 '주역'에 뿌리를 둔 것이다.

땅의 형태나 방위를 인간의 길흉화복과 연결해 설명하는 이론이다.

『태조실록』에 의하면 태조와 태종이 한성을 도읍으로 정할 때 가장 중요한 기준은 '백성이 살 너른 땅과 편리한 교통'이었다.

그런데 세종대왕은 "지리를 쓰지 않는다면 몰라도 만일 쓴다면 정밀히 하여야 한다."라는 태종의 조언을 새겨들어 풍수지리를 반영하여 나라의 장래를 기획했다는 점은 높이 평가해야 한다. 또한, 이로 인하여 많은 관료와 사대부들이 풍수지리가 나라와 개인의 운명을 정할 수 있다는 믿음을 갖게 되었다. 이러한 영향 탓인지 우리 조상들은 산수의 혈맥이 인생의 길흉화복을 좌우한다고 생각했다. 특히 집과 무덤의 자리를 고를 때는 반드시 좋은 자리를 구하

고자 심혈을 기울였고, 집안이 융성하고 화禍를 피한 것은 풍수의
덕이라 여겼다.

풍수지리를 미신으로 폄하할 것이 아니라 역학적 맥락에서 이해
할 필요가 있다.

만물은 '기氣'로 이루어졌으며 만물 중의 하나인 땅도 '지기地氣'
로 이루어진 것으로 본다. 지기에 대해 음양 · 오행 · 주역의 논리로
체계화한 것이 풍수지리이다. 현존하는 최고의 풍수지리서는 동진
의 곽박이 지은 『금양경』이다. 풍수지리는 땅이 살아야 사람도 살
수 있다는 논리이며 이 양자의 존속을 조화와 균형에서 찾고 있다.
따라서 음양의 상보적인 이해와 오행의 순환적 변화의 원리가 토대
를 형성하고 있다. 간접적인 지기에 대한 대표적인 접근은 땅의 모
양을 눈으로 보고 파악하는 형국론이다. 땅을 동물 · 식물 · 사람 등
의 모양으로 규정하고 땅에 비유된 동식물의 특징을 가지고 생기가
모이는 혈을 찾는다. 길지를 찾는 보다 체계적인 방법으로는 간룡
법 · 장풍법 · 득수법 · 좌향론 · 정혈법 등이 있다.

특히 서양의 지리학geography이 도입되기 이전에는 한민족들이 적
용한 전통적 지리학이 풍수지리였다. 19세기까지 실학자들의 지리
관은 개벽사상의 밑바탕이 되었으나 일제에 의해 미신으로 격하되
었다. 이처럼 외세에 의해 왜곡된 풍수지리가 제 모습을 찾기 전에
다시 서양의 지리학에 영향을 미치면서 한민족의 풍수지리는 봉건
시대의 속신처럼 버려지게 되었다. 지금 인류가 고민하는 기후 · 환
경문제를 풀어 가는데 풍수지리의 측면도 간과할 수 없는 요소라고
해석할 수 있다. 현대과학이 자연에 대한 지식을 체계화하고 확장
한 것은 사실이지만 과학이 미처 포착하지 못한 문제가 급격히 확

대됨에 따라 지구촌의 자연 자체의 붕괴를 초래하기까지에 이르렀다. 이러한 현대과학의 왜곡된 성장을 바로잡는데 풍수지리와 같은 유기적 세계관을 기반으로 한 전통사상이 일정한 역할을 할 수 있을 것이다.

역사적으로 풍수지리를 이용하여 운명을 바꾸고자 한 사실들이 전해 내려오고 있다. 예컨대, 송나라 풍수사 호종단은 고려의 융성을 막고자 전국 곳곳의 비석을 부수고 범종을 녹였다는 이야기가 있다. 명나라 사신 서사호는 함경남도 단천에 쇠말뚝 다섯 개를 박아 고려의 기운을 끊고자 했다는 기록도 전해 내려온다.

한반도가 지구촌 최고의 명당

2022년 3월 대통령 선거에 출사표를 던진 대권 후보들에 대해 다양한 구설수가 회자되고 역술가들의 해석까지 언론의 조명을 받는 것이 현실이다.[55]

풍수는 논리적·과학적으로 입증하기 어렵다. 그러나 대선에 나서는 후보들은 풍수지리에도 적잖게 신경을 쓴다. 국가발전을 위한 정책 비전 경쟁이 이루어지지 못하면서 언론 매체들이 상호 비방 행태를 보도하고 일부에서는 차라리 점(占)을 치는 미신이나 조상들의 묘자리가 명당인가 여부를 거론되는 현상까지 등장한다. 특정 후보 선영에 관한 점(占)을 거론하거나 역대 대통령의 운명을 청와대

---

55 https://www.chosun.com/politics/politics_general/2021/05/20/ ZPXAC64SMBFP7A2FNJC2UBFHJM/ "좌파건 우파건, 풍수지리에 집착한 역대 대통령들"(조선일보, 2021년 5월 20일).

터를 둘러싼 '청와대 풍수논쟁'으로 연결시키는 현상까지 등장한다.[56]

풍수지리 이론에 의하면 사신사四神砂로 표현되는 좌청룡左靑龍, 우백호右白虎, 전주작前朱雀, 후현무後玄武가 사방으로 둘러싼 지역의 중심부를 명당 또는 혈穴자리로 부른다.

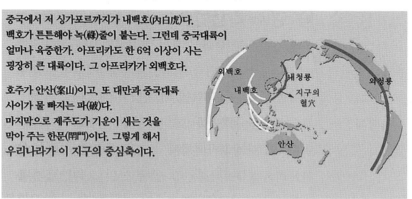

중국에서 저 싱가포르까지가 내백호(內白虎)다.
백호가 튼튼해야 녹(祿)줄이 붙는다. 그런데 중국대륙이
얼마나 육중한가. 아프리카도 한 6억 이상이 사는
굉장히 큰 대륙이다. 그 아프리카가 외백호다.

호주가 안산(案山)이고, 또 대만과 중국대륙
사이가 물 빠지는 파(破)다.
마지막으로 제주도가 기운이 새는 것을
막아 주는 한문(捍門)이다. 그렇게 해서
우리나라가 이 지구의 중심축이다.

풍수지리적 논리를 연장해 보면, 한반도의 지리적 위치는 지구촌의 명당明堂 또는 혈 자리에 놓여 있다. 풍수지리에서 명당은 사방에서 불어오는 냉풍을 막아내는 지형지물인 사신사 환포형으로 구성되기 때문에 이탈리아반도나 한반도와 같은 지세가 지구촌의 명당으로 거론되는 것이라 할 수 있다.

정치학자이면서 동시에 천문지리로 미래 예측을 자임하는 황병

----

56 https://www.chosun.com/site/data/html_dir/ 2018/12/07/
2018120701749.html 풍수전문가 최창조 박사는 '청와대 풍수논쟁'이란 책에서 "청와대
는 기가 센 터다. 그 터를 누를만한 기를 가진 사람이 살아야 한다. 그러나 청와대의 기에 압
도되어 정신이 흐려지고 판단력을 잃게 되면 그 사람은 대통령 그릇이 못 된다. 하루빨리 그
자리를 내놓은 것이 본인을 위해서나 국민을 위해서나 좋은 일이다." 해석까지 내놓는다.

덕(베를린대학 정치학) 박사까지 한국의 대선 구도와 판세를 해석할 때 특정 정치인의 조상묘 터의 명당 여부를 논하는 현상은 흥미를 넘어 씁쓸함의 여운을 남긴다. 나라와 인생의 흥망성쇠에 영향을 주는 것은 풍수지리가 전부가 아니다. 한날 한시에 태어나도 사람의 운명은 다르다. 그 사람이 태어난 곳과 사는 곳이 다르고, 조상이 다르고, 만나는 사람이 다르기 때문이다. 심지어 쌍둥이도 살아가면서 인생이 달라지는 이유이다. 따라서 글로벌 차원에서 조망하면, 한반도가 지구촌 최고의 명당자리라는 시각을 가져야 한다. 세계의 중심에 위치한 한반도는 '지구촌의 명당'이다.[57]

세계전도世界全圖를 펼쳐보면 한반도는 아시아대륙을 병풍삼아 왼쪽으로는 일본열도와 아메리카대륙이, 오른쪽으로는 중국과 인도차이나반도, 아프리카대륙이 있다. 그 앞쪽으로는 대만, 필리핀, 인도네시아와 함께 오세아니아주가 위치하고 있다.

한반도 위치는 세계지도 전체의 그 중심지역으로 보인다. 대륙의 한랭건조한 대륙성기후와 태평양의 고온다습한 기후가 서로 교차되는 지역에 있어 기후 변화가 뚜렷하다. 대륙성 바람과 해양성 바람이 항상 만나는 한반도 일대는 주변에 비해 고기압 지역으로 명당 기운이 유지되는 지역이다. 바람이 만나는 지역의 기운은 활기차고 밝으며 자연현상이 조화롭게 유지된다는 것이 풍수의 정설이다. 명당 기운이 유지되는 지역에 사는 사람들의 특성이 있다. 고기압 영향을 받기 때문에 머리가 명석하고 지혜가 뛰어나며 근면성실할 뿐 아니라 부지런해 잘 사는 사람이 많다. 세계 강대국들이

---

57 https://www.ksilbo.co.kr/news/articleView.html?idxno=559386

한반도 문제에 항상 촉각을 세우고 있는 이유도 한반도 혈 자리에서 파생되는 기운이 그들의 이익에 직·간접적으로 영향을 미치기 때문일 것이다. 한반도에서 수출되는 인적·물적 상품들과 케이팝 K-Pop 및 한국 드라마가 세계인들을 매료시키는 한류열풍이 전 세계로 전파되는 이유도 이와 무관치 않을 것이다.

한반도는 전후좌우 지형으로부터 환포된 중심기운으로 명당 기운이 유지되는 혈자리에 해당된다. 한민족은 최고 우수한 환경의 영향을 받아서 국민성이 근면 성실 부지런할 뿐 아니라 긍정 진취적이고 발전 창의적이며 신명이 풍부하고 예와 효를 숭상하는 나라로 발전되어 왔다. 한반도와 유사한 지형인 이탈리아 반도도 지중해 주변 대륙으로 둘러싸여 한때 로마제국이 번성하였다. 풍수지리학의 결론은 지구의 혈 자리는 한반도이며, 세계 최고의 명당은 대한민국이라는 것이다. 대권을 겨냥한 특정후보의 조상묘 자리의 운세를 따질 일이 아니다.[58]

----

58 출처: https://gdlsg.tistory.com/3216 [이도경세 이의보본]

21세기 한반도에는 봉황시대

봉황시대란?

한민족을 '천손민족'이라고 한다. 하늘이 점지하여 세계 최초의 인류의 시원始元이 된 한민족이라는 의미이다. 그래서 한국인의 무의식 속에는 세계 최초의 경서인 '천부경'이 깃들어 있고, 자연 순환의 질서인 '음양오행'이 일상생활 속에 깃들어 있다. 『동국여지승람』 등 사서에 의하면, 우리 민족의 건국시조 신화라고 일컬어지는 단군신화에 나오는 하늘의 신, 환인桓因은 환웅桓雄의 아버지이며, 단군檀君의 할아버지로 하늘나라의 신이다. 환인의 의미와 성격은 한자漢字의 차용과 불교문화의 융성이라는 시대적 배경 속에서 찾을 수 있다.[59]

----

59 https://100.daum.net/encyclopedia/view/14XXE0065006

환인은 마음을 맑게淸心 하고 정기를 불어넣어 주고 오래 사는 법을 가르쳐주었다. 이때 사슴글자鹿圖文字로 천부경(경전)이 만들어진 것으로 전해온다.[60]

천부경은 새 하늘을 여는 개벽의 열쇠다. 천부경은 한민족의 비밀이 담겨있다. 오늘날 천부경을 아는 사람은 드물지 않지만, 이상하게도 내용을 이해하는 사람은 거의 없다. 예로부터 '천부경을 얻는 자 하늘을 얻는 것'이라는, 전하는 말들이 있었던 것에 비교하면, 참으로 이상한 일이다.

필자가 우연히 얻은 천부경의 비밀만 해도 한민족의 운명을 간단히 바꿀 만큼 엄청난 것인데, 인연을 찾느라, 이를 세상에 풀어낼 때를 여러 해 동안 기다려야 했다. 드디어 2012년, 한민족을 포함한 동이東夷족들은 모두가 각자의 사명을 깨닫고, 새로운 시대를 열어가게 되는, 이른바 봉황개정鳳凰開睛의 대길운시대大吉運時代를 맞이하게 되었다.

봉황의 설화는 선비족 거란 몽골 여진은 물론 주신珠申제국 전체를 관통하는 지극히 높은 하늘의 도덕과 깨달음을 상징하는 형이상학적 상징체계이자 군자의 상징이었다. 봉鳳과 같은 계통의 글자인 바람 풍風으로 상징되는 무욕과 무집착의 초월적 정신세계는 장자에 의해 대붕大鵬으로 화했고, 최치원에 의해 풍류風流로 소개된다. 신라는 봉황 사상을 자각하여 적극적으로 받아들였고 진흥왕 당시에 화랑도로 일반 대중에게 퍼져 나갔다. 후일 불교와 결합하여 미

---

60 참한역사신문, 2020년 8월 3일.

륵불 신앙으로 전개된다. 천부경은 이 봉황의 정신이 글로 표현된 것이고, 생명 자체가 글로 현신한 것이며 생명이 어떻게 활동하는 가를 밝혀 놓은 하늘생리의 매뉴얼이다. 또한 천부경은 노자, 공자, 부처, 예수의 깨달음과 그 가르침의 정수인 도덕경, 중용, 금강경, 예수의 어록복음서인 도마복음 등과 정확히 일치한다.

한마디로 동서양 철학의 정수가 모두 이 봉황의 사상인 천부경에서 비롯되었다. 하늘의 속성과 능력이 모두 인간의 신체와 두뇌속에 온전히 존재한다는 사실은, 현대 물리학의 백미인 양자물리학과 뇌과학의 여러 실험 속에서 하나씩 진실로 밝혀지고 있거니와, 하늘과 사람이 둘이 아님도 이제는 상식이 되어가고 있는 지금의 21세기는 한민족의 천부경이 드디어 껍질을 벗고 본 모습을 드러낼 때가 무르익은 것이다.

곧 다가올 미래에는 노소老少를 막론하고, 하늘과 직접 교류하면서, 끊임없이 스스로 틀을 깨는 창의적인 인간만이 살아남을 것이다. 천국과 지옥은 지금 이 순간 각자가 먹은 마음과 깨친 진리에 따라, 죽어서가 아니라 지금 이 땅에서 실현될 것이며, 행복과 고통 또한 오직 인간의 마음 먹기에 달려있다. 만일 하늘의 생리를 알고 하늘과 인간의 진정한 관계를 깨닫는 사람이 있다면, 그가 원하는 어떤 일도 이 땅에서 반드시 이루어질 것이다.

이 새로운 시대는 그래서 희망으로 가득 차 있다. 사람과 하늘이 직접 교통 하는 시대에 사람은 하늘을 어찌 대하여야 할 것인가? 하늘의 뜻은 무엇인가? 분명한 것은 지금의 불교나 기독교 같은 기성 종교에서는 전혀 답이 없다는 사실이다. 다만 부처나 예수, 공자, 노자가 처음 깨달음을 얻어 세상에 그 가르침을 펼칠 생각을

했을 때, 전하는 언어와 표현은 달라도 그 핵심은 한결같았다.[61]

국민 대화합의 원리와 갈등 조정

봉황은 새 중의 으뜸으로, 한민족의 의식 속에 상당한 비중을 차지하고 있다. 동방군자의 나라에서 왔다고 여겨진 봉황은 '이 새가 한번 나타나면 천하가 태평하게 된다.'고 하여 천자天子의 상징이었다.

한민족은 천손민족으로 봉황은 한민족을 상징하는 새가 되었다. 봉황은 하늘의 영물로서 '빛'을 상징한다. 어둠이 빛을 이길 수 없듯이 일원성 빛을 상징하는 상서로운 존재이다.[62] 문화평론가 박세당은 한국사회에 귀하게 존재하는 통찰적 지식인인 소위 제네럴리스트로 알려져 있다. 현직 치과의사이며 현대그룹의 정몽구 회장으로부터 현대벤처기술상을 수상했다.

특히, 한민족은 이 지구의 유일한 천손민족으로서 빛의 민족이고 반만년 역사를 가진 인류의 시원 민족이며 인류의 장자 민족이다. 이런 의미에서 한민족이 지구의 주인공으로서 국운 융성시대를 맞이하는 것은 우주사적, 역학적 순리로서 봉황시대가 도래하는 것을 예언하는 것이다.

2022년 2월은 탄생과 동시에 탯줄을 자르는 출산을 의미하여 한 생명 탄생의 팡파레를 울리는 시간이다. 2022년 3월은 대통령 선거와 일치하는 시기로서 대한민국 3개 국운의 구심점 역할을 할 수

61 http://ichn.co.kr/kgs/236
62 박세당, 『새하늘 이야기』(도서출판 삼육오, 2016) 참조.

있다. 다시 말해, 2022년 선출되는 대통령은 대한민국 3대 국운을 받아 국가혁신을 이룰 것이라는 전망도 나온다. 21세기 한반도 봉황시대론은 역학적으로 인간은 인간과 하늘, 땅, 우주, 자연 속에서 융합, 승화되어 생성되었다.

한반도 봉황시대는 이러한 역학적 원리에 따라 철학적, 과학적 역사관에 기초하여 천손민족으로서 한민족의 홍익정신을 강조한다. 홍익인간의 핵심사상은 널리 인간세계를 이롭게 한다는 뜻을 세계 최초로 가지고 있다는 데 의미가 있다. 또한 홍익인간 이념과 정신은 역사적 상상력은 물론 공동체 정신으로 한민족의 운명과 새로운 창조로 거듭나면서 5천 년 역사의 문명을 이끌어낸 서사가 되었다.

이러한 서사의 의미는 21세기 한반도가 봉황시대를 맞이한다는 당위성을 의미하는 것이다. 미래 대한민국은 봉황시대를 맞아 동방의 등불에서 세계의 등불로 도약할 것이라는 희망찬 예측도 등장한다.

종교 지도자들의 예언

불교에는 대승적 진속일여眞俗一如 사상이 있다. 진眞은 불교의 이상을 뜻하고, 속俗은 세속적인 생활을 뜻한다. 국가가 있어야 종교가 있을 수 있으므로 평화로운 국가를 이룩하기 위한 호국정신이 하나의 신앙으로 승화되어야 한다는 것이었다. 이러한 불교문화가 전래됨에 따라 자연히 호국정신을 중요시하는 분위기가 조성되었다. 큰 스님들께서는 국가의 앞날을 예언하는 사례가 있었다. 대표적인 사례를 들어보면 다음과 같다.

'세계일화世界一花'를 말씀하신 만공스님(1871-1946)의 선언 중 대한민국이 세계 중심국가로 도약할 것이라는 예언이 있었다.[63]

1945년 8월 16일

----

63 https://m.blog.daum.net/bitsaram9421/50

많은 제자들이 만공스님을 찾아와 해방의 기쁨을 함께 나눴다.

이 세상 삼라만상이 한 송이 꽃이니라.

머지않은 장래에 우리 조선땅이 "세계일화"의 중심이 된다."

그렇다면 만공스님이 "우리 나라가 세계일화의 중심이 된다."라고 한 말씀은 무슨 뜻일까.

우리 겨레가 맨 먼저 세계일화의 정신을 실천한다는 얘기이다. 즉, 극락, 등불, 태극, 우주론 등의 의미를 담고 있어 우리나라가 동방의 등불, 세계의 등불라는 의미가 담겨 있다. 그러면 극락 같은 이상향이 우리나라에서부터 펼쳐진다. 우리나라 사람들이 모두 성스럽게 살면, 세계 곳곳의 수행자들이 우리나라에 몰려올 것이다. 그들은 우리나라에서 성자들의 세계로 들어가는 법을 배울 것이다. 그리고 자기네 나라로 돌아가 뭇사람들을 성화시킬 것이다.

탄허 스님(1913~1983)은 "풍수상 한국은 세계문화 중심국가가 된다."라고 예언했다.

탄허 큰스님의 한반도 관련 예언은 다음과 같다.[64]

탄허 스님은 일제 강점기로부터의 해방을 예언하여 적중시켰는 바 고래로 비결秘訣 또는 참설讖說을 많이 연구하여 "66-77에 해방되고, 33-44에 통일된다."라고 예언했다.

또한 정감록 비결이나 주역 중에서도 땅에 관한 소위 정역正易의 심오한 이론을 통해서 계룡산(연산)에서 나왔던 것으로 여러 번 전

----

64 https://cafe.naver.com/happyparm/301870

해지고 있다. 해방이 '6×6=36'이라 해서 일제 36년만에 갑자기 해
방解放이 왔고, 그것도 음력 7월7석날(양력 8월15일)에 해방이 되었
으니 이는 정확하게 맞힌 것이다. 탄허 스님은 늘 '한반도'가 세계
중심이 되며 그때가 되면 "국제적인 권능權能의 지도자指導者가 이
땅에서 출현한다."라고 말했다.

또한 다음과 같은 이야기가 전해온다.[65]
기독교의 경전인 성경에도 예언 내용이 많이 담겨 있다. 기독교인들은
그 예언에서 미래의 희망을 발견해왔다. 그렇듯이 한국이 낳은 불교의 큰
학승學僧이었던 탄허 스님의 생전 예언인 "한반도가 세계중심이 된다."라
는 대예언은 한민족에게 희망의 예언으로 되새김질 되고 있다.

예컨대 서양에서 유명한 '노스트라다무스'의 지구멸망에 관한 5
백 년 전의 예언豫言이나, 우리나라에서 고려 때부터 전해 내려오는
'정감록鄭鑑錄 비결秘訣'은 가장 대표적인 사례들이 되겠다.

----

65 https://www.breaknews.com/719657

제9장

21세기는 한반도
국운 융성시대 –
3대 국운 ③

한반도 냉전 역사의 대전환 북미 정상회담과 북한의 핵

북한의 김정은 국무위원장과 미국의 트럼프 대통령은 2018년 6월 12일 싱가포르에서 사상 첫 북미 정상회담을 갖고, 공동성명을 발표했으나 2020년 1월 하노이회담은 결렬되었다. 지난 70년간 한반도에서 6·25전쟁 등 적대관계를 유지해 왔던 양국의 최고지도자가 직접 대화를 나눈 것은 제2의 몰타, 한반도판 몰타선언의 시작이라고 평가할 정도로 세계적인 사건이라고 기대가 컸다.

당시 회담의 주요 내용은 다음과 같다.

- 새로운 북미관계 수립
- 한반도 평화 체제 구축 노력
- 북한의 완전한 한반도 비핵화 노력
- 6·25 전사자 유해 수습 및 송환

미국이 주장하던 CVID(완전하고 검증 가능하며 되돌릴 수 없는 비핵화)는 포함되지 않았다. 김정은 국무위원장과 트럼프 대통령이 발표한 '싱가포르 공동성명'은 국내외 전문가로부터 비판을 받았다. 'CVID'로 명확히 하지 않고 '완전한 비핵화'로 명시한 것은 "북한에 휘둘린 실패한 회담"이란 부정적인 평가가 많았다. 결국 2021년 2월 바이든 정부는 북미정상회담을 트럼프의 정치쇼로 정리했다.

역사는 언제나 리더들에게 선택을 강요하며, 국가 미래는 리더의 선택으로 만들어진다. 변화의 흐름을 파악했다면 무엇을 선택할 것인가를 생각해야 한다. 우리 정부는 세계적 트렌드에 따른 탁월한 전략과 리더십으로 역사적, 시대적 사명을 완수해야 한다.

바이든 정부 취임 이후는 더욱 혜안의 리더십이 요구되는 상황이다. 특히 바이든 정부의 대북정책에 따라 미국과 한국의 안보 이해가 달라지는 '디커플링_{decoupling}' 현상이 발생할 수 있다. 만약 북미 정상회담 이후 평화제제 논의가 궤도에 오르면 한미동맹이나 주한 미군의 필요성과 정당성을 훼손하는 주장이 많이 나올 수 있으므로 사전 예측 예방의 대전략이 요구된다.

한반도 문제는 한국·미국·북한의 회담 결과에 따라서 모든 일이 좌우되는 것은 아니다. 중국, 일본, 러시아와의 관계도 결코 소홀히 하면 안 된다. 특히 중국은 한국전쟁의 정전협정 관련국으로 한반도에서 자국의 영향력을 유지해야 한다는 입장이다. 현 시점에서 우리에게 절실한 것은 안보외교의 균형추 역할이다. 외교에서 극단주의는 역작용을 초래하는 바, 국익 중심의 중용·실용주의를 통한 조화로운 외교 전략이 필요하다. 한반도 평화체제 정착이라는 우리의 비핵화 목표를 이루기 위해 어느 쪽에도 치우치지 않고, 이해관계를 조정해 나가는 외교전략과 지혜로운 리더십이 어느 때보다 절실히 요구된다. 우리 국민들은 결기와 의지를 모아 정부의 전략과 정책을 적극 밀어줘야 한다. 국민 의지와 국력을 결집시킬 때 우리 민족의 염원인 한반도 평화 번영의 새 지평을 열 수 있다.

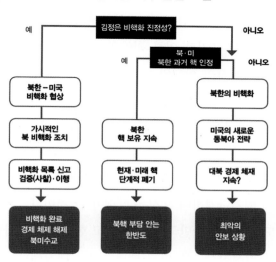

<북미 정상회담 이후 한반도 안보>[66]

21세기 세계적 가치와 메가 트렌드는 평화와 번영이다. 특히 자유민주주의와 시장경제 체제를 통한 인류평화 번영이다. 정부의 강한 리더십과 국민대화합을 통해, 북한의 핵·미사일보다 더욱 강한 자유민주주의의 비대칭무기로 남북 평화시대의 문을 활짝 열고 평화와 번영의 시대를 맞이할 수 있을 것이다. 굳건한 한미동맹을

---

66 최익용, 『국부론』, (행복에너지, 2018) p.101.

토대로 북한이 비핵화의 길을 가는 것이 한반도 평화는 물론, 세계 평화를 위해서도 매우 중요한 일이다. 이러한 대원칙을 전제로 북한과 진지한 협상에 임해야 할 것이다.

미국이 중국과의 패권 다툼을 북한 문제보다 우위에 두거나 북한이 중국과 과도하게 밀착하는 상황이 맞물린다면, 비핵화 협상은 멀고도 험난한 과정이 될 수밖에 없는 실정이다. 어떠한 경우라도 북한의 핵을 인정하는 최악의 안보 상황은 절대 용인해서는 안 된다. 북한의 비핵화 포기로 인한 최악의 안보 상황은 막아야 할 것이다. 북한의 국제사회 합류와 단계적 핵 폐기를 유도하여 한반도 비핵화를 이룰 수 있도록 해야 한다.

향후 북미 정상회담 개최는 불투명한 실정이다. 북한 정권의 특성을 감안할 때 완전 비핵화까지는 험난할 것으로 예상되므로 '신고→검증→폐기'의 비핵화 로드맵이 구체화되도록 지도자들은 물론 온 국민이 일치단결하여 혼신을 다해야 할 것이다.

우리 지도자들은 대한민국 운명을 걸고 한반도의 평화번영을 위한 초일류 통일선진강국을 위해 백년대계의 대지혜로 중·장기의 치밀한 국가통일정책과 전략을 발휘해야 할 것이다.

21세기 한반도 평화론
역사적인 통일시대

　21세기 한반도는 역사적인 대전환 시대를 맞이하고 있다. 20세기 이후, 100년을 지속한 독재국가가 없음은 물론 3대 세습 독재국가로서 인류 최고, 최악의 인권국가라는 면에서 북한 체제는 한계에 다다랐다고 판단한다.

　북한의 완전 비핵화가 이루어진다면 북한정권이 크게 변화할 뿐 아니라 북한의 발전은 물론 세계평화에 크게 기여할 것이다. 북한 주민을 위해서도, 세계 역사의 순리를 위해서도 북한의 체제는 변화하지 않으면 안 된다. 따라서 우리나라는 비핵화가 이루어질 때까지 방심의 끈을 놓지 말고 자유평화통일을 위한 지속적인 노력이 필요하다. 우리 지도자들은 비핵화 등 유비무환의 안보대책을 철저히 강구해야 할 것이다. 자유민주주의 가치와 헌법정신을 통해 통일 패러다임을 튼튼하게 구축할 수 있는 지혜를 찾아, 범국민적인 국민대화합과 통합을 이루어 완전비핵화에 성공할 수 있도록 최선을 다해야 한다. 진정한 통일을 이루기 위해 리더들은 담대한 리더십으로 국론을 결집시키고, 정치, 경제, 사회, 문화, 외교, 군사 분야에서 깊이 있는 연구로 정책 대안을 개발해야 한다.

한민족에게 통일 과업은 민족혼인 동시에 역사적 소명이다. 또한, 민족 융성의 기회이다. 통일을 이루어야 고유한 민족정신을 보전하고 민족적 역량을 발휘할 터전을 확보할 수 있다.

조민 박사(민족통일연구원)는 다음과 같이 말한다.[67]

우리 정부의 통일방안에서 일관되게 주장되어 온 구심점은 민족공동체의 형성에 있다. 이는 우리 정부의 통일정책의 패러다임으로서 민족공동체가 민족을 하나로 묶고 있는 뿌리이며, 우리 민족이 재결합할 수밖에 없는 당위일 뿐만 아니라 그 자체가 통일의 실현을 가능케 하는 힘의 원천이기 때문이다. 분단국가인 남북한은 분단을 극복하고 통일을 이루었을 때 비로소 '하나의 민족, 하나의 국가'라는 자기 충족적 형태를 갖춘 근대적 민족국가를 형성하게 된다.

향후 남북 관계에서는 대한민국의 번영과 가치를 수호하는 것이 더욱 중요해졌다. 우리에게는 자유민주주의와 시장경제, 개방과 협력, 법치와 인권 등의 가치가 있다.

세계 유일의 분단 휴전국가에서 세계 모범 국가가 되도록 한반

---

67 조민, 『민족공동체 통일방안의 이론체계와 실천방향』(민족통일연구원, 1994) 104~109p

도 평화·번영의 시대를 반드시 이루어야 한다. 한반도 르네상스 시대가 되도록 바이든 시대 한반도 평화 프로세스가 한미동맹 강화로 순조롭게 이행되어야 한다. 한미의 긴밀한 협조로 북한의 완전 비핵화가 이뤄지도록 북한이 핵무기를 사용가치가 아닌 교환가치로 인식하도록 해야 한다. 즉, 비핵화를 받아들이지 않을 수 없도록 협상력을 강화해야 한다. 최근 북한은 유엔의 강력한 경제제재에도 전술핵무기 개발 등 완전한 핵무장 국가로 자리잡아가고 있으므로 비핵화를 받아들일 때까지 대북제재는 반드시 지속되어야 할 것이다. 따라서 한미동맹으로 추진하는 한반도 평화프로세스가 한반도 평화와 평화통일의 길이 되도록 UN 차원에서 최선을 다해야겠다. 이것이 진정 한반도 평화를 위한 시대정신이며 역사적 소명일 것이다.

통일을 이루기 위해서는 대내적으로는 정치·사회적 성숙도를 높여 국민 여망 해소의 통합능력을 갖추고, 대외적으로는 미국, 중국 등 관계국과 긴밀한 협조체제를 구축해야 한다. 통일 과정에서 발생할 수 있는 많은 문제와 불확실성을 제거하려면 민생안정과 통일자금 마련이 필수적이다.

우리의 통일정책은 성급하게 가시적인 성과에 치중해서는 안 된다. 통일정책을 무리하게 추진하면 역효과를 보게 마련이다. 정부는 단기, 중기, 장기의 전략 및 정책에 따라 충분한 준비작업과 치밀한 검토를 거치면서 혜안의 통일정책을 추진해야 할 것이다.

한반도 통일을 위한
혜안의 전략

　21세기 한반도 통일의 시대가 도래했다. 한민족과 세계인이 한반도에서 진정한 세계평화와 발전을 위한 통일논의를 시작해야 하는 시기가 바로 지금이다. 어떤 학자들은 '역사적으로 독재체제는 80여 년이 생명의 한계'라고 주장한다. 그렇게 볼 때, 우리가 강력한 국방안보를 지속한다면 북한의 김정은 체제는 생명의 경계선, 한계선에 와 있다. 대한국인은 가장 바람직하고 지혜로운 통일 방안을 강구해야 될 시점에 와 있다. 대내적으로는 통일정책의 중요성을 감안하여 정치·경제·사회적 성숙도를 높여 국민 의지와 통합능력을 갖추고 반드시 국민적 합의를 이끌어 내야 하는 상황이다.

　또한, 대외적으로는 주변 4대 강국(미국, 중국, 일본, 러시아)과 긴밀한 협조 체계를 구축해야 한다. 통일과정에서 발생할 수 있는 많은 문제요인과 불확실성을 제거하면서 안정된 통일을 이루려면 민생안정, 통일 자금 등 경제적 준비가 철저해야 한다. 대한민국의 역사적 대과업인 비핵화와 통일문제는 서두르지 말고 치밀하게 준비해야 우리 국민이 원하는 진정한 통일, 행복한 통일을 이룰 수 있을 것이다.

『독일 통일 백서』에는 다음과 같이 나와 있다.[68]

동독 그랜츠 서기장은 1989년 11월 9일 저녁 기자회견 직전에 동독 사회주의 통일당의 언론대변인이자 정치국 국원인 귄터 샤보브스키에게 임시 여행규정에 관한 정보를 넘겨주는 오류를 범했다. 이 여행규정은 11월 10일에 공개되어야 하는데도, 샤보브스키는 즉각 국경을 개방한다고 선언해 버렸다. 이 같은 선언에 따라 동독시민들은 대규모로 국경지에 몰려들었고, 국경수비대와 국가공안국은 이에 대처할 수 없게 되자 11월 10일 한밤중을 기해 동독 측의 모든 차단기를 올려 결국 국경을 열었다. 독일은 평시 통일 준비를 철저히 한 결과 통일 과정은 물론 통일 이후에도 동서독 통합이 순조로워 세계적인 경제 대국으로 계속 발전했다.

독일 통일은 브란트의 동방정책이 주도한 것으로 보이지만 실제로는 미국의 강력한 대소련 냉전승리의 결과였다는 것을 알아야 한다. 1970년대 후반부터 브레즈네프 시대에 강화된 중앙집권주의와 사회주의 계획 경제가 성장의 한계를 드러냈다. 여기에 미국과의 군비경쟁에 따른 경제적 부담까지 겹치면서 1991년 붕괴를 길을 걷게 된다.

----

68 베르너바이덴펠트외1명, 임종헌외4명역, 『독일통일백서』(한겨레신문사, 1999), p. 22.

우리의 통일 가능성은 미중 패권전쟁의 결과에 따라 크게 좌우된다. 다시 말해, 독일식 통일 과정과 같이 미중 패권 전쟁에서 미국이 승리하지 않으면 통일의 과정은 지난할 것으로 예상된다.

21세기 중국경제가 2030년 전후, 미국 GDP를 추월해도 21세기 패권국은 미국일 것으로 분석됨에 따라 우리는 독일의 통일 과정에서 미국의 역할을 정밀 분석하고 지혜로운 해법을 강구해야 할 것이다.

최유식 미중 전문기자는 다음과 같이 말한다.[69]

국제 전문가들은 중국이 미국을 위협할 만한 초강대국이 되려면 아직 갈 길이 멀었다는 것이다. 1인당 GDP만 해도 중국은 2020년 기준 1만 800달러로 미국(6만 3000달러)의 6분의 1 수준이다. 초강대국이 되기 위해 필수적인 요소로는 군사력과 기축통화가 꼽힌다. 미국 외교 전문지 포린폴리시는 "초강대국 운영은 돈이 많이 드는 비즈니스로 미국은 나머지 10개 군사 강국을 합친 것보다 더 많은 국방비를 쓴다."

중국 공산당 당교 기관지 학습시보는 "10년 내에는 미국의 군사력과 달러 패권에 대한 도전이 불가능할 것이다."라고 했다.

더욱이 공산당 체제는 물론 현재의 중국 상황은 옛 소련이 붕괴될 당시의 국제환경과 유사하여 미중 패권 전쟁에서 승리할 가능성은 희박하다. 특히, 최근 미국은 중국 패권도전에 강력히 대응하

----

69 https://www.chosun.com/opinion/2021/04/01/H5SQH4KTRFEOZOXP X3BWK4KDFQ/

고 있다. 경제군사적으로는 물론, 외교적으로 모든 민주주의 국가와 협조하여 중국을 포위하는 전략을 취하고 있다. 중국에 우호적인 국가는 러시아, 북한 등 몇 개국에 불과하다.

따라서 우리는 미국 등 4대 강국에 대한 치밀한 전략과 정책을 통해 21세기 대한민국은 3대 국운시대를 맞아 통일을 이룩해야 한다. 한미동맹을 근간으로 4대 강국과 원만하게 소통하고 국가 간 외교, 안보, 경제적 문제를 생산적으로 조정, 관리해 나가는 국가 역량이 그 무엇보다 중요하다. 한반도 평화 통일은 한미동맹을 중심으로 주변국들과의 원만한 관계가 필수적이다.

독일 통일처럼 미국이 한반도 통일에 적극 기여하도록 모든 정책과 전략을 동원해야 할 것이다. 중국은 내적으로는 북한과의 동맹을 강화하고 있고 일본은 대외적으로 한국통일을 지지하는 모습을 견지하면서 내적으로는 우리의 통일정책을 견제할 것이고, 러시아도 통일을 적극 지지하지는 않으나 자국의 국익에 따라 좌우될 것이다. 독일은 통일과정에서 소련, 미국, 영국, 프랑스, 폴란드 등 주변국 관계를 성공적으로 이뤄냈다.

독일은 부국강병의 토대 위에 경제, 외교, 안보는 물론, 동독과 문화교류를 통해 통일 시대를 준비했다. 그러면서도 통일을 예견하거나 서두르는 자세를 지양하고 준비에 만전을 기했다. 통일 문제는 전망하고 예견하기 어려운 영역이므로 철저한 준비과정을 통해 어느 날 좋은 기회가 오면 그 기회를 현실화하는 국가 능력이 중요하다.

한반도는 독일과 달리 남북의 정체성과 이념, 전쟁 후유증 (휴전 중)은 물론 남북의 큰 경제격차로 인해 통일 과정이 독일보다 불리한 여건임을 냉철히 인식하고 대비해야 한다. 통일을 둘러싸고 남북한 혼란을 방지하고 평화로운 통일과정을 보장하기 위해서 동·서독의 통일과정보다 더욱더 철저한 대비가 필요하다.

2021년 10월 한미 북한 전문가 및 싱크탱크는 북한이 한반도 전구戰區에서 사용 가능한 다양한 전술핵무기를 보유·개발중이며, 상시 잠수함발사탄도미사일$_{SLBM}$ 추가 시험 발사 능력을 보유하고 있다고 밝혔다. 반면 우리 외교·안보 수장들은 국제사회가 '도발'로 규정한 SLBM발사를 "도발이 아니다."(서욱 국방장관) "대화 탐색용"(이인영 통일장관)이라며 의미 축소에 나서 논란이 일고 있다. 이런 상황 속에 미국 다트머스대의 제니퍼 린드 교수와 대릴 프레스 교수가 최근 워싱턴포스트$_{WP}$에 "한국은 새로운 지정학적 상황에 맞게 독자적 핵무장을 할 수 있으며, 미국은 이를 지지해야 한다."

우리의 통일은 위험과 기회를 동시에 갖고 있다. 어떤 상황에서도 한반도 평화체제와 국민안전을 수호할 수 있도록 국가안보만은 작은 허점도 있어서는 결코 안 될 것이다.

한반도 통일은 국민이
행복한 통일이어야 한다

대한민국 운명의 향방은 자유민주주의 국민이 행복한 통일이 되어야 하는 것이 국민행복은 물론 동북아와 세계평화에 기여하는 것이다. 결국 한반도 운명의 향방은 대한민국 자유민주주의 국민들이 결정하여야 한다. 그런데 최근 우리의 상황은 자유민주주의보다 이른바 '좌파 파시즘'으로 진보를 자처하며 한국의 주요세력으로 위세로 떨치고 있다. 파시즘적 선동 정치가 이제는 좌파 권위주의를 넘어 집단·전체주의를 성향을 나타내고 있다.

대한민국 헌법 제4조는 '자유민주적 기본질서에 입각한 평화적 통일'을 명시하고 있다. 대한민국을 부정, 폄훼해서는 한민족 한반도의 자유민주적 평화 통일을 이룰 수 없다. 한민족의 통일은 민주적 통일, 평화적 통일이어야 하고, 통일을 통해 이루어야 할 평화도 민주의 평화, 생명존중의 평화이어야 한다. 통일의 추진에 있어서 그 무엇보다도 중요한 것은 국민의 행복지수를 끌어올릴 수 있는, 국민이 행복한 통일을 이루어야 한다는 점이다.

즉, 국민의 존엄과 삶의 질 향상을 보장하는 체제가 되어야 할 것이다. 이를 위해서는 자유민주주의를 더 깊고, 더 넓게 발전시킴은 물론 시장경제주의를 통해 세계의 등불 G3 국가가 되도록 지속적인 성장을 이루어 한민족 모두가 행복한 통일이 되어야 한다.

독일은 강한 경제력을 통해 통일을 앞당기고 통일의 후유증을 조기에 극복하여 독일국민의 행복을 극대화했다. 우리나라는 특히 북한의 경제가 취약하므로 통일자금을 충분히 확보해야 한다. 한민족의 대 과업인 한반도 비핵화와 통일 문제를 서두르지 말고 치밀하게 준비해야 우리가 원하는 진정한 통일을 이룰 수 있다.

우리도 통일에서 가장 유의할 점은 자유민주주의 통일이 보장되어야 한다는 점이다. 그 이유는 김정일이 생전에 말하기를, "한반도 적화통일 달성 시 남한의 1천만 명은 이민 갈 것이고, 2천만 명은 숙청될 것이며 남은 2천만 명과 북한 2천만 명으로 공산국가를 건설할 것이했다."라고 말했다. 특히 김정은도 집권 초기, 권력 서열 2위 장성택(고모부)을 체포하여 공개적으로 고사포 등을 동원, 잔인하게 처형했다는 점을 절대 간과해서는 안 된다.

최근 북한은 수십 년간 지속되는 경제난에 설상가상으로 코로나19 팬데믹, 국경 무역 중단, 2020년 대규모 홍수, 미국을 비롯한 서방 및 유엔 제재 등이 '퍼펙트 스톰'으로 몰아닥쳐 국가사회 체제가 심각한 상태이다. 북한은 극심한 경제 상황으로 상위 계층의 불만도 가라앉히기 어려운 지경에 이르렀다.

핵심 계층 주민들도 허리띠를 졸라매고 있다. 평양에서도 식량

배급이 수개월 전에 끊겼다. '고난의 행군'이라 했던 1990년대의 살인적 기아 때도 없었던 일이다.

전년 대비 북중 무역량은 2019년의 경우 57% 감소였지만, 2020년의 경우 73%가 감소했다. 북중 국경봉쇄는 북한의 시장을 위축시켰는데, 북한 경제는 코로나, 경제제재, 태풍 피해의 삼중고를 겪었다. 한편, 남북 간 교류협력사업도 정체 상태에 머물렀다.

통일부의 자료에 따르면 2020년 6월까지 교역 건수는 42건으로 2018년의 699건, 2019년 434건에 비해 매우 낮아 사실상 남북교역이 중단되었음을 의미한다. 남북관계 개선이나 북미 비핵화 협상 등의 아젠다_Agenda도 코로나 19 팬데믹으로 인해 관심이 밀려나고 있다.

북한은 핵무기 집중개발과 코로나 방역의 국경봉쇄로 인해 경제가 침체되고 개혁개방이 후퇴하여 극심한 어려움을 겪고 있다.

2021년 북한은 8차 당대회를 통해 북한 주민들에게 핵개발의 성과를 강조하며 조금만 참고 견뎌달라는 메시지를 전달하면서 김정은 체제의 강화에만 주력하고 있다.

가장 근본적인 한계는 개혁 · 개방에 대한 거부감과 김정은 유일영도체계 강화 기조가 정비례한다는 데 있다. 김정은 집권 초기만 해도 '젊고 해외 유학 경험도 있으니 개혁 · 개방에 대해 열려 있을 것'이라던 세간의 기대 섞인 관측이 있었다. 하지만 실상은 우리가 지난 10년간 목격한 대로다. '자력갱생, 자급자족'으로 점철된 이번 당대회는 아예 개혁 · 개방 논의의 싹을 잘랐다고 해도 과언이 아니다.

북한의 변함없는 목표는 핵을 보유하면서 경제발전도 이루는 것이다.

2021년 4월 바이든 행정부의 대북 정책이 '한반도의 완전한 비핵화'를 목표로 설정하고 이를 달성하기 위한 방법으로 단계적 접근법을 선택했다는 사실은 확인되었다. 미국이 보유한 협상 레버리지와 이를 활용할 전략에 따라 한반도의 운명은 크게 좌우될 것이다.

21세기 통일을 이루기 위해서는 리더와 팔로워가 하나가 되어 영웅적 국민 리더십을 발휘해야 한다. 우리의 통일은 한국인의 원형을 창출한 7세기 삼국통일은 물론, 45년 후삼국시대의 고려 통일을 훨씬 능가하는 평화·자유·자주 통일을 이루어야 한다.

한민족과 세계인이 한반도에서 진정한 세계평화와 발전을 위한 통일 논의를 시작해야 하는 시기가 바로 지금이다. 시대적·역사적 흐름으로 볼 때, 북한 체제의 붕괴가 머지않았다고 판단되기 때문이다.

북한의 한계가 머지않았음을 증명하는 증거들을 살펴보자.

첫째, 김일성-김정일-김정은으로 이어지는 3대 세습은 인류 역사 어디서도 찾아보기 어려운 잔혹한 봉건 통치 체제다. 상식을 넘어선 최악의 인권 탄압 등 가혹한 일들이 연이어 벌어지며 사실상 리더십이 실종된 상태다.

둘째, 체제 유지를 위해 핵·미사일 개발에 혈안이 되어 있어 굶주린 주민들의 불만이 최고조에 달해 있다. 이미 주민 500만여 명이 굶어 죽었고, 현재 1,000만여 명이 굶주리고 있다. 세계 최빈국에다 세계 최악의 인권으로 삶의 질이 세계 최하위를 기록하고 있다. 유엔 북한인권조사위원회COI가 2021년 초 북한의 인권 참상을 총체적으로 고발한 보고서를 발표한 후 북한 인권 문제에 대한 국제적 관심이 더욱 증폭되고 있다. 유엔 북한인권조사위원회는 북한의 인권 탄압을 '반인도적 범죄'와 '집단학살'로 간주하고 국제법상 '보호책임' 권한을 발동하여 국제사회가 개입할 것을 주문했다.

셋째, 도덕성이 무너지고 부정부패와 내분이 심각하다. 사상적 순수성을 강조하는 집단사고Group Thinking가 지배하는 사회로, 자멸의 위기 상황에 와 있다.

넷째, 전 세계적 코로나19 팬데믹에 따른 국내정세 불안과, 국경 무역 중단으로 식량난이 가중되고 있다. 또한, 2020년의 대규모 홍수, 유엔 제재 조치 등 '퍼펙트 스톰 perfect storm'현상으로 사회 체제가 흔들리고 있다. 이에 따라 북한은 전례 없는 위험한 내부 상황에 직면하여 군부와 엘리트 계층까지 절박한 처지에 놓여 있다. 특히 극심한 경제 상황으로 상위계층의 불만이 점증하면서 체제 불안이 가중되고 있다.

이와 같은 퍼펙트 스톰에 코로나19 팬데믹 현상이 가중되어 북한은 체제 유지에 치명적인 손상을 입을 것이다. 북한의 근본적인 문제는 사상 유례없는 김정은 독재체제로 개혁·개방을 거부하고 유일 영도체계를 더 강화하여 미국, 러시아, EU, 호주 등 국제적으로 '북한 붕괴론'이 확산되고 있다.

21세기 국운융성기를 맞이한 대한민국은 국민이 행복한 통일시대를 맞이하기 위해 세계정세의 흐름에 한발 앞서가는 전략과 정책을 갖춰야 한다. 향후 80여년은 미국 패권 중심의 세계가 될 것으로 전망됨에 따라 독일식 통일방법을 타산지석으로 삼아야 한다. 긴밀한 한미동맹 중심의 통일정책으로 유엔의 비핵화원칙과 한·미·일 안보 협력으로 북한의 비핵화를 반드시 이루어야 한다.

북한의 비핵화가 실현되지 못할 경우, 한국은 '평화를 원하거든 전쟁에 대비하라.'는 유명한 말처럼 굳건한 한미동맹으로 핵은 핵으로 방어하여 평화를 지켜야 한다. 우리의 안보태세와 한미동맹이 굳건하게 지속되면 독일식 통일기반이 형성될 것이다.

그래서 북한은 핵보다는 체제와 경제 보장을 원하도록 해야 한다. 그런 시기가 오면 김정은체제 보장과 더불어 북한 경제에 획기적인 도움을 주어 북한의 어려운 경제를 살리고 평화통일을 이루도록 하여 남·북한 모두가 행복한 평화통일을 이루어야 할 것이다.

한반도 행복통일은 유엔의 안전보장 하에 통일을 성사시키는 과정이 가장 중요한 일이다. 우리의 통일은 국제적 시대 흐름은 물론, 세계의 등불 코리아의 시대정신을 살리는 아름다운 통일이 될 것이다.

5

역사와 풍수지리로 풀어낸
한반도 통일 전망

북한의 김일성·김정일·김정은 3대 세습 독재 정권은 지난 70
여 년간 대남 적화통일을 위해 수 만번을 도발하는 등 광분하고 있
다. 그러나 21세기 북한은 세계 제일의 빈곤 국가로 전락하여 수많
은 주민이 굶어 죽거나 지금 굶주림에 허덕이고 있다. 그럼에도 불
구하고 2021년 10월 북한 당국이 이미 굶주림에 시달리고 있는 주
민들에게 2025년까지 더 허리띠를 졸라매야 한다고 통보해 불만이
극에 달하고 있다고 한다. 북한은 주민을 굶주림의 고난 속에 몰아
가면서 핵·미사일·화생방 등, 고도의 비대칭 무장을 더욱 강화
하여 대남 적화통일을 위해 혈안이 되어 있으나 21세기 한반도 통
일은 대한민국 주도로 이루어질 것으로 판단한다.

한편 로저스 회장은 통일 한국의 미래는 매우 밝게 전망했다. 그
는 2019년 2월, "한국과 일본을 비교했을 때, 일본은 통일 한국의

상대가 되지 않을 것이며 남한의 지식과 자본, 북한의 풍부한 인력 자원과 천연자원 등을 사용하면 통일 한국은 굉장한 모습을 지닐 것이다."라고 말했다.

이 판단의 근거와 당위성을 필자는 역사적 측면과 아울러 이를 뒷받침하는 풍수지리적 측면으로 나눠서 들어보기로 한다.

역사적 측면

한반도의 역사를 돌아볼 때, 북한산과 한강이 있는 서울 지역을 지배한 국가는 국운이 융성하여 통일을 이루어 온 것을 알 수 있다.

첫째, 통일국가를 이룬 것은 신라였는데, 일찍이 고구려 · 신라 · 백제 3국의 장기간 할거를 극복하고 서기 676년 삼국통일을 이룬 신라는 다름 아닌 당시 북한산과 한강유역의 서울지역을 지배하던 나라였다.

둘째, 후고구려, 후백제, 신라가 반 백년간 겨루던 바, 후삼국 시대 전쟁에서도 최종 승리하고 삼국통일을 이룬 나라는 다름 아닌 북한산과 한강이 있는 서울 지역을 지배하던 고려였다.

셋째, 6 · 25 전쟁 때는 북한이 소련 중국의 지원 아래 기습 남침하여 낙동강 전선까지 진출하여 서울에서 축제까지 벌일 정도였으나 결국은 도로 밀려서 압록강까지 패퇴하고, 정작 승리의 기세를 잡은 것은 서울을 수도로 둔 대한민국이었다. 이러한 대한민국은 그 후 북한이 절대 빈곤 국가로 전락하는 것과는 달리 선진국가로 군림하는 결과를 가져왔다.

이런 역사적 측면에서 도출해낸 역사의 교훈을 바탕 삼아, 21세기 중반에 대한민국이 주도하는 평화 통일을 이루기 위해서 염두에

둘 것은 무엇인가? 우리는 한강 삼각산(북한산)의 수도권 방어에 완벽을 기하는 전략 정책을 최고로 강화하여 북한의 대남기습 전략을 감히 엄두도 내지 못하도록 예측 예방, 유비무환의 국민리더십을 무엇보다 소중한 것으로 삼아야 할 것이다.

풍수지리적 측면

삼국시대 이후 한반도의 수천년 역사는 한강과 북한산을 중심으로 이루어져 왔다.

첫째, 『동국문헌비고』(1770년)의 증보판으로 대한제국에서 편찬한 관찬서인 『증보문헌비고』(1903-1908) 가운데 〈여지고輿地考〉의 〈산천山川〉항에는 다음과 같은 기록들이 있다.

 * 山之爲宗於域內者十二一曰三角二曰 白頭 (중략) 先以三角 水先以漢江 尊京都也

산 가운데 나라 안에서 으뜸되는 것이 열둘인데, 첫째는 삼각산, 둘째는 백두산이요. (중략) 산은 삼각산을 우선으로, 물은 한강을 우선으로 하였으니 경도를 높인 것이다.

 * 三角山爲京師之鎭 南支文殊爲白岳鷹峯仁王山之山 王宮在 (하략)

삼각산이 경성의 진산이 된다. 남쪽으로 문수산에 이르러 백악 · 응봉 · 인왕산이 되고 왕궁이 있다. (하략)

둘째, 신경준(1712-1781)의 『여암전서旅庵全書』 산수고Ⅱ 山水考 二 〉(1939)의 〈산위山緯〉항에서도 다음과 같은 기록을 찾아볼 수 있다.

三角山 輿地支曰 江原道平康縣至分水嶺連峰 疊嶂起伏迤邐 而西五百餘里 至楊州西南 爲道峯山 又爲三角山 實京城之鎭山也 三角山 國都鎭山

삼각산은 강원도 평강현 분수령으로부터 첩첩 연봉들이 일어섰다 엎드렸다 연잇다가 서쪽으로 오백여리 양주에 이르고 서남으로 도봉산이 되었다. 또 삼각산이 되었으니 실로 경성의 진산이다. 삼각산은 국도의 진산이다.

셋째, 김두규 우석대 교수는 '김두규의 국운풍수國運風水'에서 삼각산의 그 위상과 가치를 다음과 같이 밝혀 놓고 있다.

북한산의 중심으로 백운대, 인수봉, 만경대로 구성된 삼각산은 조선의 상징이었다. 흔히 백두산을 한민족의 진산鎭山으로 보지만 그렇지 않다.(중략)

"만주땅을 삶터로 삼았던 고조선의 우리 조상들에게는 백두산보다 의무려산(중국 랴오닝성 진저우시)이 진정한 진산이었다."(윤명철 동국대 명예교수)

진산은 나라 혹은 고을을 지켜주는 수호신일 뿐만 아니라, 영험한 땅기운은 그 땅의 사람들을 키워주는 역할을 한다. '산이 사람을 키워준다山主人'는 풍수 격언이나 딘결지령이란 말도 이와같은 관념에서 나왔다. 지금 우리의 실절적 진산은 어디일까? 조선후기 실학자 신경준은 백두산보다 삼각산을 더 중시하여 '첫째가 삼각산, 둘째가 백두산'이라고 하였다. 삼각산은 조선 건국 직후 '나라를 보호해주는 신(호국백 護國伯)'이란 작위와 제사를 받았다. 조선은 삼각산을 그렇게 중시했을까? '인수 · 백운 · 만경 세 봉우리가 깎아 세운 듯 우뚝 솟은 모양이 세 뿔과 같다'는 삼각산은 '용이 서리고 범이 웅크리고 있는(용반호거龍蟠虎踞) 형세'라고 하였다.(신증동국여지승람) '용반호거의 땅에서 제왕이 나온다〈제왕지지帝王之地〉고 촉나라 승상으로 풍수에 능했던 제갈량은 말했다. 쪼개진 바위가 아니라 거대한 암괴 그 자체인 바위는 강력한 권력의 기운을 준다. 왕권강화가 목적이었던 조선왕조를 지켜줄 지신으로 손색이 없었다.(중략) 삼각산은 맑고 밝아 멀리까지 그 양명한 기운을 발산한다. 화산華山 화려한 산)이란 이름이 붙은 이유다. 바위로만 된 산이다 보니 수기水氣가 부족한 반면 화기火氣가 강하다. 불꽃처럼 위로 치솟는 산이다. 불은 타오르면서 세상을 밝고 따뜻하게 해 준다. 〈주역〉에서 불을 문화·문명으로 상징하는 이유다. 세계를 휩쓰는 K컬처가 서울을 중심으로 떨쳐 일어난 것도 삼각산 정기 덕분이다. 지금 우리에게 삼각산이 더 중요한 이유다.

정조때 『동국문헌비고』와 신경준의 『여암전서旅庵全書』 및 김두규 교수의 글을 통해서 확인해본 것을 정리하면 다음과 같다.

첫째, 조선 건국 후의 우리나라 진산鎭山은 백두산이 아니라 삼각산이라는 것이다.

둘째, 인수봉·백운대·만경대라는 세 봉우리가 거대한 암괴 한 덩어리로 이뤄진 삼각산의 모습은 소위 용이 서리고 범이 웅크리고 있는 형세龍蟠虎踞일 뿐 아니라, 불이 타오르듯 치솟는 화기火氣로 되어서 흡사 그 양명한 기운을 멀리까지 발산하는 형국을 이루고 있다는 점이다. 따라서 대한민국의 진산鎭山인 삼각산이 지닌 형국은 장차 우리나라가 동방의 등불이요, 세계의 등불이 될 운명임을 보여 주는 풍수지리적인 조짐이요, 증표라 하지 않을 수 없다.

멀지 않은 북한 붕괴 도미노 현상

2021년 4월 7~8일 북한 노동당 제6차 세포비서대회에서 북한의 위기현상이 드러났다.

존 에버라드 전 평양 주재 영국대사는 김정은 국무위원장의 집권

후 첫 공식 연설을 다음과 같이 해석했다.[70]

"다시는 1990년대의 고난의 행군으로 돌아가지 않겠다."라고 약속했던 그가 이번엔 "고난의 행군을 결심했다."라고 밝혀서다. 연설 내용과 어조로 미루어볼 때 북한 수뇌부는 식량부족 등의 경제 문제와 코로나19, 북한의 이념적 결속 이완을 우려하고 있음이 분명하다. "기층 조직을 강화해 전당을 강화하는 것은 우리 당의 고유하고 독창적인 당 건설 원칙이며 자랑스러운 전통이다." 이어 "경제산업과 인민생활을 비롯한 모든 분야에서 실질적인 눈에 띄는 변화와 발전을 이룩해 우리식 사회주의 위업을 한 단계 전진시키려는 당대회 결정의 집행 여부가 바로 당의 말단 기층조직인 당세포들의 역할에 달렸다."라면서 당 세포비서들을 독려했다.

세포비서대회 김정은 연설에서 가장 큰 특징은 북한의 경제, 코로나19 상황, 이념적 결속 문제가 심각하다는 현상이다.

특히, 북한 사회에 한류가 밀려들어 김정은체제의 새로운 골칫거리로 부각되자 한류처벌법을 강화하는 한편 위반자에 대해 사형을 집행하는 현상까지 급증하고 있어 국제적 인권문제가 되고 있다. 2021년 8월 UN특별보고관(UN인권최고대표사무소 OHCHR)들이 북한에 남측 문화 침투를 막기 위해 시행 중인 '반동사상문화배격법'에 따라 현재까지 처형한 사람이 몇 명인지 공개하라고 요구하는 서한을 보냈다.

이들 3가지 문제는 상호 의존적으로 어느 하나라도 악화되면 북한 체제에 대한 도미노 현상을 보일 때가 최적의 협상 기회라고 판

---

70 https://news.joins.com/article/24041861

등불이란?

1

등불의 사전적 의미는 앞날에 희망을 주는 존재를 비유적으로 이르는 말이다. 또한 등불은 '한구석을 지키면서 천 리를 비추고' '하나의 등불은 한구석을 비춘다'는 의미를 갖고 있다. 동방의 등불이 되고 세계의 등불로 승화될 수 있다. 역사적으로 등불의 의미는 홍익민족에서 홍익은 밝다는 의미가 있으며 등불과 상호관련성이 있다. 환국桓國은 밝은 땅의 의미가 있는 배달민족을 의미한다. 나라 이름도 환국桓國→단국檀國→조선朝鮮→대한민국大韓民國으로 나라 이름이 바뀌었다. 나라 이름이 바뀌어도 국명에는 등불의 의미가 내포되어 있다.

우리의 시조 단군에서 단檀은 박달나무 단으로서 박달나무 아래가 유난히 밝다는 의미이다. 환웅은 밝은 박달나무 아래 환국桓國을 세우고, 웅녀와 혼인하여 단군을 낳았으며, 단군은 단기 1년인 BC

2333년에 조선을 세운다. 또한 환桓은 '밝은 환' 자字로서 '밝음'의 뜻과 더불어 '하늘의 광명'을 의미한다. 이 '환'에서 탄생한 것이 '한'으로 대한민국의 어원이다.조선에서 조朝는 아침 해의 밝음을 의미하고, 선鮮도 빛날 선으로서 매우 밝다는 뜻이다. 이와 같이 환국과 조선의 나라의 이름의 의미는 밝게 빛나는 등불의 의미를 갖는다.

그 결과 우리나라는 5천 년 역사에서 등불의 문화가 자리를 잡아 동방의 등불 코리아가 되었고, 21세기 세계는 세계의 등불 코리아를 크게 기대하고 있다. 따라서 필자는 21세기 대한민국 시대정신은 세계의 등불 코리아, 초일류 선진통일강국 건설이라고 확신한다.

불교에서 우리의 등불은 연등회로 발전되었으며 역사가 깊다.

등불은 어리석음과 어둠을 밝히는 의미로 해석된다. 최근 세계인이 함께하는 축제가 된 연등회는 세계인의 등불 행사가 되어 연등회가 유네스코 인류무형문화유산이 됐다.

연등회는 원래 4월 초파일이 아니라, 정월대보름에 열린 백성의 행사였다. 삼국사기, 신라 경문왕(866년) 편에 나온 내용에 의하면 정월 15일, 임금이 황룡사의 행차에 연등을 관람하고 백관들을 위한 잔치를 베풀었다고 했다. 고려 초에도 정월대보름에 열렸으며, 태조가 훈요 10조 중 6조에 연등회를 소홀히 하지 말라고 말했다.

유네스코 무형유산위원회는 연등회가 국적이나 인종, 종교의 경계를 넘어 문화적 포용성과 다양성을 보여주는 점을 높게 평가했다. 또 사회적으로 어려움에 부딪혔을 때 단합과 위기 극복에 이바지한다는 점도 높게 봤다.

『동국여지승람』에도 우리 민족의 건국시조 신화라고 일컬어지는 단군신화에 나오는 하늘의 신, 환인桓因은 환웅桓雄의 아버지이며,

단군檀君의 할아버지로 하늘나라의 신釋帝 · 天神 · 上帝이다. 환인의 의미와 성격은 한자漢字의 차용과 불교문화의 융성이라는 시대적 배경 속에서 찾을 수 있다. 우리 조상 환인桓因은 마음을 맑게淸心하고 정기를 불어넣어 주고 오래 사는 법을 가르쳐주었다. 이때 사슴글자鹿圖文字로 천부경(경전)이 만들어진 것으로 전해온다.

홍익인간 사상철학의 발전모델[71]

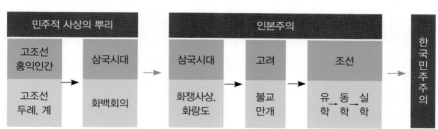

환웅은 환인에게 가르침을 받아 깨달음을 얻은 후에 풍백風伯, 우사雨師, 운사雲師와 3천 명의 신선을 이끌고 내려와 신시神市를 열었다. 환웅은 천산에서 천부인(거울 · 검 · 방울)을 받았는데, 하늘의 신표였다. 신시에 사는 천손天孫들은 높은 정신문명을 누리면서 살았다고 한다.

단군신화는 우리 민족이 위기에 처하거나 큰일을 마주할 때 민족정체성을 불러내고 민족을 통합하는 등불 역할을 하여 홍익인간 사상철학이 우리 민족의 자랑스러운 민족성이 되는 토대가 되었다.

---

71 최익용, 『인성교육학, 이것이 인성이다』, (행복에너지, 2016), p. 289.

우리 조상들은 자연스럽게 천손의 후예로서 천리天理에 따르는 법을 배우고 익혔으며 자연과 더불어 사는 지혜로운 인성의 천인합일天人合一의 사상과 철학이 자연스럽게 형성되었다.

홍익인간 이념을 바탕으로 우리의 사상과 철학은 고조선 시대의 두레 · 계→삼국시대의 화쟁사상→고려시대의 불교→조선 시대의 유학 · 선비정신 등으로 이어져 왔다.

21세기에는 한국 자유민주주의의 사상으로 발전되어 선진국가로서 세계적 등불이 되었다. 홍익인간이 내포하고 있는 "널리 인간을 이롭게 한다."라는 철학적 의미는 현대의 위민, 여민주의 정치사상에 부합한다. 즉, 인간의 행복추구를 국가정치의 궁극적인 목표로 삼는 민본정치와 구성원들의 자치원리인 민주주의를 의미하는 개념이다.

그러므로 홍익인간은 우리 민족의 건국정신인 동시에 민족적 신념이고 이상의 등불이다. 홍익인간 사상철학은 나라가 융성할 때는 예술혼으로 문화대국의 기반이 되고 민족의 수난기受難期에는 호국정신으로 안보의 기반이 되었다. 특히, 일제강점기에는 독립운동을, IMF 위기 시에는 금 모으기 운동을 전개하는 등 항시 민족의 등불 역할과 구심점으로 피어났다.

2

동방의 등불 코리아란?

남을 위해 등불을 밝히다보면 내 앞이 먼저 밝아진다. 개인의 등불은 마음의 등불→가정의 등불→사회의 등불→국가의 등불이 된다. 따라서, 나의 등불이 이웃집, 이웃나라는 물론 세계의 등불로 승화되어 동방의 등불 코리아가 되는 것은 역사생태학적 측면에서 의미가 깊다. 등불의 밝다와 홍익인간에서 홍익의 밝다라는 의미는 상호관련성이 있다.

노벨문학상을 수상한 최초의 동양인이자 인도의 시성으로 불리는 라빈드라나트 타고르(Rabindranath Tagore, 1861~1941)는 1929년 일본을 방문하여 조선을 노래한 '동방의 등불'이라는 시를 발표하여 동방의 등불 코리아의 의미가 국내외적으로 널리 알려졌다.

일찍이 아시아의 황금시기에

빛나던 등불의 하나였던 코리아

그 등불 다시 한번 켜지는 날에

너는 동방의 밝은 빛 되리라

마음에는 두려움이 없고

머리는 높이 쳐들린 곳

지식은 자유롭고(후략)

고조선 시대 홍익문명처럼 밝음을 강조하는 민족으로서 홍익인간의 철학과 사상을 토대로 동방의 등불 코리아→세계의 등불 코리아→초일류 선진통일강국 G3 국가로 승화되어 세계를 비추는 밝은 나라가 되어야겠다. 이것이 21세기 대한민국 시대정신이고 세계로 나아가야 할 시대정신이다. 이러한 시대 정신은 등불의 가정→등불의 사회→등불의 국가→동방의 등불→세계의 등불 코리아가 되어 세계를 비추어 세계평화와 인류문명 발전에 기여하는 것이다.

이것이 21세기 대한민국 시대정신이며 나아가 세계의 시대정신으로 발전시켜 세계평화와 인류문명 발전을 주도하는 코리아가 되도록 한다. 여기서 필자는 How to, know - How, solution을 21세기 시대정신으로 제시한다.

「2022년, 시대정신은 무엇인가」칼럼(한국경제 오형규 논설위원. 2021.5.20.)에서는 다음과 같이 말한다.[72]

----

72 https://www.hankyung.com/opinion/article/2021051988641

이대로면 선진국 문턱에서 추락하는 건 불 보듯 뻔하다. 그러면 2022년의 시대정신은 무엇일까. 아니 무엇이어야 할까. 시대정신Zeitgeist이란 시대를 관통하는 보편적 정신자세나 태도로 정의된다. 혹자는 공정과 정의를, 혹자는 격차 해소를 꼽는다. 하지만 근본문제로 접근해야 한다는 시각도 많다. 전직 A장관은 '신뢰와 원칙'을 들었다. 디지털 대전환기에 최고 가치이고, 이에 최적화된 스펙을 갖춘 젊은이들에게 미래를 맡겨야 한다는 점에서다. 지난 4·7 재·보선의 2030세대 표심이 일깨워줬다고 한다. B교수는 '잃어버린 10년, 정신차려 되찾자'가 돼야 한다는 말을 대학생들에게서 많이 듣는다고 한다. 세계가 모두 자국이익을 위해 뛰는데 한국만 과거지향의 감성적 민족주의로 회귀한 데 대한 반발이다.

지금 절실한 건 '누가who'가 아니라 '어떻게how'다. 이제는 물어봐야 한다. 저성장, 저출산·고령화, 일자리, 고비용·저효율 구조에다 4차 산업혁명과 디지털 대전환기에 어떻게 대처할 것인가. 또한 미·중 간 '그레이트 게임'에 어떤 전략을 가졌는지, 어떻게 이런 고차원 복합방정식을 풀지, 어떻게 퇴행과 갈등의 늪을 건너갈지 따져 물어야 한다.

시민 정신을 고민하며 깨어있는 영웅적 국민들이 1류 국가 지도자를 만들고 이들이 함께 뭉칠 때 시너지효과를 거두어 역동적인 리더십을 발휘해낼 것이다. 이것이 진정한 코리아의 절대정신이 시대정신으로 승화되어 대한민국이 용틀임하는 과정일 것이다.

세계의 등불 팍스Pax 코리아로!

세계의 등불 코리아란?

우리나라는 역사적으로 고조선의 홍익인간 – 부여의 연맹선인
– 고구려의 조의선인 – 백제의 무사도 – 신라의 화랑도 – 고려
의 국선도 – 조선의 선비도 – 대한민국의 자유민주주의 국가로
이어진 반만년 역사의 문화대국이다. 최근 방탄소년단 등의 한류뿌
리도 문화대국의 영향을 입은 결과로서 미래 대한민국은 세계적인
문화대국이 되어 세계의 등불 코리아의 기반을 이룰 것이다.

이렇듯 시대별로 국명은 다르더라도 홍익 사상과 철학의 뿌리의
본질과 절대정신은 같았다. 홍익인간 이념이 타인을 이롭게 한다는
이타주의가 동방예의지국의 등불 → 동방의 등불 코리아 → 세계의
등불 코리아로 나아가고 있다.

1994년 김영삼 대통령은 '세계화'를 국정 방향의 화두를 제시했

다. 냉전 이후 변화하는 세계에 적응하기 위해 기존의 관행과 관습을 버리고, 국제적인 흐름에 적극적으로 대처하기 위해 추진한 세계화는 시대의 흐름에 맞는 방향 제시였다. 국제사회에서 인정받는 국가를 만들겠다며 국민과 기업이 혼신의 노력을 한 결과 2021년 7월 UN이 인정하는 선진국이 되었다.

이제 우리는 세계화를 넘어 '세계의 등불 코리아'로 도약을 21세기 시대정신으로 정립해야 할 것이다.

세계는 우리에게 세계의 등불 코리아로서 국제사회를 선도하는 초일류 선진국 모델을 기대하고 있다. 대내적인 국론통합은 물론 대외적으로도 외국인들과의 조화와 융합을 도모하여 세계 등불의 시너지 효과를 내야 한다.

우리나라는 IMF 선정 선진 경제국, 세계은행 분류 OECD 고소득국가, 개발원조위원회$_{DAC}$ 가입국, 파리클럽 가입국 등 어느 기준을 따져 봐도 선진국이다. 또한, 2021년 1인당 국민소득(34,810달러), 교육 수준, 문맹률, 평균수명 등 삶의 질을 측정해 평가하는 UN 인간개발지수 순위에서도 선진국가들과 어깨를 나란히 하고 있다.

이제는 세계의 등불 팍스 코리아로 나아가 초일류 선진강국을 건설하면 자연스럽게 21세기 초일류 통일강국→22세기 초일류 선진강국으로 발전하여 대한민국의 평화는 물론, 세계 번영과 평화의 선도적 역할을 하는 국가가 될 것이다.

'3대 국운을 선도하는 코리아 르네상스'를 구현하고, 21세기 세계의 등불 코리아를 세계의 등불 팍스$_{pax}$ 코리아로 승화시키는 것이 궁극적으로 대한민국이 나아가야 할 목표이다. 이를 구현하는 해법은 3대 국운이 동시에 몰려올 때의 기회를 잡아 초일류 선진통일국가를 건설로 대전환하여 세계의 등불 팍스$_{Pax}$ 코리아 G3의 역할을 다하는 것이 진정한 인류애와 지구촌 번영을 선도하는 세계의 시대정신으로 나아가는 길이다.

세계의 등불 팍스$_{Pax}$ 코리아가 되기 위해서는 제일 먼저, 코리아 르네상스 시대를 활짝 열어 4차 산업혁명에서 세계 제일의 국가가 되어 학문과 예술뿐만 아니라 정치, 경제, 사회 등 모든 분야를 견인토록 해야 한다.

14세기 이전의 유럽은 신神중심 사상이나 세계관이 인간과 사회를 지배하면서 오랫동안 신의 가르침에 따라 행동해야 했기 때문에 인간의 활동이 많이 제한되었다. 이에 반해, 그리스와 로마는 인간의 창조성과 개성을 강조했다. 인간 가치 중심의 문화로서 인간의 가치는 존중하고 자연을 연구하는 문화로 돌아가자는 의미에서 르네상스에 부활이라는 뜻을 갖게 되었고 이탈리아에서 먼저 시작되었다. 이렇게 학문과 예술에서 시작된 르네상스 운동은 정치, 사회, 산업 등 여러 영역으로 확산되어 오늘의 유럽 번영이 이뤄졌다.

역사는 영원히 되풀이된다고 그리스 역사가 투키드테스가 말했듯이 르네상스도 영원히 되풀이 되고 있다. 18세기 영국국의 산업혁명이 르네상스를 촉발시킨 것도 15세기 그리스 로마의 문예부흥이 돌고 도는 결과이다. 르네상스는 다시 19세기 미국으로 이동했다.

21세기에는 르네상스의 흐름이 동아시아로 이동하고 있다. 한중일 중 대한민국이 중심지가 되어 국운융성기가 될 것이다. 따라서 필자는 3대 국운이 동시 몰려오는 대한민국을 세계의 등불 코리아 르네상스 코리아 전성시대라고 감히 주장한다.

우리의 위기를 기회로 대전환해야 하는 시대적 상황이 도래했다. 즉, '물 들어올 때 노를 저어라'는 말이 있듯이 21세기 코리아 르네상스를 맞아 한류 등 문화와 4차 산업혁명을 융합하여 효과를 극대화해야 한다. 르네상스 시대의 국운 융성 기운을 적극 받아들여 국내외적으로 진정한 등불 시대를 꽃 피우는 것이다. 이것이 진정한 세계의 등불 코리아가 되는 길이다.

21세기 세계의 등불 코리아가 주목받는 이유는 70년대 산업화 시대는 동방의 등불로서 아시아의 4마리 용에 비유됐다. 80년대 민주화 시대는 세계의 등불로 귀감이 되었다. 특히, 88 서울 올림픽은 독일 통일의 신호탄이 되어 진정한 세계의 등불의 역할을 하였다. 88 올림픽 이전, 4번의 올림픽이 파행(이스라엘 선수단 테러, 아프리카 인종 차별, 미·소 냉전으로 미·중이 번갈아 불참)으로 반쪽 올림픽이었음에 반해, 서울 올림픽은 사실상 세계 전 인류가 참여한 평화와 화합의 등불 올림픽이었다. 결국 88 서울 올림픽은 1989년 베를린 장벽이 무너지는 촉매 역할을 하여 동·서독 평화통일에 기여했다.

20세기 미·소 냉전체제가 붕괴된 후, 21세기 미·중 신냉전이 세계평화를 위협하고 있어 세계의 등불 코리아의 역할이 더욱 중요해졌다.

2019년 연말부터 전 지구적 COVID-19 팬데믹 상황은 그 기간뿐만 아니라 규모, 진행방식 등 세계를 팬데믹 이전과 이후로 급격히 단절시켰다. 어떠한 지배적 개념과 프레임Frame도 없이 아수라장이다. 우리가 어떤 시대에 살고 있는지 감을 잡을 수 없을 정도로 세계를 급격히 와해시키고 있다. 선진국다운 선진국이 보이지 않고, 각국은 각자도생에 혈안이 되어있다. 이러한 시대에 동방의 등불 코리아를 넘어 세계의 등불 코리아로 도약하는 것은 우리나라는 물론 세계를 위해서도 가장 필요한 시대정신이 될 것이다.

인류평화 발전을 위해 무력 군사대결이 아닌 평화와 인류공존공영의 화합의 장이 되도록 21세기 대한민국의 시대정신을 세계의 등불 정신으로 승화시켜 무력 군사시대가 아닌 등불 평화시대가 되도록 세계의 평화 분위기를 주도해야 할 것이다.

21세기 대한민국은 코로나19 팬데믹 상황을 극복하는 모범적 등불의 나라가 되어야겠다.

모범적 등불의 의미는 무력의 패권 팍스$_{Pax}$가 아닌 문명과 문화 대국의 팍스$_{Pax}$ 코리아 이루어 인류평화와 번영에 진정으로 기여하는 나라를 만드는 것이다. 따라서 세계의 등불 코리아 → 초일류 선진통일강국을 실현하기 위한 위대한 국민, 위대한 나라 건설의 희망과 비전의 의미를 구현하기 위한 해법을 말한다. 특히 반도체와 4차 산업 능력을 세계 일류산업으로 육성하는 한편 한류 확산을 통해 문화대국이 되어야 한다. 한국인은 무엇이든 잘한다는 점을 각인시키고 국가의 위상을 제고시켜 인류 등불 역할을 해야겠다.

제11장

21세기 코리아의 시대정신 한국인의 위상

21세기 시대정신은
운명 개척의 신호탄

　세월 속에 희로애락을 겪으며 지식과 경험을 아깝게 흘려보내서
는 안되는 것이다. 동방의 등불 코리아가 세계의 등불이 되어 코리
아의 시대정신으로 승화시킨다면 인류평화와 문명의 발전을 선도
하는 국가가 되어 인류 사회를 비출 것이다.

　수일우조천리守—遇照天理 - 한구석을 지키면서 천리를 비추라
　일등조우—燈照遇 - 하나의 등불은 한구석을 비춘다

　코로나19 팬데믹은 사회를 마비시키고 경제발전을 저해하였으
나 아이러니하게도 4차 산업 발전을 촉진하였다. 코로나 이후의 미
래 모습은 경제, 사회 전반적으로 크게 변화할 것이다. 달라질 세
상에 적응하려면 세계의 등불 코리아를 위해 사전 대비해야 한다.

치열한 코로나와의 전쟁 끝에 세계는 새로운 질서로 재편될 것이다. 세계 각국의 노력으로 코로나19에 대한 반격이 시작되고 있는 상황에서 2021년 6월 G7 정상회의가 열렸다. 세계인들은 기존 선진국들의 달라진 국격을 통해 사전대비의 중요성을 느낄 수 있었다.

우리는 세계의 등불 코리아의 시대정신을 세계의 시대정신으로 승화시켜 세계 평화와 인류발전에 기여하도록 아래의 사항을 제시한다.

첫째, 한반도의 전쟁은 세계의 대충돌로 이어질 수 있음을 인식하고, 세계의 등불 코리아가 되도록 절대 평화와 절대 안보를 위해 국가의 모든 역량을 동원해야 할 것이다.

둘째, 세계의 등불 코리아의 시대정신으로 인권과 자유민주주의, 과학과 기술, 경제와 무역, 4차 산업과 반도체, 세계적인 한류문화 등을 국제모델화 하여 중·후진국들에게 전수하도록 해야 할 것이다.

셋째, 세계적인 평화 애호와 인권국가로서 세계를 선도할 수 있도록 인류사랑, 미래 평화건설에 서도 우뚝 선 선도국가가 되어 세계의 등불 코리아 역할을 다해야 할 것이다.

넷째, 21세기 등불 코리아는 우리의 장구한 역사를 통해 선조들이 가꾸고 심은 홍익인간의 절대 정신을 토대로 세계의 등불이 되어 우리의 시대정신이 세계의 시대정신으로 승화되도록 지혜를 모아야 할 것이다.

인류는 국가위기 시 시대정신이 주어지기 마련이다. 국가와 국민이 위기에서 살아남기 위해서는 존재하기 위해서는 시대정신을 찾아 올바로 정립하고, 소임을 다해야 한다. 이는 국가와 민족을 보전하는 것은 물론 국가발전 전략으로서 매우 중요한 것이다. 이에 반해, 시대정신을 망각하거나 그 소임을 다하지 못할 경우 그 나라의 존재는 영속할 수 없으며, 국가 발전도 도모할 수 없는데다 세계의 평화와 발전에 참여할 수 없는 나약한 나라가 된다. 동서고금 역사의 교훈에서 볼 수 있듯이 강대국들은 자국의 시대정신을 구현하여 세계의 시대정신으로 승화시키며 새로운 변화 물결을 창조하며 기적을 이룬다.

21세기 대한민국 시대정신을 구현하여, 우리나라를 영원히 보존하고 아름다운 국가를 건설하여 후손에게 물려줄 수 있도록 튼튼한 나라를 만들어야 한다. 국태민안國泰民安의 국민 행복국가 건설은 물론, 어떤 나라도 대한민국을 넘보지 못하도록 국력을 갖추어야 할 것이다.

지금이야말로 충무공 이순신의 재조산하(再造山河: 나라를 다시 만들다) 정신을 이어받아 혁명적 혁신·개혁의 국가 대개조 – 선진화혁명으로 세계의 등불 코리아 초일류 선진통일강국 건설할 수 있는 애국애족의 대한국인大韓國人이 되어야 할 것이다.

이것이 대한국인의 진정한 시대적, 역사적 소명으로서 운명개척의 길일 것이다.

2

한국인의 의식변화와
지구촌 견인 역량

　우리 민족은 지금 이 세계를 보다 살기 좋은 세계로 이끌어갈 21
세기 시대정신을 가져야 한다. 우리에게 부여된 시대정신의 소명
앞에서 결코 주저하거나 소극적이어서는 안 된다. 우리 민족의 홍
익인간 리더십을 발휘하여 우리의 정신과 문화를 세계에 전파하고,
인류평화와 발전에 기여하는 것이 진정한 21세기 코리아 시대정신
의 구현이다.

　시대정신은 18세기 후반부터 19세기에 걸쳐 독일을 중심으로 등
장하여 독일의 철학자 요한 고트프리트 헤르더가 제시한 민족정신
이라는 개념에까지 이르게 된다. 헤르더는 인류사를 인간정신의 완
성으로 향하는 보편적 역사라고 말한다. 시대의 정신을 나타내는
'민족의 정신'은 동방의 등불 코리아와 깊은 의미를 같이하고 있
다. 시대정신은 일반적으로 현대사회에서는 정권 창출에 따른 정체

성으로 나타나기도 한다. 그렇다면 대한민국 국가 지도자들의 시대정신은 무엇이고, 정부의 시대정신은 무엇일까? 2022년 3월 대통령 당선인이 꼭 갖추어야 하는 시대정신은 무엇인가? 아래와 같이 생각해보자.

첫째, 세계의 등불 코리아 - 초일류 선진통일강국 건설이 범국가적인 과제이다.

둘째, 국민들이 원하는 자유민주주의 체제와 공정을 보장하는 개헌으로 국민을 통합하여야 한다.

셋째, 대한민국의 미래지향적 체제는 자치분권과 균형발전으로 전 국민이 행복한 시대를 여는 것이다. 87년 체제가 지방자치제의 씨를 뿌렸다면 이제는 온전한 자치분권과 균형발전으로 국민의 행복을 실현하도록 해야 한다.

넷째, 초일류 선진국을 구현할 지혜로운 대통령을 뽑아 세계의 모델이 되는 세계의 등불 코리아의 시대를 열어야 한다.

변증법 철학을 주창한 헤겔은 민족정신(국민정신)을 세계사의 각 발전 단계에서 보편적인 '세계정신'의 현상으로 파악하고, 민족정신에서 볼 수 있는 역사적 성격을 분명히 했다.

여기서 출발하여, 보편적인 인간 정신이 특수적 · 역사적 현실 속에 펼쳐있는 가운데, 한 시대의 정신문화를 나타내는 시대정신이 존재한다고 보는 견해가 확립되게 되었다. 이 같은 생각은 19세기에 걸쳐 역사학, 법학, 경제학 등 다양한 분야로 확산되었다. 따라서 우리나라 21세기 시대정신을 한 시대에 지배적인 지적 · 정치적 · 사회적 동향을 나타내는 의미로 우리의 5천년 등불정신과 연관 지을 때, 시대정신 의미가 더욱 깊어진다.

대한민국의 시대정신은 세계의 등불 코리아가 되도록 모든 후발국가에게 발전 가능성에 대한 신념을 전해주고 세계 평화와 문명발전을 실현하는 적극적인 역할을 하는 것이다. 또한, 세계문화대국으로서 세계문화발전에 기여토록 협력하는 것이다.

우리나라 경제는 이미 글로벌 가치창조 네트워크 시스템에 깊이 뿌리박은 채 성장하고 있다.

우리 젊은이들이 열정과 헌신적인 노력의 결과물로서 한국의 국격을 획기적으로 높였다. 이런 성공적인 신화는 선배 세대의 성장 신화가 바탕이 되었지만, 이제는 기성세대와 신세대가 상호 존중하고 화합하여 융합의 시대를 만들어 대한민국의 발전의 시너지 효과를 이뤄야겠다.

미국의 도시 · 문화 평론가 콜린 마셜은 한국에 사는 이유를 유력 주간지 『뉴요커』에 실었다.

"한국이 이미 여러모로 미국을 앞질렀는데도overtake the U.S. in many ways 여전히 한국인은 자국을 후진국이라 여긴다는 사실이다. 수명도 더 길고, 교육 수준도 더 높고be better educated, 실직하거나be unemployed 가난 속에 살아야live in poverty 할 가능성은 더 적은데도 후진국 열등감에서 벗어나지 못하고 있다. 세계에서 가장 효율적이고be most efficient 발전한 국가라고 자처해온 미국은 '벌거벗은 임금님unclothed emperor'이 된 데 비해 한국은 선진국으로 도약한 모습을 역력히 증명해 보이고 있다. 요즘 나는 코로나-19에도 불구하고, 아니 그 덕분에, 한국에서 '코리안 드림'을 이루며 살아가고 있음을 새삼 느낀다."

세계의 등불 국가가 되는 일이야말로 21세기 세계의 시대정신으로서 우리민족이 세계발전에 기여하는 일이라 할 수 있다.

우리의 모든 역량을 기울여 인류의 분쟁과 전쟁을 막는데 조금이라도 기여하면서 갈등의 근원을 해결하는 일이 곧 우리 민족의 등불 팍스$_{Pax}$ 코리아로서 걸어가야 할 길이다.

이제 세계사가 보여주고 있는 패권 경쟁이 아니라 세계적인 문화융성을 통하여 인류 평화와 문명의 발전을 위해 앞장서야겠다.

3

세계의 시대정신으로
승화시켜야 하는 이유

21세기 대한민국 시대정신을 세계의 시대정신으로 승화시켜야
하는 역사적 의미는 다음과 같다.

『삼국유사』를 지은 일연—然은 우리 민족이 하늘과 연결된 신성
한 민족이며, 우리 민족의 역사 속에 존재한 고조선이나 고구려와
같은 국가들이 신성한 힘으로 세워진 나라임을 강조했다. 물론 이
것은 일연이 지어낸 이야기가 아니라 우리 민족이라면 누구나 알고
있는 이야기고, 또 이전의 여러 사서에 실려 있던 설화다.

고조선을 세운 단군왕검이 천제天帝 환인의 손자이며, 고구려의
창업주 동명성왕東明聖王이 하늘에서 오룡거五龍車를 타고 내려온 해
모수解慕漱의 아들이요, 신라 시조 혁거세赫居世가 천마天馬가 내려
준 알에서 태어난 신인神人이다.

중국의 사서『후한서後漢書』는 "동방 사람들은 이夷라고 일컫는데,

이는 뿌리를 뜻한다. 인성이 어질고 생육하기를 좋아함이 마치 만물이 땅에 뿌리를 내려야 생육됨과 같다는 것이다. 그러므로 그들은 천성이 유순하고 사리가 바르기 때문에 군자가 불사하는 나라이다. 동이東夷는 모두 제 고장에 어울려 살면서 음주와 가무를 즐기고 관모를 쓰며 비단옷을 입고 조두를 그릇으로 사용한다. 이른바 중국이 예의를 잃었을 때는 가서 배워볼 만한 곳이다."라고 표현하고 있다.

우리 민족이 만물생육의 근본인 뿌리와 같이 어진 기질을 갖고 있으며, 천성이 유순하고 사리분별에 밝아 규범과 질서를 존중하는 군자지국이요, 최고의 문화민족임을 칭찬해 마지않았다.

민족의식은 세월이 아무리 흘러도 변치 않는 정신이다. 그러나 최근 들어 민족 이야기를 하면 민족우월주의나 국수주의를 부추긴다며 비난하는 경우가 종종 있다. 올바른 역사의식이 개인의 세계관에 영향을 미치듯 올바른 민족의식은 개인의 정체성에 큰 영향을 준다. 따라서 민족과 민족의식에 대한 이해는 편향된 시각으로 재단할 일이 분명 아니다.

이승헌은 『한국인에게 고함』(한문화, 2006)에서 다음과 같이 토로했다.

우리 민족만 최고라고 자랑하기 위함도 아니요, 다른 나라를 위협하기 위함도 아니요, 내가 나를 알고자 하는 지극히 기본적이고 인간적인 소망의 표현인데, 왜 단군을 이야기하면서 눈치를 보아야 하는가? 무엇이, 어디에서부터, 어떻게 잘못되었는가? 부끄럽고 통탄스러운 현실이다.

민족주의는 자기 민족 중심의 파괴적이고 반평화적인 이념으로 오해받기 쉽다. 그러나 민족주의는 인간에 대한 뜨거운 애정을 바탕으로 하는 이념이다. 일본, 독일 등의 민족주의를 연상하면 자동적으로 제국주의를 떠올리기 쉽지만, 역사 속에서 침략 전쟁을 일으킨 나라들이 민족주의 때문에 그런 것은 아니었다. 그보다는 오히려 힘 있는 나라들의 욕심이 제국주의로 이어졌다. 독일, 프랑스, 일본, 영국의 경우가 그 증거다. 한 예로, 영국의 지배를 받았던 인도의 민족주의는 제국주의로 변하지 않지만, 일본은 자기 민족의 절대 우월성을 내세운 배타적이고도 편협한 국수주의가 군국주의를 초래했다.

우리는 자유와 평등을 기본이념으로 인류 전체에 이로운 발전을 가져다줄 수 있는 민족주의를 지향하여 우리의 시대정신을 세계의 시대정신으로 승화시켜야 한다.

우리의 민족주의는 강한 나라가 약한 나라의 우위에 서는 약육강식의 개념이 아니라, 힘이 약한 나라는 약한 나라대로 정정당당히 세계사의 흐름과 인류 문화의 발전에 기여할 수 있는 호혜적인 민족주의가 되어야 하는 것이 21세기 코리아 시대정신일 것이다.

우리는 세계사 속에서 약소국들이 그들 나름의 결단을 통해 민족의 갱생을 이루었던 경우를 쉽게 찾아볼 수 있다. 100여 년의 침략과 압박 속에서 3등 국가로 전락했던 덴마크는 덴마크 민족의 어버이로 숭앙받고 있는 니콜라이 그룬트비히Nikolai Grundtvig와 엔리코 달가스Enriko Dalgas의 등장으로 갱생을 도모할 수 있었다. 그들은 국민에게 민족의 역사에 대한 확신을 가르쳤다. 또한 2천 년의 유랑 생활을 신앙과 인고忍苦로 이겨내고 민족국가를 이룬 이스라엘, 노제국老帝國의 식민지가 될 위기를 불굴의 민족의지로 극복하며 민족 번영의 대전기를 마련한 네덜란드, 주변 강대국의 끊임없는 침략 위협에도 끝내 나라를 지켜낸 스위스는 오늘날 국제 사회에서 평화의 상징이자 사도로서 민족주의의 순기능을 여실히 보여주고 있다. 이들 나라들은 자국의 국가의 발전뿐만 아니라 세계사에도 크게 기여했다.

물질문명의 풍요를 가져온 서구의 문화는 바로 그 물질 중심의 가치관으로 인해 여러 장벽에 부딪히고 있다. 이를 극복하기 위해서는 새로운 힘이 필요하다.

서구 국가들은 지금 그 힘의 원천을 동양에서 찾으려 한다. 여기서 우리 민족의 지향점은 자명해진다. 우리가 지향하는 민족주의는 단지 우리만을 위한 배타적 의미가 아니라, 세계의 등불 코리아가 되어 등불 정신을 시대정으로 승화시키는 것이다. 우리의 능력을 통해 세계평화에 공헌하고 기여하는 것이다. 그 기저에 홍익인간의 절대 정신이 관통하고 있음은 물론이다.

세계 발전의 모델
세계의 등불 코리아

선도국가의 역할

코로나-19 대유행(팬데믹)상황에서 2021년 6월 문재인 대통령은 G7 정상회의에 초청국 자격으로 참여를 하여 국제협력적 대응을 강조하여 세계의 등불 코리아로서의 위상을 제고했다. 미국 등 선진국들이 코로나19 대응 리더십을 보이지 못한 상황에서 우리나라는 국제협력을 강조하는 등 코로나 등불 국가 위상에 걸맞는 선도국가의 역할을 다하였다. 뉴욕타임스 칼럼니스트인 토머스 프리드먼은 한 인터뷰에서 "한국은 엄청난 위기에 민주적으로 잘 대응해 세계적 모델이 되고 있다."라고 했다.

또한, 문화대국 코리아의 우리 젊은 세대들이 한류의 주역으로 역동적인 활동을 하고 있어 세계가 경이로운 눈으로 바라보고 있다. 한국은 6·25 전쟁의 1세대, 산업화·민주화의 2세대, 이른바 밀레니엄 세대로서 3세대가 한류 문화로 문화대국의 국가적 위상을 높이고 있다. 이명박 정부 시절, 국가브랜드위원회를 만들어 대한민국을 아무리 홍보하려 해도 성과가 미흡했다. 문제는 국가 수준에서 아무리 노력해도 전 세계인의 인식을 바꿀 뾰족한 방법을 찾기 어려웠던 점이다. 이와 같은 국가적 난제를 싸이, 동방신기, 소녀시대, 슈퍼주니어, 방탄소년단 등의 아이돌 그룹이 세계적으로 한류 돌풍을 일으켰다.

우리나라는 한강의 기적으로 산업·민주화를 이루고 86민주화항쟁으로 자유민주주의 기적을 이루어 강력한 소프트 파워를 가진 정치, 경제, 문화 선진강국으로 나아가고 있다.

2015년 유엔총회는 유엔 창설 70주년을 맞아 인류 공동의 개발목표인 '지속가능발전목표$_{\text{Sustainable Development Goals: SDGs}}$'에 합의하였다. 이 SDGs는 종래 새천년개발목표$_{\text{MDGs}}$를 보완해 개발도상국뿐 아니라 선진국도 공동으로 추진해야 하는 17개 목표와 169개 세부목표$_{\text{targets}}$를 제시한다.

SDGs의 개별목표들은 사람$_{\text{People}}$ 지구환경$_{\text{Planet}}$ 번영$_{\text{Prosperity}}$ 평화$_{\text{Peace}}$ 파트너십$_{\text{Partnership}}$ 모두 5P 원칙으로 제시됐는데, 빈곤, 기아, 보건, 교육, 젠더, 불평등, 물, 도시, 경제성장과 일자리, 인프라, 기후, 해양, 육상 생태계, 에너지, 평화, 글로벌 파트너십 등의 목표를 포괄한다. 이에 따라 유엔경제사회이사회는 해마다 고위급 정치포럼$_{\text{HLPF}}$을 열어 국가별로 SDGs 이행과 후속조치를 검토하여 회원국의 자발적 참여를 독려한다. 우리나라는 자발적 참여 독려를 뛰어넘어 21세기 동방의 등불에서 세계의 등불 팍스$_{\text{Pax}}$ 코리아가 되어야겠다.

『민족과 자유의 이념』에서는 다음과 같이 말한다.[73]

우리 민족은 이제 세계사 속에서 헌신해야 할 시점에 이르렀다.

첫째로 모든 후발 민주국가에게 가능성의 신념을 전해주는 것이다. 둘째, 세계평화 실현의 적극적인 기여 세력으로 자리하는 것이다. 셋째, 세계문화 발전에 기여하는 것이다. 이제 우리민족의 발전은 사실상 21세기의 민족신화를 창조하였다. 가장 가난하고 후진이었던 식민지 사회가 이제는 가장 열심히 일하고 가장 효율적이고도 급속하게 발전하면서 주체적인 민족국가를 지향하고 있기 때문이다. 세계평화의 실현에 대한 책임은 오늘의 국제적인 상황이 갈등과 대립을 기조로 하고 있기 때문에 전쟁유사성을 보여주고 있는 실정이다. 이러한 상황을 초래한 원인은 강대국들이 이익만을 고집하는 힘의 도전을 감행하기 때문이라 할 수 있다. 이러한 강대국의 힘의 도전을 막으면서 평화적이고 국제지향적인 민족사의 대등성을 정립하는 일이야말로 우리 민족의 세계적인 기여라 할 수 있다.

정부는 최근 '국제 개발협력 기본계획'을 발표했다. 해방 직후 원조를 받던 대한민국은 이제는 원조하는 나라로서 개발도상국의 빈곤을 퇴치하고 발전을 돕는 글로벌 개발 협력에 적극적으로 나서야 할 의무와 책임이 있다. 21세기 시대정신으로 세계의 등불 코리아 정신을 승화시켜 협력과 연대를 통한 글로벌 가치 및 상생의 국익을 실현해야겠다.

----

73 박용헌 외 9인 「민족과 자유의 이념」 (고려원, 1987) pp. 87-88.

인류평화와 공동번영–시대정신 구현

OECD는 한국의 발전 경험이 개도국에 '특별한 설득력'을 가질 것이라고 말하는 것처럼 우리나라는 인도적 차원은 물론, 인류평화와 발전에 기여하는 차원에서 과거 원조를 받은 경험과 경제성장 경험을 토대로 정치, 경제, 사회, 문화, 종교 등 모든 면에서 우리가 할 수 있는 일은 무엇이든지 적극적으로 추진해야 된다.

등불 코리아 역할을 하다보면 세계 각국과 선린관계와 더불어 국익차원에서도 크게 도움이 될 것이다. 일본의 실패 전철을 밟지 않도록 생색내는 개발협력원조보다는 인류애와 국제협력차원에서 대승적으로 구현해야 한다. 대한민국 절대정신이 시대정신을 승화시켜 인류평화와 공동번영에 기여해야 한다.

21세기 세계의 등불 코리아는 대한민국의 시대정신일 뿐만 아니라, 세계의 시대정신으로 발전시켜야 한다. 우리의 국익만을 위한 것이 아니라 세계 문명발전과 인류의 평화와 공동 번영에 앞장서야 한다.

특히 우리의 절대정신인 홍익인간(弘益人間 : 인간을 널리 이롭게 함)의 이념과 사상을 적극적으로 구현하여 효과를 제고시켜야 한다.

이제 대한민국이 '오리엔탈리즘'의 시대를 넘어 세계의 등불 팍스Pax 코리아의 시대정신으로 '문명사의 대전환', '세계사의 대전환'의 신호탄을 힘차게 쏘아 올려야 한다. 대한민국은 'After Corona 시대'의 대표적인 역동적인 국가로 발전하고 표준이 되어야 한다. 국민이 앞장서서 국가발전을 선도하는 모델로 세계 발전을 선도하는 국가가 되어야 할 것이다. 대한민국의 미래는 초일류 선진통일 강국으로서 세계의 등불 팍스Pax 코리아의 위상을 확립하여 세계의 평화와 문명 발전에 크게 기여하는 선도적 국가가 될 것이다.

진정한 세계의 등불 코리아가 되기 위해서는 전쟁과 분쟁이 없는 세계의 등불 코리아의 역할을 다하기 위해서 강력한 국방안보 역량을 갖춘 선진강국을 지향해야 한다.

통일 한국United Korea은 일본, 독일, 프랑스, 이탈리아를 초월하여 미국, 중국에 대한 견제적 균형 역량을 갖춘 G3 국가그룹에 합류하는 비전이다.

선진화된 통일강국은 강력한 국력이 뒷받침되어야 하는 것이 냉엄한 현실이다. 현재의 유엔안전보장이사회 상임이사국(5개국) 각각의 국가들이 통일한국과 전략적 동반자 관계를 유지하기를 희망하는 차원에서는 세계평화를 위한 균형추 역할을 감당하게 된다.

6부

통일된 선진강국
달성 전략과
핵심 과제

제12장

국가 대 개조
선진화 혁명 전략

1

왜, 혁명인가?

　역사적으로 인류의 스페인의 흑사병, 2차 세계대전 등을 겪고 난 후 재난의 크기만큼이나 더 큰 기회가 왔었다. 지금의 코로나-19 또한 재난인 동시에 인류발전에 큰 기회가 올 것이다. 문제는 이러한 기회를 잡을 수 있는 국가와 오히려 더 낙오, 후퇴하는 국가로 나뉘어져 세계 각국의 위상과 국격이 바뀌고 새로운 국가순위가 형성될 것이다. 우리나라는 3대 국운과 겹치는 시대로서 세계적인 나라로 우뚝 설 수 있는 절호의 기회가 될 것이다.

　이러한 대변동과 전환 시기에는 동전의 양면과 같이 새로운 르네상스 시대가 전개되었다.

　코로나 이전과 코로나 이후의 세계는 완전히 다른 세상이 될 것이다. 특히, 코로나 피해 규모 정도에 따라 변화의 정도는 크게 좌우될 것이다. 2020년 피해는 188만 510명인데 2021년 10월 10일

기준 188만 4,146명으로 향후 증가에 따라 경제구조는 재구성되고, 삶의 방식은 바뀔 것이므로 국가적 대전략의 지혜와 통찰력이 필요한 시점이다.

21세기 코로나 19 팬데믹 상황과 4차 산업혁명이 맞물려 정치, 경제, 사회, 문화, 안보 등 거대한 변화의 시대를 맞이하고 있다. 대한민국 운명을 혁명적 혁신, 개혁의 국가 대개조 – 선진화 혁명을 걸고 추진하는 것이 시대적 · 역사적 사명이다.

여기서 세상을 혁신, 개혁, 혁명의 의미를 살펴보자.
• 혁신$_{Innovation}$은 질의 변화를 뜻하는 것으로서 정신, 문화 등을 완전히 바꿔서 새롭게 한다는 의미이다.
• 개혁$_{Reform}$은 제도나 시스템 등을 새롭게 개선하는 것을 의미하는 것으로서 개혁은 구조의 패러다임을 전환시키는 것이다.
• 혁명$_{Revolution}$은 헌법의 범위를 벗어나 국가 기초, 사회 제도, 경제 제도, 조직 따위를 근본적으로 고치는 일이다.

필자가 지향하는 국가 대개조-선진화 혁명은 이제까지의 사회체제를 획기적으로 발전시켜 첨단미래사회에 맞게 새로운, 한층 고도의 사회체제를 세움으로써 사회생활에 근본적인 전환을 가져오는 것을 의미한다. 헌법이 보장하고 국민이 공감하여 전폭적으로 지원하여 법적으로 보장되는 제도로 대전환하는 차원이다. 따라서 혁신, 개혁과 더불어 국가 발전을 위한 광범위한 의미를 내포하고 있다.

선진화 혁명은 미래 비전을 위해 현재의 문제를 과감하게 혁신, 개혁하는 조치와 일맥상통한다. 일각에서는 '혁명'이란 단어 자체가 풍기는 비합법성을 고려하여 혁신革新, 쇄신刷新, 갱신更新, 창신創新 등과 혼용하기도 한다. 기본적으로 필자가 주장하는 혁명은 사회 속에서 새로운 사회체제의 요소, 전제조건이 점차로 성숙하여, 즉 진화 과정의 결과, 질적으로 새로운 것을 산출하는 시기에 도달함으로써 일류 선진강국을 이루는 과정의 산물이지, 갑작스럽게 출현하는 신기루는 아니다. 대부분의 혁명은 한 번의 저항을 받아 이루고 난 후 국민적 동의를 받지만, 혁신, 개혁은 지속적인 저항을 받으며 이루어야 하기 때문에 사실상 더 힘들다고 볼 수 있다. 이에 따라서 지속적인 국민적 동의를 거치는 가운데 결실을 맺을 수 있다.

혁신과 개혁은 구체적으로 잘못된 것들을 고쳐나가는 일이기 때문에 혁신, 개혁의 과정에서는 주체 역시 혁신, 개혁의 대상이 된다. 최근 LH사태 등에서 나타난 고질적 병폐를 없애기 위하여 혁신, 개혁하려면 정상적인 부동산 거래에까지 영향을 미치기 때문에 시간이 소요되고 어려운 일이 많아진다. 그래서 혁신과 개혁은 혁명보다 어렵다. 중간에 멈추거나 되돌리기 어려우므로 더욱 힘든 경우도 있다. 혁신, 개혁은 지속적인 저항을 받기 때문에 상처를 많이 입는다. 특히 혁신, 개혁의 주체세력은 도덕적이고, 솔선수범해야 성공할 수 있다. 그러나 현실은 그렇지 못하기 때문에 제대로 이루어지지 않는 경우가 많다.

따라서 혁신, 개혁을 성공하려면 정부는 물론, 관련 기관까지 긴밀한 협조관계가 필수로 요구된다. 지속가능성을 보장하려면 '정치의 역할'이 필수적이다. 현실적으로 정치가 4류로 평가받기 때문에 이기주의, 파벌주의, 부정부패 등의 영향을 받는다. 정치권의 풍토는 공정한 경쟁이 어려운 정글과 같은 속성에 짓눌려 있기 때문에 혁신이 제대로 숨 쉬지 못하고 있다. 개혁 또한 부조리와 규제가 판을 쳐 나라는 활력을 잃고 우왕좌왕하고 있다. 평등, 공정, 정의를 외치지만 개혁의 주체들이 이중잣대로 재단하기 때문에 국민들로부터 신뢰를 얻지 못한다. 혁신, 개혁은 원칙을 중점으로 중장기 계획을 수립해야 한다. 혁신, 개혁의 주도세력이 적폐청산의 자가당착에 빠지면 혁신, 개혁은 요원하다. 그러므로 주체세력은 도덕성과 사명감으로 무장하고, 서번트 리더십으로 대상을 설득하여, 공감을 얻는 것이 중요하다. 그것이 진정한 리더십이고 참여와 숙의민주주의이다.

우리는 국가발전을 위한 혁명다운 혁명이 없어 정신 · 교육 · 경제 · 안보 분야가 제대로 뿌리내리지 못한 측면이 있다. 70년대 산업혁명과 80년대 민주화 혁명을 이룬 다음에는 선진화 혁명으로 꽃을 피워야 하는데 혁명의 방향타를 쥔 정치의 3류 · 4류화로 선진화 혁명은 표류하고 있다. 게다가 민족의 고질적인 병폐인 분열과 대립이 끊임없이 지속되어 '뭉치면 살고 흩어지면 죽는다'는 국민통합의 실천이 부족했다. 고난과 한의 역사를 수없이 겪었음에도 고뇌에 찬 과거와의 대화는 늘 부족했었다. 그러다 보니 제대로 된 혁신, 개혁, 혁명을 이루지는 못하여 많은 고난과 국난을 겪었고, 현재도 위기를 맞고 있다. 이젠 정신 · 교육 · 경제 · 안보 혁명을 통해 선진화 혁명을 반드시 이룩해야 하는 시점이다.

일찍이 영국의 역사학자 에드워드 카Edward Hallett Carr는 "역사란 역사가와 사실 사이의 지속적인 상호작용 과정이며, 현재와 과거의 끊임없는 대화이다."라고 정의했다. 우리의 역사를 거시적이고 객관적인 통찰력으로 현재의 문제를 도출하고 미래의 비전을 세워야 한다. 세계적 저명 학자들은 21세기의 메가트랜드가 동양회귀라는 사실에 공감하며 21세기 중반 한 · 중 · 일 중 한나라가 세계패권을 주도할 것이라고 예측하고 있다.

대한민국이 세계의 등불 팍스$_{Pax}$ 코리아가 되지 못할 이유가 없다. 지금이라도 '국민 리더십 문화'를 '국가 대개조–선진화 혁명'으로 승화시킨다면 21세기 세계의 등불 팍스$_{Pax}$ 코리아 – 초일류 선진통일강국 건설(G3)은 이루어질 것으로 확신한다.

이제 한민족의 도약과 웅비의 시대를 구체화하고 실현하는 것은 이 시대를 준비하는 국민과 지도자의 역할이라 할 것이다. 그리스, 로마, 스페인 모두가 반도국가로서 패권국가가 되었음을 본보기로 삼아 국민과 지도자가 힘을 합쳐 내우외환의 위기를 기회로 대전환하는 세계적 번영의 나라로 만들 수 있다.

이를 구현하기 위해 다음과 같이 국민과 국가의 역할을 제시한다.

첫째, 21세기 대한국인 선진화 혁명시대 국민의 역할

민주주의에서는 성숙한 국민의식이 선진국가를 만든다. 국민이 성숙한 사회가 건강한 국가, 선진국가이다. 개인이 국가구성원으로서 역할을 다하는 것이 선진화 혁명 시대의 국민역할이다.

대내적으로는 우리 국민들의 올바른 인성과 도덕성으로 정신문화강국을 만들고 대외적으로는 국격을 갖춘 선진문화국가가 되어 동방예의지국의 나라로서 존경받는 대한민국이 되어야 한다.

도덕 · 법 등의 규범을 만들어놓고 이를 지키지 못한다면 국가의 질서 및 정의는 무너질 수밖에 없다. 국가의 리더들이 출세주의, 물본주의 사고에서 벗어나 바르게 살아가는 풍토 조성이 긴요한 시대이다.

둘째, 21세기 대한국인 선진화 혁명시대 지도자의 역할

우리나라 5천 년 역사가 위기의 역사, 고난의 역사인 이유도 약육강식의 강대국 논리에 희생된 결과이다. 그런데 최근 국제정세 또한 약육강식의 인류 역사가 그대로 재현되고 있다.

이제는 백성이 굶주려 죽고 전쟁에 비참하게 죽어가며 '이게 나라냐!'라고 절규하는 한 많은 나라, 슬픈 역사는 절대 되풀이되어서는 안 된다.

특히 이웃나라 중국, 일본에게 역사, 영토 침입을 당하거나 겁박당하는 나라가 되어서는 안 되겠다. 우리나라와 같이 비운의 역사를 가진 나라의 지도자에게는 과거의 불행한 역사를 되풀이하지 않겠다는 강한 의지와 결기가 요구된다.

초일류 통일 한반도를 만들어야 하는 우리 지도자는 마키아벨리 『군주론』에서 얘기하는 '비르투'(리더의 핵심 덕목 : 능력·탁월함·용기)를 갖추어 '포르투나'(운명)에 결코 주저하지 말고 담대하게 맞서 개척해야 한다.

2

국가 운명 바꾸기 프로젝트

한반도 평화번영의 역사 대전환 시대를 맞이해 우리 지도자들과 국민들이 지혜를 모아야 할 것이다. 21세기 대한민국의 지도자는 광개토태왕의 기상을 이어받아 부국강병을 건설해야 한다. 나아가 초일류 통일선진강국 건설을 통해 팍스$_{Pax}$ 코리아를 꿈꾸는 비전과 대전략이 필요하다.

21세기 대한민국이 위기를 기회로 전환하기 위해서는 혁명적 혁신, 개혁과 더불어 혁명적 리더십과 팔로워십이 융합하여 시너지 효과를 발휘해야 한다.

『대전환이 온다』에서는 다음과 같이 말한다.[74]

그런데 이번에는 사회를 확정하는 것에서 사회를 파괴하는 것으로 전

---

74 더글러스 러시코프, 이지연 엮 『대전환이 온다』, (알에이치코리아, 2021), p. 18.

환되는 속도가 유례없이 빠르다 보니 우리에게는 이번이 그 전환 과정을 알아볼 수 있는 기회가 되기도 한다. (중략)

지금 우리는 한 세대 내에서 이 전환이 일어나는 것을 실시간으로 경험하고 있다. 이번이 우리에게는 기회다.

선진화 혁명이란 리더가 희생정신으로 서번트 리더십을 발휘하고, 팔로워는 자신의 존재 가치를 인정해주는 서번트 리더를 신뢰하고 따르는 국민리더십 문화가 조성 될 때, 선진화 혁명이 가능한 것이다. 국민과 대한민국 국가의 지도자들이 하나가 된다면 대한민국의 세계적인 도약은 명약관화하다고 볼 수 있다. 즉, 내가 먼저 솔선수범하여 자신을 바꾸고, 세상을 바꾸어 대한민국 운명을 개척하는 새로운 힘이 패러다임을 구축해야 한다.

대한민국이 신바람과 흥의 나라가 되어 초일류 통일강국으로 도약한다면 인류사를 볼 때 세계 등불의 나라가 되는 것이다. 우리 국민은 세계 제일의 좋은 머리(IQ 1위 국가)와 역동성은 물론, 잘 살아보겠다는 의지가 충만해 국민통합을 이룬다면, 세계 등불 팍스 Pax 코리아가 될 수 있다.

그러나 국민들이 정치인들을 신뢰하지 않고 정치 리더십에 환멸을 느껴 냉소적이고 방관자적 태도를 취한다면 역량을 발휘할 수 없게 된다. 리더가 변하여 국민의식을 선도하는 리더십 역량과 도덕성을 갖추고 국민에게 신뢰와 희망을 준다면, 국민들은 세계 최고의 능력을 발휘해 부국강병과 통일의 역사적 과업을 이룰 수 있을 것이다.

'사피엔스'의 저자 유발 하라리 Yuval Harari 는 요즘 시기를 '역사적인 웜홀(wormhole, 블랙홀과 화이트홀을 연결하는 가상의 개념)에 들어섰다'고 진단했다. 현재 우리의 상황에 적용한다면 코로나 이전과는 전혀 다른 사회·경제 질서 속에 놓이게 된다는 의미이다.

무엇을 어떻게 바꿔나갈지 중대한 기로에 있는 지금, 뉴 노멀을 준비하는 우리에게 필요한 것은 바로 탁월한 국가지도자와 국민들의 융합으로 시너지 효과를 내는 '혁신 DNA'를 창조하는 국가가 되어야 할 것이다. 필자는 이를 한민족의 8대 DNA[75] 라고 명명한 바 있다. 향후 대한민국은 뉴 노멀 시대를 슬기롭게 준비하여 동트는 새벽을 향해 힘차게 전진해야 할 것이다.

한반도 역사 대전환의 중심에서 대한민국이 21세기 주역으로 등장하기 위한 용틀임이 일어나고 있다. 4대 문명보다 먼저 홍익문명을 태동시킨 역사적인 민족이 한국이 초일류 선진통일강국 건설과 더불어 팍스$_{Pax}$ 코리아를 꿈꾸는 것은 너무나도 당연하다 할 것이다. 영국은 열악한 환경에서 '팍스 브리타니카'를 이룩했다. 어떠한 나라도 역사사랑·나라사랑의 국민 의지만 충만하면 패권대국이 될 수 있는 것이 역사의 가르침이다.

이제 우리는 역사적인 3대 국운을 국민 대통합으로 승화시켜 팍스$_{Pax}$ 코리아의 비전과 꿈을 갖는 위대한 국민으로 대한민국을 새롭게 건설해야 할 것이다. 제2의 한강의 기적, 새로운 대한민국 창조를 위해 국민과 지도자가 하나로 똘똘 뭉쳐 '소리 없는 대화합 혁명'을 이루게 된다면 국태민안의 국민행복은 물론 인류 평화와 번영에 기여하는 대한민국으로 우뚝 서게 될 것이다.

----

75 최익용, 『대한민국 5천 년 역사리더십』, (옥당, 2014), p. 52.

세계 어느 나라든 국가 대개조의 개혁, 혁신, 혁명의 과정 없이 선진국으로 도약한 경우는 없다. 더욱이 세계 패권국이 되는 나라는 이러한 과정을 끊임없이 반복하며 시대 여건과 상황에 맞추어 국가를 발전시키는 것이다.

스페인은 이베리아 반도에서 출발한 작은 반도 국가였다. 반도 국가라는 지리적 이점과 이사벨라 여왕의 전략에 힘입어 세계 패권국으로 발돋움할 수 있었다. 단기간에 패권국가로 발돋움할 수 있었던 이유는 진취적인 국민정신과 단결력, 지도자들의 탁월한 리더십 등을 통한 국가 대개조가 이루어졌기 때문이다.

일본도 메이지 혁명을 통해 국가 통합을 이루고 혁명을 이루었다. 지속적인 혁신, 개혁으로 유·무형적인 국가 대개조를 이루었다. 메이지 혁명이 있기 전까지만 해도 일본은 정치, 경제, 사회, 문화 등 전반적인 국력이 조선과 비슷한 나라였다.

일본의 국가 대개조 성공은 사실상 탈번脫藩이 핵심으로, 이를 통해 국가대통합을 이루었다. 탈번이란 에도시대江戸時代에 사무라이가 일본의 번을 벗어나 낭인이 되는 것을 말한다. 300여 개의 번으로 이루어진 후진 선봉국가에서 메이지 혁명의 국가 대개조로 112명의 근왕파들이 스스로 탈번을 선언한 것이다. 그리고 이들이 번을 초월하여 한 나라가 될 것을 결의한 결과, 오늘의 일본이 탄생하게 된 것이다.

반면 우리나라는 갑신정변, 동학혁명, 4·19혁명 등이 지속적인 개혁, 혁신으로 이어지지 않아 사실상 미완성, 실패한 혁명이 되었다. 무능한 조선의 조정은 동학혁명 진압에 실패하자 청나라와 일본을 끌어들여 망국의 요인을 제공했다. 우리는 사실상 혁신, 개혁, 혁명이 서로 상호 보완 및 융합되는 시너지효과가 이루어지지 못했다. 국가 대개조에 번번이 실패하여 국민의 잠재역량이 제대로 발휘되지 못하고 일본과 달리 발전의 기회를 상실하였다.

국가 대개조 – 선진화 혁명은 국가의 틀과 운명을 바꾸기 위한 필수조건이다. 혁신과 개혁의 유·무형적 국가개조를 통해 선진화 혁명으로 승화시켜 우리는 국력과 국격을 갖추도록 패러다임을 전환해야 할 것이다.

국가 대개조로 위기의 악순환 고리를 끊어야 영원히 국가를 보전하고 선진국으로 도약할 수 있다. 모든 국민이 역사의 장場에 참여해 때로는 경쟁하고 때로는 협력하면서 상호작용하는 가운데 역사의 흥망성쇠가 결정된다. 따라서 위기를 기회로 발전시켜 지속적인 혁신, 개혁, 혁명을 통해 일류 선진국을 건설하는 것이다. 21세기 중반에 대한민국이 '초일류 선진강국 건설'을 이루고 위대한 팍스Pax 코리아 시대를 열 수 있도록 '선진화 혁명'을 이루어 반드시 대한민국 운명을 개척해야 한다.

대한민국 운명 개척 로드맵

대한민국의 5천 년 역사에서 위기와 고난의 지속요인이 무엇인가를 역사의 교훈에서 찾아 국민 −대한국인의 절대정신과 국혼으로 근본적인 해법을 마련해야 한다.

최근 미 · 중 패권 싸움이 치열한 가운데 북한의 완전 비핵화 문제가 엮여있는 한반도는 세계적인 주목을 받고 있어 절체절명의 대전환의 역사적 시대이다. 위기를 기회로 대전환시켜 한반도 번영시대를 역사정신으로 마련하여 반드시 후손들에게 계승시켜주어야 한다.

이를 위해 21세기 '국가 대개조−선진화 혁명' 해법을 제시하고자 한다.

선진화 혁명이란 문화구조와 레짐(체제)을 바꾸어 초일류 선진통일강국을 건설하는 것이다. 현대사의 시대적 문제를 대한국인의 선진화 혁명으로 승화시키는 것은 국격 제고는 물론 국가발전을 이루는 큰 위업이라고 판단한다.

우리나라는 2차 세계대전의 신생독립국으로서 70여년 만에 선진국으로 진입한 기적의 나라임에도 내우외환의 위기를 맞이하고 있다. '61년 체제' 5 · 16쿠데타(5 · 16은 이성계의 역성혁명처럼 근대화에 성공한 혁명으로 정의할 수 있다.) 이후의 산업화 혁명시대와 '87년 체제' 6 · 10민주화항쟁 이후의 민주화 혁명시대가 화합하여 선진국가로 도약해야 함에도 지속적인 적대적, 대립적 이념과 반목으로 위기를 지속시키고 있다. 이젠 두 시대가 대승적 차원에서 융합, 화합하여 21세기 중반의 세계가 경이로운 시선으로 코리아를 주목하는 수준으로 시대정신을 이끄는 한국인의 새로운 비전을 정립해야 하는 당위성을 피력하고자 한다.

첫째, 우리나라는 동학혁명, 4 · 19혁명, 6 · 10항쟁 등 많은 대중혁명을 거쳐 왔으며 수많은 국민이 대중혁명, 대중운동 등에 참여했지만 사회 도덕성과 국가 정의 등 정신문화는 성숙하지 못하고 오히려 도덕성 상실, 양극화 등 사회불안이 더욱 증가되는 실정이다. 이러한 상황을 극복하기 위해서는 대중혁명을 완성할 선진화 혁명이 제대로 이어져 이루어져야 한다.

둘째, 21세기를 이끌어 갈 시대정신은 해묵은 이념 갈등과 극단주의가 아닌 한국인의 인간존중의 정와 창의성(똑똑함)이 반영된 정신혁명 · 교육혁명 · 경제혁명과 안보가 융합된 선진강국다운 면모를 균형되게 갖추는 것이다. 다른 나라를 제압하는 패권이나 물질(돈)을 추구하는 세속적 기회주의가 아니다. 현대사에서 대한민국의 제1혁명은 땀의 산업화 혁명이었고, 제2혁명은 피의 민주화

혁명이었다. 이젠 제3의 선진화 혁명을 위해 정신·교육·경제·안보 분야에 대한 '국가 대개조−대한국인 선진화 혁명'이 긴요한 시대이다. 선진화 혁명을 이룩하여 지식의 나라, 지성의 나라, 정신문화대국을 건설하여 국민대화합·통합으로 일류선진국이 반드시 되도록 해야 할 것이다.

셋째, 대한민국 위기의 본질이 분열과 대립에 있다고 볼 수 있다. 따라서 '내 탓이오'라는 자아성찰을 통해 자아 혁명, 자강으로 위기를 극복해야 한다. 나 한 사람의 변화가 우리 가정, 우리 조직의 변화를 불러오고, 나아가 개인의 변화가 확산되어 국민 전체의 변화를 가져오는 문화가 정착될 수 있는 아래로부터의 혁명이 이루어져야 한다. '정신·교육·경제혁명'과 부국강병을 통해 일류 선진국→초일류 선진 통일강국→팍스$_{Pax}$ 코리아의 G3 꿈을 꾸고 실현하겠다는 국민 의지(정신)를 정립해야 한다.

우리 민족은 홍익문명을 살려 살기 좋은 세계로 이끌어갈 시대적 소명 앞에 서있다. 우리에게 부여된 소명 앞에서 결코 주저하거나 소극적이어서는 안 된다. 한민족의 홍익인간의 절대정신과 국혼을 발휘해 우리의 정신과 문화를 세계에 전파하고, 인류평화와 발전에도 기여할 수 있어야 할 것이다.

대한민국은 기본적 생존을 위한 풍요를 이미 달성한 세계 10위권의 선진국이다. 21세기 지구촌을 이끌어 갈 리더 국가의 위상으로 올라서느냐가 우리 앞에 던져진 새로운 사명이라는 인식을 가져야 한다. 첨단 과학기술의 발달과 4차 산업혁명의 본격화로 지구촌이 초연결되는 사회에 적합한 시대정신을 창출하기란 쉽지 않다.

수많은 고난과 역경에 부딪히고 예기치 못한 부작용을 유발할 수도 있다. 하지만 대한민국 운명이 세계의 등불 코리아로 자리매김하는 것은 역사의 교훈과 소명의식의 결과이다.

역사의 교훈까지를 담아내어 새로운 선진강국을 만들어 우리 후손들에게 물려주는 선진화 혁명의 시대적 사명과 연결되어 있다.

이를 위해 대통령을 비롯한 국가 지도자들은 진정한 나라사랑愛國과 위민사상爲民思想을 구현한 서번트 리더십Servant Leadership을 발휘해야 한다. 이를 위해 우리의 지도자들은 진정한 나라사랑, 역사사랑 정신을 가져야 한다.

더불어 국민들은 세계의 등불 코리아 – 초일류 선진통일강국 건설의 결기와 의지를 갖고 지도자를 중심으로 똘똘 뭉쳐 국민화합과 통합에 나서야 한다. 이제 모든 국민들이 나서서 나 자신부터 우리 가정, 회사, 사회, 나라 전체가 정신(의식)혁명 · 교육(지식)혁명 · 경제(물질)혁명을 이루어야 한다. 그래서 선진강국 위업을 반드시 이루어 21세기 세계를 선도하는 시대정신, 세계 등불 팍스Pax 코리아를 건설해야 할 것이다.

제13장

패러다임 대전환

패러다임 대전환의 의미

우리나라는 새로운 정부가 출범할 때마다 혁신, 선진화 혁명 등을 정책 구현의 방책으로 많이 강조해왔다. 그러나 구체적인 이론과 실제를 반영한 혁명적인 혁신 · 개조를 통한 국가 대개조 - 선진화 혁명 실천모형이 없어 패러다임 대전환의 의미가 사실상 결여되어 있었다.

선진화 혁명을 통해 미래 패러다임의 발전 추세를 예견하고, 효과적인 전략, 정책은 물론 지혜로운 예측 · 예방의 선제 조치를 취해야 한다. 그러나 대부분의 정부에서는 주도면밀한 선진화 혁명 계획이 결여되어 제대로 된 혁명다운 혁명이 이루어지지 않았다.

진정한 국가 대개조 - 선진화 혁명은 국가 발전의 원동력으로써 시대적 상황과 여건을 고려하여 적극 추진해야하는 국가적 대과제이다.

과학철학자 토마스 쿤은 『과학혁명의 구조』에서 '패러다임'은 한 시대 사람들의 견해나 사고를 근본적으로 규정하는 인식의 체계, 사물에 대한 이론적인 틀 등을 의미하는 것이라고 말한다. 국가 대개조 - 선진화 혁명의 패러다임 대전환도 근본적으로 나라의 틀을 새로 세우고 국가를 개조하는 것이다.

『성공하는 사람들의 8번째 습관』에서는 다음과 같이 말한다.[76]

'패러다임'이란 말은 원래 과학 용어인 그리스어 'paradeigma'에서 왔으나, 오늘날에는 인식, 가정, 이론, 준거 틀, 세상을 보는 시각이란 의미로 사용된다. 정확한 패러다임은 먼저 원인을 설명해 주고, 그 다음에는 문제해결의 길잡이가 되어 안내한다.

대한민국의 패러다임을 21세기 국내외적인 시대적 상황에 맞추어 한국형 선진화 혁명의 패러다임을 창조, 대전환해야 한다.

유럽을 떨게 한 바이킹족은 엄격하게 통제된 사회였기에 새로운 패러다임으로 위기를 극복할 사고조차 하지 못해 바이킹 문명이 멸망된 반면, 이누이트족은 소빙하기에 적응의 방식을 유연하게 받아들이는 패러다임 대전환으로 생존할 수 있었다. 어떠한 환경 변화에도 현명하게 적응하여 진정한 강자가 되는 것이 패러다임 전환의 효과이다.

20세기식의 패러다임으로는 21세기 대변화의 파도에서 대한민국호의 순항은 어려울 수밖에 없다. 21세기 시대 상황은 급격히 변

---

76 스티븐 코비 지음, 김경섭 역, 『성공하는 사람들의 8번째 습관』, (김영사, 2005), p. 45.

화하고 있음에도 대한민국 패러다임이 최근의 세계사적 시대 상황을 따라가지 못한다면 국가발전은 어려울 것이다.

일찍이 로마는 물론 미국(독립전쟁), 영국(산업혁명, 명예혁명), 프랑스(혁명, 시민혁명), 독일(비스마르크), 스페인(아메리카 대륙발견), 일본(메이지 유신) 등 나라마다 시대에 맞는 패러다임 전환으로 튼튼한 일류 선진국의 기반을 구축하였다. 우리는 선진국들의 혁명적 과정을 같이 겪으면서도 혁명적 완성보다는 미완성에 그쳤었다. 외침과 내전 등 싸움에 많은 세월을 보낸 불행한 역사로 인해 제대로 된 패러다임 구축이 어려웠다.

우리 국민은 세계 최고수준의 지능$_{IQ}$과 역동성을 가진 유전인자$_{DNA}$를 통해 한강의 기적을 이룩했다. 국가 대개조의 결연한 의지로 새로운 패러다임을 구축하지 않으면 역사의 불행이 재현될 수도 있다. 새로운 패러다임 구축 문제가 대두되었으나 시기를 놓쳐왔다. 특히 내우외환의 상황과 여건에서 패러다임 전환, 혁명적 국가 대개조 없이는 위기를 기회로 반전시킬 수 없다.

'21세기 대한국인 선진화 혁명'을 통해 정신 · 교육 · 경제 · 안보 혁명을 융합시켜 패러다임 대전환을 이룩하는 것이 우리에게 주어진 시대적, 역사적 사명임을 절대 간과해선 안 된다. 천동설에서 지동설로 패러다임의 대전환이 일어났듯, 혁명적인 패러다임 대전환을 통해 선진화 혁명을 이룩하여 자랑스러운 나라, 튼튼한 나라, 위대한 나라를 건설하여 후손에게 물려주어야 한다.

2

핵심과제 식별과
추진 모델 구축

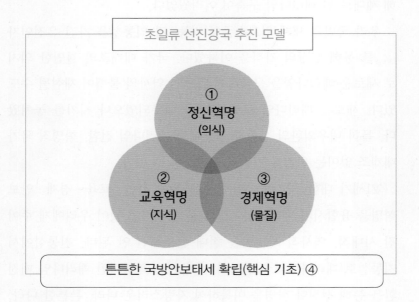

초일류 선진강국 추진 모델

① 정신혁명
(의식)

② 교육혁명
(지식)

③ 경제혁명
(물질)

튼튼한 국방안보태세 확립(핵심 기초) ④

　위에 제시한 그림은 통일된 선진강국 'Korea G3'를 달성하기 위
한 모델이다. 기본 틀은 "정신(의식) × 교육(지식) × 경제(물질)"
를 융합하여 시너지 효과를 극대화하면서 튼튼한 국방안보태세 확립을 핵심적 기초(토대)로 삼는 것이다. 바꿔 말하면 '달성하려는 목표'(Desired Goal)는 세계 3위 수준의 초일류 통일된 선진강국 United Korea G3이며, 추진 전략Driving Strategy 은 4대 중추(정신, 교육, 경제, 안보)를 혁명적으로 개혁하여 체계적으로 성취하는 방향으로 설정했다. 이것이 대한민국의 운명을 새롭게 개척하는 프로젝트라고 할 수 있다. 특정 정치세력이나 권력자에게 의존하는 것이 아니라 '국민 리더십' 문화로 성취한다. 이 모델은 현재 한국사회가 당면한 위기를 기회로 전환하고 세계적 흐름을 선도하기 위한 비전이며, 추진 전략을 집약한 것이다. 목표가 달성되는 시기는 21세기 중반(2050년 전후)으로 설정했다. 5년 단위로 6차에 걸친 평가 과정을 거치며 단계적으로 제도와 시스템의 변화까지 장착시킨다. 이 추진 모델의 개념은 '한강의 기적'에 비유될 정도로 '경제발전 5개년 계획'의 성공시켰던 경험과 자신감을 벤치마킹하여 국가의 핵심 골격(중추)부터 견고하게 만들려는 것이다. 어떠한 외풍에도 흔들림이 없도록 기초가 든든하고 기둥이 균형 잡힌 '대한민국 집'를 새롭게 건축하는 프로젝트로서 주역도 주인도 국민이다.

헤겔이 법철학에서 "미네르바의 부엉이는 해가 진 뒤에야 날개를 편다."라고 갈파한 것처럼, 지나간 현상을 해석하고 비판하기는 쉽다. 그러나 중요한 포인트는 교훈을 도출하여 발전적으로 적용하는 것이다. 대통령을 비롯한 국가리더들은 역사를 분석하고 미래를 예측하여 비전을 제시해야 한다. 우리 국민이 꿈꾸는 통일된 선진강국은 패권을 다투는 나라가 아니라 인류평화와 번영에 진정으로 이바지하는 "지구촌의 밝은 빛(세계의 등불) Korea G3"가 되는 것이다.

튼튼한 안보 기초와 3대 중추-
정신, 교육, 경제혁명

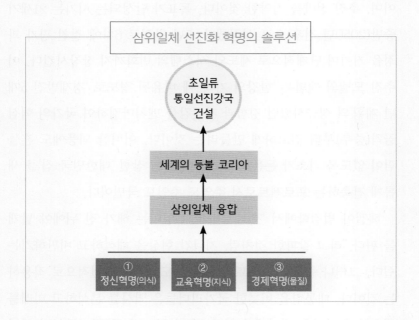

'국가 대개조 – 선진화 혁명'의 '21세기 대한국인 선진화 혁명'은
국민 화합과 통합으로 자랑스러운 나라를 후손에게 물려주고 인류
문명 발전과 자유평화에 기여하는 나라를 건설하는 데 있다.

우리 민족은 반드시 세계의 등불 코리아 - 초일류 선진통일강국으로 일어서기 위해 통합된 국민 의지로 역동성을 발휘해야 한다. 산업화·민주화 혁명을 승화시키는 선진화 혁명은 범국가적인 운동으로 혁신, 혁명적인 해법을 강구하지 않을 경우 사실상 실천이 어려운 대 과제로서 국민 의지와 결집력이 발휘되어야 국가가 발전할 수 있다.

1940년 전시戰時 거국 내각 총리가 된 처칠은 '피와 땀과 눈물'을 국민들에게 요구했고, 히틀러의 마수에서 영국의 승리를 이끌었다. 대한민국도 선진화 혁명 실천 모형을 구현하기 위해서는 백척간두 진일보百尺竿頭進一步의 절박하고 간절한 나라사랑 리더십이 필요하다. 처칠의 통치 리더십이 세계에 큰 울림을 주었듯이 우리에게도 국가의 운명을 개척하는 리더가 필요하다. 우리의 지도자들은 애민·위민 리더십을 발휘하여 국민들이 리더들을 존경하는 나라를 만들어야 한다. 모든 국민과 지도층이 대승적으로 화합, 통합되어 우리나라는 제2의 한강신화, 대한민국의 기적을 낳아야 한다.

이제 우리 대한민국은 20세기 아시아의 4마리 용에서 21세기 세계의 등불 팍스Pax 코리아로 도약하여 세계인이 존중하는 G3국가가 되어야 한다. 그렇지 않으면 대한민국의 미래는 기대하기 어려울 것이다.

21세기 세계인이 존중하는 국격을 갖춘 세계의 등불 팍스(Pax) 코리아의 길을 반드시 가야함으로 아래에서 국가혁신 - 선진화 혁명에 관한 구체적 전략(How to - Knowhow - Solution)이 융합된 해법을 ① 정신혁명 ② 교육혁명 ③ 경제혁명 ④ 강한안보 등 4개 분야에 적용하여 균형된 발전을 이루도록 한다.

7부

선진화 혁명 추진 전략
- ① 정신혁명

제14장

과거 역사의
정신문화 분석

한민족 역사와 홍익인간 정신

5천 년 역사와 홍익인간 이념 역사의 수레바퀴를 5~6천 년 전으로 돌려보면, 당시 지구상에서 '잘 나가던' 문명을 일컬어 세계사에서는 4대 문명권이라고 한다. 이집트, 메소포타미아, 인더스, 황하문명이 이에 해당한다. 역사의 진실에서 보자면, 기록문화의 취약과 역사는 승자의 것이라는 패권주의적 논리 때문에 황하문명보다 더 일찍이 발달된 고조선 시대의 위대한 홍익인간의 사상은 퇴조되어 세계사에서는 희미한 존재로 전락할 수밖에 없었다. 홍익인간의 이념은 위만조선의 쿠데타와 고조선의 멸망으로 배제의 역사로 흐를 수밖에 없었다. 더욱이 삼국시대의 고구려, 백제, 신라가 장기간 내전을 벌여 국력을 소진함으로써 중국의 침략에 대륙을 잃어버림과 동시에 주요 역사자료도 거의 다 훼손되어 홍익인간 관련 사료는 대부분 사라졌다고 볼 수 있다. 일부 보존되어 전해져

온 사료도 일본의 식민통치하의 역사·문화 말살정책으로 말미암아 더욱 훼손되고 왜곡될 수밖에 없었다.

홍익인간 사상을 잉태한 환국(하늘이 세운 나라)시대와 배달국(신시·神市: 신이 세운 도시국가)시대는 우리나라의 상고시대로서 역사적 사실의 진위여부에 대한 논쟁이 현재 일부 사학자들 사이에 진행 중이지만, 대체로 단군왕검 이전 홍산문화紅山文化의 발원과 그 문화의 근원이 된 환웅·환국과 배달국 시대가 이유립과 계연수에 의하여 상당 부분 확인되고 있다.

우리 민족의 조상이 되는 동이족은 일찍이 아시아 대륙의 동북쪽에 자리 잡고 인류문명의 한 줄기를 이룩하였다. 중국 『예기』 왕제 편에는 "동쪽에 사는 사람들을 이夷라 하는데 어질고 착하며, 군자들의 나라이고 불멸의 나라이다."라 하였다.

『논어』에도 공자가 늘 동이의 땅에 와서 살고 싶어 했다는 구절과 주나라에서 사람의 도리를 잃었을 때는 언제나 동이족에게서 배웠다는 구절이 있다. 중국의 『산해경』에는 우리 민족의 의관은 그 예의에 맞는 품행인 인성을 의미하고 대검은 그 용기가 가득 찬 모습인 무풍을 의미한다고 쓰여 있다.

『삼국유사』, 『여지승람』에 기술된 단군신화의 기록을 보면, 홍익인간, 제세이화(濟世理化: 세상에 있으면서 다스려 교화) 이념이 있다. 홍익인간과 제세이화 사상은 환웅 치리治理의 근본이요 배달국의 건국이념이다. 우리 선현의 고귀한 유산인 동방예의지국의 인성도 홍익인간 정신과 이념에서 나온 것으로, 우리의 윤리 도덕의 근본이 되고 있으며 인내천人乃天 사상으로 발전하였다. 인내천이란 사람이 곧 하늘이라는 동학의 기본 사상으로 전통적인 민간 신앙, 유교, 불교 등도 모두 녹아 있으며 모든 사람이 평등해야 한다는 뜻을 담고 있다. 홍익인간 이념과 정신은 한민족의 운명과 새로운 창조로 거듭나면서 5천 년 역사의 문명을 끌어낸 서사가 되었다.

신화는 그 민족의 생활사의 단면이며, 심층 깊숙이 잠재된 철학을 반영한다. 우리나라 창조 신화로는 단군신화가 대표적으로 역사이자 신화의 의미를 동시에 갖추고 우리 민족 정신사를 이루는 모태다. 많은 민족이 건국신화를 갖고 있지만, 창조신화를 가진 민족은 유대인 민족과 한민족을 포함해 몇 안된다.

단군조선은 2천 년 이상 홍익인간의 이념을 실천하며 백성은 지혜롭고, 사회는 행복하고, 나라는 존경받는 세상을 이루었다. 태조 이성계는 '단군조선'의 역사적인 정통성을 계승하고자 1392년에 집권한 후 그는 국호를 '조선'이라 하고 '단군제'가 치러지게 했다. 고려 중·후기 원나라의 침략 위기 때와 조선 말기 일본의 노골적인 국권 침탈의 위협이 있었던 시기에, 수많은 의병이 일어나 나라를 위해 목숨을 바치고 사상적·계급적 차이를 뛰어넘어 민족적 대단결을 이룬 3·1운동의 중요한 정신적 배경도 홍익인간 정신을 향한 소망이었다. 1919년 상하이 임시정부는 고조선을 세운 단군왕검이 10월 3일에 나라를 세웠다는 기록에 근거해 그날을 건국기원일인 개천절로 정했다. 또한 1948년 제헌국회는 상하이 임시정부의 법통을 계승한다는 취지로 나라 이름을 대한민국으로, 국가연호를 단기 원년 즉 기원전 2333년으로 정했다. 그리고 대한민국 정부수립 후 1948년 '연호에 관한 법률'에 의해 단군기원, 즉 단기일을 국가의 공식 연호로 법제화했다. 1949년 10월 '국경일에 관한 법률'을 제정해 음력 대신 양력 10월 3일을 개천절로 정하고, 홍익인간 이념을 건국이념으로 정했다.

우리의 교육법 제1조와 더불어 교육기본법 제2조는 홍익인간 이념 아래 전인교육을 목표로 한다. 지금 세계는 '극단적 양극화로 인류문명사에서 큰 전환점에 직면했으나, 서구식 합리주의 논리로는 그 답을 찾지 못하고 있다. 하지만 정작 우리는 우리의 것을 외면하는 사이, 세계철학자들은 우리 고유의 사상과 생활문화에서 그 답을 찾고 있었다. 독일의 유명한 실존주의 철학자 마르틴 하이데거는 1960년대에 프랑스를 방문한 서울대 박종홍 철학과 교수를 초청한 자리에서 "내가 유명해지게 된 철학사상은 동양의 무無사상인데, 동양학을 공부하던 중 아시아의 위대한 문명의 발상지가 한국이라는 사실을 알게 되었다."라면서 "동양 사상의 종주국인 한국의 천부경(최초의 하늘의 계시를 적은 경전)의 홍익인간 사상에 대해 이해할 수 있도록 설명해 달라."라고 요청했는바, 그 설명은 다음과 같다.

① 弘: (넓을 홍) - 널리 사람들을 두루(공동체주의)

② 益: (더할 익) - 이롭게 하라.(이타주의)

③ 人間: (사람 인, 사이 간) - 나를 넘어서 인류와 함께(인간존중)

홍익인간 철학은 모든 사람에게 널리 이익이 되는 경제와 공동체 개념을 제기하고 인간 존중 공동체주의를 강조한다. 홍익인간이 내포하고 있는 '널리 인간을 이롭게 한다'는 의미는 현대의 민주(민본)주의 정치사상에 부합한다. 즉, 인간의 행복 추구를 국가 정치의 궁극적인 목표로 삼는 민본정치와 구성원들의 자치 원리인 민주주의를 의미하는 개념이다. 또한 홍익인간 이념에서는 균형 있는 정치방법론도 엿볼 수 있다. 이때 홍익인간 이념은 덕치德怡도 법치法治도 아닌 이치理致를 말한다.

또한 『25시』의 저자 콘스탄트 비르질 게오르규Constant Virgil Gheorghiu는 "홍익인간 사상은 지구상에서 가장 완전한 율법이요, 가장 강력한 법률이며, 21세기를 주도할 세계의 지도사상이다."라고 극찬했다. 물질문명의 세계가 결국에는 극단적 양극화에 이르러 새로운 문화를 필요로 하게 될 것을 알았기 때문일 것이다.

문교부(현 교육부)의 문교개관(1958)은 "홍익인간은 우리나라 건국이념이기는 하나 결코 편협하고 고루한 민족주의 이념의 표현이 아니라 인류공영이란 뜻으로 민주주의의 기본정신과 부합되는 이념이다. 홍익인간은 우리 민족정신의 정수이며, 일면 기독교의 박애정신, 유교의 인仁, 그리고 불교의 자비심과도 상통되는 전 인류의 이상이기 때문이다."라고 밝히고 있다.

홍익인간은 우리 민족의 건국정신인 동시에 민족적 신념이고 이상이다. 우리 민족은 홍익인간을 표방하며 5천 년을 이 땅에서 살았다. 그러므로 홍익인간은 우리 민족의 삶의 애환과 철학이 농축되어 있는 개념이며, 우리가 성장과 발전을 고민할 때 가장 먼저 고려해야 할 사항이기도 하다. 홍익인간의 정신과 이념은 나라가 융성할 때는 물론, 민족의 수난기에도 호국정신이자, 국혼으로 영원히 피어날 것임이 분명하다.

충·효·예 정신의 유산

　우리 역사의 모태인 환국시대(BC 7197)부터 조선왕조까지 이어진 '충忠 · 효孝 · 예禮' 사상의 줄기를 문헌상의 기록을 찾아 제시함으로써 대한민국이 충 · 효 · 예 사상의 원조임을 증명하고자 한다.

　첫째, 환국시대에는 '다섯 가지의 가르침'으로 효孝를 강조했다.

- 성실하며 거짓이 없어야 할 것
- 부지런하여 게으르지 않을 것
- 효도하여 부모의 뜻을 어기지 않을 것
- 깨끗하고 의로워 음란하지 않을 것
- 겸손하고 온화하여 다투지 않을 것

　둘째, 배달국시대에는 '3륜 9서'가 있었는데 3륜이란 사람이 반드시 지켜야 할 3가지 윤리로서 애愛, 예禮, 도道이다. 여기에서 애愛의 윤리란 하늘로부터 받은 것이고, 예禮의 윤리는 사람으로 말미암은 것이며, 도道의 윤리는 하늘과 사람이 함께한다는 것이다.

셋째, 고조선 시대에는 단군 8조교와 중일경이 있었는데, "너희는 어버이로부터 태어났고, 어버이는 하늘로부터 강림하셨으니 오직 너희는 어버이와 하늘을 공경하여 이것이 나라 안에 미치면 바로 충효이다."라고 되어 있다.

넷째, 삼국시대는 신라의 화랑도, 고구려의 조의선인(皂衣仙人: 검은 옷을 입고 전시에 나라를 위해 목숨 바쳐 싸우는 무사집단), 백제의 무사도 등을 통해 효의 일반적인 의미는 '자식이 부모에게 향하는 일방적 수직논리'로 알려져 왔다고 할 수 있다. 또한, 삼국시대에는 불교가 전래되면서 효자경, 부모은중경 등 효에 관한 불교경전이 들어와 효행사상이 깊어졌다.

다섯째, 고려시대는 불교를 국교로 삼은 관계로 충·효·예의 관습이 불교경전에 의해 지켜져 왔다. 고려 말 간행된 『명심보감明心寶鑑』은 효와 선의 생활화를 발전시키는 데 크게 기여하였다.

여섯째, 조선은 개국과 함께 성리학을 중심으로 한 유교정책을 실시하여 국가시책과 일반민중의 생활양식을 모두 충·효·예에 의한 유교적 생활방식으로 개혁하였다.

이렇듯 우리의 충·효·예 정신은 중국보다 훨씬 앞서 자리 잡고 발전하였다. 그야말로 우리 고유의 홍익철학과 사상적 바탕 위에서 지켜져 왔음을 알 수 있다.

영국의 역사학자인 토인비 박사는 "한국의 효 사상, 가족제도 그리고 경로사상은 인류의 가장 위대한 사상으로 세계인이 따라야 할 위대한 문화유산"이라고 극찬했고, 미국 하버드대학 엔칭연구소 투웨이밍 소장은 국제적인 새로운 윤리를 제정할 것을 제의하면서

그 핵심윤리로 "한국의 효 사상 · 경로사상을 기본으로 하자."라고
제창했다. 그러나 최근에 효의 의미를 부정하는 일들이 발생하고
있어 안타깝기 그지없다. 정신문화를 높여 충 · 효 · 예 정신과 전통
을 회복해야 한다.

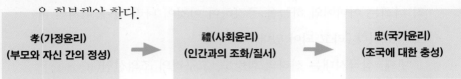

| 孝(가정윤리) (부모와 자신 간의 정성) | | 禮(사회윤리) (인간과의 조화/질서) | | 忠(국가윤리) (조국에 대한 충성) |

• 효는 덕의 근본으로 가정에서의 효는 사회에서 지켜져야 할
예의 기초가 되며, 국가의 기강인 충의 기반이 된다.
• 예를 지킴으로써 남에게 폐를 끼치지 않고, 불편을 주지 않음
으로써 조직이나 집단의 구성원이 조화를 이루고 질서를 유지하게
된다.
• 국가에 대한 충은 임금에 대하여 신하와 백성으로서의 본분을
다 할 것을 요구하는 사상, 참마음에서 우러나오는 정성이라 할 수
있다. 오늘날의 애국심이다.

유교의 역사는 2500여 년에 불과하나 우리 충 · 효 · 예 역사는
반만년 이상임을 결코 잊어서는 안된다. 우리의 전통적인 충 · 효 ·
예 사상에 대하여 자부심을 느끼고 그 정신을 적극적으로 본받고자
하는 역사적 사명감을 가져야 한다.

3

선비 정신의 재정립

　선비는 예의, 청렴, 의리, 지고, 학식 등을 겸비하고 실천하는 이를 뜻한다. 선비라고 하면 책을 읽는 모습이 떠올라 나약하거나 유약하다고 오해하는 경우가 많다. 문을 숭상하고 무를 천하게 여기는 '숭문천무崇文賤武' 사상은 더더욱 아니다. 나라가 어려울 때에는 항상 선비가 솔선수범하여 나라를 지키며 목숨까지 바쳤다. 대표적인 사례가 임진왜란 당시에 실천에 옮겨졌던 '선비 정신(국가위기 시 목숨을 바친다)'이다. 이러한 위국헌신의 자세는 군인들만의 몫이 아니며 안중근 의사가 목숨을 바쳐 지킨 가치인 동시에 한국적 노블레스 오블리주의 전형이었다.

　藏器於身, 待用於國者, 士也. 士所以尙志, 所以敦學, 所以明禮,(장기어신, 대용어국자, 사야. 사소이상지, 소이돈학, 소이명예,) 所以秉義, 所以矜廉, 所以善恥, 而又不數數於世也.(소이병의, 소이긍렴, 소이선치, 이우 불수수어세야.)

몸에 역량을 간직하고 나라에 쓰이기를 기다리는 사람이 선비다. 선비는 뜻을 숭상하고, 배움을 돈독히 한다. 예를 밝히고, 의리를 붙든다. 청렴을 뽐내고, 부끄러워할 줄 안다. 하지만 또 세상에 흔하지가 않다.　　　　　　　　　－ 신흠(申欽, 1566~1628)의 사습편

역사 속 선비들은 오로지 수신과 학습에 정진하며 청빈한 생활을 추구하여 탐욕을 멀리했다. 예부터 선비들은 '집은 겨우 비를 가리는 것으로 족하고, 옷은 겨우 몸을 가리는 것으로 족하며, 밥은 겨우 창자를 채우는 것으로 족하다.'라며 가난을 떳떳하게 여기고 겸손함을 미덕으로 여겼다. 우리 선조들은 청렴과 검소를 몸소 실천해 사리사욕을 멀리했던 공직자를 '청백리淸白吏'라 부르며 존경과 칭송을 보냈다.

한국학중앙연구원 이배용 전 원장은 조선 중종시대의 유학자이자 정치가인 조광조의 과거급제 답안을 보고 "옛선비들은 과거답안을 쓸 때도 목숨을 걸고 소신을 밝혔다."라면서 하지만 현재 우리는 한 가닥 신념도, 정치논리도 찾아보기 어려운 정치인들, 소신도 철학도 없는 지식인들, 설계도 없이 미래를 꿈꾸는 젊은이들에게 절망하고 있다."라고 걱정했다.

독일의 저명한 사회학자 베버(Max Weber: 1864~1920)는 "구미의 기사도나 개척정신에 맞먹는 한국의 정신적 전통을 들라면, 나는 조선시대의 문인 신분층을 밑받침한 정신적 정통, 즉 선비 정신을 꼽겠다."라고 말한다. 선비는 '자기 자신의 수양을 통해 타인을 교화시키며, 내면적으로 성현의 덕을 갖춤으로써 국가사회에 왕도를 구현한다.'라는 이념으로, 사회현실 문제에 깊이 관여하면서도 현실세계에 매몰되지 않고 이를 초극하는 세계를 지향하는 태도가 바로

선비 인격의 발현인 것이다.

선비사상을 외래 사상인 유교적 가치에서만 그 근원을 찾고자 함은 잘못이다. 오히려 선비사상은 우리 민족의 오랜 역사 속에서 부각되어 온 한국적 고유의 인간상과 매우 밀접한 관계가 있어 둘 사이에 상당한 수준의 유사성을 지니고 있으며, 그런 연유로 유교적 인격체로서의 선비가 우리에게 친근했던 것임을 알아야 한다.

다산 정약용은 선비 정신의 국가구현 목표를 '백성을 위한 옳은 정치를 펼치는 것'이라고 했다.

『목민심서』에서는 수령의 자세에 대해 "청렴은 수령의 본本이요, 모든 선善의 근원이요, 덕의 바탕이니, 청렴하지 않고서는 수령이 될 수 없다."라 한 바 있다. 이것이야말로 선비 정신의 귀감으로 한 시대를 살아가며 갖추어야 할 덕목과 자세이다. 특히 현대의 정치인, 관료, 언론인 등 모든 공인들이 반드시 지켜야 할 덕목인 바, 솔선수범의 섬김 인성이 너무나 필요하다.

작금의 대한민국 상황은 혼돈의 상태이다. 선비 정신이 우리의 정신사를 다시 일으켜 세울 각성제가 되도록 학습하고 성찰하는 계기를 가져야겠다.

인성문화와 나라사랑 기풍

대한민국 국민은 문화민족으로서 조상의 애환과 꿈이 민족 DNA 를 통해 전승되어, 겨레의 빼어난 자질과 진선미眞善美의 정신이 번 뜩인다. 그리하여 우리는 인류 앞에 얼과 빛을 내세우는 정신대국 의 문화임을 자처해 왔다. 이는 우리의 고대사에서만 있었던 현상 이 아니라 호국인성 DNA가 민족사 전체를 관통하며 지속되어 온 현상 및 결과물이다. 우리 민족의 전통 정신문화는 이러한 역사 속 에서 형성되고 전개되었다.

우리나라가 수많은 국난 속에서도 5천 년 국가를 보존할 수 있 었던 요인은 무엇일까?

홍일식 고려대 총장은 『한국인에게 무엇이 있는가』에서 찬란한

동방예의지국의 문화 덕택이라고 말한다.[77]

중국, 크기로 보나 인구로 보나 어마어마한 이 나라는 역사적으로 볼 때 불가사의한 하나의 큰 용광로였다. 역사상 한족漢族에게 걸려들어 녹아들어가지 않은 민족이 없고, 녹아들어가지 않은 문화가 없다고 해도 과언이 아닐 것이다. 여기에서 하나 주목할 만한 사실이 발견된다. 한때는 각자가 자기 역사의 주체였을 이 55개 소수민족 중에서 지금 중국 영토 밖에 독립주권 국가를 이루고 있는 민족은 우리와 몽골, 오직 둘뿐이라는 사실이다. 그러면 문제는, 우리 민족이 무슨 힘으로, 어떤 경로를 거쳐, 중국이라고 하는 거대한 불가사의의 용광로 속에 녹아들어가지 않고 지금까지 수천 년 동안 고유한 영토를 확보하고, 고유한 주권을 지니고, 혈통의 순수성을 보존하고, 독자적인 문화와 언어를 지켜올 수 있었을까? 나는 그것이 바로 다름 아닌 '문화의 힘'이었다는 결론을 내리게 되었다.

일본군 장수로 조선에 쳐들어왔다가 투항하여 왜군과 싸워 임진왜란과 정유재란 승리에 크게 기여한 숨은 장수가 많이 있다. 그 대표적인 인물이 사야가(김충선, 1571~1642)다. 사야가는 임진왜란 시 도요토미 히데요시의 선봉장 가토 기요마사 휘하의 장수였으며 일본의 전쟁광이었던 도요토미 히데요시의 선봉대임에도 효유문(曉諭文:알아듣도록 해명한 글)을 내걸고 경상도 병마절도사 박진 장군에게 항복문서를 보내어 투항했다. 조선은 동방예의지국이자 예의의 나라로서 일본이 침략할 명분이 없다면서 조총부대 500명, 장병 3,000여 명을 이끌고 귀순한 사야가는 곽재우 등의 의병과 함

---

77 홍일식, 『한국인에게 무엇이 있는가』, (정신세계사1996), pp.13~34 요약.

께 조선 방어에 75회 출전하여 전승을 거두었다.

 "임진년 4월 일본군 우선봉장 사야가는 삼가 목욕재계하고 머리 숙여 조선국 절도사 합하에게 글을 올리나이다. 지금 제가 귀화하려 함은 지혜가 모자라서도 아니요. 힘이 모자라서도 아니며, 용기가 없어서도 아니고, 무기가 날카롭지 않아서도 아닙니다.(중략) 저의 소원은 예의의 나라에서 성인의 백성이 되고자 할 뿐입니다!"

 예의라는 말은 참으로 깊은 의미가 새겨져 있는 영혼의 단어다. 사람과 나라의 문화에 있어서 가장 존중해야 할 어구가 바로 이것이다. 당시 사야가 김충선(선조가 성을 하사)은 수군을 지휘하던 충무공 이순신 장군을 이을 만한 육지 전투의 영웅이었다. 김충선과 함께 투항한 장병들은 조총 제작기술, 화약제조법, 조총부대 조직, 왜군에 대한 각종 정보 제공 등 다양한 활약으로 조선군 승리에 크게 기여했다. 예의의 나라를 수호하기 위한 김충선 장군은 이후로 10년간 자진하여 북방의 여진족을 방어·소탕하였고, 이괄의 난과 병자호란에서 활약하다 인조가 항복하는 것을 계기로 초야에 묻혀 오직 조선을 위한 기도로 일관하다 생을 마감했다. 지금 우리는 그를 조선의 삼난三亂 공신으로 부른다. 그는 일본의 예의문화가 조선에서 이어받은 것이라는 역사적 사실을 잘 알고 실행한 덕장이자 진정한 애국자였다.

 우리는 민족정기를 강조한다. 민족정기가 시들면 국가도 민족도 설 땅을 잃는다. 그런데도 우리는 이 민족정기가 호국인성의 DNA로 형성되었다는 사실을 잊기 쉽다. 민족문화에 대한 재인식은 물론 그 올바른 전승과 창출에 각별한 관심을 가져야 한다.

8대 유전인자(DNA) 발현

한국인의 8대 기질

우리 민족은 수많은 도전을 극복해낸 과정에서 우리만의 고난 극복 인자가 체화體化했는데, 그것을 필자는 리더십 8대 DNA로 홍익인간, 민족주의, 문화 창조력, 민주주의, 신명, 은근과 끈기, 교육열, 호국정신이라고 명명한다. 이 8대 DNA가 서로 결합함으로써 창의적이고 근성 있는 국민성을 만들었고, 이것이 결국 우리 민족의 전인적 성장全人的 成長을 가능케 했다.

이와 같은 현상을 영국의 석학 아놀드 토인비Arnold Toynbee는 '도전과 응전'으로 설명한다.

"자연과 환경의 도전은 그 문명에 커다란 시련을 가져다준다. 이러한 시련을 극복하고자 노력하는 과정에서 인간은 신앙을 갖고 자연을 개척하며 환경에 적응하는 노력을 기울이게 된다. 여기서 새로운 종교와 문명이 탄생되고, 도전과 응전이 이루어진다. 따라서 도전은 적절한 응전이 따를 때 문명 등 창조를 위한 계기가 되는 것이다."

한 사회가 내외의 도전을 얼마나 유효적절하게 대응하느냐가 인류와 문명의 성장과 쇠퇴를 결정짓는다. 특히 수천 년 동안의 종교와 문명이 숙성되어 형성된 것이 우리 민족의 8대 DNA라고 판단되는바, 그 이유는 다음과 같다.

첫째, 토테미즘과 불교, 유교, 도교 등 여러 종교가 수천 년간 융합되어 숙성된 결과물이 우리 민족의 역사 문화와 민족 DNA를 잉태한 것이다.

둘째, 우리의 종교는 홍익인간 정신의 널리 이롭게 한다는 공동체정신이 반만년 이전부터 자리 잡아 삼국시대에는 불교를 포용해서 문화를 융성시켰고 민족정신을 살찌게 하여 8대 DNA가 자리 잡게 되었다.

셋째, 신라시대에는 유·불·선교를 융합하여 풍류도로 발전시켜 신라의 발전을 견인하면서 우리 민족의 고유한 8대 DNA를 더욱 발현시키는 역할을 하였다. 더욱이 풍류도를 화랑도로 발전시켜 신라통일의 밑거름이 되고 화랑도 정신을 꽃피워 우리 민족의 8대 DNA를 승화시키는 데 기여했다.

넷째, 고려시대는 불교가 국교로서 유교의 정치이념을 받아들이고 종교로서 서로 다른 상황에서도 불교가 유교를 포용하면서 상호 융합 하여 불교문화를 발전토록 하면서 8대 DNA가 더욱 성장토록 했다.

다섯째, 조선 시대는 유교가 국교임에도 불교를 탄압하지 않고 성왕 세종대왕은 불교 활동을 하면서 한글창제 시에는 신미대사의 도움을 받았고 한글창제 후에는 월인천강지곡月印千江之曲을 완성했다. 조선말과 3·1운동 등 일제강점시대에는 대종교, 불교, 기독교 등 여러 종교가 융합하여 독립활동의 중심을 이루어 다종교문화, 종교다원주의가 8대 DNA 정신의 꽃을 피웠다.

여섯째, 2014년 8월 프란치스코 교황이 방한할 때 명동성당에서 7대 종단 지도자들이 모여 교황의 방한을 환영했다. 세계에서 한국처럼 다 종교 국가로서 모든 종교가 공존하는 모습은 홍익인간 이념의 8대 DNA 결과물이다. 우리 종교가 수천 년 동안 융합되어 공존해 왔기에 가능한 일이다.

향후 우리의 8대 DNA는 우리 민족의 큰 잠재역량과 성장동력은 물론, 인류 평화에 디딤돌 역할을 하게 될 것이다. 인류의 역사는 전쟁의 역사이고 한반도는 전략적 요충지였다. 그러나 우리 민족이 지정학적 약점과 자원 부족, 그리고 강대국들의 패권 다툼 속에서 5천 년 동안 생존할 수 있었던 것은 8대 DNA가 시너지 효과를 발휘하여 보국保國과 호국護國의 역할을 했기 때문이다.

5천 년 역사를 돌이켜보면, 크고 작은 내우외환으로 백성들은 가난과 고통을 면키 어려웠다. 역사 보존이 신기할 정도로 모진 국난 극복의 역사를 이어왔다. 우리나라는 일제 강점기, 6·25전쟁 등 절체절명의 시기를 잘 견뎌내고, 제2차 세계대전 이후 식민지에서 해방된 나라 가운데 유일하게 선진국으로 발전했다. 최근에는 세계에 한류 붐을 일으키며 문화 강국, 스포츠 강국, IT 및 정보화

강국으로 괄목할만한 성장을 거두고 있다.

대한민국은 선진국 대부분이 100~300년(유럽 300년, 미국 150년, 일본 100년) 만에 이룬 산업화와 민주화, 정보화를 어떻게 반세기도 안 되는 기간에 이루어내고, 한강의 기적이라는 신화를 만들어냈을까? 일제의 수탈과 6·25전쟁으로 폐허가 되다시피 한 나라가 반세기 만에 경이롭게 성장한 원동력은 무엇일까? 세계가 궁금해하는 해답은 대한민국 반만년 역사정신에 숨어 있다. 5천 년 세월 속에 발휘된 8대 DNA 민족성이 기적의 도약을 이루어낸 근원이 되어 우리는 약 반세기 만에 세계의 변방에서 중심국가로 진입해 세계평화에 기여하고 어려운 나라를 돕는 나라가 되었다.

21세기 시대흐름과 한국인 DNA의 시너지 효과

8대 DNA는 한국인의 정신과 이념의 토대를 이루며 잠재력을 계발하고 발휘하게 하는 동인이자, 한국인의 역동적인 기질의 뿌리라고 볼 수 있다. 우리 민족은 8대 DNA 덕분에 다른 나라에서 하지 못한 일을 할 수 있었으며, 미래에도 다른 나라가 가지 못할 길을 갈 수 있을 것이다. 이를 수레바퀴의 원리로 설명해보겠다.

수레바퀴 살輻은 생존과 직결된 쌀米을 의미하며, 살을 둘러싸고 있는 원과는 떼려야 뗄 수 없는 관계다. 원과 살로 이루어진 수레바퀴는 상호작용의 상징이기도 하며, 순환과 변화를 의미하기도 한다. 다시 말해, 8대 DNA는 수레바퀴처럼 서로 상호작용하고 영향을 미치며, 상호 결합·융합되어 시너지 효과를 낸다.

첫째, 역사 리더십의 핵심 역량인 홍익인간 사상 DNA는 8가지 DNA의 중심에 위치해 리더가 종합적인 사고로 문제를 해결할 수 있도록 지원하는 동시에 리더십을 강화하는 기본적인 역할을 한다.

둘째, 민족주의 DNA의 민족론과 국가론을 토대로 강한 인내력과 열정이 정신력을 기반으로 제공된다.

셋째, 문화 창조력 DNA는 홍익인간 사상 DNA와 융합하여 민족주의, 민주주의 사상, 신명, 은근과 끈기, 교육열, 호국정신 등이 시너지 효과를 발휘할 수 있게 하는 촉매 역할을 한다.

넷째, 민주주의 사상 DNA는 그동안 리더가 쌓아놓은 데이터베이스로 문제해결에 필요한 자원을 민주주의 정신과 이념으로 조합·활용하게 해 자유민주주의의 가치를 높인다.

다섯째, 신명 DNA는 지능과 감성의 조화로 능력을 더욱 극대화해 삶의 신바람과 행복을 증대시킨다.

여섯째, 은근과 끈기 DNA는 다른 DNA를 지속적으로 추진하는 열정으로 오랜 기간 유지되어 곰삭음 같은 효소 역할을 하게 된다.

일곱째, 교육열 DNA는 이성적인 판단과 감성적인 마인드의 융합으로 문제를 정확하게 진단하고 해결할 능력을 제공해 총체적인 역량 제고에 기여한다.

여덟째, 호국정신 DNA는 다른 DNA 대부분이 작용할 때 공통의 희망과 평화가 되어 아가페agapē, 필리아Philia와 같은 형이상학적 힘을 심어주고, 나아가 애국심과 이념의 기반을 이룬다.

이 8대 DNA를 상황에 맞게 결합하고 융합한다면 리더십뿐 아니라 안보와 창조경제, 문화 등 다양한 분야에서 예상 밖의 폭발적인 시너지 효과를 낼 수 있을 것이다.

• 홍익인간 사상 DNA : 근본 및 중심역할

단군신화는 우리 민족이 위기에 처하거나 큰일을 마주할 때 민족정체성을 불러일으켜 민족을 통합하는 기능을 했다. 다시 말해, 단군신화는 민족 시원의 상징이지만 시대상황에 맞추어 받아들여짐으로써 상상 속의 허구가 아니라 살아 있는 역사가 되었다. 따라서 단군신화와 그 속에 살아 숨 쉬는 홍익인간 사상은 우리 민족의 민족성을 좌우하는 토대가 되었다.

• 민족주의 DNA : 한국의 혼

민족이란 한 지역에서 오랜 세월 함께 살면서 언어, 풍습, 문화, 역사를 공유하는 집단을 말한다. 우리 민족은 한반도를 중심으로 독특한 언어와 문화를 이루며 살아왔다.

민족은 대단히 애매하고 추상적인 개념이기 때문에 민족을 정의 내릴 때는 객관적 요소와 주관적 요소를 구분해 고려한다. 객관적 구성요소에는 혈연, 지연, 언어, 역사, 문화, 경제생활 등이 있

민족의 구성요소		
구 분	구성 요소	의 미
객관적 요소	혈연, 지연, 언어, 역사, 문화, 경제 생활 등	지리적 근접서에 기초해 동일한 혈통을 지니고, 동일한 언어를 사용하며, 문화적 · 역사적 · 종교적 전통이 같은 사람들의 집단
주관적 요소	민족의식, 민족정신, 일체감, 공동체의식, 민족혼 등	같은 운명 공동체에 속해 있다는 믿음을 공유하는 사람들의 집단

한 국가가 시대의 흐름에 따라 보낸 시간을 역사라고 하면, 민족은 그 역사라는 시간을 살아가는 주체다. 그리고 그 민족이 공통적으로 공유하고 있는 고유의 심리적·문화적 특성이 민족정신이다. 다시 말해, 민족정신은 어떤 민족에게 공통적으로 나타나는 심리적 특성이나, 그 민족이 환경의 변화에도 지속적으로 공유하는 문화적 특성을 말한다.

• 문화 창조력 DNA : 한류의 기반

공동생활을 하는 인간집단을 사회라고 할 때 하나의 사회를 이루고 있는 사람들이 다 같이 가지고 있는 사고방식이나 감정, 가치관을 비롯해 의식구조, 행동규범, 생활원리를 통틀어 우리는 '문화'라고 말한다. 문화는 우리 민족과 타 민족을 구별 짓는 경계이고, 민족의 바탕이자 얼이며, 힘의 근간이다. 또한, 문화는 오랜 세월 동안 축적되고 다져 진 인류의 업적이다. 5천 년 민족의 삶이 쌓여 생긴 뿌리이자 결과물이 문화다. 나무가 죽었다가 되살아나는 것은 뿌리가 있기 때문이다. 우리 민족이 많은 질곡桎梏을 겪고도 도약할 수 있었던 것은 튼튼한 민족문화의 뿌리가 있었기 때문이다.

• 민주주의 사상 DNA : 인본주의의 애민사상

1948년 5월 10일 제헌국회의원 선거는 5천 년 역사상 최초의 보통·평등·직접·비밀·자유선거였다. 민주적인 선거제도의 도입은 민주주의의 종주국인 영국에 비해 불과 20년 뒤졌을 뿐이다. 그 원동력은 무엇일까? 그것은 우리 역사에 배어 있는 고유의 민주주의 가치 덕분이다. 우리 역사가 내재적으로 서구 민주주의와 다른 홍익인간 사상에 뿌리를 둔 고유의 민주주의 가치 및 인성을 인본주의로 구현한 역사임을 강조한다. 우리가 민주화를 훌륭히 이끌어

낼 수 있었던 것은 고조선부터 이어진 인본주의와 인내천人乃天 정신에 기인한다. 결국, 대한민국 5천 년 역사에 깔려 있는 인본주의 철학이 현대에 이르러서는 민주화를 아주 빠른 시간 안에 이루어내는 방향으로 작동한 셈이다.

• 신명 DNA

흥興의 문화 우리나라 국민들의 신명은 바람처럼 다른 이들에게 번지고, 그래서 신 바람이 일면 자신이 가진 능력을 훌쩍 뛰어넘는 능력을 발휘하게 된다. 흥으로 세상을 살아가는 방식은 오랜 역사를 통해 우리 몸에 내재한 한민족의 유전자라 할 것이다. 이심전심의 마음은 우리의 삶을 흥이 넘치게 만든다. 2002년 월드컵 붉은 악마 응원단에서 볼 수 있듯이 우리 지도자들이 국민의 인성을 선도하고 희망과 비전을 준다면, 국민은 부국강병과 통일의 역사적 과업을 흥의 문화로 신나게 이룰 수 있을 것이다. 우리나라 사람들은 모이면 춤을 추고, 노래를 부른다. 한국인의 신명은 긴장이 아니라 풀어진 상태에서 얻는 활력이다. 특히 한恨을 흥興으로 푸는 신명 DNA는 우리 민족이 스스로 낙천성을 기르고 화합하면서 긴장을 푸는 고유의 방식인 셈이다.

• 은근과 끈기 DNA

곰삭음의 DNA 우리나라 사람들이 국내외에서 한강의 신화는 물론, 세계 10위의 경제, 한류, 스포츠 강국 등 민족적 저력을 유감없이 발휘하는 것은 은근과 끈기의 민족성 때문이라고 해도 과언이 아니다. 미국의 유대인들이 한민족의 끈기를 인정하고 상권을 물려준 일화도 있을 정도다. 은근과 끈기의 민족성은 끈질긴 저항정신으로도 나타났다. 일제강점기에 독립을 쟁취하기 위해 투쟁한 영웅

중에 안중근 의사, 이준 열사, 윤봉길 의사 등 수많은 독립투사가 항일 독립운동에 앞장섰다.

• 교육열 DNA : 세계가 주목하는 한국의 교육법

제2차 세계대전 이후 최빈국에서 선진국으로 가장 빠르게 경제성장을 이룬 나라가 한국이라는 평가가 이어지면서 우리나라의 교육방법과 정책이 세계의 주목을 받고 있다. 세계의 이런 관심을 증명이라도 하듯 최근 중국, 일본은 물론이고 미국, 러시아, 인도, 프랑스 등 전 세계 학생들이 한국으로 몰려들고 있다. 교육과학기술부는 2021년 10월 현재 외국인 유학생이 12만 명(코로나 19 이전 15만명)에 달한다고 밝혔다. 그동안 선진국으로 학생들을 내보내기만 하던 우리나라가 어느새 유학을 오는 외국인 학생이 더 많은 나라가 되었다. 세계가 주목하는 우리의 교육방식에는 어떤 강점이 있을까? 우리는 해방 직후 건국 과정에서 교육이념과 교육방침을 수립했다. 이때 채택된 기본이념이 고조선의 건국신화에서 이끌어낸 홍익인간 정신이었다. 홍익인간 이념을 토대로 널리 인간을 이롭게 하는 교육을 펼치겠다는 교육철학이 담겨 있는 것이다.

• 호국정신 DNA : 다종교문화의 호국 인성

우리 민족은 예부터 당시의 환경과 형편에 맞는 신앙을 가졌다. 최근의 조사결과를 보면, 한국에는 자생종교와 외래종교를 합쳐 50개 종교와 500여 개 이상의 교단, 교파가 있다. 그런데 이렇게 다양한 종교가 모여 있는 집합소임에도 우리 땅에서 타종교 간의 종교분쟁이 일어난 적은 없고 오히려 호국정신으로 승화되어 나라를 지키는 문화가 형성되었다.

리처드 도킨스는 인간이 만든 문화를 다음 세대에 전달하는 것을 '밈meme'이라고 했다. 유전자가 인간을 복제하는 단위라면, 밈은 문화를 복제하는 단위가 된다. 우리가 기억해야 할 것은 우리 스스로 원하든 원하지 않든, 우리의 유전자와 문화유산은 다음 세대로 이어지고 진화한다는 사실이다. 우리의 8대 DNA도 리처드 도킨스의 이론과 같이 우리의 후손에게 계속 이어지고 진화하기 때문에 우리가 바른 DNA를 형성토록 해야 한다는 것이다. 우리 민족의 8대 DNA가 발현되면 초인적인 능력을 발휘하나, 8대 DNA가 약화되면 무기력하기 짝이 없어 국민의 역동성이 사라진다. 국민들이 역동성을 발휘하는 여부는 바로 8대 DNA를 결집시키는 지도자들의 리더십에 달려있다.

20세기 대한민국은 8대 DNA는 박정희 대통령의 근대화 리더십과 8대 DNA가 융합하여 대한민국 경제신화를 창조하였다. 미국 하버드대의 에즈라 보걸 등 외국 학자들은 '조국 근대화'와 '할 수 있다 정신can-do spirit'을 박정희 대통령 리더십의 핵심 키워드로 꼽는 데 주저하지 않는다. 특히 '할 수 있다 정신'은 당시 함께 근대화를 시도했던 개발도상국에서는 찾을 수 없는 박정희 고유의 언어다.

특히 한국인의 근면 성실한 DNA는 자유민주주의와 시장경제체제의 서구문명과 결합하며 한국사회를 근본적으로 바꾸었고, 제2차 세계대전 이후 세계사에서 최고의 성취를 이루는 대한민국 신화를 만들었다.

이렇게 위대한 우리 국민이 도전을 극복해 온 저력을 결집시켜 선진강국을 실현할 수 있는 21세기형 한국인의 DNA가 형성되길 바란다.

제15장

현재의 정신문화 분석

1

인성이란 무엇인가?

인성의 중요성

우리나라는 근간 동방예의지국東方禮儀之國 → 동방불예지국東方
不禮之國 → 동방망례지국東方亡禮之國으로 전락하는 실정이다. 대한
민국은 세계 최초로 인성교육을 법으로 의무화한 나라가 되었다.
이 특이한 인성교육법의 등장은 '동방예의지국'이라 불릴 만큼 예
와 공경의 문화로 존경받던 우리에겐 위기를 알리는 신호이기도 하
다. 어떻게 하면 가슴 따뜻하고 인정이 넘쳐나는 동방의 찬란한 빛
의 나라로 돌아갈 수 있을까? 필자는 그 답을 '정신혁명'으로 높은
정신문화를 갖추는 데서 찾고자 한다. 정신문화란 우리 민족과 타
민족을 구별 짓는 경계이며, 민족의 바탕이요, 얼이며, 힘의 근간
으로 국가의 최대 자본이다. 또한, 인성 문화는 오랜 세월 동안 축
적되고 다져진 인류의 업적으로 인류의 최대 자본이다.

대한민국은 지난 반세기 동안 남북한 분단이라는 열악한 조건에서도 전 세계가 깜짝 놀랄 만큼 경제의 고도 압축 성장을 일구어냈다. 그러는 동안 국민들은 지나친 경쟁에 내몰렸고, 우리 청소년들도 예외가 아니었다. 새벽부터 늦은 밤까지 공부와 씨름하며 보내는 그들에겐 인성을 함양할 겨를이 없었다. 주입식 암기수업과 오직 개인의 이익과 권리를 추구해 온 에고이즘egoism에 함몰된 결과 인성의 상실을 불러왔다.

물질과 출세가 최고의 선善으로 치부되어 합리적 사고를 상실하는 사회적 병리현상이 일어나 비정상적 행동이 일상에 만연하고 있다. 이들의 정신적 방황은 자아정체성의 혼란과 함께 많은 부분에서 사회 부적응 문제를 가중시킨다. 세계적으로 높은 자살률, 불법 성매매, 이혼율 등도 이러한 현상과 무관하지 않다.

자살률의 경우 10만 명당 24.7명으로 OECD 평균 11.5명의 2배에 이르는 1위이다. 이렇게 높은 자살률에서 노인 자살이 가장 큰 비중을 차지하고 있다. 2위인 슬로베니아의 38.7명으로 2위를 차지하고 있는 것에 반해 대한민국은 58.6명이다. 노인 자살률의 원인으로 빈곤이 가장 큰 영향력이 있다고 나타났다.

경복대학교 유주희 교수는 다음과 같이 논문을 발표했다.[78]

노인들의 지속적인 신체운동이 현대사회에서 급증하는 노인의 정신적인 스트레스, 우울감을 감소시켜 긍정적인 정신건강에 효과적이라는 과학적 연구 활동들이 대두되어 자살률을 저하에 기여할 것이다. 정신경강 관

----

78 유주희, 문화예술콘텐츠연구소(제17집), 2021.06, p.47

리에 관심 있는 연구가 스포츠sport, 운동exercise, 체력physical fitness이라는 인간의 총체적인 신체활동과 정신건강이라 규명하고 있어 신체활동의 중요성이 입증되고 있다.

2020년 경찰청 발표에 의하면 국내 범죄 발생건수는 총 158만 7,866건으로, 인구 10만 명당 발생건수를 의미하는 '발생비'는 3,063건이다. 조그만 범죄에서부터 세상을 떠들썩하게 하는 흉악한 범죄에 이르기까지 다양한 유형의 범죄가 발생(OECD국가 중 최고)하였다. 미국의 사회학자 로익 바캉은 미국이 1970~1980년대에 강력한 형벌 위주의 정책을 펼쳤으나, 발생 범죄는 4배, 교도소 수감자는 5배 폭증한 것을 근거로 형벌 강화 정책이 범죄를 예방하는 데 한계가 있다고 주장하였다. 따라서 우리는 정신문화를 높여 바른 인성의 나라가 되어 근본적으로 범죄를 줄이는 대책이 필요하다.

우리는 5천 년 유구한 배달겨레의 홍익정신, 화랑 호국정신, 선비 정신은 물론, 5백 년 유교 중심의 드높은 도덕적 가치를 자랑해 온 민족이다. 해방 이후 우리나라는 세계가 공인하는 종교다원화 국가(50개 종교, 500여 개 교단)로 성장해왔을 뿐만 아니라 교육의 보급률과 향학열은 세계 어느 선진국들을 능가해 온 것도 사실이다. 그런데 이러한 모든 여건을 갖추었음에도 국민인성은 땅에 떨어져 있고, 사회윤리는 걷잡을 수 없이 타락하고 있다. 민주화와 산업화를 이룩해낸 위대한 국민들로서 자랑스러워할 자격이 충분한 데 반해, 인성이나 도덕성에서는 심각한 자가당착에 빠져 있다. 이러한 국가·사회적 질환이 치유되지 못한다면 국민인성 파괴의 위기가 다가올 것이다. 올바른 인성은 건강한 몸·마음·정신에서 나온다. 만물의 영장인 사람은 마음과 생각에서 말과 행동이 나오며, 행동이 습관이 되고 습관이 운명이 되는 순환과정을 밟는다.

인성이란 이 세상을 이끄는 가장 중요한 동력이며 한 개인의 삶을 궁극적으로 평가하는 결정적 요소다. 국가를 좌우하는 원동력이자, 성공하는 미래를 향해 달려가는 세상을 강력하게 움직이는 힘이 인성이다. 인성은 평상시에도 중요하지만 특히 삶의 위기에 더욱 잘 드러난다. 인생에서 위기의 시간이 도래할 때 종종 한 개인이 가지고 있는 성품이 적나라하게 드러나면서 그 모습에 사람들은 감격하기도 하고 또한 실망하기도 한다.[79]

우리는 후세에 어떤 정신을 물려줘야 할 것인가를 스스로 자문해 볼 때다. 예수도 '세상에서 가장 추한 것은 인성이 타락한 사람'이라 한 바 있다. 이제 우리는 모두 각자의 마음속에 도사리고 있는 부끄러운 인성, 즉 속물근성을 버려야 한다. 내 욕심만 채우면 그뿐이라는 식으로 나에게 도움이 된다면 다른 사람의 사정은 돌보지 않는 출세주의 · 이기주의 · 물질주의의 노예로 살아가는 삶에서 벗어나야 한다. 인성이 무너지면 개인도 조직도 국가도 무너질 수밖에 없다.

인성은 흥망성쇠興亡盛衰의 근본 요인

동서고금을 막론하고 개인은 물론 모든 조직 · 국가의 흥망성쇠가 지속적으로 반복되는 이유는 무엇일까? 필자는 그 답을 인성에서 찾고자 한다. 인성은 인생의 무대로서 개인은 물론 조직 · 국가

---

79 김보람, 석사학위 논문, 「유아를 위한 기독교 성품교육 연구」, (장로신대대학원, 2010), p. 2.

의 운명을 만드는 결과물結果物이다. 다시 말해, 인성문화의 결과물이 쌓여 운명을 만들고 그 운명이 쌓여 개인·조직·국가의 흥망성쇠를 좌우하는 것이다.

우리는 하나의 사회를 이루고 있는 사람들이 다 같이 가지고 있는 사고방식이나 도덕성·가치관을 비롯해, 의식구조·행동규범·생활원리를 통틀어 '인성문화'라 한다. 인성문화는 공통의 생활과 문화의 총체로서, 개인과 집단에 직·간접적인 영향을 주고 운명을 결정하는 바, 예를 들면 다음과 같다.

첫째, 에디슨은 누구도 생각 못하는 기발한 생각을 해낸 천재가 아니라, 굳이 따지자면 팀을 조직하고 운영하는 방법이 지혜로운 인성의 소유자라고 볼 수 있다. 에디슨이 세운 먼로파크의 연구원 14명은 사실 에디슨이라는 집합명사였고, 에디슨은 고객과 접촉하거나 언론을 상대 하는 등 인간관계에 더 많은 시간을 보냈다.

둘째, 로마의 시스티나 성당 가운데 천장을 뒤덮고 있는 성화는 미켈란젤로가 인류사에 남긴 걸작이다. 그가 천재성을 유감없이 발휘한 데는 3가지 조건이 성립되었다.

- 그를 밀어준 동료 13명과의 팀워크 및 지혜로운 대인관계
- 그의 재능을 알아보고 기회를 준 메디치 가문의 후원
- 그는 평생을 2~3시간만 자며 혼신을 다했다.

최근 기업에서는 학생들의 스펙 못지않게 인성을 중요시한다. 재산과 지위는 가졌지만 나쁜 인성의 사람을 교양인이라고 부르지 않듯이, 국력國力은 있어도 국격國格이 없는 나라를 선진국이라고 부를 수 없다. 국격은 근본적으로 인성 등 정신문화 수준이 결정하

는 것이다.

사람의 운명은 인성에 따라 수시로 변화하여 누구나 자신만의 고유한 인성의 인생 그래프를 그려가며 살아간다. 인간의 삶이란 무수한 선택의 연속이고, 그 선택은 인성에 기초하여 결정되고, 그 선택의 결과는 운명으로 나타난다. 즉, 인성이 선택을 결정하고 그 선택은 운명으로 귀착하게 된다. 좋은 인성은 좋은 운명을 만들고, 나쁜 인성은 나쁜 운명의 결과를 낳는다.

우리는 "인성이 운명이다."라는 명제를 명심하여 어떤 인성으로, 어떤 선택을 하여, 어떤 운명의 길을 가는가에 대해 개인은 물론, 특히 국가의 지도자들이 항상 고뇌하면서 운명의 길을 개척해 나가야 한다.

인성은 개인, 모든 조직, 국가, 지구촌의 흥망성쇠를 좌우하기 때문에 인성은 최대의 자본, 자산이라 할 수 있다. 또한 인생의 운명은 인성의 자본과 자산에 따라 좌우된다는 결론을 도출할 수 있다.

인성은 인간의 밑천(자산)으로서 바른 인성은 행복의 밑천이 되고, 나쁜 인성은 불행의 씨앗이 된다. 나의 인성이 내 밑천에서 나아가 가정의 밑천이 되고 국가사회 발전의 밑천이 된다. 소크라테스 역시 "악한 행위를 하는 사람은 다른 사람은 물론 자신에게도 해악을 끼친다."라고 말했다. 동서고금의 역사를 볼 때, 인성이 개인은 물론 모든 조직, 국가, 인류의 흥망성쇠의 운명을 좌우한다는 교훈을 결코 잊어서는 안 될 것이다.[80]

----

80 최익용, 『인성교육학, 이것이 인성이다』, (행복에너지, 2016), pp.84~85.

2

도덕성이란 무엇인가?

도덕성의 중요성

도덕성은 한 사회에 속한 사람들의 말이나 행동의 좋고 나쁨을 판단하는 정신적 기준이며, 한 사회의 정신적 가치체계를 의미한다. 그것은 부모에 대한 태도, 가정에서의 태도, 이웃에 대한 태도, 조직에서의 태도, 자신에 대한 태도에 관한 것이다. 따라서 모든 사람은 자신의 도덕성 확립뿐만 아니라 솔선수범과 열정을 통해 다른 구성원 개개인이 도덕성을 확립하도록 하는 것도 매우 중요하다. 리더는 조직 구성원에게 도덕성의 중요성과 필요성을 마음 깊이 인지시킬 필요가 있다.

도덕적인 사람들이 손해를 보는 듯한 현실 앞에서 우리는 '인간이 왜 도덕적으로 살아야 하는가?'라는 물음에 답할 수 있어야 한다. 맹목적인 복종으로 도덕성을 요구하는 것은 아무런 변화를 가져올 수 없다. 인간이 도덕성을 지켜야 하는 이유는 결코 추상적인 것이 아니다. 도덕성은 우리가 살아가는 데 있어서 매우 구체적이고 분명한 결과를 가져다주기 때문이다.

무소유의 철인 소크라테스는 "부정이 아무리 많은 이득을 보장한다 할지라도 올바른 행위만이 진정으로 행복을 보장해주기 때문에 올바른 행동을 해야 한다."라고 말했다. 소크라테스의 말처럼 행복을 위해 사람들이 스스로 도덕성을 갖춘다면 사회적으로 여러 가지 비용이 줄어들 것이다. 외부의 법적인 감시가 없어도 사람들이 도덕심 때문에 나쁜 행동을 하지 않는다면 감시 비용이 줄어들기 때문이다. 도덕을 사회적 자본이라고 말하는 이유가 바로 여기에 있는지도 모르겠다. 신뢰나 도덕이 약한 사회는 그것을 관리하기 위해 많은 비용이 소요되기 때문에 경제적으로도 발전이 더딜 수밖에 없다는 주장은 설득력이 있어 보인다.

도덕적으로 산다는 것은 개인적으로 행복해지는 일일 뿐만 아니라 경제적으로도 사회에 기여하는 것이다. "하늘에는 반짝이는 별, 내 마음속에는 도덕률이 있다."라고 한 칸트처럼 모든 구성원의 마음속에 '도덕률'이 살아있다면 그 조직의 미래는 밝을 것이며 한마음 한뜻의 '이심전심 조직체'가 될 것이다.

미셸 보바는 자신의 저서 『건강한 사회인, 존경받는 리더로 키우는 도덕지능』에서 "도덕성이 높은 아이들일수록 후일 사회적으로도 성공하고 행복한 인생을 살게 된다. 도덕성 지수는 이미 사고방식이 굳어진 후에는 바로잡기 어려우므로 가능한 한 어렸을 때부터 부모나 교사가 직접 길러주어야 한다."라고 말했다.

현대사회에 등장하는 각종 문제는 바로 도덕성 결여로 야기된 것이다. 따라서 한국의 정치, 경제, 사회적 제반 문제를 해결하려면 먼저 리더의 도덕성을 확립해야 한다. 어느 시대든 권력이 도덕적 정당성을 상실하면 그 권위를 잃게 된다. 사회적 혼란을 수습할 명분과 힘을 잃을 뿐만 아니라, 스스로 그러한 혼란의 제공자가 된다. 그러므로 우리 사회의 고질적인 부정부패를 일소하기 위해서는 도덕성을 갖춘 리더 그룹이 정부와 지도층의 기반 및 주도권을 확립해야 한다. 정부와 사회의 모든 조직과 기업 등 모두가 부정부패를 척결하지 않는다면 한국은 절대 선진국이 될 수 없을 것이다.[81]

도덕성과 국가 사회적 책임

인간에게 제일 중요한 가치관은 궁극적으로 도덕성이라 할 수 있다. 가치관은 어떤 목적이나 행동에 대해 어떤 것이 더 중요하고 더 올바른가를 판단하는 데 기준이 되는 개인의 신념을 말한다. 따라서 도덕적 가치관은 인간의 삶의 질을 결정한다.

도덕성은 동서고금을 막론하고 개인과 조직, 국가의 흥망성쇠를 좌우하는 중요한 요소다. 정도를 추구한 제갈공명은 "천하를 얻더라도 도덕성과 신의를 잃으면 모든 것을 잃는다."라며 평생동안 청렴과 도덕성을 최고의 가치관으로 삼고 살았다.

우리 사회에서 돈 있고 배운 자라고 할 수 있는 이들이 법치를 악용하면서 처벌만 피하면 만사법통萬事法通이고, 자신들의 도덕적 타락과 양심의 마비에 대해서는 전혀 아랑곳하지 않는 도덕 불감증

---

81 최익용, 『대한민국 리더십을 말한다』, (이상biz, 2010), pp.357~358.

이 두렵다.

우리 사회는 도덕성의 결여로 인한 부패가 만연하고 있다. 조국 일가 비리, LH사태 등 대형 사고들도 도덕성 결여로 인한 어느 구석 썩지 않은 곳이 없는 부패 구조의 결과물이었다. 따라서 우리는 하루빨리 도덕성을 최고의 가치관으로 삼고, 부패와 비리의 적폐를 단절하는 시스템을 만들어 청렴문화가 뿌리내리도록 해야 한다.

우리의 리더들이 도덕성을 몸소 실천하는 모습을 보인다면 구성원들은 이를 무의식적으로 체득하게 되며, 스스로 도덕성을 함양하게 된다. 뿐만 아니라 리더의 청렴결백한 모습은 그 리더에게 신뢰감을 갖게 한다. 도덕성을 실천하는 리더의 모습은 팔로워들에게 일종의 행동 표본이 되어 사회와 국가로 도덕성을 전파하는 시너지 효과를 낸다. 리더가 신화를 창조하고 성공하는 방식은 다양하지만, 실패하는 방식은 유사하다. 실패한 리더들은 외부적인 요인보다는 내면적 결함, 다시 말해 도덕적 해이나 윤리적 실수 등 내적 요인으로 스스로의 권위를 손상시키는 경우가 많다.

우리나라의 지도자들은 오래 전부터 도덕성 해이로 한심한 행태를 보이고 있다. 지도자들의 부도덕과 부정부패를 근절해야 우리나라가 일류 선진국가로 건설될 수 있다. 국가 운영을 잘해서 국격을 높여 일류 선진국가로 만들겠다는 사명감은커녕 출세와 물욕에 사로잡혀 있다. 이제는 온 국민이 힘을 합쳐 지도자의 사명감 결여와 부정부패 행태를 발본색원해야 한다.

도덕적으로 깨끗하고 투명한 지도자만이 강건한 조직을 이끌 수 있으며, 청렴성을 통해 사회에 빛과 소금의 역할을 실천해야 한다. 리더의 청렴성은 요즘처럼 어려운 세상에서 빛나는 자질이 아닐 수 없다. 많은 사람들이 윤리나 도덕이 사람을 구속하는 것으로 잘못 알고 있다. 그리고 도덕적일수록 사회적으로 손해 보고 무기력한 존재가 된다고 잘못 믿고 있다. 이는 도덕성의 상실에서 오는 일종의 후유증이다.

사회규범으로서의 윤리와 도덕은 자나 저울과 같아서 행위의 준거가 된다. 만일 시장의 상인이 자나 저울을 제멋대로 만들어 사용한다면 사고파는 사람 사이의 질서나 신뢰는 하루아침에 무너지고 말 것이다. 또한, 윤리와 도덕은 교통법규와 같아서 그것을 무시하고 마구 건너고 달리다가는 자신은 물론 남도 불행하게 만들 것이다. 도덕이야말로 인간을 떳떳하게 만들 뿐만 아니라 가장 협동적인 일원으로 활동하게 한다.

도덕성은 단기간에 생기는 것이 아니므로 체계적인 교육과 학습, 성찰을 통해 지속적으로 함양시켜 나가야 한다. 도덕은 인생의 근본이요, 사회를 이루는 근간이며, 역사의 원동력이다. 튼튼한 도덕이 바탕이 되어야 경제와 안보도 따라올 것이다. 우리는 홍익인간 정신, 선비 사상, 두레 정신 등 한국 고유의 정신들과 준법정신, 정직성, 책임의식, 공정성 등 서구 합리주의의 정신들을 조화시켜 우리만의 도덕성을 만들어내야 한다.

역사의 교훈 도출

대한국인의 역사적 사명

E. H. 카는 그의 저서 『역사란 무엇인가』에서 "역사란 역사가와 역사적 사실들의 끊임없는 상호작용 과정이며, 현재와 과거 사이의 끊임없는 대화다."라고 정의한 바 있다. 이러한 관점에서 우리가 역사를 알고 배우고 통찰해야 하는 것은 그것이 나 자신의 삶의 흔적에 어떤 형태로든 관여하게 마련인 까닭이다.

크로체도 같은 맥락에서 "모든 역사는 현대사"라고 말한다. 그런데 우리 국민들은 조국의 역사를 제대로 알지 못하고 역사의식이 결여되어 있다. 조국과 끊임없는 상호작용과 대화를 하지 못할 뿐만 아니라 올바른 국가정체성이 정립되지 않고 있는 실정이다.

대한민국 국민은 반만년의 유구한 전통과 역사 속에서 수없는 위기를 극복하고 그때마다 다시 일어선 위대한 민족이다. 그러나 많은 해외 교포, 유학생, 해외 주재원들은 외국인들이 대한민국을 신생 독립국으로 알고 비하하는 것에 실망하고 충격을 받는다.

"우리 동포들이 대한민국 5천 년 역사를 제대로 알지 못하고 있고, 외국인들에게 당당하게 내 나라 역사를 이야기할 제대로 정리된 역사자료가 없다."라고 아쉬워한다. 이 때문에 많은 외국인들이 우리 역사를 알게 되었을 때, 대한민국 역사가 5천 년이라는 사실에 놀라고, 한국인 대부분이 자기 나라 역사를 잘 모른다는 사실에 더욱 놀라며, 한국인이 자기 나라의 역사를 모르면서도 부끄러워하지 않는다는 사실에 더더욱 놀란다고 한다. 실로 부끄러운 일이 아닐 수 없다.

국가 없는 국민과 민족의 역사는 허구다. 과거 우리 역사에서 일제 강점기 35년이 가르쳐준 뼈아픈 교훈이다. 국가는 국민과 민족의 방패이고, 국가의 존립을 위해 목숨을 바친 순국선열과 호국영령을 숭모하는 일은 그 시대를 사는 사람의 의무다.

자기 가정과 가문의 역사를 알지 못하는 사람에게 제대로 된 자아정체성을 기대할 수 없듯이, 제 나라의 역사를 모르는 국민에게 국가정체성이 바로 서길 기대하기는 어렵다. 역사를 제대로 알수록 정체성이 뚜렷하게 정립되고, 정체성이 정립될수록 스스로 당당하고 행복해진다.

200년 남짓한 짧은 역사 속에서도 '영웅 만들기'를 끊임없이 시도하고 있는 미국, 공자의 부활을 통해 문화혁명 이래 무너진 역사 속 인물들의 영웅상을 그려내며 공산당 통치에 적극 활용하고 있는 중국, 소설과 만화를 포함한 문화 전 분야에서 자국의 역사를 미화하며 끊임없이 리더를 만들고 영웅상을 재창조하고 있는 일본의 사례와는 판이한 우리의 현실이 안타깝지 않을 수 없다. 이제라도 대한민국 사회는 자기 부정의 함정에서 탈출해 역사 속 위인들의 명암을 올바로 보고, 그 속에서 긍정적인 요소들을 집중적으로 배우고 제대로 된 역사의식을 고취해야 한다.

우리는 대한민국 역사의 흐름과 그 속의 위인들을 통해 우리에게 주어진 과제를 인식하여야 한다. 올바른 인식이 없이는 올바른 해결책도 나올 수 없다. 현시대의 역사정체성 확립을 위한 일련의 과정은 우리의 후손에게 올바른 역사의식을 심어줄 수 있는 중요한 의무임을 명심하여야 한다. 따라서 역사를 이해하는 것은 자신의 자아정체성과 국가정체성을 정립하고 세상을 이해하는 데 큰 도움을 준다.

역사정신으로 무장한 애국자는 쳐들어오는 외적 앞에서 국민과 나라를 위해 목숨을 내놓기를 주저하지 않는다. 우리 역사 속 수많은 애국지사와 무명용사들처럼 말이다. 올바른 역사의식은 애국심으로 승화되어 역사 르네상스의 기반이자 역사리더십의 요체가 된다는 것을 기억해야 할 것이다.

역사정신의 의무와 권리

마르크 블로크는 "역사는 사람들에게 진실을 향한, 즉 정의를 향한 새로운 길을 열어주었다."라고 말한다. 나는 이 말이 내포하는 의미, 즉 올바른 역사가 정의를 바로 세운다는 진리를 믿어 의심치 않는다. 시대정신으로 투시하는 역사에는 진실이 있고, 정의가 있으며, 그러기에 아름다움이 있다. 그러한 맥락에서, 중국의 역사침탈과 일본의 역사왜곡을 끝까지 추적하고 확인하여 역사의 진실을 되찾아야 할 대한국인의 의무와 권리를 강조하는 바다.

대한민국의 미래를 위해 오늘의 역사를 올바로 판단하는 지혜와 사명감이 절대적으로 필요하다.

중국은 오래전부터 패권적 역사 왜곡에 공을 들여왔다. 우리 고구려와 발해 역사를 중국사 일부로 편입시키려고 이른바 동북공정 작업을 지속적으로 강화하고, 2000년대부터 주변국의 역사자료까지 손을 뻗치고 있다. 더욱이 최근 백제의 역사까지 자국의 역사라고 공정작업을 하고 있다. 고구려, 발해의 역사에 이어 백제의 역사까지 손대려 하니 팽창주의가 심히 우려스럽다.

일본도 최근 역사적 과오에 대해 사죄는커녕, 오히려 군국주의로 치달아 우리나라는 물론 미국, 중국, 독일 등 세계 주요국의 거센 비난을 받고 있다. 그럼에도 일본은 독도 등에 대한 영유권 주장과 위안부 문제 등 해외 홍보정책을 강화하는 중이다. 독도가 일본의 한반도 침탈과정에서 가장 먼저 강점당한 우리의 땅인데도 일본이 그 사실을 부정하는 것은 제국주의 침략에 대한 반성을 거부하는 것이다.

중국과 일본에서 끊임없이 역사왜곡과 침탈을 위해 천여 명이 우리 역사 연구를 하고 있지만 우리나라의 고대사 연구 전문가는 수십 명에 불과하다. 중국과 일본은 우리나라의 모든 분야를 집중 연구하고 분석 하면서 대응전략까지 준비하고 있는데 반해, 우리는 집안 싸움에만 몰두하고 있어 중국과 일본을 제대로 파악할 능력이 없어 심층 분석과 해법이 소홀하다. 그러다 보니 중국과 일본의 역사 왜곡에 논리적으로 대응하지 못하고 있다.

우리가 일본에 강제합병 당하고 일시 중국의 속국이 된 역사적 아픔이 있지만, 아직도 역사의 교훈을 제대로 깨닫지 못하고 있는 실정이다. 제2차 세계대전 시 프랑스가 독일에 점령당했다. 프랑스 곳곳에서 침략에 저항하는 레지스탕스 운동이 일어나 독일군에 끌려가는 포로가 있었다. 그 중 한 명이 자기는 아무 일도 하지 않았다면서 억울함을 호소했다. 그러자 앞에서 끌려가던 다른 포로가 "당신이 아무 일도 하지 않았기 때문에 우리가 지금 이렇게 끌려가고 있다."라고 말했다.

우리 국민들은 중국과 일본에 크게 당했음에도 이러한 현상을 아직도 깨닫지 못하고 있다. 중국의 동북공정에 맞서 설립된 고구려 연구재단은 기껏 고조선, 부여, 발해의 역사만 가볍게 다뤘을 뿐 2년 만인 2006년 동북아역사재단에 통합됐다. 그러니 아직도 중국 지도부와 국민에게는 한국이 중국의 속국이었다는 인식이 강하다.

우리의 역사는 줄기보다는 곁가지를 가지고 치열하게 논쟁하면서 대립, 분열되어 국가정체성과 애국심마저 훼손시킨다. 대부분의 침략국들이 역사전쟁을 기반으로 영토전쟁에 돌입한다는 사실을 떠올릴 때, 대한민국의 미래에 대한 우려가 커질 수밖에 없다.

우리 역사상 가장 위대한 고구려의 광개토태왕의 사료를 찾아낸 것도 불과 100여 년 전이다.

19세기 후반 일본인 학자에 의해 광개토태왕비가 중국에서 발견되어 비문이 훼손, 왜곡되었다. 우리 학자가 아니라 일본 학자 손에 의해 발굴된 이후 뒤늦게 정리한 것은 역사의식의 결여다. 후손으로서도 자성해야 할 일이다.

함성득은 다음과 같이 말한다.[82]

여러분도 아시는 역사학자 이병도 선생이 돌아가시기 2년 전에 우리나라의 역사기술은 잘못됐다고 말했습니다. 이병도 선생의 말씀은, 단군을 신화로 만든 것은 역사학자들은 명확한 사실만을 근거로 하여 역사를 기술할 수 있는데, 단군에 관한 기록들이 다 지워져 버려 어쩔 수 없었다는 것입니다. 그래서 신화적으로 기술을 하였는데 이는 대단히 큰 잘못이었다고 회고하였습니다. 단군조선의 역사는 2000년의 공백이 있었지만, 충분히 증거가 있었고 지금 중국에도 남아 있습니다. 그러나 일본 사람들이 그것을 다 지워버렸고, 자기네 역사가 우리의 역사보다 앞서는 것으로 기술했으며, 우리는 그런 역사를 배워왔습니다. 이병도 선생은 그 부분에 대해서 크게 후회를 했습니다. 단군은 그 당시 왕조 중의 걸출한 왕조였으며, 우리나라에 사실상 존재했던 단군왕조가 신화로 둔갑한 것입니다. 모든 기록을 말살한 것은 일본의 책임이고, 우리가 추적하지 못한 것은 우리의 책임이라고 했습니다. 우리의 후손들은 영특한 사람이기 때문에 언젠가는 역사를 바로잡아줄 것입니다.

현대 우리나라의 역사정신은 선조들에게 부끄러울 정도이다. 근현대사 분야에만 많은 학자들이 집중되었고, 좌·우편으로 분열되어 한·중·일 역사전쟁에서 참패하고 있다. 우리는 올바른 역사의 중요성 인식과 역사교훈을 통한 혜안과 비전으로 국가전략과 정책을 수립해야 한다.

----

82 함성득, 『한국의 대통령과 권력』, (나남출판, 2000), p.182.

제16장

미래의 정신(문화) 혁명 9가지 실천전략

높은 정신문화는 국가의 근본

1

한민족의 전통적 정신문화는 현대의 문명세계에 자랑스럽게 내놓을 수 있는 동방예의지국의 표상이다. 21세기에 향후 우리 국민들이 반만년 정신문화를 토대로 더욱 예의의 나라로 발전할 때, 한민족의 자부심과 정신문화의 가치가 더욱 고양되어 선순환적 발전을 이룰 것이다.

대한민국의 아름다운 일류 선진국 건설은 정신문화의 바탕 위에서만 실현 가능하다. 정신문화대국으로 다시 돌아가야 하는 것이 역사적·시대적 명제는 물론, 대한국인大韓國人의 책무이다.

우리나라는 인성, 도덕성, 역사의식, 리더십의 실종 등 정신문화의 퇴행으로 국가위기를 맞이하고 있다. 정신문화는 선진국 건설의 필수요인으로, 정신문화 없는 경제건설은 사실상 불가하고 설령 선진국 진입에 일시 성공했더라도 사상누각이 되어버린다. 정신문화를 토대로 지식, 지성 문화가 조성되어야 선진국 건설이 가능하며 그 기반은 인문학이다.

우리가 내우외환의 위기를 극복하기 위해서는 위기를 기회로 만드는 대전략과 정책으로 국가 개조를 통해 새로운 나라로 건설해야 한다. 이를 위해서는 먼저 정신혁명을 토대로 정신 문화강국을 만들어야 한다. 개인뿐만 아니라 국가적, 사회적으로도 정신문화가 교육문화, 물질문화를 좌우하기 때문에, 국가의 운명은 정신문화에 달려 있다고 해도 과언이 아니다. 국민정신(의식)은 개인뿐만 아니라 국가나 단체조직을 결속시킴으로써 국가성장의 발판이 될 수 있다. 따라서 '선진국=높은 정신문화'의 등식이 성립된다고 볼 수 있다.

인도의 마하트마 간디는 망국의 요인으로 '원칙 없는 정치, 도덕성 없는 상업, 노력 없는 부, 인격 없는 지식, 인간성 없는 과학, 양심 없는 쾌락, 희생 없는 신앙'의 7가지를 꼽았다.[83]

도덕, 철학, 노동, 인간성, 윤리, 헌신 등이 없는 정신문화는 사회악의 요인으로 나라가 망하는 길이라고 갈파한 것이다. 하나하나 음미하면 최근 한국사회가 직면한 문제를 그대로 꼬집는 것 같다.

정신문화는 인간을 진정 인간답게 만드는 것으로 어떻게 인간이 인간다워질 수 있는가에 대한 끊임없는 성찰과 정진을 통해 인간다운 삶을 탐구하고 실천한다. 인성, 도덕성, 역사의식 등 한민족의 전통적 정신문화는 동방예의지국의 상징으로 현대의 문명세계에 자랑스럽게 내놓을 수 있다. 우리는 동방예의지국, 등불의 나라 등 예의의 가치를 가꿀수록 국민정신을 높일 수 있다. 뿌리가 든든해

---

83 마하트마 간디 지음, 박홍규 역, 『간디 자서전』, (문예출판사·2007), p.154.

야 튼튼한 나무로 성장하여 열매를 거둘 수 있다. 정신은 뿌리(근본), 교육은 줄기, 경제는 열매로서, 정신문화대국 → 인성대국 → 초일류 통일선진강국으로 선순환적 발전을 이룰 것이다.

근간 정신문화가 쇠퇴하여 인성, 도덕성 실종으로 동방불예지국의 나라가 되었다. 정신혁명 기반 없이 교육혁명, 경제혁명은 이루어질 수 없으며, 설령 일시적으로 이루어지더라도 사상누각에 불과하다. 특히 국가의 위기는 대외적 요인보다 대내적으로 정신문화가 무너질 때 외세가 그 틈을 이용해 침입하면서 이루어진다.

저급한 정신문화 수준으로는 절대 선진국으로 갈 수 없다. 정신혁명을 기반으로 교육혁명과 경제혁명을 융합시켜 시너지 효과를 통해 '국가 대개조 – 선진화 혁명'의 국민적 소망을 이루어야 할 것이다.

21세기 정신문화는 인류문명사적 급변의 시대로 세계는 대전환의 시대를 맞이하고 있다. 따라서 우리는 인문학과 디지털, 4차 산업의 공학은 물론 경제, 비지니스 융합 등 학문간 경계를 뛰어 넘어야 한다.

최근 한류문화는 세계적인 붐을 일으키고 있다. 21세기 한국의 정신문화가 세계를 이끌 조짐이 세계 도처에서 발현되고 있다.

백범 김구 선생의 소원인 정신 문화 대국이 이루어지고 있다.

정신문화의 힘은 우리를 행복하게 하고 이웃나라를 행복하게 해주어 세계의 등불 코리아 구현의 토대가 되고 있다.

2

국민 인성 바로 세우기

우리는 인성실종의 국가위기가 전화위복이 되어 '지식국가 → 지성국가 → 인성국가 → 인성문화대국 → 동방예의지국 → 세계의 모범적인 인성문화대국'으로 발전할 수 있도록 단기 · 중기 · 장기 계획을 치밀하게 수립하고 범국가적 · 범국민적으로 적극 추진해야 한다.

인성이 바닥을 드러내면서 2014년 인성교육진흥법까지 만들었지만, 시행은 부진하여 안타깝다. 범국민적 · 범국가적으로 적극 추진해서 동방예의지국의 인성을 반드시 회복해야 한다. 인성교육을 범국가적으로 실시하여 독서문화 → 지식문화 → 지성문화 → 인성대국으로 국가를 개조, 세계를 선도하는 모범국가건설을 추진해야 한다. 더 이상 인성회복을 지연시킨다면 인성대국의 시대, 국민 행복시대, 그리고 초일류 통일선진강국의 시대로 가는 인성회복의 골든타임을 놓칠 수 있다는 것을 알아야 한다.

인성진흥법 입법의 취지대로 '국가인성 바로 세우기, 정신문화 바로세우기'를 통해 동방예의지국으로 다시 돌아가지 않으면 우리나라는 국가위기를 치유할 수 없을 뿐만 아니라 미래 희망이 없다.

<인성교육진흥법>

입법목적	건전하고 올바른 인성을 갖춘 시민 육성
인성교육의 정의	내면을 바르고 건전하게 가꾸며, 타인·공동체·자연과 더불어 사는 데 필요한 인간다운 성품과 역량을 기르는 교육
인성의 핵심가치	예(禮), 효(孝), 정직, 책임, 존중, 배려, 소통, 협동 등 8대 가치
인성교육종합계획	교육부 장관, 5년마다 수립, 시·도 교육감, 연도별 시행계획 수립·시행
국가인성교육진흥위	교육부·문화체육관광부·보건복지부·여성가족부 차관 및 민간전문가 등 20명 이내 구성(신설)
유치원 초·중·고	학교장은 매년 인성교육과정 편성·운영해야
가정 인성교육 인증제	부모는 학교 등에 인성교육 건의 가능 학교 밖 인성교육을 위한 프로그램·교육과정 인증제 실시
교원연수 강화	일정 시간 이상 교원들의 인성교육 연수 의무화. 사범대·교대, 예비교사의 인성교육 역량 위한 과목(신설)

전통을 지키고 가꾸자는 것은 과거 역사와 옛것만을 고집하자는 것이 아니고, 역사정신과 온고이지신溫故而知新으로 지혜와 창조의 밑거름을 복원하자는 것이다. 모름지기 새로움(지신)이란 옛것을 바탕(온고)으로 이루어져야 한다. 즉 옛것의 바탕 없이 새로운 것이 있을 수 없다는 것이 역사의 가르침이다. 옛것은 낡고 역사는 고루한 것이 아니라, 현재의 원형이고 바탕으로 혁신과 창조를 불러온다. 우리는 동방예의지국의 인성문화대국을 회복해서 반드시

대한민국 르네상스 시대를 열어야 한다.

우리는 항상 자각과 성찰로 마음을 가다듬고 세상의 이치와 순리에 따라 인간다운 인간으로서의 삶을 가꾸고 완성해 가는 과정에 충실해야 한다. 개인의 인성을 회복하는 것은 개인 · 가정 행복은 물론, 국민 행복의 근본이 되는 예의의 나라, 동방예의지국으로 다시 돌아가는 것이다.

인성을 법으로 회복하고 제도화하기에는 사실상 문제가 있다고 볼 수 있다. 그러나 동방예의지국의 인성이 무너지는 현실에서 법이라도 만들어 인성이 무너지는 것을 막고, 회복해야 된다는 절박감은 우리 국민 모두가 공감할 것이다.

그러므로 인성을 회복하는 데 인성교육진흥법뿐만 아니라 도덕 · 윤리와 같은 '법을 뛰어넘는 정신'의 가치문화가 반드시 함께 작용해야 한다. 따라서 인성교육진흥법 추진은 인성교육 강화를 통해 예禮를 비롯한 8대 핵심가치(예, 효, 정직, 책임, 존중, 배려, 소통, 협동)의 문화를 꽃피워 인성회복을 주도하도록 해야 할 것이다.

대부분의 국민들은 물론, 정부에서도 인성교육의 필요성에 대해서는 공감대가 형성돼 있었지만, 입시 위주의 학교풍토에서는 그 실효성을 갖지 못하고 있다. 이제는 인성교육진흥법을 토대로 인성교육 및 인성회복 운동에 적극 나서야겠다.

3

도덕성 회복 운동

도덕성은 행동의 준칙으로 인간이 사회생활을 해나가는 데 공동체의 질서를 유지하고 개인과 조직은 물론, 국가의 흥망성쇠를 좌우하는 중요한 요소이다. 더욱이 공직자 등 사회 지도층의 도덕성은 사회의 기반이 되는 최고의 덕목이라고 할 수 있다.

'도덕'이라는 용어는 항상 많이 사용되고 있지만, 진정한 도덕성이 무엇인가에 대하여 명확하게 말하기보다는 단지 추상적으로 도덕성을 강조하는 경향이 많다. 도덕적인 사람은 스스로 도덕적 원칙을 지키며 살아가고 다른 사람들로부터 도덕적이라는 평을 듣는 사람이다. 반면에 도덕주의적인 사람은 자신은 도덕적 원칙을 소홀히 하고 남에게 도덕을 강요하는 사람이다. 미국 독립에 기여한 공로를 인정받아 '미국 건국의 아버지'로 불리는 벤저민 프랭클린은 자신의 성공비결로 가치관 정립을 통한 '도덕성의 완성'을 꼽았다.

도道는 우리가 가야 할 옳은 길이요 덕德은 우리가 지켜야 할 올바른 행동원리로서, 도덕은 인생의 근본이요 사회를 이루는 근간이며 역사의 원동력이다. 믿음과 예의와 본분으로 통하는 길이 상식의 원천이며 도덕의 시발점인 것이다. 세상에는 운이 트여 탄탄대로를 걷는 행운도 있지만 가던 길을 잃고 미로를 걷는 불운도 많다. 잘 나가던 길도 도리에 어긋나면 운명이 바뀐다. 도덕을 잃어버리면 '부도덕'이 되고 염치가 없으면 '몰염치'다. 인간사의 마지막 보루가 도덕이다.

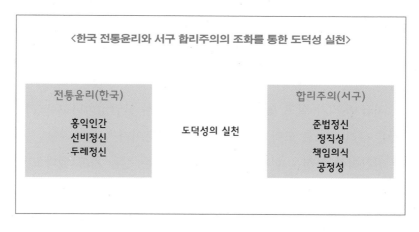

〈한국 전통윤리와 서구 합리주의의 조화를 통한 도덕성 실천〉

전통윤리(한국)	도덕성의 실천	합리주의(서구)
홍익인간 선비정신 두레정신		준법정신 정직성 책임의식 공정성

병든 사회는 '도덕불감증'에 시달리며 불신의 고통을 겪는다. 고금을 통해 도道가 무너진 국가치고 온전한 나라가 없었다. 도道가 떨어지면 멸망이 찾아온다. 가야 할 길이 막히면 방황과 탄식의 수렁에 빠진다. 도의가 통하지 않고 도덕이 실종된 풍토는 희망이 없다. 스승이 안 보이고 어른도 없다.

인간은 공동체의 존립 근거가 되는 윤리를 지킴으로써 도덕성의 회복과 함께 그에 대한 실천을 이룰 수 있다. 그렇기 때문에 우리는 한국, 동양의 전통윤리와 더불어 서구의 합리주의를 조화롭게 실천하여 진정한 도덕성을 발현해야 하겠다.

노자의 『도덕경』 10계경十戒經 제18장 「아몰장我沒章」에 '대도폐유大道廢宥'라는 말이 있다. 이는 크게 득도하게 되면, 이 세상에 있었던 모든 사악한 생각과 물질은 물론 번뇌와 고통마저도 모두 크게 폐하고 떨어져 나감을 의미한다.

도덕성이란 단순히 지켜야 할 규범 정도로 그치는 것이 아니라 옳고 잘못된 것에 대한 개인의 인간적 믿음체계를 말한다. 한 사람의 가치체계와 사상을 완전히 뒤바꿀 수 있는 것이 되어야 한다. 단순히 '착하게 사는 것'의 도덕적인 삶보다는, 도덕적 가치관이 사고체계 속에 뿌리 깊게 박혀 있어야만 그 사람의 진정한 삶이 드러날 수 있는 것이다.

지금 우리가 살고 있는 삶의 터전이 몹시 불안정하다고 느끼는 것은 우리 스스로 도덕적으로 타락했기 때문이다.

인간이란 자신은 현명하기 때문에 올바른 길을 가고 있다고 생각하기 마련이다. 하지만 반성과 성찰을 통해 보면 평가는 다를 수 있다. 우리는 자신을 겸허히 받아들이고 일일삼성(一日三省)하는 자세를 생활화하여 도덕성을 확립해야 한다. 도덕적으로 완전한 인격을 갖추기 위해 매일매일 수신과 성찰의 생활을 위해 최선을 다해야 한다. 도덕성은 단기간에 생기는 것이 아니므로 체계적인 교육을 통해 지속적으로 함양해 나가야 한다.

4

태권도 및 한류 문화유산 발전

　고대 한반도의 부족국가들에게는 제례의식으로서 가무, 유희 등
이 존재했다. 이와 같은 몸짓들이 대결구도로 잡히면서 축제의 일
부분으로 자리를 잡았고, 이것이 태권도의 기원이 되었다고 본다.
태권도는 한국을 상징하는 스포츠이자, 세계화에 가장 성공한 스포
츠이다. 태권도는 이천여 년 전 한반도에서 독자적으로 창시된 우
리 민족 고유의 전통무술이자, 한국의 국기國技로 당당하게 자랑할
수 있는 올림픽이 공인한 스포츠이다. 이는 고구려 때 고대 부족국
가의 제천행사에서 그 원형을 찾아볼 수 있으며, 어느 정도 정착단
계에 접어든 시기는 삼국시대로 보인다. 고구려에서는 무사들의 무
리인 선인仙人들이 태권을 익혔는데, 그 흔적은 고구려의 고분벽화
에 그려진 풍속도에 나타난다.
　신라의 무예진흥은 화랑花郎을 통해 실현되었는데, 화랑들이 배

운 무예 중 대표적인 것이 수박(手搏: 태권, 태권도의 옛 이름)이었다.

대한민국 태권도는 아무런 무기 없이 언제 어디서나 손과 발을 이용해 공격 또는 방어하는 무도로, 신체단련을 위한 목적과 함께 정신적 무장을 통한 올바른 인간화를 중요시하는 데 큰 의의를 두고 있다.

제14회 세계 태권도 문화엑스포가 2021년 10월 22일 4,643명이 참여한 가운데 세계 태권도인의 축제가 열렸다. 여기에서 보여준 태권도 경기장에서의 열기는 태권도가 세계 속에서 어떻게 뿌리내렸는가를 잘 대변한다. 국기 태권도는 대한민국을 전 세계에 알리고 위상을 높이는 데 독보적인 기여를 했다. 정부와 태권도 관계자들의 노력도 중요했겠지만 무엇보다도 해외에서 활동하는 태권도 관장들이 태권도를 세계에 널리 알리는 민간외교관으로서의 역할을 충분히 다했다. 그러나 2021년 도쿄올림픽에서 보여준 태권도 노금메달은 한류에 찬물을 끼얹었다는 시각도 있다. 하지만 그만큼 태권도가 세계인들에게 널리 보급된 세계인의 스포츠로 자리잡았다는 것을 의미하는 것이다. 태권도가 확산될수록 한국문화가 알려지고 지한파를 양성하여 결국 스포츠 한류를 만드는 가치를 재인식할 필요가 있다. 나아가 태권도는 충효정신을 함양하고 가치관을 형성하며 애국심을 고양하는 효과로 연결된다.

세계태권도연맹 총재 조정원은 저서에서 다음과 같이 말한다.[84]

태권도는 예로부터 심신을 단련하는 무도로서 우리나라의 국기였다. 태

----

84 조정원, 『대학이 미래의 펀드다』, (룩스문디, 2008), p.13

권도에 대한 전통성과 정통성을 보존함으로써 무도로서의 태권도가 갖는 심오한 철학성과 동양적 가치체계를 정립해야 한다. 이런 정신이 잘 습합된 무도로서의 태권도를 확립시켜 고대로부터 이어 내려온 충효정신을 지켜나 간다면 태권도의 메카를 찾아 한국을 방문하는 세계인들에게 큰 감명을 줄 것이며, 전 세계에 대한민국의 국가 위상을 드높일 수 있을 것이다.

중국 쿵푸, 일본 가라테, 태국 무에타이, 브라질 카포에라 등 맨몸으로 투기를 하는 나라들이 있긴 하지만 우리나라 태권도와는 달리 올림픽 종목에서 제외되어 태권도와 품격이 다르다. 맨몸 투기로서 태권도는 맨손과 맨발로 상대방을 타격하는 기술 체계를 갖는다. 특히, 다른 무술과 뚜렷하게 차이를 갖는 것은 위력적이고 다양한 발기술이다. 우리 태권도는 일찍이 올림픽 종목으로서 세계화되어 지구 곳곳에서 태권도 붐이 일고 있어 민간외교 사절단의 역할을 하고 있다. 세계태권도연맹에 의하면 국외의 태권도 인구는 206개국 6천만 명 이상, 국제태권도연맹 회원 4천만 명 등 1억 명으로 추산하고 있다.

국민정신을 제고하기 위한 교육적 수단으로서의 태권도는 자라나는 어린이, 청소년들에게 건전한 가치관과 애국심을 심어주고, 자아완성의 의지를 실천하도록 도움을 준다.

최근 세계 곳곳의 거리나 공공장소에는 태권도와 관련된 광고가 등장하고 있을 정도로 대한민국 태권도의 위상은 갈수록 높아지고 있다. 후세들에게 남겨줄 한류 문화유산의 원조로 발전되도록 태권도의 진정한 도약과 활성화 대책을 적극 강구해야 할 것이다.

5

법치法治 자유민주주의 구현

법의 지배란 개념은 입헌정치의 시발점으로 일컬어지는 영국 대헌장에 처음 등장했다. 대헌장은 절대권력인 국왕도 법에 구속돼야 한다는 혁명적인 인식의 변화였다. 법의 지배는 침해돼선 안 되는 자연권과, 훼손돼선 안 되는 헌법적 가치를 인정하는 고차원의 통치방식이다. 이 자연권과 헌법적 가치는 공화정신으로도 불린다. 기본권과 인권의 보장, 민주적 자유시장경제, 자유통일 지향 등이 21세기 한국의 공화정신일 것이다.

법치주의는 모든 사람이 법 앞에 평등하다는 것에서부터 시작한다. 영국의 정치사상가 로크는 개인이 국가에 권력을 양도하였으며 국민이 합의한 원칙인 법질서로만 국민 의사에 반하는 권력을 심판할 수 있다고 하였다.

법질서 준수 여부는 그 나라 국민의 의식수준과 사회발전의 정도를 말해 주는 척도다. 법치가 이루어지지 않는데도 선진국이 되려는 것은 마치 모래 위에 성을 쌓으려는 것과 다를 바 없다. 그러나 우리나라의 준법 수준은 OECD 30여 개 회원국 중 27위로 최하위권에 머물고 있는 실정이다.

　근현대적 의미에서 자유민주공화국의 진정한 '법치rule of law'는 헌법에 의한 지배를 뜻한다. 일시적으로 의회 다수파가 된 세력이 만드는 법은 반드시 헌법 틀 안에서 이뤄져야 한다. 그러나 최근 국회의 현실을 평가한다면 과연 한국은 법치국가이라기 보다는 떼법공화국이라는 것이 대내외 공통인식이다.

　1948년 대한민국 건국 헌법으로 자유민주공화국이 출범했다. 대한민국은 오랜 세월 수많은 국민들의 피와 땀으로 지켜온 자랑스러운 나라이다.

　경찰청 자료에 따르면 서울의 인구 100만 명당 집회·시위는 736건으로 홍콩(548건), 워싱턴DC(207건), 파리(186건), 도쿄(59건) 등 주요 도시보다 월등히 많았다.

　2017년 〈한국리서치〉의 준법실태 여론조사 결과는 다음과 같다.

• 사회 기관별 준법 순위: 시민단체(35%), 노동조합(23.3%), 청와대(18.4%), 검찰과 경찰(16.2%), 대기업(16.2%), 국회(5.3%)

• 법을 지키면 손해를 보는가: '그렇다(72.7%)', '아니다(26.1%)'

• 우리나라의 법 집행이 공정하다고 보는가: '공정하다(38.3%)', '공정하지 않다(60.6%)'

법을 어기고 질서를 어지럽히는 행위는 법과 원칙에 따라 철저히 처벌하여 법치주의 정당성을 확립해야 한다. 선진국은 법질서 안에서 공권력이 엄격하게 발휘되어 질서를 유지하고 국고 낭비를 막는다.

우리는 집단의 힘에 의해 법과 원칙이 훼손되는 현실을 자주 보아 왔다. 공권력에 도전하는 불법과 폭력의 현장을 제대로 다스리지 못하다보니 불법 시위로 인한 사회·경제적 손실비용이 최대 12조 원, 국내총생산의 1.5%에 달하는 것으로 추정되고 있다.

최장집 고려대 명예교수는 다음과 같이 말했다.[85]

한국의 민주주의는 암묵적, 명시적으로 헌법에 규정한 대로 자유주의, 대의제 민주주의를 표방했다. 그런데 촛불시위 이후 민중주의, 대중참여적인 직접 민주주의로 바라보기 시작했다. 대의제 민주주의를 부정하면 걷잡을 수 없이 그 의미를 확장해 위험한 권위주의, 전체주의 현상이 생길 수 있다.

한편, 야권 원로 정치가 조순형 전 의원은 "자신들은 촛불을 혁명이라고 하지만 국정에 필요한 기본 지식, 균형 감각 같은 게 너무 부족했다. 문재인 정부 5년은 우리 헌정사에서 논문 대상이 될 것이다. 대통령제의 단점들이 이 정권에서 극적으로 표출되었다." 이어 "정치란 특권을 쫓는 직업이 아니다. 대가를 바라지 않는 희

---

85 http://www.jejuilbo.net

생, 특별한 소명 의식이 필요한 분야라 국민의 평균적 도덕성보다
는 조금 더 높아야 한다."라고 말하였다.

우리의 국격을 좌우하는 결정적 요소는 법치의 확립이다. 우리
나라는 성숙한 민주주의 국가, 위대한 국민임을 자랑하면서도 떼
법, 무법이 기승을 부려 국격을 저하시키고 있다. 법을 지키지 않
으면 무법사회가 되고, 폭력이 정당화되는 사회에서 국민들은 먹이
가 된다.

기강이 무너진 나라는 국격을 논할 자격조차 없다. 법이 있어도
이를 집행할 능력과 의지가 없는 정치인과 공무원들은 국가의 기강
과 질서를 시급히 확립하여 국격을 높여야 한다.

영국이 세계에서 가장 모범적인 법치국가가 될 수 있었는지 널
리 알려진 일화는 우리가 되새겨봐야 할 대목이다. 윈스턴 처칠이
의회에 늦자 신호 위반을 지시했다. 교통경찰에게 적발된 운전기사
가 "수상이 타고 있다."라고 하자 경찰관은 뒷자리의 처칠을 보며
"처칠 수상 같은 분이 위반을 할 리 없다."라면서 딱지를 뗐다.

자유민주국가의 핵심가치는 법치다. 누구라도 법 위에 있어서는
안 되며 만인이 법 앞에 평등해야 한다. 우리는 국민들이 법과 질
서만 제대로 지켜도 부정부패가 척결되고 법질서가 세워지면 국격
도 높아지고 자연히 국가 경쟁력도 강화된다. 국민들이 정부의 통
치 리더십을 신뢰하면 할수록 국격은 자연스럽게 높아질 것이다.

6

역사의 교훈을 적용하는 지혜

역사는 과거의 발자취이며, 현재와 미래의 거울이다. 따라서 역사의 특징과 교훈은 현재 우리가 직면한 여러 문제를 해결할 해답의 실마리를 제공한다. 어둡고 혼란할 때에는 역사서를 읽고 그 속에서 지혜를 찾아보라는 의미의 혼일독사昏日讀史라는 말이 있다. 역사는 문제해결의 길잡이가 되는 판례집으로서 현재 우리나라가 겪고 있는 위기의 상황에 지혜와 교훈을 줄 수 있다.

역사는 과거의 실수를 반복하지 않기 위한 지식과 지혜의 보고 역할을 한다. 역사의 흐름에 뒤처지는 국가와 민족은 번영하지 못하고 지리멸렬하거나 망한다는 사실이다. 역사의 교훈이 중요한 이유가 여기에 있다 할 것이다.

역사는 어느 시대나 갈등 등 해결하기 어려운 과제들이 존재해 왔다. 때로는 이익을 두고 때로는 미래로 나아갈 방향에 대한 의견

차이로 인해 다툼이 있었다. 그러나 그 갈등을 풀어내고, 바람직한 해결을 하고자 했던 노력이 역사가 주는 귀중한 교훈이다.

우리의 주변국들이 역사왜곡을 통해 역사침탈을 하고 있는데도 우리는 이슈가 될 때만 여론이 들끓고, 금세 언제 그랬냐는 듯 식어버리는 '냄비근성'이 있다. 역사의 교훈을 쉽게 잊어버리면 역사의식과 역사에 대한 주체의식도 쉽게 실종된다. 국가정체성이 확립된 국민이라면 올바른 역사의식을 가져야 한다. 국민의 힘과 긍지의 뿌리는 역사의식에서 나온다.

대부분의 갈등과 혼란, 위기의 문제는 리더들의 자격 결여에서 야기되었다. 한국 사회 전반에 산적한 문제들을 해결하려면 무엇보다도 먼저 지도자들의 역사의식을 토대로 해법을 찾아야 할 것이다. 특히 국가의 리더가 주체적인 역사의식이 없으면 국민들로 하여금 힘과 긍지를 갖게 할 수 없다.

이와 같이 중요한 역사의 교훈을 우리는 너무 쉽게 망각하여 역사의 불행을 재현하고 있다. 너무나 뻔한 역사적 흐름에 우리 대한민국만 적응하지 못하고 있어 안타깝다. 최근 약육강식의 국제정세가 더 강화되어 국익에 따라 먹고 먹히는 '헬지구'가 되어 가는 현실에서 내우외환의 위기를 자초하고 있는 지도자들의 행태를 볼 때 우리는 역사의 교훈에서 세계의 등불 코리아가 나아가야 할 길을 찾고, 지혜로운 해법을 강구해야 할 것이다.

7

배우고 익히려는 열망
(독서가 국력의 기초체력)

독서는 정신문화를 살찌우는 쌀(밥)과 같은 역할을 한다. 그러나 우리나라 대부분의 국민들이 책을 읽지 않는 풍토에 젖어들어 정신문화의 융성을 기대하기 어렵다. 독서를 하지 않는 사람은 철학이 없고 지혜가 없어 인간다운 삶을 사는 데 부족하다. 국민이 지적 능력이 넘치고 지혜가 넘치는 정신문화가 자리 잡아야 제대로 된 선진국이 될 수 있다.

우리는 책에 대한 열정과 애정을 대대로 유전자 속에 간직해 온 민족이다. 일례로 150여 년 전 병인양요(1866) 때 프랑스 장교가 남긴 『조선원정기』에 우리 민족의 책 사랑에 대한 기록이 남아 있다. "아무리 가난한 집이라도 집 안에 책이 있다는 사실이다…." 이러한 책에 대한 애정이 한국인의 문화 유전자로 남아 세대를 거듭하며 이어져야 하나 최근에는 세계에서 제일 책을 읽지 않는 나라로 전락하였다.

역사적으로 유명한 리더들은 왕성한 독서가이다. 위대한 업적을 쌓은 인물들은 모두 책을 가까이하여 '박람강기博覽強記', 즉, 책을 많이 보고 잘 기억함을 공통적으로 공유하고 있다.

'을야지람乙夜之覽'이란 말은 '제왕의 독서'란 뜻이다. 밤 9시부터 11시까지를 뜻하며 이 시간이 되어서야 제왕은 독서할 시간을 낼 수 있다는 뜻에서 나온 말이다. 성공한 국왕은 모두 지식기반 경영과 독서를 통한 경영을 했다.

특히 성왕 세종대왕은 "내가 지금도 독서를 그만두지 않는 것은, 다만 글을 보는 사이에 생각이 떠올라서 정사政事에 시행하게 되는 것이 많기 때문이다."라고 말했다. 세종은 집현전 학사를 대상으로 재능이 있는 선비를 뽑아 휴가를 주고 입산독서를 하게 하되, 그 비용은 관에서 매우 융숭히 공급했으며 경사, 백자, 천문, 지리, 의약, 복서 등을 연구하게 하였다.[86]

"사람은 책을 만들고, 책은 사람을 만든다."라는 말이 있다. 책과 인간의 관계를 잘 표현한 명언이다. 토머스 바트린은 "책이 없다면 신도 침묵을 지키고, 정의는 잠자며, 자연과학은 정지되고, 철학도 문학도 말이 없을 것이다."라고 말했다. 독서란 결국 남이 어렵게 획득한 지식이나 정보를 빌려다 내 인생을 살찌게 하는 행위라 할 수 있다. 우리는 평생을 연구하여 한 권의 책을 남긴 사람의 지식을 단 며칠 만에 내 것으로 만들 수 있다. 그것이 바로 독서

---

86 이한우, 『세종, 그가 바로 조선이다』, (동방미디어, 2003), p.180.

의 힘이다.

리더는 세상을 읽고 시시각각으로 변화하는 세상에 대처하며, 지속적으로 창조 및 혁신을 해야 한다. 훌륭한 리더가 되는 길은 동서고금을 막론하고 독서에 있으며 현대에는 더욱 그렇다. 책을 읽으며 공부하는 습관은 하루아침에 붙는 것이 아니므로 어릴 때부터 독서 습관을 들여야 하는 것이다. 시대가 바뀌어도 변하지 않는 '본질'이 바로 독서문화이다.

우리 사회는 발렌타인데이, 화이트데이 등 상업적인 날은 잘 알고 있지만 정작 '책의 날'이 있는지조차 아는 사람은 많지 않다. 4월 23일은 '세계 책의 날'이다. '책의 날'에는 가족, 연인, 친지, 동료들에게 책을 선물하는 날로 아이템을 발전시켜 나갈 필요가 있다.

책은 훌륭한 스승의 역할을 하고 세상을 보는 안목을 넓혀준다. 삶의 지혜를 얻고 사고의 깊이를 더하는 데 독서만한 것은 없다. 읽기혁명이 절실히 필요한 시대이다.

개인은 물론, 국가도 독서량에 따라 운명이 달라진다. 독서는 삶의 원천이자 에너지를 제공하는 원동력이다. 좋은 책이란 '우리에게 위대한 물음을 던지는 책'이라 할 것이다. 따라서 어떤 책과 연을 맺고 그 책을 매개로 인연을 맺는 것은 더욱 의미가 깊다. 삶의 의미와 가치를 일깨우는 책연冊緣의 확산은 영혼은 물론 우리 사회를 살찌우게 할 것이다.

마이크로소프트의 창업자인 빌 게이츠는 "오늘의 나를 만들어준 것은 조국도, 어머니도, 하버드대학도 아닌 동네 도서관이었다."라고 했다. 또한 지난 시절 우리의 스승이 했던 말을 오늘은 책이 한다. 정조, 다산 정약용, 퇴계 이황, 박제가, 박지원, 이덕무, 김득신, 괴테, 나폴레옹, 링컨 등 위대한 사람들은 모두 책 속에서 말한다. "책 속에서 길을 구하라."라는 말은 한낱 죽은 수사가 아니라 오늘날에도 펄펄 살아 움직이는 진실이다.

이스라엘 학생은 유치원부터 초 · 중 · 고까지 13년간 1만여 권의 책을 읽는다고 한다. 그들은 오전 8시부터 12시까지만 수업하고 오후에는 독서를 한다. 등교하면서 빌린 책 3권을 읽고 독후감을 써냄으로써 일과를 마친다. 독서가 습관화되어 어느 마을을 가더라도 책을 지니고 토론하는 분위기를 볼 수 있다. 2021년 4월 조사에 따르면 성인 10명 중 4명이 1년에 책을 한 권도 읽지 않는다고 한다. 학생들 또한 다르지 않다.

책을 안 읽으면서도 위대한 지적 업적을 바라는 것은 실현 가능성이 없는 모순이다. 미국의 주간지 『뉴요커』에는 '한국인들이 책은 많이 안 읽으면서 노벨문학상은 여전히 바라고 있다는 건 유감스러운 일이다.'라는 기사가 실렸다.

독서는 가장 빠른 시간 내 가장 경제적으로 지식을 습득하는 방법이고 인간과 사회에 대한 지혜를 얻는 원천이기도 하다. 독서는 인성을 바르게 배양하고 지식과 지성을 업그레이드시켜 주는 보고로서 독서가 곧 국력임을 명심할 일이다.

8

젊은 세대에게 희망을
북돋는 사회 기풍

청소년기는 라틴어의 '성장하다'라는 의미의 adolescre에서 유래한다. 사춘기에서 시작하여 성인기의 시작과 함께 끝나는 청소년기는 아동기와 성인기 사이의 과도기에 해당된다. 청소년에게는 꿈과 희망 그리고 아름다운 비전을 위한 자기행동, 결단이 요구되는 중요한 시기이다. 상당수 대학생들은 진로를 정하지 못하고 우왕좌왕한다. 또한 중·고교생들은 어떠한가? 자아 정체성도 모르고 오직 수능과 대학 진학을 위해 기계적으로 공부하고 있다. 인간다운 인간, 리더다운 리더가 되려면 초·중·고등학교 때 자아 정체성을 찾고 정체성에 따라 길을 가야 한다.

이어령 이화여대 석좌교수는 '넘버 원'이 아닌 '온리 원'이 되라고 강조했다.[87] "의사, 검사, 판사같이 모두들 최고라고 하면서 부러워하

---

87 이어령 특강, 2009년 10월 세종대학교 강당.

·대한민국 운명

는 직업을 갖고 있을 지라도 정작 자신은 시인이 되고 싶고, 음악을 하고 싶다면 그건 진정으로 행복한 것이 아닙니다. 남들이 좋다고 하는 삶을 살려고 하지 마세요. 하나밖에 없는 여러분의 삶을 소중히 하세요. 같은 방향으로 달려야 하는 좁은 골목에서는 오직 선두에 선 자만이 우승자가 됩니다. 잘해야 금·은·동 메달리스트만이 승리자의 시상대에 설 수 있지요. 하지만 하늘처럼 열린 공간에서는 모두 각자가 원하는 방향으로 날 수 있습니다. 360명이 360도의 다른 방향으로 달리면 360명 모두가 일등이 될 수 있지요."

청소년들이 정체성을 살리는 것이야말로 '넘버 원'이 아니라 '온리 원'의 독창성을 확장하는 경주다. 선진국의 젊은이들은 자아 정체성에 따라(well, like, love, need, enjoy) 할 수 있는 하늘이 주신 자신만의 탁월한 능력, 끼, 전문성 등을 살려 아름다운 꿈과 희망, 비전이 가득 담긴 인생 목표를 수립한다. 학업에 정진해 졸업 후 대기업 못지않은 중소기업에서도 자신만의 창의력을 마음껏 발휘한다.

자신의 정체성을 극대화하는 전략으로 발상의 전환을 하면 세상은 넓어진다. 길은 찾으면 있고 없으면 새로 뚫으면 된다. 그런데 이 모든 것에 앞서 생각해봐야 할 정말 중요한 사실이 한 가지 있다. 내가 나를 모르면서 학교를 졸업하고 직장을 구한다고 해서 성공한다는 보장이 없다. 나는 과연 누구인가, 나의 과거 현재를 생각하고 미래의 자화상을 그려 볼 필요가 있다.

인간은 창조주의 불가사의한 섭리를 깨닫기는 힘들어도 소중한 생명(자아), 소중한 삶을 살뜰히 보듬어 즐겁고 행복한 인생이 되도록 정진해야 할 의무와 책임과 권리가 있다. 물에 물 탄 듯, 술에 술 탄 듯, 바람 부는 대로, 물결치는 대로 아무런 방향도 주관도 없이 떠밀려서 살 수만은 없는 것이 인생이다. 되는대로 사는 인생은 대자연, 대우주의 섭리 속에 태어난 인생으로서 죄악이며 철학과 신념이 없는 허수아비와 같은 인간이 된다.

불혹을 넘긴 사람들이 자기 인생을 뒤돌아보며 '내 인생길이 이것이 아닌데'라며 탄식하는 경우를 적지 않게 보아왔다. 애당초 본인이 원하던 길로 첫걸음을 시작하지 못한 것이 원통하고 초·중·고 및 대학교 재학 시 공부에 소홀한 것이 크게 후회되고 또 중간에 힘듦을 이유로 그 일을 포기했던 것도 한이 되고 본인의 의사와는 상관없이 타의에 의해 좌절된 것도 돌이켜 생각해보면 후회가 된다는 것이다. 한마디로 청소년 시기에 내 스스로의 힘으로 인생 목표를 수립하고 실천하여 장년·노년에 들어 절대로 후회하지 않을 삶을 가꾸어 나가야 한다. 이를 위해서는 청소년들의 철학이 중요하다. 마크 트웨인은 "20년 후, 당신은 한 일보다 하지 않은 일 때문에 더 후회할 것이다. 그러니 닻을 올리고 안전한 항구에서 나와 항해하라."라고 말했다. 자기만의 능력과 소질을 발견하여 인생 목표를 세우고, 땀 흘려 갈고 닦는 비범한 노력의 과정을 거쳐 풍성한 인생을 누리도록 최선을 다해 살아가야 한다. 기성세대는 청소년들이 용기를 내어 스스로 일어나고 개척할 수 있도록 배려와 관심을 가지고 적극적으로 보살펴야 한다.

청소년이 리더가 되기 위해서는 내부에서 치열한 자기 수련의 학습을 할 때 스승이 밖에서 도움을 주는 등 안과 밖이 서로 조화를 이루어야 리더다운 리더가 탄생한다. 기성세대와 청소년 세대가 줄탁동시啐啄同時 리더십으로 아름다운 동행을 하면 청소년들이 꿈을 활짝 펼칠 수 있다. 청소년들은 사회적으로 많은 지원과 격려를 받을 때 학교생활을 더 잘하고 지역사회 일을 통해 자발적으로 자기 운명을 개척하며 봉사활동에 적극적으로 임하는 등 미래를 향해 전진할 수 있다.

청년은 문자 그대로 푸른 시대이다. 아름다운 꿈과 희망, 그리고 비전으로 꽉 차 있는 푸른 청년은 성장시기이다. 성장시대는 성장시대답게 미래를 향해 쭉 뻗어나가야 하는데 욜로(YOLO: You Only Live Once, 한 번뿐인 인생이니 현재에 집중하여 즐기며 살자는 것)를 찾는다는 것은 어불성설이다. "인내는 쓰다. 그러나 그 열매는 달다."라는 격언처럼 욜로가 아닌 정진의 시기이다. 우리 청년들은 세계에서 공인된 제일 좋은 두뇌를 가진 자원이다. 신바람나는 기풍을 되찾고 도전을 극복해 온 저력을 찾아 미래를 향해 힘차게 전진해야 한다.

프랭클린 루스벨트 전 미국 대통령의 부인 엘리너 루스벨트Eleanor Roosevelt 여사는 "어제는 히스토리, 내일은 미스터리, 오늘은 선물이다."라고 말했다.[88]

오늘을 최고의 날로 만드는 것이 자신이 자신에게 주는 진정한 선물이다. 인생은 마라톤과 같이 처음과 끝이 중요하며 장기적이다. 현재를 즐기는 것도 중요할 수 있지만 더 중요한 것은 항상 현상태에서 최대한 꿈꿀 수 있는 게 무엇인지 생각하고 나의 10년 후, 20년 후는 물론 100년 대계의 인생에 있어서 더 뒤의 시간까지도 준비하고 계획하는 모습이다. 미래에 대한 준비가 아름답고 숭고한 결과물을 가져올 것이다. 기성세대는 '청년들이여 일어서라, 힘차게 일어서서 웅비하라!'고 힘차게 응원해야 한다.

----

88 Yesterday is history. Tomorrow is a mystery. Today is a gift. That's why we call it 'The Present'

9

더불어 잘사는 신뢰 사회 구축

인간은 다른 사람과 더불어 공동생활을 해야만 하며, 이때 무엇보다도 중요한 것은 서로 간의 신뢰다. 신뢰가 없으면 평화로운 공동생활은 물론이요, 발전을 위한 문화의 창조 그리고 정의의 실현 모두가 불가능할 뿐만 아니라 행복해질 수도 없다. 선진사회 혹은 선진국은 물질의 풍요를 넘어 사회적 신뢰를 기반으로 건전한 도덕성과 법이 지배할 때 획득될 수 있는 국가적 상태를 말한다.

우리 사회는 갈수록 깊어지는 불신으로 신뢰가 무너지고 있는 바 '일반인 신뢰지수' 조사 결과를 살펴보면 다음과 같다.[89]

전 연령대와 전 계층을 망라한 '일반인 신뢰지수' 조사는 가족(6.14점), 친구들(5.24점), 병원(4.16점), 국제기구(4.10점), TV(4.00점), 라

---

[89] 한국CSR연구소 '일반인 신뢰지수' 조사 결과. (2018년 5월 11일).

디오(3.96점), 인터넷(3.91점), 학교(3.90점), 신문(3.70점), 시민단체(3.68점), 정부(3.68점), SNS(3.51점), 군대(3.46점), 외국인(3.38점), 법원(3.30), 경찰(3.24점), 처음 만난 사람(3.19점), 종교단체(3.09점), 검찰(3.04점), 기업(2.92점), 국회(2.40점), 정치인(2.27점) 순으로 신뢰도 결과가 나타났다.

2017년 성균관대 위험 커뮤니케이션센터가 만 20세 이상 성인 1,000명을 상대로 조사한 결과, '사건·사고나 재난·재해가 발생했을 때 정부(당국) 지침에 따르겠다'는 응답이 100점 만점에 평균 46.2점으로 나타났다고 밝혔다. 김원제 위험 커뮤니케이션센터 책임연구원은 "시민들이 그간 사고·재난 등 위험을 겪으면서 가지게 된 국가의 예방·대응 조치에 대한 불신이 여전하다는 것을 보여준다."라고 말했다. 공자는 "사람이 신뢰의 바탕을 잃으면 바로 서지 못한다無信不立."라고 했는바『논어』「안연편顔淵篇」에서는 다음과 같이 말한다.

공자의 제자 자공이 스승에게 물었다. "정치란 무엇입니까子貢問政?" 공자의 대답은 "식량을 풍족하게 하고足食, 군대를 충분히 준비하며足兵, 백성의 믿음을 얻는 것民信"이었다. 자공의 물음은 이어진다. "어쩔 수 없이 셋 중 하나를 포기해야 한다면 무엇이 먼저입니까?" 공자는 "군대去兵"라고 답했다. 자공의 질문은 집요하게 계속된다. "나머지 두 가지 중 또 하나를 포기해야 한다면 무엇입니까?" 공자의 대답은 "식량去食"이었다. 그러면서 "예로부터 사람은 누구나 죽지만, 백성의 믿음이 없이는 (나라가) 서지 못하기 때문 自古皆有死 民無信不立"이라고 그 이유를 설명했다.

인간의 사회적 생에 있어 가장 중요한 것이 신뢰이다. 대인관계에서 '신뢰할 수 없는 사람'으로 간주될 경우, 인간관계를 발전시켜 나갈 수 없음은 자명하다. 상대를 신뢰하기 위해서는 말과 인격과 양심과 행동에 한 가닥의 구김도 없어야 하는 것이다.

최근의 위기가 미래세대에도 지속될 경우 국가몰락을 초래할 수 있다는 것을 대부분 국민들이 느끼고 있다. 위기 지속은 신뢰사회를 파괴하여 진정한 국민행복과 인간관계까지 파괴하는 요인이 된다. 즉, 인간의 삶과 행복은 시작과 끝이 사람과 사람의 인간관계이며, 이를 통해 신뢰사회가 조성된다.

인간심리를 연구한 학자들의 화두話頭는 사람과 사람의 관계이다. '프로이트'에서 '아들러' 그리고 '빅터 프랭클'에 이르기까지 인간관계를 통한 신뢰의 소중함을 강조하고 있다.

일찍이 대문호 카프카는 '인생은 상봉相逢'이라고 했는데, '나'와 '너'와 '그'와의 관계를 소중히 바라본 혜안의 인간관계로서 사회적 안정과 국민행복의 필수조건이라 할 수 있다.

우리는 조기에 위기를 극복하여 국민들이 정상적인 삶을 지속할 수 있는 국민행복의 신뢰국가를 만들어야 한다.

이것이 역사와 나라를 지키고 초일류 선진통일강국으로 나아가는 길로서 조기 위기 극복이 일류선진국으로 가는 길이다.

영국의 레가툼연구소가 발표하는 국가별 사회적 자본 평가 결과 조사에서 한국은 세계 순위 2015년 85위에서 2019년 142위의 초라한 성적을 보였다. 사회적 자본은 사회 구성원 간 조정과 협력을 촉진시키는 신뢰와 규범 등을 말하며, 사회적 신뢰와 소통의 정도를 평가하는 지표가 된다. 사회적 자본이 축적될수록 거래비용이 낮아져 사회의 생산성이 높아지게 된다. 세계은행 보고서에 따르면 사회적 자본이 10% 늘어나면 경제 성장률은 0.83% 증가한다고 한다.

신뢰 사회 구축은 소통과 협조 속에 믿음을 쌓아가야 한다. 신뢰 사회는 불확실성 하에서도 타인을 믿는 사회로 사회적 자본의 원천이다. 따라서 신뢰가 형성되면 조정과 협력이 용이해져 사회 전반의 효율이 높아진다. 정부 신뢰는 국민의 지지를 통한 정당성을, 기업 신뢰는 이윤을 통한 경쟁력을 보장하는 등 신뢰는 사회적 도덕성의 기본이며 자산이다. 신뢰수준이 낮은 사회는 인맥에 대한 의존 심화로, 커뮤니케이션을 방해하여 사회적 문제가 된다.

사회적 신뢰가 담보되지 않는다면 지속적인 대립과 혼란이 불가피한 반면 신뢰사회를 조성하면 국격 제고는 물론, 도덕성 확립에 크게 기여하고, 준법정신을 증대시켜 민주주의의 제도를 튼튼하게 만들어 주고 국운 상승의 기반이 된다.

우리는 '정신 차려야' 한다. 언제까지 '이게 나라냐'의 허약한 국가, 불행한 국민이 되어야 하는가? 개인이든 국가든 흥망성쇠는 정신이 좌우한다. 개인의 정신은 인격을 형성하고, 국민의 정신문화는 세월이 켜켜이 쌓여 이루어져 국격을 결정한다. 항상 정신수양을 통해 인간은 주체성 있는 삶의 주인이 되어야 한다. 인생은 자작자연(自作自演)으로 내가 내 인생의 각본을 쓰고 연출을 하고 주인공이 되어 선택하고 행동한다. 그리고 모든 선택 결과에 대해서 나 자신이 책임을 져야 한다. 결국 내 운명이라는 것은 물론 나라의 운명도 국민정신과 의지에 따라 결정되는 것이다. 따라서 올바른 인성과 도덕성으로 정신일도하사불성(精神一到何事不成: 정신을 한 곳으로 하면 무슨 일이든 이룰 수 있다)으로 정신을 무장하여 빛과 소금의 역할을 하는 사람이 되어야겠다.

8부

선진화 혁명 추진 전략
- ② 교육혁명

제17장

과거 역사의
교육문화 분석

교육사敎育史의 전통과 특징

1

교육이란 변화시키는 것을 뜻한다. 변화시키되 바람직하게 변화시키는 것이다. 윤리적으로 부정직하던 사람을 정직하게 변화시키거나 불성실하던 사람을 성실하게 변화시키는 경우를 비롯하여, 기술을 배우고 못 하던 외국어를 잘할 수 있게 변화시키는 것이 모두 교육이다.

관자管子의 권수편權修編에서는 다음과 같이 말한다.
일년지계 막여수곡一年之計 莫如樹穀
십년지계 막여수목十年之計 莫如樹木
종신지계 막여수인終身之計 莫如樹人
일수백확자인야一樹百穫者人也

일 년의 설계로 제일 좋은 것은 곡식을 가꾸는 것이고, 십 년을 내다보는 최선의 계획은 나무를 심는 일이며, 백 년을 내다보는 계획을 세우는 것 중 가장 훌륭한 일은 사람을 키우는 일, 즉 교육이라는 말이다. 그만큼 교육의 중요성은 예로부터 강조되어 '백년지계'라는 말이 만들어지기까지 한 것이다.

고조선의 홍익인간 이념의 태동은 물론, 삼국시대, 발해, 고려, 조선, 대한민국으로 이어지는 교육 열정은 세계가 부러워할 정도다. 고구려의 태학(우리나라 대학의 효시), 신라의 국학, 발해의 주자감, 고려의 성균관, 조선의 향교, 성균관 등 교육의 역사와 전통이 세계 제일의 교육열을 잉태했다. 조선의 성균관에서는 귀족과 양반 고위계층을 중심으로 논어, 맹자, 중용, 음양오행학 등을 가르쳤다. 이렇듯 교육은 융성했던 과거 역사의 견인차 역할을 했던 것이다.

우리 민족은 일제 침략에 대응하여 무장투쟁의 전열에 서는 한편, 교육을 통해 나라를 구하려는 운동을 맹렬히 전개했다. 방방곡곡에서 학회가 조직되고 사립학교가 섰으며, 서당은 학당·의숙義塾으로 속속 개조되어 새 학문·새 교육의 터전으로 바뀌었다.

우리 조상들의 구국 교육운동은 위로는 황실에서부터 아래로는 지방 유지와 학생에 이르기까지 전 국민의 협력과 호응을 얻었다. 이러한 애국열은 국내에만 국한되지 않고 간도, 연해주, 블라디보스토크 등지에서까지 활활 타올랐다. 교육을 통해 강탈당한 조국을 구하려 했던 만큼, 당시 뜨거운 민족의식을 반영하고 있었다.

1948년 건국 이후에는, 초근목피로 연명하는 가난한 나라였음에도 1950년부터 국민학교(1995년부터 현재의 초등학교)는 의무교육이었다. 6·25전쟁 당시에도 천막학교로 교육은 지속되었다. 대부분의 학부모들은 '아는 것이 힘이다, 배워야 산다.'라는 말을 좌우명으로 삼고, 소를 팔고 논밭을 팔아가면서 자녀 교육만큼은 최우선으로 시켰다. 자원도 없고 자본도 없는 나라에서 단시일 내에 급성장을 이룰 수 있었던 데는 높은 교육열이 큰 역할을 했다.

역사적으로 대한민국의 교육열은 삼국시대부터 이루어졌다. 신라시대 최치원은 12세에 당나라로 혈혈단신 조기유학을 떠나 18세에 빈공과(외국인 과거시험)에 합격했다. 조선 시대에도 교육문제에 큰 관심을 가졌다. 조선 명종 13년(1558), 과거 과목의 하나이던 책문策問에 "지금 우리나라의 교육제도는 어떠하며, 만일 문제가 있다면 어떻게 개선해야 할지 말해보라."라는 문제가 출제되었을 정도다.

유학을 숭상한 우리나라는 예로부터 '배워야 산다.'를 생활철학으로 삼고, 입지立志의 길은 교육이라고 믿었다. 예나 지금이나 인재는 국가의 기둥이요, 대들보다. 그래서 인재를 동량지재棟梁之材라 하지 않았는가? 이 모든 것은 인재양성이 곧 국가의 번영과 직결된다는 자각에서 나온 것이다.

『문명의 충돌』의 저자 새뮤얼 헌팅턴은 1960년 비슷한 경제수준이던 한국과 가나가 수십 년 후 엄청난 경제력의 차이를 보인 주요 이유 중 하나로 한국의 교육열을 꼽았다. 우리나라는 자원빈국이라는 악조건 속에서도 교육 강국으로 발돋움해 선진국이 되었다.

2

교육사의 변천

　세계가 주목하는 우리의 교육 방식에는 어떤 강점이 있을까? 과거 우리의 교육은 군사부일체君師父一體의 인성을 기반으로 혼연일체가 되어 자생적인 교육열로 귀감이 되었다, 스승이 존중받는 교육풍토로 학생들은 스승의 그림자도 밟지 않는다는 문화가 조성되었다.

　그러나 조선의 세종대왕시대 이후 교육이 망국의 원인이 될 정도로 국가문제로 대두된 역사의 교훈도 교육사의 변천에서 결코 잊어서는 안 되겠다. 그 예로 「중종실록」(1542년)에는 '사학四學 관원들이 교회敎誨하는 데 뜻이 없어 유생이 모이지 않아 학사가 늘 비기 때문에, 노비들이 소 잡기를 일삼아 뼈가 구릉처럼 쌓였나이다.'라는 기록이 있다. 선생들은 가르칠 뜻이 없고 학생이 없다 보니 학교에서 소를 잡아먹어 소뼈가 언덕처럼 쌓였다는 충격적인 보고였다.

우리는 해방 직후 건국 과정에서 교육 이념과 교육 방침을 수립했다.

이때 채택된 기본 이념이 고조선의 건국신화에서 이끌어낸 홍익인간 정신이었다. 홍익인간 이념을 토대로 널리 인간을 이롭게 하는 교육을 펼치겠다는 교육철학이 담겨 있는 것이다.

2차 세계대전 이후 식민지에서 벗어난 98개의 독립국들은 대부분 국민소득이 약 100달러에 불과했는데, 그 국가들 중 한국만이 국민소득 3.5만 달러에 육박하는 경제발전을 이룩했다.[90]

한강의 기적은 '못 입고 못 배운 설움을 내 자식에게만은 결코 대물림할 수 없다.'는 부모님들의 지극한 교육열 덕분이었다는 것을 부인할 수 없다.

더욱이 사회적으로는 70%에 달하는 문맹률을 퇴치하기 위해 6·25전쟁 중에도 야학이 이루어졌다. 이후 60년대 대학생들이 주도한 야학은 농어촌의 가난한 학생들을 대상으로 전국적으로 확산되었다.

현행 우리나라 교육법은 1949년 12월 31일 법률 제86호로 제정·공포되었다. 본문 제5조, 제8조, 제16조에 우리나라 교육이념을 민주주의에 입각하여 규정하고 있다. 이에 따라 교육법 제1조의 규정도 헌법전문에 천명된 기본이념에 입각하여 제정되었다.

....

90 2021년 6월 25일 기준 국가별 1인당 GDP 통계 자료에 따르면 대한민국은 34,870달러로 인구 5천만 명 이상의 국가 중 7위를 기록했다. 2021년 4월 국제통화기금(IMF) 세계경제전망(WEO)에 따르면 한국의 2020년 기준 1인당 명목 GDP는 3만 1천 496달러(소수점 이하 버림)로 G7의 일원인 이탈리아(3만 1천 288달러)를 최초로 넘어섰다.

「교육원리」에서는 교육과정에 대해 다음과 같이 말한다.[91]

한국의 교육과정은 1949년에 제정된 교육법 제155조인 "대학, 사범대학, 각종 학교를 제외한 각 학교의 학과, 교과는 대통령령으로, 교과의 교수요지, 수업시간 수는 문교부령으로써 정한다."에 근거해서 비롯되었다.

1954년 초중등학교 및 사범학교의 교육과정 시간배당 기준령이, 1955년에는 국민학교—중학교—고등학교 및 사범학교의 교과과정이 마련됐다.

1963년에 이르러 문교부는 국민학교 교육과정, 중학교 교육과정, 고등학교 교육 과정, 실업고등학교 교육과정 등을 제정, 종래의 교육과정을 전면적으로 개정했다.

인간의 교육은 산업혁명 이후부터 고도화되어 경제활동을 수행하는 데 지식과 기술이 결정적인 요소가 되었다.

교육이 국가의 경제적 측면까지 좌우하는 중요한 요소로 대두되자 많은 근대국가는 교육을 국민의 권리가 아니라 국민의 의무로 규정하기 시작했다. 국민의 의무를 제대로 지키도록 정신교육을 강화할 수밖에 없기 때문에 결국은 ①정신혁명 ⇄ ②교육혁명 ⇄ ③경제혁명의 형태로 더욱 발전하고 있다. 경제의 근본은 교육이 좌우하고 교육은 정신에 따라 좌우되는 함수관계를 가지고 있어 정신, 교육, 경제는 하나로 연관되어 상호 작용을 하며, 안보는 정신 · 교육 · 경제력을 이루도록 기반을 튼튼하게 한다.

제2차 세계대전 이후 최빈국에서 선진국으로 가장 빠르게 경제

----

91 정재철 외 2인, 「교육원리」, (교육출판사, 1982년), p. 87.

성장을 이룬 나라가 한국이라는 평가가 이어지면서 우리나라의 교육방법과 정책이 세계의 주목을 받고 있다. 세계의 이런 관심을 증명이라도 하듯 최근 중국, 일본은 물론이고 미국, 러시아, 인도, 프랑스 등 전 세계 15만 명의 학생들이 한국으로 몰려들고 있다. 그동안 선진국으로 학생들을 내보내기만 하던 우리나라가 어느새 유학을 오는 외국인 학생이 더 많은 나라가 되었다.

현대는 인간과 기계(AI)가 경쟁하는 4차 산업혁명 시대이다. 4차 산업혁명 시대는 교육이 더 중요하여 교육에 따라 인간의 삶의 질이 달라지는 시대이다. 21세기 우리의 교육은 4차 산업혁명 시대를 맞아 입시 위주의 교육은 과감히 버리고, 인성교육을 기반으로 자기 주도 및 창의교육 중심으로 교육방향을 전환해야 한다. 교육철학자 로버트 허친스의 말처럼 교육의 목적은 학생들 머리에 지식을 채우는 게 아니라 그들이 사고하게 가르치는 것임을 잊어서는 안 된다. 미래 세계는 고도의 교육 전쟁, 학습전쟁이라 해도 과언이 아니므로 교육혁신, 교육혁명을 통해 창의력을 키워주는 교육을 강화하여 선진국으로 나가도록 발전시켜야 한다.

미래는 교육이 개인은 물론 국가의 운명을 좌우하는 시대이다. 21세기 세계 중심이 아시아로 옮겨져 동·서양 정신문화의 통합이 아우러질 것이다. 대한국인大韓國人은 그 통합의 중심이 대한민국이 되도록 과거의 교육풍토를 살려 교육입국敎育立國으로 초인류 선진국을 건설해야 한다.

한국 정보교육의 변천사

한국 정보교육 변천은 다음과 같다.[92]

우리나라 정보교육은 1970년 정부에서 발표한 '전자계산기 교육계획' 등을 통해 직업교육 관점에서 시작됐다. 이후 '정보화 시대'로 접어들며 정보통신기술(ICT)을 잘 다루고 이해하는 능력이 요구됐다.

이에 정부가 6차 교육과정(1992~1997)을 통해 중학교에 '컴퓨터'를 선택과목으로 편성하고, 7차 교육과정(1997~2009)에서 고등학교에 '정보사회와 컴퓨터'를 선택과목으로 편성하면서 본격적인 보편교육이 시작됐다.

2000년 대통령 신년사에서 언급된 '세계에서 컴퓨터를 가장 잘

---

92 https://www.hankyung.com

쓰는 국민 육성' 등을 근거로 'ICT 교육 운영지침'을 개발해 각급 학교에서 ICT 활용교육(ICT를 도구로 활용해 각 교과 수업을 진행)과 ICT 소양교육(ICT 도구를 이해하는 교육)을 필수로 운영하도록 권고했다.

ICT 교육 운영지침은 당시 정보교육 활성화에 크게 기여했지만, ICT에 대한 이해가 아니라 활용 능력에만 초점을 맞추고 있다는 한계점에 부딪히며 2005년 컴퓨터과학 중심의 내용으로 개정돼 배포됐다. 이후 2008년 11월 교육부가 발표한 '학교규제 지침 일괄정비 계획(안)'을 통해 ICT 교육 운영지침은 2008년 12월 31일을 기점으로 공식 폐기됐다.

교육과정은 수시 개정 체제를 갖추며 2007 개정, 2009 개정, 2015 개정 시기를 거쳐왔다. 정보 교육과정은 2007 개정을 통해 그동안 중·고등학교에서 다르게 운영하던 과목명을 '정보'로 통일하고 컴퓨터과학에 기반을 갖춘 연계성 있는 교육과정으로 구성했다. 2009 개정에서는 '컴퓨팅 사고력' 개념이 정보 교육과정에 본격적으로 도입됐고 컴퓨팅 사고력을 기르기 위한 내용이 중심이 됐지만, ICT 교육 운영지침이 폐기되면서 정보 교과 과목을 아예 개설하지 않는 학교가 늘어나게 됐다.

2015 개정 교육과정을 통해 초등학교는 실과 교과에서 6년간 총 17시간, 중학교는 정보 교과에서 3년간 총 34시간 소프트웨어 교육이 필수로 이뤄질 수 있도록 했다. 이는 초등학교 전체 수업시간의 약 0.28%, 중학교 전체 수업시간의 1% 정도로, 2000년 ICT 교육 운영지침에 비하면 매우 미미한 수준이다.

제18장

현재의 교육 실상

초·중·고 교육 실상과 문제

빗나간 교육열

칸트_{Immanuel Kant}는 '교육은 인간을 인간답게 형성하는 작용'이라 하였고, 슈프랑어와 케르쉔슈타이너는 '교육은 비교적 성숙한 자가 미성숙한 자를 자연의 상태에서 이상의 상태로 끌어올리기 위하여 구체적이면서 계속적으로 주는 문화작용'이라고 말했다. 다시 말하면, 교육이란 성숙한 사람이 미성숙한 사람에게 무엇인가 가치있는 것을 가르쳐주고 미성숙한 자는 그것을 배우는 상호작용이라는 점이다.[93]

우리나라가 한강의 기적을 이루고 이만큼 세계적 위상을 확보하게 된 것은 바로 이러한 교육열이 있었기 때문이다. 한국은 세

---

[93] 정재철 외, 『교육원리』, (교육 출판사, 1982), p.12.

계 제1의 대학진학률(70% 내외, 선진국은 평균 30~50%)을 자랑한다. 오바마 미국 전 대통령은 교육에 대한 학부모들의 관심을 고취시키기 위해 기회가 있을 때마다 한국의 높은 교육열을 극찬하며 국민들을 독려했다.

그러나 학생들의 교육열이 높은 것이 아니라 학부모들의 교육열이 높은 데서 문제점이 발생한다. 최근 과열되고 있는 입시, 취업의 경쟁사회에서 부모들의 과욕은 점점 증대되어 청소년들의 정신적, 신체적 고통을 증대시키고 있다. 부모들은 자식이 능력, 학벌, 취업 등 모든 것에 완벽한 사람이 되길 원한다. 하지만 지나친 경쟁에 따라 인성교육이 실종되어 청소년들은 건강성을 잃어버린 채 파탄의 길을 걷는 경우가 상당수이다.

시민의식을 가르치지 않는 한국교육(출처: 한국교육과정평가원) (단위:%)

구분	한국	일본	영국	프랑스
질서와 규칙	18.4	20	54.3	63
이해와 존중	15.9	28.7	60	60

미국의 베스트셀러 『넘치게 사랑하고 부족하게 키워라_{Parent Who Love Too Much}』의 공동저자인 제인 넬슨은 과도한 자식 사랑으로 빚어진 빗나간 자녀교육에 대해 아래와 같이 경고한다.

사랑이라는 이름으로 저지르는 부모의 자녀교육 욕심이 부모와 자식 간의 관계를 해치고, 서로에게 상처만 준다. 엄마들의 지나친 간섭과 관심 그리고 관리가 아이들이 독립적이고 책임감 있는 성년으로 성장할 기회를 빼앗는다. 나아가 야단치고 화내고 처벌하는 훈육은 아이를 망칠 뿐이다.

요즘 아이들은 태어나면서부터 올바른 인성과 정체성보다는 남보다 앞서 나가야 한다는 경쟁의 압박을 받게 된다. 한국 학생들은 최고가 되고 싶다는 성취동기가 매우 강한 것으로 나타났다. '내 반에서 최고의 학생이 되고 싶다.'는 학생이 80% 이상으로, OECD 평균(65%)보다 크게 높았다. 동시에 학교 공부를 하면서 긴장하고 걱정하는 비율도 다른 국가보다 높았다. '학교에서 나쁜 성적을 받을 것이 걱정된다.'는 학생이 75%(OECD 평균 66%)에 달했다.

요즘 유치원생은 대학생보다도 더 열심히 학원에 다니고 과외를 받다 보니 인성교육은 오히려 악화일로다. 유엔 '아동권리협약' 제31조, '모든 아동은 휴식과 여가를 즐기고, 놀이와 문화생활에 자유롭게 참여할 수 있어야 한다.'에 엄연히 위반되는 행위다. 더욱이 최근 조기교육의 부작용으로 어린 시절 자신감 발달에 어려움을 겪는 경우가 급증하고 있다.

5세 정도의 아이들에게 가장 중요한 것은 가정교육과 더불어 자연 속에서 마음껏 뛰어놀아 인성을 키우는 것이다. 그러나 대부분의 어린이가 매일 3시간씩 공부를 하느라 뛰어놀 틈이 없다고 한다.

동서양을 막론하고 인성교육을 전제로 하지 않는 교육은 올바른 교육이 될 수 없다. 그러나 우리나라의 공교육은 불행하게도 수능, 취직, 출세의 덫에 갇혀 인성을 갖추기 위한 교육보다는 입시·취직 위주의 천편일률적 교육만을 우선시하고 있어 청소년들의 정신적, 육체적 성장을 저해하고 있는 실정이다. 통계청이 발표한 '2021 청소년 통계'에 따르면 특히 코로나 이후 청소년 정신건강이 10명 중 5명이 학교가 싫어졌다고 나타났다.

사교육 문제

OECD(경제협력개발기구)가 3년마다 실시하는 국제학업성취도평가 PISA에서 한국과 핀란드 학생들은 늘 최상위권이다. '2018 PISA 결과'에서 한국은 수학 영역에서 5~9위, 읽기 영역에서 6~11위, 핀란드는 과학영역에서 5~9위, 읽기 영역에서 4~9위에 올랐다.

두 나라가 공부 잘하는 것은 비슷하지만, 여기까지 가는 길은 좀 다르다. 핀란드 아이들은 학교 안에서 공부를 끝내는 반면, 한국 아이들은 학교 밖에서도 엄청난 시간을 공부한다.

대부분(80%)은 학원에 가거나 과외를 받는 시간이다. 2020년 3~5월, 7~9월 6개월간 초·중·고 사교육비의 총액은 9조 2,849억 원이며, 사교육비에 참여한 학생의 비율은 66.5%, 주당 사교육 참여 시간은 5.3시간이었다.

정부는 2014년부터 초·중·고교의 선행학습을 금지하는 내용의 '공교육 정상화 촉진 및 선행학습 규제에 관한 특별법'을 제정, 시행해 오고 있으나 사교육 수요를 줄이는 데는 실패했다. 대학 서열이 엄연히 존재하고 대학이 곧 '스펙'이 되는 현실에서 사교육 줄이기 정책은 백약이 무효인 셈이다. 대학 서열화의 파괴와 입시제도의 대변혁이 필요하다.

지금 사교육의 목적은 좋은 대학에 보내 좋은 직장을 잡게 하려는 것이다. 그러나 '사교육→명문대→대기업·공무원→은퇴=성공한 삶'이라는 공식이 깨지고 있다. 기술 변화 속도가 전보다 훨씬 빠르고 인간 수명이 늘었기 때문이다.

서울시에서는 미성년자 우울증 환자의 38%가 학원이 밀집한 5

개 구區에서 진료받은 것으로 나타났다. "청소년 우울증을 앓는 환자 중 30~60%는 사교육 압박을 받고, 사교육으로 인한 가정불화를 말하는 학생들이 전체의 60%가 넘는다."라고 전했다. 사교육 스트레스가 평생의 트라우마로 남기도 한다.

부모는 매달 수십만~수백만 원을 사교육에 쓰고 아이 성적이 오르길 바란다. 부모는 돈을 썼는데 정작 아이는 그만큼 '실적'이 나지 않아 속상하고 부모 얼굴을 볼 낯이 없다고 한다. 결국 서로 대화는 줄어들고 오해와 불신은 깊어지는 것이다.

최근 사교육 열풍을 '망국병'이라고 걱정하는 목소리가 갈수록 높아지고 있다. 가장 심각한 문제는 사교육비 부담에 국가의 존폐가 걸린 결혼기피 문제, 저출산 문제, 중산층 붕괴, 사회적 양극화 등 많은 문제가 직결돼 있다는 것이다. '사교육 공화국'이라는 오명을 씻기 위해서라도 공교육 내실화로 한시바삐 교육의 질을 끌어올려야 한다. 사교육 번성의 주범은 부실한 공교육임은 누구도 부인할 수 없을 것이다. 사교육비 문제가 국가적 이슈로 확산되어 '기러기 아빠'로 가족이 헤어져 사는 것은 물론 경제적, 가정적 문제로 번져 가족 해체에 이르는 경우도 많다.

『공부를 공부하다』에서는 다음과 같이 말한다.[94]

사교육을 시키는 이유를 물어보면 '학교 수업 보충'이 높은 비율로 나옵니다. 만약 학교에서 학생들이 제대로 배우고 잘 마무리되면 학교 밖에서 또 공부할 이유가 없잖아요. 그런데 학교 공부가 마무리가 안 되니까 학교

---

94 박재원 정유진, 『공부를 공부하다』, (에듀니티, 2020) p.76.

밖에서 또 공부하게 되죠. 학원에 다니면 전체적으로 공부의 양이 늘어나니까 질은 떨어질 수밖에 없어요. 학교 수업에도 집중하기 어렵지요. 학교 수업에서 배우는 공부의 질이 떨어지니 또 양으로 채워야 되니까 학원에 보내야 되죠. 그러면 또 학교 공부의 질이 떨어지고, 악순환에 빠집니다.

독일에서는 초등학생들에게 사교육을 법으로 금지시키고 중고등학교는 방학 중에 숙제가 없다. 이에 반해 우리나라는 육아정책연구소 보고서에 의하면 만 5세 아동 10명 중 3명 이상이 사교육을 받고 있다. 어린이 놀이터에서 세상을 보는 눈을 넓히고 뛰어놀아야 할 아이들이 국어, 영어, 수학은 물론 과학, 창의 등을 배운다니, 조기교육 열풍은 광풍 현상으로 우려가 된다. 사교육이 무조건 나쁜 것은 아니다. 학교 교육이 채워주지 못하거나 예체능 특기를 발굴하기 위해서는 일정 부분 필요한 것도 사실이다. 그러나 심하게 왜곡, 과열되어 공교육을 위협하면 안 된다. 당연히 학교에서 배워야 할 '국·영·수·과' 과목이 '선행학습' 등의 미명 아래 사교육의 대부분을 차지하는 게 현실이다.

맹자는 호연지기浩然之氣를 조급하게 가르쳐서는 안 된다고 말했었다. 자연이나 사람이나 다 때가 있는 법인데 봄이 오기 전에 싹을 틔우는 우를 범할까 봐 걱정된다. 정부는 공교육이 경쟁력을 가질 수 있도록 현재의 잘못된 시스템을 철저히 분석해 조속히 교육 대혁신 방안을 수립해 야 한다.

주입식, 암기식 교육의 문제

한국의 입시제도는 말 그대로 아이들을 '옥죈다'. 그리고 이런 일류대학에 가기 위한 준비가 초등학교 때부터 시작된다. 불과 십수 년 전만 해도 중학교에 가서 영어 알파벳을 배웠다. 하지만 지금은 초등학교 때부터 영어·수학학원은 기본이고 피아노·미술·한문학원, 수영, 태권도까지 다닌다. 그래서 초등학생이 되면 유치원생일 때보다 더 많은 학원과 공부에 스트레스를 받게 된다.

중·고등학교 때부터는 수능을 위한 공부가 본격적으로 시작된다. 수능을 위한 공부란 무엇인가? 국어수업의 경우를 예로 들어보자. 김춘수의 「꽃」이라는 시다.

내가 그의 이름을 불러주기 전에는 그는 다만
하나의 몸짓에 지나지 않았다.… (중략)

얼마나 아름다운 시인가? 애틋하고 따뜻했던 첫사랑을 생각할 수도 있고, 오랜 친구와의 우정을 생각할 수도 있다. 아름다운 인성이 쑥쑥 자라난다. 하지만 우리 교육의 실상은 어떠한가?

• 꽃 : 인식의 대상, 객체
• 빛깔과 향기 : 나의 존재가 지닌 특성
• 주제 : 존재의 본질 구현에 대한 소망

시적 감흥을 느낄 시간을 주지 않는다. 다만 수능을 풀기 위한 'A=B'라는 답만 가르친다. 이러다보니 작가 김영하 씨는 그의 글이 교과서에 실렸을 때 "교과서에 내 글이 실리는 것을 반대한다."라고 선언했다. 스스로 자신의 글이 출제된 문제를 풀어봤더니 다섯

문제 중 두 문제를 틀렸기 때문이다.

학생들은 작품 자체를 느끼고 배우는 것이 아니라, 출제자 의도를 파악하고, 틀리지 않기 위한 연습을 한다. 문학작품을 수학공식에 대입하듯이 글을 분해해 밑줄 긋고, 답을 찾는 방법을 익힌다. 암기식, 주입식 교육을 통한 객관식 문제의 정답 맞추기는 창의력·상상력이 필요한 학생들에게 도움이 되지 않는다.

1995년 서태지와 아이들이 발표한 교실이데아의 "됐어 이젠 됐어 이젠 그런 가르침은 됐어, 매일 아침 일곱 시 삼십 분까지 우릴 조그만 교실로 몰아넣고 전국 구백만의 아이들의 머릿속에 모두 똑같은 것만 집어넣고 있어" 가사를 보면 현재에도 달라지지 않은 교육 방법이 걱정스럽다.

교육은 인간의 창의성을 어떻게 키울지 고민해야 한다. 개개인에게 요구되는 능력이 다양화되고 있는 현대사회에는 객관식보다는 논술형이 적합하다. 4차 산업혁명 시대를 맞이하면서 그동안 중요하게 여겨졌던 지식이나 업무가 인공지능으로 대체되므로 사고력과 창의력을 키워주는 교육으로 혁신해야 한다.

역사교육은 어떠한가? 과거 정부에서 국사 과목을 수능에서 제외시켜 역사교육의 체계성을 파괴시켰고, 2014년에는 국사를 수능 과목으로 다시 부활시켰다. 중·고등학생 시절은 학생들이 세계관을 바탕으로 정체성을 확립시켜 나가는 중요한 시기임에도 철학교육은 아예 시행치 않고 있어 중·고등학생의 정체성과 인성교육에 심각한 적신호가 오고 있다.

이 때문에 일찍이 세계의 각 나라들은 자라나는 청소년들에게 올바른 가치관을 세워주고, 민족적 자부심을 심어주며, 세계시민으로서의 위상을 분명히 하기 위해 애국과 인성교육으로 역사교육을 강화하고 있는데 반해 우리는 입시·수능 공부에만 매달려 있다.

초등학교·중학교 때부터 입시·수능 공부에 지쳐 결국 고등학교 때 상당수 학생이 방황을 하고, 12년간 공부하고 본 수능에서조차 좋은 성적을 거두지 못한다. 그럼에도 우리의 교육기관은 윤리, 도덕, 역사, 철학 등 정작 올바른 인성과 감수성에 필요한 것은 멀리 팽개친 채 획일화된 암기만 가르친다. 학생들은 오직 수능과 취직에만 초점을 맞춘 '인간복사기'로 양산되고 있다. 목적지가 어디인지도 모르고 무조건 앞만 보고 달리는 것이다.

21세기에는 헬리콥터맘(자녀 양육과 교육에 극성스러울 정도로 관심을 쏟는 부모)의 교육행태는 사라져야 한다. 공부를 닦달하거나 성적을 질책하는 행위는 절대 금해야 한다. 자녀가 마음껏 도전하고 기회를 찾도록 응원하는 한편 실패의 두려움을 가지지 않게 해야 한다.

『국가가 할 일은 무엇인가』에서 다음과 같이 말한다.[95]

지금의 주입식 교육방식으로는 철학적이고 고차원적인 사고를 하도록 교육할 수가 없습니다. 국가주의적으로 편성된 과목들, 중간고사나 기말고사, 입시제도 이런 것들을 확 털어버리면 오히려 공부하고 싶은 학생이 마음껏 공부하는 환경이 조성될 수 있습니다.

그리고 지금 체계에서는 기업들도 좋은 대학 나왔다고 뽑았는데 말도

---

95 이헌재, 이원재 대담, 글 황세원, 『국가가 할 일은 무엇인가』, (메디치미디어, 2017), p.101.

안 통하고, 학점 높은 사람을 뽑았는데 업무능력이 형편없기도 합니다. 각 기업이 정말 필요한 사람을 채용하기 위해서라도 지금의 입시교육, 대학 서열화는 없어져야 합니다.

21세기를 살아가는 힘을 실제로 기르는 교육은 자기 주도의 창의적 학습이다. 이런 학습을 위해서는 학생, 교사, 부모 등 모두가 근본적으로 변화되어야 한다.

유럽 학교의 교육철학은 이상적이다. 그림, 음악, 율동을 섞어 수업을 하며 수학시간에도 손뼉 치고 노래를 한다. 또한 뜨개질 등도 정규교과에 넣으면서 예술을 통한 인지학認知學을 기반으로 각종 전인교육을 활용한 독특한 인성교육 체계를 만들었다.

독일의 발도르프 학교는 넓은 흙마당에 나무와 꽃이 자라고 통나무로 만든 그네, 바위놀이터 등 조용한 시골학교 같은 분위기다. 이곳에서 아이들은 휴식시간을 알리는 종이 울리면 모두 교실 밖으로 뛰어나가 느티나무를 에워싸고 뛰어놀거나 낙엽을 밟으며 시를 구상하곤 한다.

프랑스 철학자 장 자크 루소는 "아이들은 언제나 움직이고 있다. 가만히 앉아 있는 것은 해롭다."라고 말했다. 배움과 삶의 가치를 결정하는 현재의 교실에서는 아이들은 '살아가는 힘'을 기를 수 없다.

이제 학교는 자연과 공생하고 이웃과 공존하는 '지혜로운 사람', 즉 인간다운 인간이 되도록 제대로 가르쳐야 한다. 그러려면 필요한 것이 교육체계의 전환이다. 어차피 개인 간의 경쟁이라는 메커니즘은 모두를 행복하게 만들 수 없다. 지원자는 10명이고 자리는 하나인 상황에서 '너희들 모두 승리하기만 하면 원하는 것을 얻고 행복해질 수 있다.'라고 가르치는 것은 출세주의 · 기회주의의 인성 파괴 교육일 뿐이다. 우리 학부모들과 교사들은 이제 '약육강식 사회에서 살아남는 법'만 가르치지 말고 인성을 갖추는 교육, 자기주도의 공부, 창의적인 교육, 철학교육 등으로 공생공존하는 인성을 갖추도록 혁신적으로 교육혁명을 일으켜야 한다.

교권침해, 무너지는 교육현장

우리는 학교에서 내면을 바르고 건전하게 가꾸며 타인 공동체 · 자연과 더불어 사는 데 필요한 인간다운 성품과 역량을 기르는 인성 교육을 위해 예禮, 효孝, 정직, 책임, 존중, 배려, 소통, 협동 등의 가치를 강조하고 있다.

그러나 근간 교권침해 문제가 날로 악화되어 교육입국敎育立國이 무너지고 있다.

교권침해가 우리 교육현장에서 어느 정도 심각한지 다음 사례를 통해 알 수 있다.

• 선생님이 교실에 들어오자 학생이 느닷없이 물었다. "선생님은 유재석이 좋아요, 강호동이 좋아요?" 별생각 없이 강호동이 좋다고 답하자, 학생은 몸을 돌려 뒤의 학생에게 이렇게 말했다. "늙은 것들은 다 강호동이야!" 이런 학생을 야단치려 하면 "CCTV 녹화되는 데에서 하시죠." 하고 당당하게 요구한다.

• C교사는 점심시간에 아이들이 빗자루로 위험하게 칼싸움을 하고 아무렇게나 던져 놓았다는 이유로 아이들을 혼냈다. 다음 날 부모는 아이의 옆구리에 난 멍자국 사진을 찍어 경찰에 상해치사 혐의로 C교사를 고소했고, 경찰 조사를 받은 뒤 검찰 조정위원회를

통해 요구하는 대로 합의금을 주고 합의를 했다.

• 한 초등학교 교사 A씨는 지난해 체육 시간에 학생이 넘어져 무릎에 찰과상을 입었다는 이유로 학부모에게 고소를 당했다. A씨는 "학부모로부터 고소를 당해도 학교와 교육청이 책임져 주지 않으니 스스로 살길을 찾는 수밖에 없더라."라고 했다. 교사들이 학부모나 학생과 송사에 휘말리는 경우가 늘면서 교사에게 변호사비를 지원해 주는 보험까지 나와 가입자가 느는 추세다.

• 2018년 11월, 한 학부모가 수업 중이던 여교사를 폭행하였다.

최근 교권 침해 사례가 나날이 증가하고 있어 학교에서는 아이들 간, 교사 학생 간의 사소한 일들조차 사건, 사고로 인식하고 학교폭력 자치 위원회를 통해 법적으로 해결하려고 한다. 결국 이러한 일들은 교사, 학생, 학부모 각자의 입장에서 서로를 탓하고 원망하고 불신하는 풍토를 만들고 있다. 결국 '학교를 당장 그만둘 수 있는 교사들이 가장 행복한 교사'라는 기이한 풍토가 조성되고 있다. 현재 학생인권조례는 선량하고 일반적인 학생들의 보편적인 인권보다는, 문제 학생들의 인권만을 지나치게 옹호하는 부작용을 보이고 있다.

최근의 교권침해 문제가 암처럼 확산되어 교육은 물론 국가의 미래가 암울한 실정이다. 최근 인성, 도덕성, 예의, 정의교육은 실종되어 교권침해가 일상화되고 있다.

일찍이, 플라톤은 '아카데미아'를 설립하여 스승인 소크라테스의 교육적 이상을 교학상장教學相長의 정신으로 구현하고자 했다. 플라톤의 교육철학은 국가적 목적에 기여할 수 있는 개인의 육성과 도야陶冶를 추구하는 것이었다. 소크라테스가 밝히고자 했던 것은 도덕이 무엇이며 정의가 무엇이냐는 것이었다.

우리나라 교육이념은 고조선 시대의 홍익인간 정신이 모태가 되어 현재까지 이어져왔다. 즉 고조선 홍익인간, 부여의 연맹선인, 고구려 조의선인, 백제 무사도, 신라 화랑도, 고려 국선도, 조선 선비도의 정신이 면면이 이어져 군사부일체의 아름다운 교육과 스승과 제자상을 세운 자랑스러운 역사와 전통을 갖고 있는 것이다.

교권침해로 학교가 황폐해진다면 결과적으로 교사와 학생 모두가 큰 피해를 입게 된다. 정부는 교권침해를 유발한 학생, 학부모 등에 대해 필요한 조치를 대폭 강화하는 등 교육 당국이 공교육 정상화를 위해 교권을 철저히 보호·확립할 수 있는 방안을 시급히 마련하는 등 해법을 강구해야겠다.

교권침해→교권확립→교권존경→교권사랑의 21세기 현대적인 군사부일체君師父一體로 승화시켜 새로운 교육상을 정립하여야 할 것이다.

대학교육의 실상과 문제

청년 대학생에게 필요한 창의 · 혁신(창업) 교육

학문과 지성의 전당殿堂인 대학이 오히려 인성 타락의 장소로 전락하는 경우가 허다하다. 결국 대학에 들어와서 성년이 되었지만 내면적으로 변한 것이 별로 없는 것이다. 입학만 하면 누구라도 학사를 취득하고 졸업하는 대학이어서는 아니 된다. 선진국처럼 일정한 자격과 학점으로 통과한 후에 졸업하게 하는 혁신적인 대학교육이 절실히 요구되고 있다.

오늘날 한국의 대학들은 창의적 교육을 심각하게 상실하고 있으며, 인성교육은 아예 생각도 않고 있다. 포털 인크루트에서 졸업예정인 대학생 933명을 대상으로 〈대학생활에 대한 만족도〉 설문조사를 한 결과 '만족한다.'로 답한 학생은 겨우 26.8%에 불과했다.

청년실업난이 가중되고 해결되지 않는 것에는 정부책임도 있지만 학사관리를 '적당히' 하는 대학과 자아를 상실한 학생들의 책임도 크다. 관계당국은 알면서도 문제의식을 갖지 않는다. 2018년 전국 384개 대학교(전문대 포함) 300여만 명 중 70여 퍼센트가 공부를 제대로 하지 않아 기초가 부실하다는 통계를 보아 알 수 있듯이, 올바른 인성과 능력을 가진 대학생으로 성장하는 데는 한계가 있다.

한국의 대학생들은 초등학교 때부터 혹은 그보다 더 어릴 적부터 스스로 정한 목표가 아닌 사회의 풍조나 부모, 교사 등 어른들에 의해서 만들어진 입시로 일류대학을 목표로 살아왔다. 정작 인간의 근본이 되는 인성교육은 받지 못했다. 초·중·고등학교에서 열심히 공부했는데 대학에서는 학문에 관심도 흥미도 가지지 못하고 자아정체성을 잃어간다.

일주일 내내 도서관에서 열심히 공부하는 학생들도 상당수 있다. 또 꾸준히 학원을 다니면서 영어공부 및 자격증 공부를 하는 학생들도 있다. 그러나 이들 중 대부분 학생들의 목표는 결국 취업이다. 사회적으로 인정받을 만한 직업들 중에 그나마 자신들에게 맞을 만한 것을 골라 출세와 취업을 위해 공부를 하는 것이다.

자신의 교육철학을 토대로 정체성에 따라 대학생다운 공부를 하는 것이 아니라, 출세주의의 공부를 하고 있다. 대학은 지성의 보루堡壘이자 지식의 원천으로, 공동체의 가치를 창출해내고 구성원이 되는 건전한 지도자를 배출하는 곳이어야만 한다. 지금 우리 대학이 해야 할 급선무는 입시경쟁에 매달려 모든 것을 유보했던 미래 세대들을 한 사람의 온전한 인격으로 길러내는 인성교육과 창의성 교육의 강화이다. 그들이 보편적 교양인이자 민주사회의 인성을 갖춘 시민의 역할을 할 수 있도록, 전인적 교육을 펼쳐야 하는 것이다.

이혜정은 『서울대에서는 누가 A⁺를 받는가』에서 다음과 같이 말한다.[96]

서울대 최우등생 46명을 인터뷰하며 이런 질문을 던졌다.

"만약 본인이 교수님과 다른 의견이 있는데 본인이 생각하기에 본인의 생각이 더 맞는 것 같다. 그런데 그것을 시험이나 과제에 쓰면 A⁺를 받을 수 있을지 확신이 없다. 이런 경우에 어떻게 하는가?"

놀랍게도 46명 중 41명이 자신의 의견을 포기한다고 말했다. 교수와 의견이 다를 경우 약 90퍼센트의 최우등생들이 자신의 생각을 버린다는 응답은 충격적이다.

엘런 랭어 하버드 교수는 "정답이 정해지면 사람들은 그 이상을 찾으려 하지 않는다."라고 했다. 서울대에서 A⁺를 받으려면 교수 숨소리까지 받아 적겠다는 각오로 강의 내용을 필기한 후 완벽하게 외워 시험 때 그대로 쓰는 것이다. 창의·창조적 인성교육은 기대할 수 없다. 정말 시대착오적 교육 현상이다. 작금의 대학의 자화상은 상아탑, 지성의 전당이라기보다는 한국 사회의 병적·구조적 모순을 따라가는 현상이다. 미래학자 앨빈 토플러는 얼마 전 우리나라를 방문하여 "우리는 무엇을 위해 사는가, 의미 없는 그 무엇에 바치는 것은 아닌가."라는 말을 남기고 갔다. 우리 대학생들이

96 이혜정, 『서울대에서는 누가 A+를 받는가』, (다산북스·2014), p.62.

곰곰이 새겨들어야 할 얘기다.

클라우스 슈바프 세계경제포럼 회장은 더 나은 미래열쇠는 젊은 이들이 쥐고 있다고 강조한다.[97]

오늘날 젊은이들이 위기에 처해있다. 코로나만 위협하는 게 아니다. 제2차 세계대전 이후 경제발전과 민주주의를 이루게 했던 바로 그 번영이 불평등과 사회 불화, 기후변화와 양극화를 빚고 있다. 밀레니얼 세대는 2008년 금융위기와 경기 침체로 실업과 등록금 대출 빚, 양질의 일자리 부족을 겪고 있다. Z세대가 겪는 코로나는 학교 휴교, 일자리 부족, 대규모 시위를 촉발하고 있다.

젊은 세대는 미래에 관해 이야기할 때 가장 중요하고 가장 큰 영향을 받는 이해 당사자다. 기성세대는 그들에게 큰 빚을 지고 있다. 세대 간 형평성을 규범으로 삼고, 전 인류를 위한 사회를 설계해야 한다.

에이브러햄 메슬로우는 〈욕구 5단계〉를 주장했다. 그는 "인간이 현재를 충족하고자 한다."라는 가설을 세우고 인간의 본성에 따른 욕구를 5단계(생리적 욕구, 안전욕구, 사회적 욕구, 자존욕구, 자아실현 욕구)로 구분하는 동기부여 이론을 주장했는바 기본욕구가 충족된 이후에는 상위욕구의 충족에 동기가 부여되는 것이 일반적이다.

그런데 현재 대학생들의 모습을 보면 자존과 자아실현의 욕구를 제대로 충족시키지도 못하고 중시하지도 않는 것 같다.

----

97 https://www.chosun.com/opinion/contribution

이제 우리 대학생이 올바른 길을 가지 않는 것은 젊은이들의 인생 낭비이자 국가적 낭비다. 자신의 정체성을 찾아 자신이 잘하고 좋아하는 공부를 하여, 자신도 행복하고 국가사회에 기여하는 창의·창조적 인성을 갖춘 인재가 되어야 한다.

이제 대학은 변해야 한다. 자신이 무엇을 좋아하고, 잘하고, 하고 싶은지에 대한 성찰을 통해 자아정체성을 가지고 목표를 설정하여, 열정을 갖고 공부하는 대학생이 되어야 한다.

캠퍼스에 멋과 낭만, 품위와 품격, 지성이 넘쳐흐르는 대학이 진정한 대학이고 이러한 대학을 만드는 것은 학생, 교수, 교직원 등 대학인들의 책무이다. 이제 각 대학은 새로운 인재상을 정립하고, 교육혁명을 스스로 일으켜야 한다.

절망의 늪에 빠져든 청년 대학생

우리 대학생들은 "왜, 대학에 다니는가?"에 대해 심사숙고하고 나아가 삶의 방향을 재정립하여야 한다고 생각한다. 학문에 정진하기보다는 적당히 즐기고, 노는 생활에 익숙해지는 것은 청년실업을 가중시키는 요인도 되고 있다. 기업체에서는 대학생들의 의식구조가 중소기업은 외면하고 대기업만 선호하는 것이 문제이며, 대기업에 입사한 대학생들은 실력이 부족해 재교육을 받아야 하는 실정이라고 말한다. 더욱이 입사 후 이직률이 30~40%에 달해 국가적 낭비가 심하다고 한다. 이러한 요인은 여러 가지가 있겠지만 그중에서 가장 큰 요인은 손자삼요損者三樂의 대학생활이라 할 수 있겠다.

공자는『논어』, 계씨편에 우리를 망가뜨리는 3가지 즐거움(손자삼요: 損者三樂)을 들고 있다. 이른바 해로운 3가지 즐거움은 아래와 같다.

- 교만방탕의 즐거움을 좋아하고(樂驕樂: 낙교락)
- 편안히 노는 즐거움을 좋아하며(樂逸樂: 낙일락)
- 향락을 베푸는 즐거움을 좋아함(樂宴樂: 낙연락)

손자삼요는 동서고금을 막론하고 정체성의 훼손으로 인간을 망가뜨리는 유혹의 요소로 작용한다. 특히 청소년, 대학 시절의 손자삼요는 아편과도 같아 특별한 경계와 주의가 요구된다. 젊은 시절엔 쾌락주의에서 더욱 헤어나기가 어렵고, 인생의 황금시기에 큰 병이 들면 인생을 망가뜨릴 수도 있다. 일찍이 아리스토텔레스는 "쾌락을 지나치게 추구하다 보면 중독이 되어 인생이 파괴된다."고 말했다.

여기서 그 이유가 무엇인지를 상당수 대학생들의 모습에서 드러나는 대학교육의 문제를 통해 살펴보자.

기성인들의 단합대회가 1차 음식점, 2차 노래방, 3차 술집까지 대부분 가고, 소수는 모텔까지 이어지는 불금(불타는 금요일)현상을 대학생들이 따라하는 실정으로 기성인들의 도덕적 생활이 중요시 된다.

대부분의 학생들은 수능을 마치고 나면 대학입시의 압박으로부터 벗어나 해방감을 주체하지 못한다. 그 해방감으로 수능 이후 각종 술집 및 클럽에 가면 갓 20세가 된 친구들이 자리를 채우고 있다. 두 달 동안 실컷 놀면서 즐겁게 시간을 보내고 나면 대학에 입학할 때가 온다.

매년 오리엔테이션과 MT를 할 때면 각종 매체에는 "어제 저녁 A대학 1학년인 B모 씨가 신입생환영회에서 음주 후, 만취상태로 사망하는 사건이 발생했습니다."라는 소식이 반복보도된다. 이런 불행한 사건은 우리 음주문화와 관련이 있어 개선이 필요하다. 특히, 2021년 4월 대학생이 한강에서 음주 후 실종되어 결국 사망한 사건으로 더 주목받고 있다. MT와 신입생환영회가 신입생을 환영하고 대학생활을 가르치는 장場이 아니라, 술로 고생시키고 인성이 망가지는 길을 알려주는 자리로 전락했다는 여론이다.

3월 중순부터 본격적인 수업을 듣기 시작한다. 그러나 공부는 뒷전이 되고 연애를 해야 된다는 생각에 대부분의 학생들이 미팅과 소개팅 전선으로 나선다. 미팅장소에 나가면 장소는 또 술집이다.

이런 현상으로 학교생활에 충실치 못하게 되고 결석이 잦을 수밖에 없다. 결석을 하더라도 학점을 받기 위해 결석 이유서를 제출하는데 단골은 진료확인증과 생리통이다.

수천만 원의 학비를 들이고 배운 것은 일부 학생들에게는 음주학, 연애학들뿐이며, 학문적 · 지적으로 성숙을 이루었다고 말할 만한 것은 아무것도 없다. 이러한 상황이 정형화된 룰인 것처럼 보편화되고 있다.

해방 이후 급격하게 서구문물이 유입되어 우리의 고유한 가치가 퇴조했다. 최근에는 손자삼요 현상이 교육 풍토를 크게 저해하고 있다. 손자삼요의 매너리즘에 빠져 성 문란(낙교락)의 생활 타성에 젖어 낙연락, 낙일락의 악순환에 말려든다. 손자삼요가 습관화 되면 대학생다운 대학생은커녕, 인간다운 인간으로 살기도 어렵다. 열정과 도전정신으로 학교생활에 정진해야 할 대학생이 손자삼요의 매너리즘에 빠진다는 것은 젊은이들의 죄악이자 파탄의 길임을 분명히 인식해야 한다. 매너리즘을 메이저리즘Majorism으로 바꾸어 스스로 자부심과 전문성을 가져 자타가 인정하는 리더가 되어야 한다는 충고를 해주고 싶다.

최근 잘 나가던 서울시장, 부산시장, 충남도지사 등 국가 주요 지도자들도 한순간 방심으로 손자삼요에 빠져 감옥에 가며 국가 사회에 큰 물의를 일으키는 경우를 많이 볼 수가 있다. 그 대부분은 대학생활의 손자삼요가 악화되는 경우일 것이다. 우리를 망가뜨리는 손자삼요가 습관화될 때 리더가 되기는커녕 기본적인 인간으로서의 품위도 상실해 결국 망하는 인생길로 갈 수 있음을 명심해야 한다.

공자의 말씀처럼 군군신신부부자자君君臣臣父父子子답지 않아 근본적인 문제가 있는 것이다. 학생은 학생답게 본분에 충실해야 하며 손자삼요로 인한 문제요인은 근본적으로 끊어야 한다. 수신과 성찰의 시간을 매일 가짐으로써 정신적으로 내공을 쌓은 삶을 영위해야 한다.

우리의 대학가는 전통적인 서점들은 사라지고 유흥가가 되었다. 매년 신입생 오리엔테이션, MT 때 음주과다로 학생이 죽는 등 유흥문화가 기승을 부린다. 손자삼요의 문제를 깨닫고 일일삼성의 생활로 정진하면 대학은 진정한 상아탑이 될 것이다. 상당수의 대학생들은 진정한 학문보다는 잡학에 빠져들고 청춘의 황금기를 허송하고 있다. 손자삼요를 극복하는 삶을 통해 미래 자신의 운명을 개척하는 자랑스러운 대학인이 되어야 한다.

세계대학 평가의 함의
2021 한국대학 순위

2021년 6월 주요 언론에서 2021 세계대학평가 결과를 보도했다.

영국의 대학 평가 기관 QS_{Quacquarelli Symonds}에 의하면 '세계대학 평가'에서 한국 대학 39곳 가운데 23곳(59%) 순위가 지난해보다 내려간 것으로 집계됐다. 특히 연구 역량을 평가한 논문 피인용 지표에서는 25곳(64%) 점수가 지난해보다 낮아졌다. 한국 대학들의 순위가 내려간 주요 원인은 연구 성과 하락 때문으로 분석된다.

각종 규제에 재정난까지 누적돼 한국 대학의 국제 경쟁력이 눈에 띄게 약화하고 있다. 머지않아 국가 경쟁력 하락으로 이어질 우려가 크다는 지적이다. 이번 평가에는 전 세계 대학 6,415곳이 참여했고, 이 가운데 1,300위까지 순위를 매겼다. 100위 안에 든 우리나라 대학은 서울대(36위)·카이스트(41위)·고려대(74위)·연세대(79위)·포스텍(81위)·성균관대(97위) 6곳이다. 이 가운데 서울대가 지난해보다 한 계단 올랐고, 연세대는 6계단 뛰어 역대 최고 순위를 기록했다. 반면 카이스트를 포함해 대학 4곳은 지난해보다 2~9계단 내려앉았다. 100위 밖의 한국 대학 33곳 가운데 18곳은 순위가 지난해보다 떨어졌다.

세계 대학 순위는 해외 우수 교원과 학생들을 유치하고 국제 공동연구에 참여하는 데 주요 참고 기준으로 활용되고 있다. 전문가들은 국내 대학의 연구 역량 약화가 다른 지표에도 영향을 끼쳐 순위 하락이 가속화될 것을 우려하고 있다. 이번 QS 평가에서 연구 영향력을 나타내는 논문 피인용 수 지표에서 작년보다 점수가 오른 국내 대학은 3곳에 불과하다. 이 지표에서 10위 안에 든 광주과기원(4위)과 울산과기원(9위)도 있지만 대다수(26개) 한국 대학은 600위 밖이다.

13년째 동결된 등록금을 비롯해 정부 규제로 재정난이 심화해 대학 경쟁력이 추락했다는 지적도 나온다. 황인성 사립대학총장협의회 사무처장은 "재정이 해마다 쪼그라들어 교육, 연구에 투자하지 못하고 기존 교원 인건비마저 줄여가는 대학들이 늘고 있다."며 "약화된 국제 경쟁력을 따라잡으려면 상당한 노력과 시간이 필요할 것이다."라고 했다.

2003년 QS 세계대학평가가 시작된 이후 올해로 18년째 한국 대학은 톱 30위 안에 들지 못했다. 김보원 카이스트 부총장은 "초일류 대학이 국가 경쟁력의 척도로 평가받는 시대에 지난해 GDP(국내총생산) 기준 세계 9위 경제 규모의 한국이 30위 내 대학을 내지 못하는 것은 문제이므로 경쟁력을 끌어올릴 대책이 시급하다."라고 했다.

4

대학 정원 미달과
저출산 가속화

　최근 대학생 급감으로 인해 한계限界대학이 급증하고 있어 교육
계에 큰 문제가 되고 있다. 2021년 신입생 정원을 채우지 못한 대
학이 급증한 가운데 재정이 부실하고 학생 모집을 정상적으로 하기
어려운 대학이 급증하는데 향후 더욱 증가할 추세이다. 한계대학이
란 재정이 부실하고 학생 모집을 정상적으로 하기 어려운 대학으로
서 교육문제일 뿐 아니라 사회적 문제로 확산되는 이슈이다.

　전국 84개 대학이 회생할 수 없는 것으로 밝혀져 충격을 주고 있
다. 한계대학 중 회생이 불가능한 대학은 자진 폐교될 수 없는 실정
을 감안, 교육부에서 퇴로를 열어주는 등 대책이 시급한 실정이다.

　2021년 6월 한국교육개발원 발표에 의하면 지난 10년간 정부의
대학 구조개혁 평가에서 1회 이상 재정지원 제한, 학자금 대출 제한,

경영 부실 대학 등으로 꼽힌 대학들이다. 이 중 62곳(73.8%)은 비수
도권의 지방대였다. 비수도권 가운데 한계대학이 가장 많은 지역은
충남(9곳)이었고 충북(8곳) · 경북(8곳) · 경남(6곳) 등이 뒤를 이었
다. 또 전국 한계대학의 94%(79곳)가 사립대인 것으로 집계됐다.

특히 한계대학 대부분이 비위나 도덕적 해이가 대학 부실의 원
인이었던 지난 상황과 달리 지금은 인구 · 사회적 변화 요인이 한계
대학 증가의 주요 원인으로 등장했다.

2021년 5월 주요 언론에서는 국내 대학 정원 미달 사태를 보도
했다.

전국 대학(전문대 포함) 신입생 미달 인원이 사상 최대인 4만
586명으로 나타났다. 지난해 미달 인원(1만4,158명)의 3배에 달하
는 규모다. 이에 따라 신입생 충원율(입학 정원 대비 등록 비율)도
작년보다 6%포인트 가까이 떨어진 91%로 나타났다. 평균적으로
전국 대학이 신입생 정원의 약 10%를 뽑지 못한 셈이다.

교육부는 2021년 5월 이런 현황을 공개하며 '대학의 체계적 관
리 및 혁신 지원 전략'을 대책으로 발표했다. 내년 3월까지 전국 대
학이 정원을 자율적으로 줄이는 계획을 제출하도록 하고, 전국 5개

권역별로 충원율 등에 따라 2023학년도부터 정원을 줄이도록 해 수도권·비수도권 모두 구조 조정한다는 게 뼈대다. 또 재정 상태가 부실한 한계대학에 대해서는 3단계 시정 조치 후 폐교 조치하는 이른바 '삼진 아웃'을 도입하기로 했다. 대규모 미달로 발등에 불이 떨어지자 정부가 뒤늦게 정원 감축 카드를 꺼내든 셈이다. 교육부는 앞으로 정원을 줄이지 않으면 3년 후(2024학년도) 미달 인원이 10만 명에 이를 것으로 추계한다. 이번 대규모 미달이 '예고된 참사'라는 지적이 나온다. 지난 정부가 대학 평가에 따른 정원 감축을 해왔는데, 문재인 정부는 "대학이 알아서 하라."며 사실상 손을 놓았다는 것이다. 문재인 정부 4년간 학령인구가 13만여 명 감소하는 동안 대학 정원은 1만 8,902명 줄어드는 데 그쳤다. 박근혜 정부는 같은 기간 학령인구가 7만여 명 줄어들 때 대학 정원은 5만 2,040명 줄었다.

교육부가 발표한 '대학의 체계적 관리 및 혁신 지원 전략'에 따르면, 올해 미달 인원 4만 586명 가운데 59.6%(2만 4190명)는 전문대에서 발생했고, 나머지 1만 6,396명은 4년제 일반대 미달 인원으로 집계됐다. 일반대 미달은 지난해(3,650명)의 4.5배에 이르는 규모다. 지역별로는 전체 미달 인원의 75%(3만 458명)가 비수도권대에서 발생해 지방대 미달 충격이 큰 것으로 나타났다. 국회 교육위원장 유기홍 민주당 의원에 따르면, 17개 시·도에서 신입생 충원율이 가장 낮은 지역은 경남(85%·일반대 기준)으로 나타났고, 서울은 99.5%로 전국에서 가장 높았다. 수도권과 비수도권 간 신입생 충원율 격차가 벌어지면서 전체 신입생 가운데 수도권 비율이 2015년 36.6%에서 2021년 40.4%로 늘어난 것으로 나타났다. 교육부

관계자는 "이대로 두면 2024년에는 전체 신입생의 41.9%가 수도권 대학에 입학한다."며 수도권 집중 현상을 우려했다. 이런 문제를 풀기 위해서라도 전국적인 정원 감축이 불가피하다는 입장이다.

교육부는 전국 대학이 정원 외 모집 전형을 정원 내로 흡수하거나 학부 정원을 대학원 정원으로 옮기는 식으로 정원을 줄이는 이른바 '자율 혁신 계획'을 내년 3월까지 수립하도록 할 방침이다. 또 입학 정원 일부에 대해 대학이 자발적으로 모집을 유보하는 제도도 도입한다고 밝혔다. 이렇게 정원을 자율적으로 줄인 대학에는 현재 정부 재정 지원 사업으로 받는 약 60억~70억 원에 추가적으로 예산을 더 지원한다는 구상이다. 교육부는 전국 5개 권역별로 '유지 충원율(일정 수준으로 유지해야 하는 신입생·재학생 충원율)'을 설정한 뒤 이에 미달하는 대학은 정원을 줄이도록 요구하고, 따르지 않으면 재정지원을 중단할 방침이다. 권역별로 30~50% 대학이 정원 감축 권고 대상이 될 것으로 교육부는 추정하고 있다.

이와 같은 대학의 위기 실태를 감안하여 시급한 종합대책이 요구된다. 대학의 위기를 기회로 바꾸는 과감한 구조조정의 개혁/혁신을 단행하여야 한다. 개혁/혁신을 통해 대학 스스로 해법을 마련하여 대학은 물론 사회적 문제로 확산되지 않도록 해야 한다.

구조개혁은 정원감축과 학과 통·폐합 정도가 아니라 학생은 살고, 대학은 피해가 없는 종합적 해법을 연구해야 한다. 대학마다 가지고 있는 특성을 살리고, 더불어 유휴 자산과 시설을 자유롭게 활용하게 하는 등 모든 해법을 찾아야 할 것이다.

5

4차산업 혁명과
교육의 미래(AI)

우리나라 미래교육은 미국 등의 선진국의 교육처럼 전면적인 AI 교육이 실시될 날이 머지않았다. 지금 준비하지 않으면 AI교육에 낙오되어 교육 후진국으로 추락할 수 있는 절박한 시기이다.

현재의 교육개혁 속도라면 AI교육의 낙오가 우려되는 실정이다. 교육계는 전면적인 AI교육을 위해 AI혁명, AI혁신 교육해법을 찾아 관계당국과 학교가 혼연일체가 되어야 할 것이다.

AI교육의 특징은 시대상황에 부합하는 1:1 맞춤형 교육을 이룰수 있다. AI교육은 21세기 첨단교육의 실현이다. 4차 산업혁명이 활성화 되면서 선진국은 이미 정책화 단계에 이르렀다.

우리의 AI교육은 조금 늦었지만 우리가 가지고 있는 교육열과 4차 산업혁명 역량을 융합하고, 최대한 활용할 경우 선진국을 얼마든지 추월할 수 있다.

과거에는 암기식 중심의 교육이었다면 향후 AI교육은 교사와 학생 간 현장에서 상호교감하는 등 맞춤형 하이테크High Tech 학습과 '데이터 · 테크놀로지 · 인문적 소양'이란 과학기술과 인문학의 결합으로 교육의 시너지 효과를 가져와 효과적인 교육혁신의 방안이 될 것이다. 이제 교사는 강의만 하는 사람이 아니라 수시 멘토의 역할도 하는 시대이다.

따라서 우리나라 AI교육 선도 대학에서는 활발한 준비를 하고 있는데 그 사례는 아래와 같다.

이화여대 김은미 총장은 다음과 같이 말했다.[98]

"코로나 팬데믹 이후 온라인 강의가 전면 도입되면서 국내 · 해외 대학 간 경계가 사실상 사라지고 있고, 대학들은 무한경쟁의 무대에 서게 됐다."라면서 "최고의 연구와 교육을 통해 세계적으로 여성의 경쟁력, 한국의 경쟁력을 높일 수 있는 방안을 추진하고 있다."고 했다. 이와 관련해 김 총장은 '인공지능AI 교육'을 경쟁력 강화의 강력한 수단으로 꼽았다.

이화여대는 2021년 5월 창립 135주년을 맞아 '지속 가능 사회를 선도하는 창의 · 혁신 플랫폼'을 비전으로 제시하면서 세부 추진 과제 50개를 발표했다. AI(인공지능) 융합연구원 및 대학원 설립, AI 단과대 신설, AI 기반 학생 관리 통합 시스템 구축 등이다. 김 총장은 "AI를 통해 연구와 교육을 고도화하는 것은 물론이고, 이화여대가 전통적으로 강한 인문 · 사회 · 예체능 분야를 접목한 AI 융 · 복합과 윤리 문제 해결에도 집중하겠다."라고 했다. AI 융합 학부는 내년(2022학년도) 첫 신입생을 뽑고, AI

----

98 https://www.chosun.com/national/education

단과대도 2023년 이후 신설하겠다는 계획이다.

미국의 21세기 혁신대학 1위는 서던뉴햄프셔대학이다. 채점과 피드백을 AI 기술로 자동화하여 에세이 평가에 활용 중이다. 교수와 강사진은 채점에 소모하는 시간을 줄이고 학생들과 더 깊게 교류하는 데 많은 시간을 집중할 수 있다. 미국 최대의 온라인 대학인 퍼듀대 글로벌은 전체 학위 기간에 걸친 학업과 기술 습득 수준을 추적해 개인별 분석 보고서를 제공한다. 모든 학생이 단순히 졸업장만 받는 게 아니라 산업에 필요한 역량을 성공적으로 갖출 수 있도록 지원하는 것이다.

최근 미국에서는 다양한 형태의 효과적인 AI교육을 혁명적으로 도입하여 세계적 주목을 받고 있다.

그 예를 들면 다음과 같다.[99]

AI 튜터를 도입한 대학에선 조교나 교직원 역할을 하는 'AI 챗봇'도 운영한다. 영화 '아이언맨'에 등장하는 '자비스'처럼 학생마다 개인 비서를 두는 셈이다. 학사관리, 진로 탐색 등 대학 생활 전반에 대한 업무를 24시간 볼 수 있다.

미국에선 AI챗봇에 각 대학 마스코트 이름을 붙여 의인화하는 게 유행이다. 애리조나주립대의 마스코트 '선 데블 스파키'의 이름을 딴 AI챗봇 서니Sunny는 수강신청이나 장학금, 기숙사비 등 학교 생활에 관한 모든 질문에 답해준다. 서니가 대답하기 어려운 질문은 '사람의 도움이 필요

---

99 https://www.chosun.com/national/education

한 질문' 리스트에 올라가는데, 2019년 8월부터 5개월간 서니가 받은 2만 6,000건 메시지 중 교직원에게 전달된 건 155개였다. 와이오밍대의 '카우보이 조Cowboy Joe', 조지아 주립대의 '파운스Pounce' 같은 AI 챗봇도 서니와 비슷한 역할을 한다.

위와 같은 AI교육 혁신과 달리 우리나라의 실정은 걸음마 단계에 불과하다. 2020년 교육부가 대학 교원 2,881명을 대상으로 조사한 결과, 대학에서 이뤄지고 있는 원격 수업의 절반(50.2%)은 '자체 제작 콘텐츠'를 활용한 수업으로 파악됐다. 상당수 대학생이 교수들이 사전에 녹화한 수업 동영상, 이른바 '인터넷 강의'(인강)를 들었다는 얘기다.

그나마 질문과 토론이 가능한 '실시간 쌍방향 수업' 비율은 24.8%에 그쳤다. 일선 대학의 교수들은 인터넷 강의는 약 90%의 학생이 만족하지 못하고 교수들 또한 불만족스러워 시급한 개선이 요구된다고 밝혔다. 더욱이 절대평가의 학점 인플레이션으로 90% 이상이 A학점을 받는 기이한 현상이 발생하고 있다. 코로나19 이후 대학교육은 사실상 형식적인 교육으로 일관하여 혁신적인 대책이 요구된다.

6

최고의 지성집단,
일부 교수의 세속화

21세기 한국 최고의 지성집단인 교수사회가 초심을 되찾는 일이 대학의 진정성을 회복하는 길이다. 유니버시티의 어원인 유니베르시타스 콜라리움_{universitas scholarium}은 학자 또는 학생들의 만남을 의미했다. 학자와 학생 사이의 만남의 고리는 학생 지도와 교육으로서 지성인의 산실이다. 대학은 과거로부터 현재까지 지성의 전당이고 국가의 희망이다. 근간 대학교수들은 학자로서 책무는 물론 폴리페서_{polifessor}, 자문교수, 명예교수, 석좌교수 등 주요 분야에서 활동하고 있다. 그러나 최근 바람 잘 날 없는 대학캠퍼스에는 교수들의 본분을 망각한 일탈 현상이 나타나고 있다. 대부분의 대학에서 교수의 갑질, 연구비 횡령, 논문표절, 미투운동, 부정 입학, 학교운영비리 등 세속화 문제가 끊임없이 제기되고 있다.

맹자의 '군자삼락君子三樂'은 진정 교수다운 교수로서의 길을 강조하고 있다.

"군자에게는 3가지 즐거움이 있다君子有三樂. 천하의 왕이 되는 것은 여기에 넣지 않았다而王天下不與存焉. 양친이 다 살아계시고 형제가 무고한 것이 첫 번째 즐거움父母俱存兄弟無故一樂也이요, 우러러 하늘에 부끄럽지 않고 굽어보아도 사람들에게 부끄럽지 않은 것이 두 번째 즐거움仰不愧於天 俯不怍於人 二樂也이요, 천하의 영재를 얻어서 교육하는 것이 세 번째 즐거움得天下英才而教育之三樂也이다."

맹자는 3가지 즐거움을 제시하면서 왕(대통령, 정치인)이 되는 것은 여기에 들어 있지 않음을 두 차례나 언급하여 권력과 정치에만 관심을 두는 폴리페서들에게 경종을 울려주는 것 같다.

교수는 학문을 가르치고 연구하는 사람이며, 학문은 현실에 적용되면서 그 가치를 발현한다. 교수들이 현실문제에 적극 참여하고 정부에 건전한 비판의 목소리를 낼 수 있어야 하는 이유가 여기에 있다. 권력에 관심을 두는 폴리페서들은 현안에 침묵하고 정부 정책을 비판하는 데 소극적이다.

교수의 연구 논문들은 '세상을 위한 학문'보다는 '학문을 위한 학문', '논문지상주의 학문'의 모습을 보이고 있다. 공장에서 찍어내듯 질보다는 양에 집중한 논문들에 대해 속 빈 강정이란 지적이 많다. 일본의 노벨과학상은 23명이 배출됐는데 주로 대학에서 탄생됐다. 이에 반해 우리나라는 단 한 명도 노벨과학상이 없는 실정이다.

교수는 전문지식과 경험으로 학생지도와 교육활동을 통한 사회와 국가발전의 중심역할과 공공활동을 하는 주체이다.

그러나 많은 교수들이 선거철이면 교수직을 유지한 상태로 선거에 출마하여, 학생들의 수업권을 심각하게 침해하는 경우가 있다. 교수들이 학생 지도에 소홀한 것은 교육자로서의 양심을 저버리는 행동이다. 인재양성과 연구중심의 상아탑이라는 대학의 의미가 점점 퇴색되어 안타깝다.

대한민국의 내우외환 위기를 앞장서서 책임지고 해결해야 할 주체는 지성집단이라고 생각한다. 이른바 지식, 지성인 집단이 국가위기를 사전에 예측 예방하고 국가발전을 위해 책임질 대표적인 집단이 아닌가? 물론 대통령을 포함한 정치인, 공무원, 언론인 등에게도 큰 책임이 있다고 할 수 있으나 따지고 보면 지성인 집단 교수사회의 도덕적 책임은 정치인 못지않다 할 것이다.

더욱이 조국 전 법무부장관처럼 폴리페서가 양산되는 시대에서 폴리페서들은 무엇을 하였기에 나라가 위기에 처해 있는가? 정치 경제, 안보, 사회 등의 전문학자의 식견과 리더십 발휘는 왜 제대로 역할을 하지 못하고 있는가? 국가 사회에 대한 무책임성이 그대로 드러나고 있다.

교수신문은 2020년 사자성어로 아시타비(我是他非: 이중잣대를 의미)와 후안무치厚顔無恥를 1, 2위로 선정했다. '뻔뻔한 정치적 태도'라는 테마로 묶인다. 부끄러움을 잊은 정치가 남 탓하기 시비 다툼에 세상을 가둬버렸다는 비판이다. 다수 응답자가 그 사례로 검찰개혁을 둘러싼 '추·윤 갈등'을 꼽았다.

대한민국의 위기를 만든 국민 중에 도의적으로, 정신적으로 가장 큰 책임을 져야 할 집단은 정치인과 지성인 집단이다. 나라 위기 현상을 보면 그 정점은 정치인과 폴리페서Polifessor라는 것을 느끼게 한다. 이른바 내로남불 논쟁의 중계자나 미투운동의 수수방관자로 전락해선 안 된다. 지식인과 지성인은 근본이 다른 것이다.

지식인 집단이 청정치 못하고 지성인 집단으로 승화하지 못하면 대한민국의 미래는 암울하다. 대학, 대학인이라는 지식의 산실을 통해 대한민국이 일류 선진국이 되어 주위 열강에 시달리지 않고, 겁박 또는 협박받는 나라가 되지 않도록 교수들이 이끌어야 할 책무가 있다. 대학교는 준 리더(대학생)의 보고이다. 준 리더를 리더다운 리더로 기르는 것은 교수의 소명이다. 교육은 백년지대계의 가장 소중한 자산이고 그 중심은 대한민국 교수이다. 우리나라 대학교 여건이 어렵지만 선진국 교수처럼 책임지고 대학생을 리더로 육성해서 리더가 넘치는 나라를 만들어야 되겠다.

대학교수 사회는 집단지성의 산실이다. 집단지성이란 다양하고 독립성을 지닌 많은 개체의 지성이 서로 협력과 경쟁을 통해 지속해서 축적되면서 조정되는 지적인 집단의 능력을 말하는 것으로 국가 발전의 원동력이 되어야 한다. 한국을 이끌어가야 될 지성인 집단, 대학교수들이 시대적 통찰력과 역사적 사명감으로 충실한 역할을 다하기를 기대한다.

제19장

미래의 교육혁명
8가지 실천전략

배움, 공부, 학습에 대한 인식의 대전환

학습의 중요성 – 인간은 배움의 동물

인생은 평생 깨닫고 진리를 얻음으로 이루어지는 삶의 과정이다. 그러나 우리나라 대부분의 학생들은 학교를 다니면서 공부하는 것에 하도 데여서 공부라는 말만 나오면 공연히 심기가 불편해진다. 자기주도학습이 아니라 타인 주도의 일관된 교육으로 인해 공부(학습)에 대한 거부 반응, 피해 의식 등 부작용이 나타나 '공부는 재미없는 것'으로 인식한다.

나아가 공부는 힘든 것, 괴로운 것, 하기 싫은 것, 안 해도 되는 것 등 부정적인 인식이 뿌리내려 학교생활에 소홀하게 된다. 더 나아가 평생교육을 외면하게 되어 개인은 물론, 국가경쟁력도 저하되고 선진국으로 가는 가장 큰 걸림돌이 되고 있다. 공부는 개인이 자존감을 잃어갈 때 결정적으로 나를 지켜주고, 국가 · 사회적으로는 나라를 살찌우고 국가발전을 도모하는 것이다. 더 나아가서는 공부는 인류 보편의 테마이자 인류 문명의 발전을 가능하게 한 근원이기 때문에 인간을 배움의 동물이라 한다.

『명심보감』「근학」 편에서도 학습의 중요성이 강조된다.
집이 가난해도 가난 때문에 배움을 포기해선 안 된다. 家若貧 不可因貧而廢學
집이 부유해도 부유함을 믿고 배움을 게을리해선 안 된다. 家若富 不可恃富而怠學
가난한 사람이 부지런히 공부하면 입신할 수 있을 것이다. 貧若勤學 可以立身
부유한 사람이 부지런히 공부하면 이름이 더욱 빛날 것이다. 富若勤學 名乃光榮
배우는 사람이 입신출세하는 건 보았지만 惟見學者顯達
배우는 사람치고 성취하지 못하는 건 보지 못했다. 不見學者無成
배움은 몸의 보배이고 배운 사람은 세상의 보배이다. 學者 乃身之寶 學者 乃世之珍
그러므로 배우는 사람은 군자가 되고 是故 學則乃爲君子
배우지 않는 사람은 소인이 된다. 不學則爲小人
뒷날 배우는 사람들이여, 모름지기 배움에 힘쓸 일이다. 後之學者 宜各勉之

그러나 안타깝게도 공부의 목적이 자신의 출세와 권력지향주의는 물론, 물본주의 도구로 전락한 실정이다. 자신이 하는 공부가 재미없는 경우라면 자아정체성과 내가 원하는 목표가 무엇인지 반드시 찾아보기 바란다. '내가 무엇을 좋아하고, 잘할 수 있고, 재미있게 할 수 있는지'를 생각하며 자아정체성을 찾고 목표를 설정하는 과정에서 공부의 필요성을 깨닫게 된다. 자기 힘으로 학습하지 못하고 학원 선생이나 부모가 떠먹이듯 가르쳐준 지식으로는 진학도 쉽지 않을 뿐만 아니라 대학을 졸업해도 진로가 어렵다. 학습이란 지적 호기심을 스스로 채워나가는 것으로 학습자로 하여금 배움의 철학을 정립할 수 있도록 도와주는 것이 제일 중요하다.

『내가 공부하는 이유』에서는 다음과 같이 말한다.[100]

공부하는 사람은 인생을 함부로 내버려두지 않는다. 공부는 희망을 준다. 공부의 본질 가운데 하나는 희망이라는 생각이 든다. 공부는 하면 할수록 더 알고 싶다는 의욕과 할 수 있다는 자신감이 솟게 하고, 노력하는 만큼 결과를 얻을 수 있다는 성취감과 희열을 준다. 누구나 좋은 환경에서 태어나 자신이 원하는 대로 인생을 쉽게 살 수 있다면 좋겠지만 불행하게도 인간의 삶이 완전히 평등하지는 않다. 공부를 통해 스스로의 삶을 더 행복하고 가치 있는 것으로 만들 수 있으니 얼마나 다행인지 모르겠다.

괴테는 "유능한 사람은 언제나 배우는 사람이다."라고 말했다. 괴테 같은 천재도 선천적으로 태어나지 않는다. 그가 "천재는 노력이다."라고 말했듯이 부단히 공부하는 사람이 유능한 사람이라는 것이다. 인간이 무엇인가를 공부한다는 것은 여러 가지 의미를 가지고 있다.

공자는 『논어』 제2편인 「학문」편 제1번 첫머리에서 '학습'의 중요성을 강조했다.

• 배우고 때때로 익히니 또한 기쁘지 아니한가. (學而時習之 不亦說
乎: 학이시습지 불역열호)

----

100 사이토 다카시, 오근영 역, 『내가 공부하는 이유』, (걷는나무, 2014), p.98.

• 오랜 벗이 먼 곳으로부터 나를 찾아오니 또한 즐겁지 아니한가. (有朋自遠方來 不亦樂乎: 유붕자원방래 불역락호)

• 사람들이 나를 알아주지 않아도 성내지 않는다면 또한 군자가 아니겠는가. (人不知而不慍 不亦君子乎: 인부지이불온 불역군자호)

공자의 철학이 빛을 낼 수 있는 이유는 그것이 머릿속에서 만들어진 것이 아니라, 책과 삶을 무수히 오가며 체득한 삶과 학습의 실천에서 비롯되었다고 볼 수 있다.

송나라 주희朱熹의 『근사록近思錄』에 "배우지 않으면 빨리 늙고 쇠약해진다."라는 말이 있다. 우리 주변을 둘러보면 정년퇴직이나 다른 이유로 일을 그만둔 뒤 급격하게 늙는 사람이 있다. 올바른 인성을 유지하는 것과 더불어 늙고 쇠약해지지 않기 위해서도 '인생은 죽을 때까지 배워야 한다.'는 의미를 잘 새겨야 한다. 공부(학습·배움)는 기본적인 삶의 기반이며 과정이다. 더 나아가 인간다운 인간이 되는 행복한 삶의 과정이다.

자아주도 및 창조적 교육시대

4차 산업혁명 시대 도래로 자아주도 및 창조적 교육이 요구되지만, 우리 교육은 아직 산업사회의 패러다임에 맞춰져 있다. 엘빈 토플러는 한국교육의 혁신을 강조하며 "상자 밖에서 생각하라."라고 말했다. 학생 맞춤형 진로 설계의 핵심인 자아 주도적 진로 개발 역량을 강화하기 위해서는 지금처럼 단순한 물리적 문제풀이 능력을 가르칠 것이 아니라 인문학적 사유 능력을 통한 미래지향적 마인드를 심어주어야 한다. 학교는 학생들의 꿈을 제대로 펼칠 수 있도록 인생 설계에 대한 체계적 교육 서비스를 제공하지 않으면 안 된다.

'나는 누구인가? 나는 어디서 와서 어디로 가는가? 나는 어떻게 살아가야 하는가?'란 자아 정체성과 인식적 물음에 대하여 이젠 학생 스스로가 답을 찾을 수 있어야 한다.

사회의 거친 파도를 헤쳐 나가기 위해서는 강인한 체력과 정신력을 바탕으로 한 문제해결 능력이 필요하다. 문제해결 능력은 지식과 더불어 창의력에서 나온다. 아인슈타인은 "창의력은 지식보다 중요하다. 지식은 한계가 있다"라고 말했다. 유대인이나 독일인이 노벨상을 많이 받는 것은 창의적인 기초교육 덕분이다. 교육의 목적은 자아정체성에 따라 '창의적 사고'를 지닌 '미래형 인간'을 기르는 것이며, 학교는 이러한 교육 목적을 구현할 의무가 있다.

'4차 산업혁명'의 패러다임을 준비한다는 우리교육은 그저 역량 기반 기술에 편승한 교육방향이 아니라 급변하는 사회환경과 노동 현실 속에서 개인이 가진 전문지식과 기술을 주어진 행동 맥락과 환경에 맞게 적용하고 변용하고 창조할 수 있는 역량을 교육하는 새로운 패러다임에 필요한 인재를 기르기 위한 교육 방향으로 설정해야 한다. 나의 정체성은 무엇이며 나의 인생 목표는 무엇이며 나는 무엇 때문에 사는가? 이 세계에 대한 나의 책임은 무엇인지 끊임없이 스스로 질문하고 답할 수 있도록 교육을 시켜야 한다.

자아는 '나 자신'이며 '나의 의식'이다. 찾지 않으면 보이지 않지만 없는 것은 아니다. 철학자 칸트는 경험적 자아 외에 도덕적으로 살려는 '본래적인 자기'가 있다고 했다. 이 '자기'가 자기중심을 잃고 흔들리는 것이 문제다. 이 시기의 중심 문제는 바른 자아 정체성을 확립하는 일이다. 청소년들은 자신이 누구이며, 가정과 사회에서의 역할이 무엇인가에 대해 알고자 한다. 또한 타인의 눈에 비친 자기는 누구인가에 심각한 관심을 보인다. 자아 정체성의 결여는 역할의 혼란을 초래한다. 자아 발달의 최종 단계를 에릭슨은 자아 정체성의 발견으로 표현했다. 에릭슨이 말하는 이 시기는 12~18세의 청소년들로 급격한 생리적·신체적·지적 변화를 경험한다. 이로 인해 그들은 수많은 충동과 무한한 동경심과 호기심을 갖게 되지만 경험 미숙으로 좌절과 회의, 불신을 경험하게 된다. 미래 교육은 자신이 주체가 되어 모든 일을 자아 주도적으로 처리하고 자기 주도적으로 공부하는 창의·창조적인 인물을 육성해야 한다.

초·중·고등학교 때 자아 정체성을 찾고 정체성에 따라 배움의 길을 가야 한다. 대학 진학이 능사는 아니다. 자아 정체성에 따라 자신만의 고유한 인생의 길을 찾아야 한다는 것을 강조하고 싶다.

지금까지 대부분의 사람들은 평생교육 시대의 자아주도 및 창의적인 교육 계획에 따라서 사전에 치밀한 인생 목표를 설계하고 살기보다는 막연하고 적당한 목표를 세우고 살아왔다. 그러나 21세기는 누구나 100세를 살 수 있는 시대이기 때문에 자아주도의 창의적인 인생 목표가 반드시 필요하다.

철학은 인생의 근본

한국형 교육철학 정립

기원전 900년부터 200년 사이에 석가모니와 함께 소크라테스, 아리스토텔레스 그리고 공자와 같은 위대한 사상가들이 출현하였다. 전쟁과 폭력이 난무하던 시대에 인간 존재에 대한 본질적 질문이 터져 나오고, 윤리적 각성과 철학적 성찰이 폭발하던 이 시대를 독일의 철학자 카를 야스퍼스는 '축의 시대The Axial Period'라 하였다.

모든 사람은 철학자이고, 내 삶의 주인은 나이며, 나의 철학은 나의 삶 속에서 만들어지는 것이기 때문에 철학교육은 중요하다. 그러나 우리의 교육계가 철학 교육에 소홀할 뿐만 아니라, 제대로 된 철학 교육자료도 부족한 실정이다.

유럽국가의 대부분은 초등학교부터 대학과정까지 철학을 공부한다. '나는 누구인가?', '나는 어디서 와서 어디로 갈 것인가?'에 대한 고찰과 윤리학 등 인간으로 살아가는 데 반드시 필요한 철학을 공부함으로써 자아정체성을 발견하고 인생의 나아갈 방향을 설정해가는 것이다. 그런데 우리나라는 국어 · 영어 · 수학에 목을 매느라 철학교육은 엄두도 못 내고 있는 현실이다. 프랑스에서는 고등학교에서도 철학교육을 필수과목으로 가르치고 있듯이 우리도 철학교육을 강화해야 한다.

『하버드의 생각수업』에서는 다음과 같이 말한다.[101]

옥스퍼드 대학교는 시험성적보다는 인성면접을 중요시한다. 생각에 관한 교육이라고 하면 프랑스라는 나라를 빼놓을 수 없다. 그들의 대입시험, 바칼로레아Baccalaureate에는 어떤 전공을 원하든 관계없이 철학시험이 포함되어 있다. 프랑스는 철학이 생각을 발전시켜 나가는 중요한 학문이라 생각한다. 철학을 공부하면서 학생들이 내 생각은 어떤지, 왜 그렇게 생각하는지 찾아가길 의도한다. 요컨대 자신의 철학, 가치관, 진정한 교양을 가져야 한다는 말이다.

우리는 지금 사회의 모든 분야에서 창조적이고 효과적인 철학교육을 요구하는 시대에 살고 있으나 우리 교육과정에서는 철학을 등한시하고 있다. 철학은 올바른 개인의 가치관과 세계관을 확립하게 만들어 개인은 물론, 사회와 국가발전의 원동력과 정신적 지주로서 교육의 핵심요소이다.

....

101 후쿠하라 마사히로, 김정환 역, 『하버드의 생각수업』, (엔트리, 2014), pp.6~9 요약

동 · 서양 철학의 이해

동양철학은 역사의 승자로 살아남은 중국이 중심을 이루고 있다. 우리의 환인 · 환국 · 단군 시대의 보물 같은 철학 자료가 수많은 국난으로 훼손된 데다가 일제 강점기의 한민족 문화 말살정책으로 한민족의 철학자료는 대부분 사라졌다. 따라서 우리의 철학은 구전으로 축소되어 기록문화는 부실화되었다. 그러나 동양철학의 뿌리는 사실상 홍익철학이라는 것을 알고 지금부터라도 자료를 찾고 깊이 연구하여 우리 민족의 철학사상을 정립해야 한다.

공자는 "이 세상 모든 것의 근본은 사람이다以人爲本."라고 논어에서 강조했다. 이를 해석하면 이 세상 모든 것 중 사람이 가장 중요하고 사람이 본질이라는 뜻이다. 현대인은 자연과 우주의 섭리를 바탕으로 철학을 이해하고 자연과 더불어 살아가야 한다.

공자는 "아침에 도를 배우면 저녁에 죽어도 한이 없다."라고 말했다. 동양철학의 초점은 인간다운 생활을 할 수 있는 인생의 도와 인생의 의미를 찾는 것이다. 다양한 철학적 관점으로 인생에 대해 말할 수 있겠지만 인생의 도와 의미란 스스로 찾는 것이요, 스스로 만들어나가는 것임은 분명하다.

유교에서는 특히 도덕적 면을 강조하여 일종의 생활규범, 인간의 가치기준 등을 핵심규범으로 여겼다. 이러한 유교는 중국 못지않게 조선 시대에 꽃을 피웠다고 볼 수 있다.

동양철학의 원초적인 성격에 있어서 인간이 인간답게 살고 인생의 도를 추구한 것으로서 공맹과 유교의 핵심사상, 즉, '수신제가치국평천하修身齊家 治國平天下'를 핵심덕목으로 볼 수 있다. 또한 동양의 인본주의는 인仁, 의義, 예禮, 지智, 신信 등 유교철학을 중시한다. 이것은 공자부터 시작하여 맹자, 순자의 유가와 도가, 현학, 신유학, 성리학 등으로 다양한 형태로 발전되어 왔다. 동양 인본주의의 원리는 자연과의 조화, 타인과의 조화를 중시했다. 남을 배려하고 돕는 것을 주요 인성으로 삼았고, 남을 돕는 것도 자신의 인성을 수양하는 중요한 방법 중의 하나로 보았다.

인仁은 '논어'의 핵심 메시지이다. 인간의 인간다움은 인이다. 즉 사랑하는 마음이며 그 인의 실천방식은 충忠과 서恕이다. 충은 사랑하는 대상에 대해 꿋꿋하게 의리를 지키는 것이며, 서는 사랑하는 사람을 그 사람의 입장에서 부드럽게 안아주는 것이다. 그리고 이것을 온몸으로 실천하는 것이 군자의 이타주의 삶이다.

고대 서양철학의 원초적인 성격은 소크라테스로부터 찾을 수 있다. 고대 그리스 철학자 소크라테스(기원전 499~399년 추정)는 오늘날 서양철학의 뿌리로서 인간의 존재와 내면에 대해 탐구했다. 사람들이 무지를 자각해 스스로 진리를 추구하도록 의도했다. 인생에서 가장 소중히 여겨야 할 것은 단지 사는 것이 아니라 훌륭하게 사는 것이라고 강조했다. 이러한 소크라테스는 법정에서 자신의 가르침이 잘못됐다 인정하면 사형을 피할 수 있었지만 "품위와 위엄을 잃는 일 따위는 하지 않겠다."면서 독배를 택했다. 더욱이 자신의 죽음이 옳았음을 역사 속에서 증명하려는 신념과 철학으로 독배를 택하여 오늘 날까지 깊은 의미를 주고 있다.

플라톤은 '아카데미아'를 설립하여 스승인 소크라테스의 교육적 이상을 교학상장敎學相長의 정신으로 구현하고자 했다. 그 결과 『크리톤』, 『파이돈』 등을 저술해 소크라테스의 저술을 발전시키고 『이데아론』을 처음으로 주장했다. 또한 그의 제자 아리스토텔레스는

'최선의 삶은 무엇인가?', '삶의 최고선은 무엇인가?', '덕은 무엇인가?', '어떻게 우리는 행복을 실현할 수 있는가?' 하는 문제들을 명료하게 의식했다. 그에 따르면, 인생의 목적을 설정하는 데 있어서의 시작은 그것이 개인적 행복에 있다는 것을 솔직히 시인하는 것이다. 우리는 행복 그 자체를 위해 행복을 원하며 그 밖의 것, 상위의 가치를 위하여 추구하는 것이 아니다.

또한 중세철학의 선구자인 데카르트는 "나는 생각한다, 고로 나는 존재한다Cogito ergo sum."라고 말했다. 즉, 무릇 사유된 것은 모두 존재한다는 것으로 데카르트가 발견한 진리의 표준이다. 인간존재의 근거가 더 이상 신에게 있지 않고 사고思考에 있다는 주장을 펼쳤다.

칸트(1724~1804) 철학은 서양철학의 최고봉 가운데 하나다. '내 위에 별이 반짝이는 하늘과 내 속의 도덕법칙'이라는 묘비명에 새겨져 있는 말이 나타내듯, 칸트철학은 자연인식에서 실천적 인식에 이르기까지 주체적으로 이론이성과 실천이성의 존재양태를 규명할 것을 지향하고 있다. 또한 인간이 무엇이 도덕법칙에 맞는 행동이고 무엇이 도덕법칙에 어긋난 행동인지 판단할 수 있는 능력을 실천이성이라고 불렀다. 한편 『순수이성비판』은 그와 같은 칸트철학의 기초를 이루는 총론에 해당되는데, 유한한 인식의 한계 내에서 위대함을 꿈꾸었던 계몽주의적 인간상을 그려낸 위대한 고전이라고 하겠다.

근대철학의 효시는 프랜시스 베이컨으로서 "아는 것이 힘이다."라고 말하여 신의 은총과 상관없이 인간이 자연세계를 얼마나 정확하고 많이 아는가에 따라서 그 인간의 힘이 좌우된다고 주장하였다. 한편, 현대를 열었다고 하는 철학자로는 대표적으로 마르크스나 프로이트, 니체를 들 수 있다. 들뢰즈는 그의 저작『니체와 철학』에서 "현대철학은 대부분 니체 덕으로 살아왔고, 여전히 니체 덕으로 살아가고 있다."라고 하였다. 니체는 근대이성을 계산적 이성이라고 비판하며, 이성은 정신으로 존재하고 의지는 육체로 존재한다고 주장하였다.

아시아적 가치는 공동체정신과 깨달음의 정신, 서구적 가치는 자유 · 민주적 합리주의와 프런티어 정신이라고 여겨진다. 철학의 방향성은 아시아적 가치를 중심축으로 한 동서양 정신문화의 통합이라고 할 수 있다.

철학은 삶의 기본이 되기 때문에 삶의 질을 좌우한다. 철학은 단순히 고뇌한다고 이루어지는 것이 아니다. 철학은 늘 배우고 정진하는 과정에서 켜켜이 쌓여가는 것이기 때문에 학습이 매우 중요하다. 철학을 바탕으로 한 인문학 교육의 활성화는 곧 대한민국의 발전으로 이어질 것이다.

『철학의 나무』에서는 다음과 같이 말한다.[102]

'철학'이란, '다른 학문에 비해서 세계에 대해 보다 근본적인 것들을 알아내며, 그래서 세계에 대한 가장 근본적 이해를 얻을 수 있는 학문'이라고 한다. 플라톤은 고대 그리스의 아테네에 학교를 만들었는데, 그 학교 이름을 '아카데미아'라 고 했다. 그 이름에서 유래되어 오늘날 '공부하는

---

102 박제윤, 『철학의 나무』, (함께북스, 2006), pp.14, 37, 46 요약

장소'를 뜻하는 말로 '아카데미'라는 말을 널리 사용한다.

자신의 학문에 대해 철학을 해보지 못한 과학자는 결코 조수나 모방자에서 벗어나지 못한다.

철학은 인생관, 가치관과 직결되어 '나는 누구이며, 무엇을 위해 살아가는가?'라는 물음에 대한 자기 나름대로의 답을 내는 토대가 된다. 우리는 철학적 가치관의 물음에 대한 답을 가지고 있어야 한다. 그 답이 없으면 삶에 있어 수많은 부분이 흔들리게 되는 것이다. 일부 청소년, 대학생, 직장인들은 인생철학이 결여되어 자기 인생목표가 없거나, 있더라도 자의 반 타의 반으로 세워진 것에 불과하여 남들이 잘되어 가는 과정을 그저 선망의 눈으로 바라본다. 주체적인 삶의 결여로 인생무대 안에서 주연이 아닌 조연으로 살아가는 사람들이 너무나 많다. 물질만능 · 쾌락 추구 · 권력 추구 등으로 인한 정신의 황폐화는 인간다운 인간으로서의 참된 삶을 상실케 한다.

모든 나라가 고유의 철학과 사상을 갖고 있으며 그 철학과 사상을 바탕으로 문화를 형성해왔다. 이러한 사상과 이념들은 각 국가의 철학 · 정신문화이자 영혼이며, 기층을 형성하는 토대로 맥을 이어오면서 국가의 정체성을 유지 · 발전시켜 왔다. 우리 고유의 철학을 창출하고 연구 · 발전시켜 단 한 줄, 단 한 장이라도 창작하는 풍토 아래 효과적인 교육이 가능하다.

한국적 여건과 환경에 맞는 인문학 교육을 제대로 시키려면, 우리의 역사와 철학 등 우리 고유의 학문을 집중 연구하여 한국형 철학교육 자료가 풍부해져야 한다. 한국적 상황과 여건에 바탕을 둔 경험적 철학을 살려 자아화自我化하고 이를 학문화할 때, 우리의 철학교육학이 창의·창조되어 효과적인 교육이 될 수 있다.

『인간이 그리는 무늬』에서 최진석은 다음과 같이 밝혔다.[103]

한국에서 나온 철학박사 학위논문의 99퍼센트는 먼저 나온 세계관을 해석하거나 이해하려고 하는 '무엇무엇'에 관한 연구들이다. 훈고訓詁의 기운으로만 너무 채워져서 창의創意의 기운이 발휘되지 못하는 형국이다. 즉 한국에서는 산업 현장에서와 마찬가지로 철학연구에서조차 장르를 창출하지 못하고, 선진국에서 만든 장르를 대신 수행하는 '생산자' 역할만을 하고 있다. 이러한 현상을 학계에서는 '한국의 철학'이 아직 건립되지 못했다고 표현한다.

철학교육이란 인간다운 인간으로서의 삶과 행복한 삶을 목표로 설정하고 그 목표를 성취하기 위해 살아가는 과정이다. 인성교육이 개인의 사리사욕을 넘어 이타주의와 공동체의 이익을 조망하는 것은 결국 널리 사람을 이롭게 한다는 우리나라의 홍익인간 철학과 맞닿아 있다. 철학교육은 역사와 국혼에 바탕을 둬야 하고, 정의와 국가공동체에 대한 자긍심을 갖게 하면서 사회의 보편적 가치관을 담아야 한다. 홍익인간 철학교육으로 사람을 이해하고 사람을 위하고 사람의 길을 모색한다면, 철학교육의 근본적인 토대가 될 것이다.

----

103 최진석, 『인간이 그리는 무늬』, (소나무, 2014), pp.32~33.

체덕지 體德智 전인교육

3

교육이란 인간다운 인간, 인간다운 삶을 추구하는 교육을 말한다. 존 로크의 교육론[104]은 우리가 흔히 알고 있는 지덕체가 아니라 체덕지로 '신체의 건강'을 최우선하였다. "건강한 신체에 건강한 정신이 깃든다."라는 너무나 상식적이고 당연한 말이지만 입시지옥, 학력차별 사회인 우리 현실에서는 가정에서도 학교에서도 체육의 중요성을 잘 깨닫지 못하고 있다.

특히 요즈음 청소년들은 체구는 큰 데 비해 체력이 약해 공부는 물론, 사회진출과 결혼생활에도 지장을 초래하고 있는 형편이다. 건전한 체력에 건전한 정신이 깃들어 전인적 교육을 할 수 있는데 기본 체력이 약하다 보니 외국 학생들에 비해 장기전에 약해 제대로 공부할 수 없다.

----

104 존 로크, 박혜원 역, 『교육론』, (비봉, 2014), p.9.

"체력은 국력이다." 라는 말처럼 개개인의 체력이 뒷받침이 될 때 국력이 튼튼해지는 것이다.

WHO는 건강의 개념을 '건강이란 단순히 질병이 없는 상태가 아니라, 신체적, 정신적, 사회적으로 균형 잡힌 상태를 유지하는 것'으로 정의하고 있다. 운동은 신체의 건강을 위해서 필요한 것은 물론 긍정성을 키워준다는 점은 동서고금 위인들의 가르침이다. 신라의 화랑교육도 주요 교육은 산천을 돌아다니면서 심신을 단련하는 운동이었다. 운동을 하면 엔도르핀이나 세로토닌 등의 행복 호르몬이 분비되어 상쾌하고 여유로운 긍정 심경도 생긴다.

운동 시간을 늘리면 학생들의 학업 성취도가 올라가고, 학교폭력, 우울증, 게임 중독이 줄어든다. 체육활동을 늘리는 것은 남학생과 여학생 모두의 뇌를 활발하게 만드는 것으로 알려져 있다. 인성을 중요시하는 전인교육을 하면서 체력도 단련하고, 다양한 체험학습을 통해 이 사회에 적응성을 키울 수 있다. 교육의 기본방향을 근본적으로 전환하여 체덕지 교육으로 전환시켜야 한다.

한 국제구호단체에서 운영하는 '체인지 교육'은 입시위주의 나쁜 교육을 바꾸자는 취지에서 시작된 체덕지 교육의 모범사례이다. 체인지 교육에서는 한 사람도 소외되지 않고 서로의 생각을 모아 협동하며 모두 승리하는 게임을 한다. 신체활동, 인성교육, 창의성 교육이 어우러진다.

존 레이티 하버드대 정신의학과 교수는 다음과 같이 말한다.

"세계적으로 운동 기반 교육movement-based learning을 강화하는 추세인데 한국은 역행하고 있다. 온종일 학교나 학원에 앉아 몸을 쓰지 못하게 하는 한국식 교육은 오히려 학생들 역량을 저하시키고 우울증까지 유발할 수 있다. 학생들이 매일 최소 40분 신체 운동을 해줘야 뇌가 자극받고 학습 능력도 좋아진다. 운동하면 뇌로 공급되는 피와 산소량이 늘어나면서 세포 배양 속도가 빨라지고 뇌 안의 신경세포(뉴런) 역시 더 활기차게 기능한다. 아이와 어른 할 것 없이 운동하면 집중력·성취욕·창의성이 증가하고 뇌의 능력이 확장한다."

정신적, 사회적 건강의 대부분은 육체적 건강에서 비롯된다는 것을 알아야 한다. 건강한 몸에서 비롯된 마음과 생각은 말과 행동 습관의 건강함으로 이어져 사람의 운명을 바꿀 수 있는 선순환 작용을 일으킨다.

이제 우리나라도 초·중·고의 체육교육 필수과정을 부활시키고 대학과 사회체육으로 연관시켜 삶 속에서 자연스럽게 건강을 다질 수 있는 체육문화를 조성해야 한다. 우리의 국기인 태권도를 필수 교육화 할 경우 체덕지 교육의 기반 조성 및 활성화에 크게 기여할 것이다. 청소년기에 적절한 운동으로 성장판을 자극해주어야 하는데, 학생들이 교실과 학원만 오가고 있고, 그나마 시간이 좀 생기면 컴퓨터, 스마트폰 하느라 땀 흘려 운동할 시간이 없다. 대입 체력장 부활 등 초·중·고 체육교육 활성화가 시급하다. 체력이 국력이고 체력이 국민 행복의 시대이다. 지덕체 중심교육을 체덕지 중심교육으로 조속히 전환해야 한다.

4

밥상머리 가정교육 효과

우리의 가정은 생활의 중심이고 삶의 성패를 좌우하는 출발점이다. 가정은 우리의 전全 인격이 자라나는 터전이다. 위대한 인물을 기르는 온상이 되기도 하지만 악인을 기르는 온상이 되기도 한다. 가정은 성선善의 근본이요, 때로는 성악惡의 근원이 되는 것이다. 인생에 있어서 가정만큼 중요한 곳이 없다. 가정의 역할은 학교에서도 사회에서도 어디에서도 대신할 수 없는 고유의 교육장이다.

현대 사회학에서는 다음과 같이 말한다.[105]

급격히 증가하는 이혼율과 가족의 의무 대신에 개인적인 행복 추구 등 지난 수십 년 동안의 변화를 나열하면서 가족 가치를 옹호하는 사람들은

---

105 앤소니 기든스, 김미숙 외 6인 역, 『현대 사회학』, (을유문화사, 2001), p.193.

'가족이 붕괴하고 있다'고 외치고 있다. 그들은 우리가 도덕적인 가족생활을 회복해야 한다고 주장한다. 우리는 전통적인 가족을 다시 회복시켜야 한다.

우리의 선조들은 "벼는 농부의 발자국 소리를 듣고 크며, 자녀의 인성은 부모의 등을 보고 자란다."라고 말했다. 교육에서 가정교육의 중요성을 강조하는 말이다. 근간 IT문명이 발전함에 따라 가족 간의 접촉보다는 기계와의 접촉이 더 편하고 가까운 소통의 현상이 되었다. 가족 간 대화가 단절되다 보니 신뢰와 사랑의 덕목 등, 가정의 소중함이 점점 퇴색되어 가고 있어 밥상머리교육의 중요성은 더욱 제고되고 있다.

가정교육의 기본은 바로 학부모 교육이다. 가정에서 스스로 훌륭한 인격자가 됨으로써 자녀들에게 모델이 되도록 하는 것이다. 주입식으로 가르칠 것이 아니라 학부모 스스로 무엇이 옳은 것인지 솔선수범하여 보여야 할 필요가 있다.

로저 스크러튼은 『합리적 보수를 찾습니다』에서 가정의 중요성에 대해 다음과 같이 말한다.[106]

가정이 삶의 목적이 정립되고 삶의 목적을 향유하는 장소라는 기본적인 진실은 아직 남아 있다. 가정은 집에 대한 기본적인 이미지(우리가 언젠가 여건이 된다면 재발견하기를 염원하는 장소이자 우리가 자녀에게 열어주는 감정의 보물창고)를 제공한다.

----

106 로저 스크러튼, 박수철 역, 『합리적 보수를 찾습니다』(길벗, 2017) p. 230.

가정교육의 기본이 무너지면 사회, 국가체계 유지가 힘들어진다. 선진국의 학부모들은 어린 자식의 엄격하고 기본적인 생활습관 지도를 가정에서 해야 할 일로 생각하는데, 한국 학부모는 그렇지 못하다. '오냐오냐' 하면서 버릇없이 키워 학교에 보내놓고 선생님들에게 생활 지도까지 부탁하고 있는 형편이다.

　미국, 유럽 등 선진국의 부모들은 아이가 공공질서에 반反하거나, 매너 없는 행동을 하면 무섭고 단호하게 대한다. 반면 대한민국에서는 식당, 카페, 마트 등의 장소에서 아이들이 소리 지르고 뛰어다녀도, 부모는 아이가 기죽는다며 말리는 시늉만 하거나 신경을 쓰지 않는다.

　모든 자녀들은 부모의 손에 의해 길들여지고 다듬어지며, 부모의 말과 행동을 그대로 본받으며 성장하기 때문에, 부모의 사랑은 독립된 한 개체로서 스스로 책임지며 살아갈 수 있도록 자녀의 성장을 돕는 것이어야 한다. 건강하고 행복한 가정은 젖먹이 때는 자녀를 지극정성으로 돌보고, 사춘기가 되어서는 한 발 떨어져서 지켜보고, 성인이 되면 독립하여 아름다운 가정을 꾸미도록 역할을 다하는 것이다.

　국가는 가정해체율을 줄이기 위해 복지에 보다 힘써야 한다. 가정에서 따뜻함을 경험한 가족은 사회를 따뜻하게 바라보고 선진국가를 건설하는 데 기여하기 마련이다. 자녀가 사회의 일원으로 올바르게 성장할 수 있도록 국가와 가정의 동시 노력이 필요하다.

5

시대변화에 적합한
평생교육 시스템

인간은 일생을 통해 스스로 학습하고, 시민으로서 사회화과정 속에 살아간다. 그래서 세네카는 "산다는 것은 평생 배우는 것이다."라고 하였다. '평생교육Lifelong Education'이란 말은 1960년대 유네스코에서 사용 하면서 오늘날 국제적 명제가 되었다. 우리나라 헌법 제31조 제5항에 "국가는 평생교육을 진흥하여야 한다"라고 명시되어 있다. 2008년 2월에 '국가평생교육진흥원'이 개원되었다. 1969년판 웹스터 사전을 보면 'Self-Development'를 '자기의 능력 또는 가능성의 계발'이라고 정의하고 있다. 발명왕 토마스 에디슨은 "천재란 1%의 영감과 99%의 노력으로 이루어진다."라고 말하며 후천적인 노력을 강조했다.

우리는 자기능력 향상을 위해 꾸준히 노력해야 한다. 남들의 성공과 실패의 경험을 교훈으로 삼는 슬기를 가지고 자기계발에 정진하면서 다음 사항들을 고려해야 한다.

국어사전에서는 개발과 계발의 의미를 다음과 같이 설명한다.[107]

'계발'은 '능력, 재질, 재능' 등 인간에게만 속성을 가리키는 말들에 국한되어 어울립니다. 이에 비해 '개발'은 '기술, 경제, 책, 제품, 국토, 인력' 등 주로 물질적인 것을 가리키는 말들과 어울리지만, 때로는 '능력, 재능' 등의 단어와도 어울리는 것을 볼 수 있습니다.

자기계발에서의 계발의 주체는 타인이 아니라 '자기'이다. 여기서 자기가 계발한다고 하는 것은 스스로 계발의 목표를 설정하고 계발의 방법을 생각하며, 스스로 계발하고 계발의 성과를 검토한다는 것을 의미한다.

우리말에서 개발이라고 할 경우 그것은 계발의 뜻까지 포함하여 정신, 교육, 물질적인 발전의 의미로 널리 사용되나, 계발은 정신적·추상적인 의미로만 쓰인다.

4차 산업혁명으로 세상이 워낙 빠르게 변하는 통에 지식의 유통기한은 점점 짧아져 간다. 평생 배워야 하는 시대가 도래했다. 인생은 학교에 비유된다. 산다는 것은 배우는 것이다. 즉, 우리는 죽는 날까지 평생 배워야 한다. 산다는 것은 스스로 인성에 적응하는 것이며, 인성에 적응하면 인간답게 살 수 있을 것이고, 적응하지 못하면 불행해질 것이다. 미래는 100세 시대의 '평생교육시대'로서 새로운 도전과 배움으로 미래를 준비해야 된다. 디지털 시대에

----

107 https://ko.dict.naver.com/#/correct/korean

서 새로운 환경에 적응하고 새로운 기회를 찾아야 한다. 대학이 중심이 되어 평생교육이 활성화되도록 정부의 지원책이 요구된다. 공부는 평생 하는 것이고, 재미있고 당연히 해야 하는 것으로 여기게 해야 '평생학습시대'에 살아남는 사람으로 키울 수 있다.

랑그랑은 "평생교육이란 인간의 통합적 성장에 중점을 두고 각 단계에서 훈련과 학습을 통하여 융화시키고 잘 조화되게 하여 인간의 갈등 해소를 도와주는 노력이며, 삶의 모든 상황에서의 필요와 학습이 계속 연계되는 교육조건을 제공하여 개인의 자기완성을 이루도록 하는 것이다."라고 정의하였다. 평생교육은 인간이 태어나서 모성접촉과 자율인식 단계부터 유년기→청년기→장년기→노년기를 거치며 학습하면서 일생을 완성하게 된다. 그러면서 가정, 학교, 동료, 직장, 대중매체 등에 영향을 주게 된다.

국민의 평생학습 참여율과 1인당 소득은 상당한 상관관계가 있다. 국민의 학습량이 많을수록 소득은 늘어나는 것이다. 최근의 한 연구에 의하면 평생학습 참가율이 1% 높아지면 1인당 국민소득이 332달러 증가하는 것으로 밝혀졌다. 노르웨이, 덴마크, 핀란드, 스웨덴 등의 평생학습 참여율은 50%를 상회하며, 이러한 학습이 국민 개개인의 혁신역량을 지속적으로 강화해 기업과 국가의 경쟁력 강화를 가능하게 한 것이다. 정부는 평생교육 시스템을 완비하고 충실한 교육을 통해 국민 개개인의 고용의 질과 삶의 질을 향상시켜야 한다. 국가 전체의 교육역량과 성장동력을 강화시켜 국민 행복을 증진해야 한다.

학군제 폐지의 당위성

이른바 '강남 8학군'은 국가적으로 문제가 되고 있는 부동산투기, 사교육비, 양극화 등 이슈의 진원지로 작용하고 있다. 학군제는 교육적 측면은 물론이거니와 국가·사회적 큰 이슈를 해결하기위해서도 반드시 폐지하여야 한다.

필자는 부동산투기의 진원지는 학군제로 촉발되었다고 이미 주장한 바 있다.(최익용, 국부론 p.341 참조) 즉, 부동산은 정치, 교육, 경제, 사회적 복합 요인으로 폭등한다. 폭등의 근원을 해결하지 않고, 부동산 전쟁은 재현될 수밖에 없는 구조이다. 부동산 폭등으로 인한 문제를 근본적으로 해결하지 않으면 국가위기는 지속될 것이다. 학군제 폐지는 국가적 문제임에도 강남에 거주하는 기득권층의 반대와 일부 정치인, 관료 등이 야합한다는 여론이다. 특정계층을 둘러싼 정서적, 관계적 자원들이 패거리를 이루어 문화적 장벽을 형성하고 있다는 것이다. 교육과 경제의 양극화가 점점 심각해지고 있는 점을 감안할 때, 기득권 세력이 솔선수범하여 학군제를 폐지토록 해야 할 것이다. 심지어 관련 공무원과 관련 세력이 '교육마피아'힘으로 학군제 개선을 기피하고 있다는 것이 민심의 흐름이다. 대다수의 국민은 학군제를 교육개혁, 교육혁명 차원에서 폐지해야 한다고 주장한다.

특히 「학군제 폐지에 대해」라는 제목의 글(필명 아브라함) 인터넷 토론 공간에서 큰 호응을 받고 있는 바 주요 내용은 아래와 같다.

첫째, 도시 집중의 주택 문제 해결 : 집중의 가장 근본적인 문제는 교육 문제이며, 그 중심에 학군제가 있다. 그 지역에 살기만 하면 그 지역 학교에 보낼 수 있기 때문이다. 그래서 위장전입이란 문제도 나오고, 심지어 셋방을 구해서라도 이사를 해야 하기 때문에 전셋값도 올라가는 것이며, 강남과 강북의 집값이 다른 근본적인 이유이기도 하다.

둘째, 교육 인플레로 인한 서민들의 고충 : 학교 평균화 정책은 사교육비를 줄이겠다는 취지로 출발했지만, 지금의 사교육은 모두 하여야 하는 평준화로 가고 있기 때문에 이는 완전 실패다. 공부를 잘하지 못하는 학생은 대학 가는 것을 지양하고, 개인 사업을 하든지 기술을 배우든지 적성대로 진출을 하여서 나름대로 성공을 할 수 있을 것이다.

셋째, 학교 서열문제 : 이미 발표는 하지 않았어도 서열은 나와 있는 셈이다. 그럴 바엔 차라리 시험을 쳐서 우수한 학생이 모이면 한 단계 높은 교육을 할 수 있어서 바람직한 석학을 길러낼 수 있을 것이다.

넷째, 지방 공동화 현상과 지역분산 균형발전 문제: 지방이나 시골에 사는 아이라도 실력이 있는 아이는 하숙을 하든지 기숙사에 넣든지 교육을 시킬 수 있다면 굳이 젊은 엄마 아빠들이 자식교육 걱정에 좋은 학교가 있는 도회지로 이사를 하지 않아도 될 것이다.

학군제의 역기능으로 인해 각 지방, 특히 군 단위 이하는 매년 젊은 인구와 가구가 줄어들었다.

다섯째, 교육의 인플레 문제: 지금 우리나라는 교육평준화 정책으로 엄청난 교육의 인플레 속에서 몸부림치고 있다. 전 국민 대졸화로 모두 벼슬할 이들만 있고, 농사지을 이가 없는 현실이다. 차라리 이들에게 진학보다 대학 졸업까지 학비를 사업자금으로 투자했으면 더 쉽게 성공할 수 있을 것이다.

2021년 서울대가 지역 편중을 막고 전국 인재를 고르게 선발한다는 취지로 도입한 '지역균형선발 전형'으로 입학한 신입생 중 절반 이상이 수도권 고교 출신이다. 특히 지역균형선발 전형에 합격한 서울 학생 5명 중 1명은 강남 3구(강남 · 서초 · 송파) 고교 출신인 것으로 집계됐다.

위와 같은 상황을 종합적으로 고려할 때, 사회 정의와 민주주의 정신 구현 차원에서는 물론, 교육의 정상화를 위해 학군제 폐지는 시대적 당위성을 가지고 있을 뿐만 아니라 제도적 적폐청산의 본보기가 될 것으로 판단된다.

국가교육위원회 법 제정의 의미

2021년 7월 국회에서 국가교육위원회 설치법을 의결했다.

국가교육위는 문재인 대통령의 대선 공약으로 10년 단위로 대학 입시, 교원 수급, 교육 과정 등의 국가 중·장기적 교육 정책 방향을 정하는 기구다. 국가교육위원 21명 가운데 대통령 지명 5명, 여당 추천 4명 등 친親정부 인사들이 과반을 차지하게 되는 구조다. 1년 유예 기간을 거쳐 대통령 소속 행정위원회로 설치된다.

한국교총(한국교원단체총연합회)은 "정권 교육 정책의 거수기로 전락할 우려가 크다."며 비판했다. 국가교육위원회가 본질에 맞는 의미를 가지려면 여·야당의 합의가 필수적이며, 구성원은 정부로부터 반드시 독립적이어야 할 것이다.

김기연 전 평택교육지원청교육장은 다음과 같이 말했다.[108]

교육위가 초정권 · 초당파적 정책 결정을 하기 위해서는 헌법 가치에 명시된 교육 중립성을 보장할 수 있는 인사가 발탁되어야 한다. (중략)

교육위는 무엇보다 대통령 소속으로 하지 말고 명실상부한 독립 기구로 만들어야 한다. 또한 정치 바람을 타는 인사를 배제하고 전문성과 대표성을 지난 다양한 교육 당사자 참여가 보장되어야 한다. 교육위 위원은 정당 가입 등 정치 활동을 금지할 필요가 있다. 교육위 구성은 공청회와 여야 합의를 통해 최종 확정되어야 한다. 교육위는 보수 · 진보 등 특정 이념에 휘둘리지 않는 독립 기구로 만들어져야 한다.

우리나라 교육은 정권이 바뀔 때마다 지속적으로 바뀌고 있어 교육 정책에 혼선을 초래하고 있는 실정이다. 당선된 대통령마다 별도 교육 대책을 제시하기 때문에 우리나라 교육정책은 지속성이 없으며, 집권 기간 내 성과에 집착해 성급하게 추진되는 현상이 반복되어왔다. 우리나라는 교육제도의 안정적인 개혁이 필요하다. 우리 교육에 필요한 것은 한 번에 낫는 특효약이 아니라 스스로 병을 치료할 수 있는 환경을 만들어주는 것이다. 현재의 6-3-3 학제는 1951년 만들어졌다. 그동안 우리 자녀들이 신체 · 정신적으로 성장한 점을 감안할 때 취학연령을 언제까지나 이대로 고집해야 할 것은 아니다. 젊은이들의 사회진출 시기도 너무 늦다. 청년 취업 연령이 우리는 27~28세로 OECD 평균보다 3~4년 늦다. 박근혜 정부는 초 · 중학교 과정을 1년씩 줄이는 방안, 이명박 정부는 초교

---

108 https://www.chosun.com/site/data

입학을 1년 당기는 방안, 노무현 정부는 초교 과정 1년 단축 방안을 검토했었다. 학제개편은 교육시설 재배치, 교사양성 시스템 변화 등 교육 전반에 미치는 영향이 커 추진이 쉽지 않다. 그렇다 해도 문제를 알면서 내버려 둘 수는 없다.

학계는 물론 대부분의 국민들도 학제개편에 대해 공감을 표하고 있다. 정부는 학제개편을 위해 국내 자료는 물론 선진국의 학제를 면밀히 검토하고 우리 상황과 여건에 맞는 시스템을 도입하여 교육 백년지계의 틀을 확고히 마련해야 한다.

이와 같은 사안을 교육부와 교육위원회가 긴밀히 협조하여 교육의 100년 대계의 계획과 비전을 세우는 등 교육혁명을 해야 한다. 정부는 교육의 희망 사다리 복원을 주요 국정과제 가운데 하나로 선정하여 교육이 부와 사회적 지위의 대물림 수단으로 전락하는 것을 방지하려는 노력을 보이고 있다. 하지만 단지 당위성이나 명분에만 기대어 희망 사다리 복원을 도모하는 것은 현실성과 실효성이 낮을 수밖에 없다. 사안의 본질을 제대로 간파하여 보다 전략적으로 접근할 필요가 있다. 따라서 이 시대의 교육은 미래세대가 지닌 다양한 재능을 똑같이 소중하게 여기며 계발해야 할 것이다.

국가가 중장기적인 교육정책의 비전을 우선 책임 있게 제시하고 국민들을 설득하는 과정을 통해 교육제도의 개혁을 이루어 나가야 한다. 100년 대계에 비전을 세우는 진정한 교육혁명이 이루어져 대한민국이 초일류 통일선진강국으로 도약하는 데 기반이 되길 바란다.

지나친 교육열과 교육정책의 미비로 자아주도 및 창의적 교육이 결여된다면 4차 산업 혁명시대에 낙오하고 전락될 것이다. 민관이 하나가 된 거국적인 교육혁명이 반드시 일어나야 할 시점이다.

대학입시제도 개혁의
역사와 파급력

　교육은 개인은 물론 국가의 미래, 운명을 좌우하는 만큼, 그 중요성은 말할 나위조차 없다. 모든 국가들이 끊임없는 교육개혁으로 교육 발전, 교육입국教育立國을 위해 심혈을 기울이고 있다. 우리나라의 교육열은 세계 최고수준이다. 하지만 정부 당국의 교육정책 결여로 대입제도의 혼란이 악순환되고 있다. 특히 교육부의 2022년 대입 개편안 발표(2018. 8. 17.)에 대해 교육계는 물론 대부분 국민들이 비판적이다.

　100년 대계의 교육정책은 전문성은 물론 학부모 등 각계각층의 이해가 첨예하게 대립되어, 공론화로 대입제도를 결정한다는 자체가 한계를 지닐 수밖에 없다. 교육은 국가 미래를 준비하는 일로서 교육부 관료, 교수, 교사, 교육 전문 연구자 등이 머리를 맞대어 연구해도 힘든 분야이다. 복잡하고 예민하고 어려운 교육문제를 비전문가들이 모여 투표로 결정하는 행태는 교육부의 직무유기라 할 수 있다.

특히 정시 확대를 요구하는 일부 여론은 수렴한 반면, 고교 학점제 도입, 고교 성취 평가제 도입, 자사고, 외고, 국제고 폐지 등은 중장기 과제로 미룬 탓에 현 정부가 교육개혁을 포기한 것 아니냐는 비판이 나온다.

2021년 2월 서울행정법원의 세화 · 배재고의 학교법인이 서울특별시교육감을 상대로 낸 자사고 지정 취소처분 취소 청구 소송에서 원고 승소로 판결했다.

그 후 2021년 7월 현재 서울지역 14개 자사고와 지방 11개 자사고 등 25개교 지정취소 소송에서 모두 원고 승소로 판결되어 자사고 지위를 유지하게 되었다.

최근 정시 확대 요구가 분출한 데는 고교 및 교사 간 격차, 시험지 유출, 성적 부풀리기 등 고교 내신 전반에 대한 불신이 깔려 있다. 그 결과 학생부종합전형, 학생부교과전형(수시)에 대한 신뢰도 훼손됐다. 교육부는 이런 갈등의 근본 원인에는 뒷짐을 진 채 국가교육회의와 시민참여단에 "정시, 수시 선발 비율을 결정해 달라." 하며 떠넘기는 무책임한 태도로 보였다.

한겨레 신문에서는 「어그러진 교육개혁 로드맵, 책임지는 이가 없다」는 제하의 사설을 게재했다.[109]

교육부가 혁신정책을 계속 추진한다면서도 현실에서 상충할 수밖에 없

---

109 http://www.hani.co.kr/arti/opinion/editorial

는데 입안을 내놓은 것은 모순적이다. 문재인 정부에 교육개혁 의지가 과연 있느냐는 의구심까지 제기한다. 수능 체제와 대입제도 개편, 학생부종합전형 공정성 담보, 고교학점제 실시를 통한 고교교육 혁신 등 문재인 대통령이 내놨던 교육 공약 실현은 이로써 사실상 멀어지게 됐다. 입시제도는 국민 신뢰가 바탕이 되어야 하지만, 다수결로 정할 사안은 아니다.

교육의 원칙과 철학은 결여되어 있고 땜질식 방식으로 개편되고 있다. 악순환 고리를 끊고 혁명적인 교육제도를 마련해야 한다. 대입 본고사 부활 및 대학의 입시 자율화 제도는 21세기 시대 발전에 따라 반드시 발전적으로 도입해야 할 것으로 그 이유는 다음과 같다.

첫째, 이미 대학에서 논술고사를 독자적으로 실시하고 있다. 대학입시는 '국가고사+내신성적+대학별 논술고사'라는 세 가지 축으로 학생을 선발해 왔다. 최근에는 학생부 우수자전형 등을 제외한 대부분의 전형에서 내신 성적의 반영비중이 줄어들고 수능시험이 쉬워지면서, 내신 성적과 수능 점수만으로 우수한 학생을 선발하는 데 한계를 느낀 대학들을 중심으로 대학별 논술고사가 확대되는 양상을 보이고 있다. 내신 성적과 수능 점수, 대학별 논술고사를 적절히 반영해 신입생을 선발하는 방식이 일반적인 입시 유형으로 자리 잡아가고 있다.

둘째, 현행 수능위주의 대학입학제도는 4지~5지 선다형 공부로서 기존의 방식대로 수능유형 위주의 입시 제도를 지속하는 것은 창의, 창조 교육에 반하는 비효율, 비전략적인 시험제도이다. 21세기 개인은 물론 국가 경쟁력을 저하시키는 결과를 초래하여 국가적 문제를 야기할 것이다.

셋째, 최근 인구 감소로 인해 중·고교 및 대학입시생이 급격히 줄어가고 있어 교육의 효율화가 현안과제로 대두되고 있다. 대학 구조조정과 더불어 대입본고사 부활, 대학입시 자율화 제도를 통해 창의적 교육은 물론 대학교의 자생력을 강화해야 한다.

4차 산업혁명 시대에 교육혁명은 모든 국가의 제1 과제다.

21세기 대내의 상황과 여건의 급변에 맞추어 대학구조 등 우리의 교육제도를 전반적으로 개혁, 혁신을 넘어 교육혁명으로 대처해야 할 것이다.

플라톤은 "정의로운 국가를 건설하려면 정치보다 교육을 잘해야 한다."라고 주장했다. 교육을 미래문명의 성장 동력으로 본 것이다.

21세기 국내외적 환경과 상황이 급변하는 만큼 우리의 교육은 시기 적절하게 지속적으로 발전되었어야 하나, 오히려 퇴보함으로써 국가적인 문제로 대두되고 있다. 현재 우리나라는 교육혁명 없이는 '국가 대개조 – 선진화 혁명'을 이룰 수 없다. 교육혁명은 정신혁명과 경제혁명의 성패를 좌우하는 역할을 한다. 이젠 교육혁명을 통해 교육입국이 되도록 가정, 학교, 사회, 국가가 힘을 합쳐 혼신을 다해야 하겠다.

9부

선진화 혁명 추진 전략
-③ 경제혁명

제20장

경제혁명의 이해를
위한 주요이론

1

경제학의 발전사

역사학자 유발 하라리의 『사피엔스』에 따르면, 인류역사에서 인지혁명, 농업혁명, 과학혁명의 세 개의 혁명을 중심으로 인간이 세상을 지배하는 동물이 되었다. 그것이 바로 경제학의 시작이라 할 수 있다.

일찍이 맹자는 "생업이 없으면 윤리나 도덕을 지키려는 한결같은 마음이 없어진다無恒産 無恒心."라고 가르쳤다. 백장 선사는 "하루 일하지 않으면 하루 먹지 말라一日不作 一日不食."라는 청규清規를 남겼다. "쌀독에서 인심 난다."라는 우리 속담도 경제혁명의 중요성을 강조한 말이다. 더욱이 동서고금으로 국제사회는 약육강식의 경쟁논리가 적용되어 부국강병 건설 없이 국가보존은 물론 행복국가 건설이 불가하다. 물질문화 융성(경제혁명)을 위해 세계경제사에서 주요 이론과 교훈을 찾아 타산지석으로 삼아야 할 것이다.

학자에 의하여 역설되는 경제학은 각각 그 절대성을 주장하고 있다.

그러나 사회적 발전과정에 있어서 발생 변화하는 경제적 문제를 종래 하나의 고정적인 이론만으로는 충분히 해명할 수 없다. 그러므로 경제학의 성립에는 우선 시대의 문제가 의식되어야 하고, 이와 같이하여 성립한 경제학으로부터는 그 문제를 해결해야 할 어떠한 방법이 도출되어야 한다.

『경제학 원론』에서는 다음과 같이 말한다.[110]

경제학자들은 당대에 가장 중요한 현실 문제를 가장 중점적으로 다뤘다. 그리하여 고전학파는 장기적인 경제발전 문제를 주로 다뤘으며, 신 고전학파는 단기적인 거시경제 문제를 중요시하였다. 1970년대 이후에는 신 고전학파인 거시경제학 및 신케인즈학파 등 여러 상이한 주장이 대두되었다.

경제현상은 인류의 존재와 더불어 발생하였다. 그러나 과학으로서 경제학의 역사는 대체로 자본주의사회의 성립과 더불어 시작된 것이며 18세기 중엽의 일이다.

영국의 애덤 스미스를 경제학의 시조라고 하고 그의 저서 『국부론』을 경제학의 출발점으로 하는 것이 통설이다. 그러나 스미스 이전에 있어서도 인간이 경제현상에 무관심하였던 것은 아니다. 그리스, 로마의 철학 중에도 경제에 관한 사상을 발견할 수 있다. 그러

---

110 정창영 지음, 『경제학 원론』, (법문사, 2000), p. 21.

나 고대 및 중세의 경제사상은 대부분이 철학, 정치학, 신학 등의 일부로 논의되고, 경제 문제만이 특별히 연구의 대상으로 되지는 않았다.

이것을 독립적인 연구대상으로 다루게 된 것은 중상주의의 경제사상이었다. 이 중상주의 사상과 그 후 프랑스에서 나타난 중농학파의 사상은 경제학의 성립에 직접 선행하여 이에 많은 기초를 부여하였다. 경제현상은 끊임없는 역사적 변화의 과정에 있다. 연구대상의 역사적 변화와 이것이 따르는 비전의 변화는 이론적 분석에 대하여 새로운 시야를 전개하게 된다. 또 이론적 분석의 발전은 분석의 가정적 조건이 명백해지든가 혹은 보다 정밀히 규정됨으로써 전문적으로 세분화되어 연구체제 그 자체에 발전을 가져오게 될 것이다.

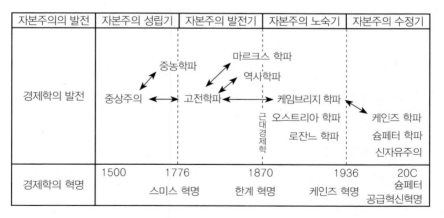

세계경제사의 경제이론의 발전은 항상 다양한 측면의 종합결과로 나타나는 것이다. 따라서 경제이론의 내용을 이해하기 위해서는 역사적 발전과정을 살펴볼 필요가 있다. 경제이론의 발전은 그 현상의 역사적 발전과 같이 결코 비연속적인 것은 아니다.

일견 혁신적으로 보이는 이론도 실제로는 선구적인 업적의 전성과全成果에 불과하다. 그러나 연속적인 경제이론의 발전 중에도 그 이론이 무기력하게 된 정체의 시기와, 선구적인 업적을 집대성한 형식적 이론이 낡은 원리체계를 타도, 후퇴시키는 비약적 발전의 시기와의 교체가 있음을 알 수 있다. 이와 같은 경제이론의 이른바 혁명기로서의 시기를 다음과 같이 분류할 수 있다.

- 스미스혁명Smithian revolution의 시기: 고전이론
- 한계혁명Marginal revolution의 시기: 근대이론
- 케인즈 혁명Keynesian revolution의 시기: 근대이론
- 슘페터 혁명Schumpeter의 시기 : 현대이론

1776년 애덤 스미스의 국부론 이래 지금까지 250여 년에 걸쳐 경제학은 과학적으로 크게 발전하였다.[111]

2차 대전 이후 세계는 어떤 경제체제를 도입하는가에 따라서 국가의 운명이 갈렸다. 미국 등 자본주의 시장과 자유민주주의 체제를 도입한 나라는 선진국으로 발전한데 반해 소련, 북한 등 공산주의 경제체제를 도입한 나라는 대부분 몰락하였다. 이에 따라 중국, 베트남은 개혁 · 개방의 사회주의 자본경제를 도입하여 국가발전을 이루고 있다.

시장경제 체제는 선진 자본주의 국가의 방식이고, 계획경제 체제는 후발 내지 신흥 산업국가의 선택이었다. 우리나라는 신흥 산

---

111 최항렬 지음, 『경제원리』, (동문출판사, 1981), pp. 60, 76, 474, 497 요약.

업국가 단계에서는 박정희 대통령의 근대화 혁명은 계획경제가 성공을 이루어 선진 자본주의 국가로의 탈바꿈을 하는데 성공했다.

향후 우리나라는 시장경제주의와 자유민주주의 체제를 더욱 발전시켜 선진국으로 도약하고 더 나아가서는 초일류 통일선진강국을 건설하여 인류평화와 번영에 기여토록 해야겠다.

흔히들 경제학자는 '돈', 철학자는 '돈에 관하여' 사색한다. 하지만 경제학자가 '돈' 더 잘 아는 것은 시장의 상인이라고 할 수 있다.

돈을 최초로 연구한 자는 아리스토텔레스이다. 그가 저술한 윤리학 제5권에서 "돈은 내재 가치가 아닌, 국가의 법과 명령 때문에 존재한다"고 강조했다. 이를 통하여 돈을 의미하는 그리스어 노미스마$_{nomisma}$는 원래 법률의 뜻임을 상기시켰다.

애덤 스미스의 국부론은 수학 모델이 아닌, 관찰을 정리한 역사 경제학, 도덕적 철학을 강조한 저서임을 알아야 한다.

세종대왕은 일찍이 '백성은 밥$_食$이 하늘$_天$ 이다'고 말했다. 경제가 무너지면 그 결과가 비참하다는 것은 너무나 자명하다. 지도자들은 세상을 잘 다스리고 민생이 편안한 국태민안의 시대를 만들어 백성을 구한다는 경세제민(經世濟民: 경제의 어원)의 리더십을 구현해야 안보가 튼튼해지는 것이다.

2

주요 경제 이론

중상주의와 중농학파

중상주의는 널리 사용되는 개념이지만 그 의미가 엄격히 정의되지는 않는다. 이 개념은 프랑스의 중농주의 경제학자인 미라보(Marquis de Mirabeau:1749~1791)가 맨 처음 사용한 것으로 알려져 있지만, 애덤 스미스Adam Smith가 1776년에 출간한 『국부론Wealth of Nations』에서 기존의 경제 정책과 경제이론들을 비판하기 위해 사용하면서 널리 쓰이기 시작했다. 따라서 경제사상사 측면에서 중상주의는 자유로운 무역과 시장경제를 강조하는 고전경제학(고전학파)이 등장하기 이전까지 유럽 국가들의 경제정책을 뒷받침했던 이론체계를 가리킨다.

중상주의는 16세기로부터 18세기 중엽에 이르는 기간에 유럽 각국에 지배적으로 보급되었던 경제사조를 의미한다. 당시 근대국가 건설의 실현을 위해서는 화폐(금, 은)를 국내에 다량으로 보유하고 경제적으로 부유해질 필요가 있었다.

그 당시는 경제적 부유는 화폐를 될 수 있는 대로 다량으로 보유하는 것이라고 생각했다. 그러므로 각국은 자국의 산업에 강력한 보호를 가하고, 특히 외국무역에 관해서는 수입을 제한하고 수출을 촉진하고 무역차액을 증대하여 금은을 획득하는 데 노력하였다. 이와 같이 근대국가 건설의 요망에 호응하여 유리한 무역차액을 위한 경제이론, 경제사상, 경제정책을 총칭하여 중상주의mercantilism 라고 한다.

중상주의 정책은, 내용적으로는 화폐, 특히 금은의 획득을 중심으로 하고 있으나 그 양상은 시대에 따라 다르다. 대체적으로 중금 정책 → 무역차액 정책 → 산업보호 정책의 방향으로 그 중점이 이행되었다. 그 중점 이행의 궁극은 매뉴팩쳐 독립, 산업자본의 형성, 본원적 축적의 수행이 이루어지고, 일시적으로 환영되었던 중상주의, 국가주의적인 보호간섭도 국민경제발전에 있어서는 하나의 방해물로 되어, 중상주의 내부에서 자기비판의 성질을 가지게 되었다. 방해물이 된 중상주의에 대한 철저한 전면적인 반동은 개인주의와 자유주의를 표방하는 프랑스의 중 농학파와 영국의 고전학파경제의 방향을 제시하였다.

한편 중농학파의 창시자인 프랑스의 케네(Erancois Qesnay:1694~1774)의 이론체계는 자연법사상을 그 철학적 기초로 하고 있다. 그는 인간사회 중에도 자연계에 있어서와 같이 자연적 질서의 존재를 인정하고, 인위적인 보호간섭을 배제하고 자유방임주의를 채용하여 자연적 질서에 순응해야 한다고 하였다. 그는 자연적 질서에 순응하는 일대 농업국을 상정하고, 그의 경제표에서 토지만이 생산적이고 부의 유일한 원천이라고 생각했다. 또한 가공하여 제조만을 하는 노동은 비생산적이라고 보았으며, 이에 지주계급을 더하여 사회의 3대 계급 간에 있어서의 순생산물의 분배유통관계를 통하여 생산과 소비의 상호규정 관계를 파악함으로써 순생산물의 단순재 생산과정을 총체적으로 파악하였다. 요컨대, 케네는 소위 자연적 질서에 기인하는 부의 순환을 표시하고, 결국 종래의 중상주의적 국가 간 섭주의에 대하여 자유방임주의를 주장하고 더욱 상업 대신 중농의 중요성을 강조하였다. 그러나 중농학파는 그 교설教說의 기초가 편협하였던 까닭에 보다 광범한 지반에 입각한 스미스 경제학에 의하여 대체되게 되었다.

애덤 스미스의 『국부론』

중상주의를 비판한 최초의 경제학자는 영국의 애덤 스미스(Adam Smith:1729-1790)였다. 그는 독점 무역과 중상주의는 이웃을 가난하게 만들고, 국가가 비축한 금·은은 소수 계층에게만 돌아갈 뿐, 전체 국민을 부유하게 하지는 못한다고 주장했다.

18세기 경제학자들은 "왜 나라들은 무역을 할까?"라는 근본적인 질문을 던지고 그 해답을 찾으려 노력했다. '경제학의 아버지'로 불리는 애덤 스미스는 절대우위론으로 '국제적인 분업을 통해 무역을 하면 더 부유해질 수 있기 때문'이라는 답을 내놓았다. 나라마다 갖고 있는 자원·기후·환경·인구 규모 등이 다 다르니 각자 최대한 적은 비용으로 만들 수 있는 상품을 열심히 만들어 서로 교환을 하면 모두에게 이득이 된다는 것이다. 쉽게 말해 '각자 가장 싸게 만들 수 있는 제품을 생산해 무역을 하면 모두에게 좋다'는 것이다.

스미스는 두 국가가 각자 가장 잘 만들 수 있는 상품, 즉 절대 우위(다른 사람·기업·국가보다 더 적은 생산 비용으로 상품을 생산할 수 있는 능력)가 있는 상품을 생산하여 교환하면 두 나라의 부를 모두 늘릴 수 있다는 사실을 알려주었다. 수입은 억제하고 수출만 늘리겠다는 중상주의가 무너지고, 자유무역을 통해 세계경제가 크게 번성할 수 있었던 것은 이런 스미스의 연구에 힘입은 결과이다.

실제로 국가나 정부가 아무리 많은 금·은을 갖고 있더라도 생산물이 증가하지 않는다면, 그 나라는 부유해질 수 없다. 스미스는 돈을 많이 쌓아 두는 게 잘사는 게 아니라 국민이 소비하고 사용할 수 있는 상품이 많아져야 잘살게 된다는 점을 깨우쳐주었다.

인간은 이기적인 존재이고 자신의 이익을 추구하는 존재이다. 애덤 스미스가 말했듯이 자본주의는 자기 이익을 추구한 결과가 사회경제적인 이익으로 연결되는, 즉 '보이지 않는 손'이 존재하는 시스템이다.

애덤 스미스의 『국부론』에서는 경제학의 체계를 세우려는 진지한 조사와 탐구의 노력이 스며 있다. 애덤 스미스는 이데올로기적으로는 중상주의를 비판하며 극복하는 것을 목표로 삼고, 중상주의 핵심적인 명제들을 논리적 일관성과 현실적 타당성에 의해 과학적으로 반박하고 있다. 국부론이 일부 상인과 제조업자의 사적 이익 대신에 국민 대중의 이익을 옹호한 것은 당시 시대정신을 반영한 것으로 보인다.

우리는 애덤 스미스의 『국부론』이 꿰뚫고 있는 주요한 사상적 요소들을 고찰하고 그것들의 상호작용을 분명히 이해할 필요가 있다. 일찍이 애덤 스미스는 경제학은 분명히 도덕철학의 일부라는 점에 유념해주길 바란다고 강조하였다.[112]

오랫동안 이런 방법으로 현명하고 도덕적인 준칙들의 수를 계속 증대시켜 왔지만, 그것들을 매우 명백하고 규칙적인 순서로 배열시키려 하지 않았고, 자연적 원인으로부터 결과를 연역하듯이, 각종 준칙들을 추출해낼 수 있는 하나 또는 그 이상의 일반원리에 의해 그것들을 연결시키려고도 하지 않았다. 여러 가지 상이한 관찰들을 소수의 공통원리로 연결시켜 질서정연하게 체계화한 것의 아름다움은 자연철학 체계를 세우려는 고대의 조잡한 논문에서 처음으로 나타났다. 이후 유사한 종류의 것이 도덕에서도 시도되었다. 일상생활의 준칙들은 질서정연하게 배열되었으며, 소수의 일반원칙에 의해 연결되었다. 이런 것들을 연결시키는 일반원칙들을 연구하고 설명하려는 과학을 도덕철학道德哲學이라 부른다.

애덤 스미스는 국부의 논리를 펴기 전에 도덕적, 철학적, 역사적 배경이 경제학의 기본요소임을 강조했다. 그는 자신의 핵심 사상을 다룬 책이 무엇이냐고 묻는 제자에게 『국부론』 An Inquiry into the nature and causes of the Wealth of Nations보다는 『도덕 감정론』 The Theory of Moral Sentiments에서 보다 근본적인 문제를 다루었다고 말하기도 했다. 그는 "자유에 따르는 가장 큰 위험은 도덕적 의미를 망각하는 것으로

---

112 애덤 스미스 지음, 김수행 역, 『국부론』, (비봉출판사, 2007), p.943.

너무 늦기 전에 지금 이 시대를 사는 사람들을 일깨워야 한다."라고 강조했다. 애덤 스미스는 부의 무절제한 추구는 반드시 부패로 연결되게 마련이며, 더 나아가 도덕적 양심까지 앗아간다고 설명한다. 그러므로 경제적 효율성과 도덕성은 상호 보완적인 관계가 되어야 한다는 것이 그의 주장이다.

애덤 스미스는 오늘날 우리가 알고 있는 '경제학'의 의미보다 훨씬 광범위한 것들을 다룬 인물로서, 특유의 혜안과 식견으로 예술, 자연과학, 법률, 정치학, 경제학 등 다양한 분야에 대한 집필을 남김으로써 인류 계몽에 이바지한 인물이다. 애덤 스미스는 특히 시장과 도덕의 영역에 서 '인간' 과학의 각 분야를 통합하는 사고체계를 개발한 업적으로 높이 평가할 만하다.

세계 도처의 신흥시장들이 기존의 구조를 타파하며 성장세를 펼쳐 나가자, 서구 경제학자들 사이에 사회구성원의 가치체계에 균형을 가하는 사회적·제도적 구조에 결함이 있는 게 아닌가 하는 자각이 일기 시작한 것이다. 과거 민주주의 발달에 초석이 되었던 균형 잡힌 가치체계가 오늘에 이르러 크게 흔들리고 있음을 인식하기 시작했다는 의미다.

애덤 스미스는 인간 내부에 정신주의적 국부론과 물질주의적 국부론이 모두 존재하고 각각 다른 역할이 주어져 있다고 한다. 여기서 정신주의적 국부론의 소산인 도덕, 법, 정의 등은 사회적 질서를 가져오는 반면, 물질주의적 국부론의 소산인 이기주의와 욕망 등은 '보이지 않는 손'을 통해 시장과 국가의 부를 증대시킨다. 그러므로 보이지 않는 손이 충분히 역할을 다하기 위해서는 물질주의적 국부론이 방임되어서는 안 되고 순화, 제어되어야만 한다는 것이다.

스미스는 마르크스 경제학과 신고전파 경제학 모두의 원조(元祖)이다. 그의 주저인『국부론』을 통해 경제학의 나아갈 길과 한국 경제의 나아갈 길을 다시 한 번 고민하는 것은 경제 위기 상황을 해결하는 데 지혜를 줄 것이다.

마르크스주의

독일의 칼 하인리히 마르크스(Karl Heinrich Marx:1818-1883)는 사회주의의 창시자로서 젊은 시절 매우 급진적인 성향을 갖고 있었다. 자본주의 모순을 파헤치기 위해 중년의 나이에 철학, 역사학에서 경제학으로 전공을 바꾸어 공부하였다. 이를 바탕으로 자본주의 모순을 파헤친 자본론은 당시 자본주의에 대한 냉철하고 통렬한 비판으로 주목을 받았다.

2021년은 칼 마르크스가『자본론』(원제: Das Kapital)을 출간한 지 154년이 되는 해다. 이 책은 20세기를 뒤흔든 사회주의 열풍의 사상적 토대가 됐다. 세기말인 1999년 영국 BBC 설문조사에서 지난 천 년 동안 가장 큰 영향력을 끼친 책으로『자본론』이 선정됐고, 2005년 BBC 설문조사에서 마르크스는 역사상 가장 위대한 사상가로 뽑혔다. 마르크스와『자본론』은 한국에서도 꾸준히 관심을 받아 왔다.

마르크스 이론은 19세기 중엽 마르크스와 엥겔스E. Engels에 의하여 확립되고, 그 후 발전된 이론체계이다. 그 학문체계는 독일의 헤겔 철학의 변증법과 프랑스의 사회주의사상과 영국의 고전학파 경제학이 계승 발전하여 형성되었다. 여기는 개별 과학이 병렬적으로 분류되고 있는 것이 아니고 입체적이고 유기적으로 결합되어 있다. 그리고 이론, 역사, 정책도 유기적으로 결합되어 있다. 마르크스주의 경제학에는 일관된 철학이 있다. 그것은 변증법과 유물론을 결합하기 위한 방편으로서의 변증법적 유물론이다. 물론 변증법도 유물론도 그 자체로서는 결코 새로운 것은 아니나 양자를 과학적인 인식의 방법으로 결합시킨 사람이 바로 마르크스이며 이 변증법적 유물론이 '마르크스주의 경제학'의 기초가 되고 있다.

마르크스주의 경제학의 과제는 자본주의 생산양식의 모순의 구조와 그 운동법칙을 과학적으로 분석하여 사회주의 도래의 필연성과 실현을 위한 실천방책을 규명하는 데 있다고 할 수 있다. 그리고 특징을 보면 네 가지 사항(잉여가치 학설의 전개, 역사적 의식, 계급적 견지, 변증법적 유물론의 발견)이 조직화되어 마르크스의 통일적 세계관이 형성되어 있다. 마르크스의 경제학 체계는 자본론에 직결되어 있다.

『경제학 원론』에서는 다음과 같이 말한다.[113]
그는 자본주의 경제를 비판적으로 분석하는 가운데서 경제발전론에 대하여 상당한 공헌을 하였다. 기술진보를 자본주의 경제 발전의 원동력으로 보았으며 자본축적의 경제발전 과정에서 중요한 역할을 담당한다고 생각하였는데 이는 그 후 모든 경제학자들에 의해서 받아들여지고 있다. 그의 자본주의 운동법칙에 대한 분석은 가장 체계적인 자본주의 경제에 대한 비판으로서 경제학의 중요한 위치를 차지하고 있다.

---

113 정창영 지음, 『경제학 원론』, (법문사, 2000), p. 926.

아이러니하게도 마르크스의 자본론은 자본주의 경제체제가 비틀거릴 때마다 관심의 대상이 됐다. 다시 말해 불평등이 심화되고 일자리가 흔들리고 불황이 닥칠 때마다 자본론은 유령처럼 자본주의의 주변을 배회하는 현상이 반복되고 있다. 수정자본주의·혼합자본주의 등 새로운 분배논의를 통하여 불평등과 양극화를 극복하려는 시도가 이어지고 있다.

케인즈의 수요 확대 정책

영국의 케인즈(John Maynard Keynes:1883-1946)는 20세기 전반을 대표하는 근대 경제학자로서, 그의 저서『고용과 이자 및 화폐의 일반 이론』(약칭 일반이론)은 경제 문제 해결을 위한 정부의 적극 개입을 주장하면서, 수정자본주의의 기초를 세웠다. 케인즈 경제학은 시장과 민간부분이 국 가의 간섭이 없는 상태에서 가장 잘 작동한다고 주장하는 경제적 자유주의를 반박한다. 역사적으로 보면 19세기 말부터 20세기에 걸쳐서 세계 자본주의가 독점 자본주의 단계로 이행하는 상태에서 거시경제학자 케인즈의 큰 정부론은 당시 경제 정책에 큰 영향을 주었다.

경제학사전에서는 다음과 같이 말한다.[114]

당시 주류 경제학자들은 "정부가 모든 경제활동에 가능한 한 간섭하지 않으면 시장의 조절 기능에 의해 경제는 자연히 잘 돌아간다."는 자유방임주의自由放任主義를 주장하였다. 대공황이 일어나기 전까지 이들의 주장

----

114 케인즈(John Maynard Keynes), (경제학사전, 2011.3.9. 경연사).

은 맞는 것처럼 보였지만 대공황이 일어나자 주류 경제학자들은 대공황의 원인이나 해결 방법을 제대로 내놓지 못했다. 이에 대해 케인즈는 "시간이 지나면 우리는 모두 죽는다."라고 받아쳤다. 주류 경제학자들의 처방은 마치 폭풍우가 몰아쳐 사람들이 다치거나 죽어가는데도 "폭풍우가 사라지면 괜찮아진다."라며 가만히 보고만 있는 무책임한 태도라는 뜻이다. 그래서 케인즈는 정부가 빚을 내서라도 정부 지출을 늘려야 기업들이 돈을 벌어 투자를 하고, 이를 통해 고용이 늘어나야 돈을 번 사람들이 소비를 늘릴 수 있다고 주장했다.

1933년 프랭클린 루스벨트 대통령은 대공황을 해결하기 위해 '뉴딜 정책'을 발표했다. 루즈벨트의 '뉴딜 정책'은 기업의 지나친 독과점 행위를 규제하는 '큰 정부'를 지향하는 정책으로 정부가 돈의 양이나 물건 가격을 조정하여 자본주의의 기본 틀은 유지하면서, 균형이 깨진 부문에만 정부의 시장개입을 허용하는 자본주의를 말하는 것으로 '수정자본주의'라 부른다.

케인즈가 쓴『평화의 경제적 결과(1919년)』는 정치인들이 이기적인 자국 정치 논리를 앞세워 경제를 깔아뭉개는 무책임한 행태에 경악하여 저술한 책이다. 이어서『케인즈가 들려주는 수정 자본주의 이야기』에서는 다음과 같이 말한다.

시장경제와 계획경제의 요소가 복합적으로 운영되는 체제를 혼합 경제 체제라고 한다. 시장경제에 가장 가깝다는 미국과 유럽형 시장경제, 최근의 중국시장에 이르기까지 정도의 차이만 있을 뿐 오늘날의 모든 국가에서 볼 수 있는 경제체제다. 정부의 적극적인 개입으로 불황을 극복하게 되면서 시장경제에 정부 개입의 필요성을 인정하는 새로운 형태의 자본주의가 나타나게 되는데, 우리는 이것을 수정자본주의 또는 혼합경제체제라고 한다. 시장경제의 초기에는 정부가 시장에 개입하지 말고 작은 정부여야 한다는 자유방임 자본주의가 널리 퍼져 있었다. 하지만 시장 실패를 겪으면서 정부가 적극적으로 경제 전반에 개입하는 적극적인 국가, 큰 정부로 나서야 한다는 수정자본주의가 자리 잡게 되었다.

작은 정부론은 애덤 스미스로 대표되는 자유주의 고전경제학을 기반으로 하는 데 반해, 케인즈는 큰 정부론을 주장한 인물로서 1930년대 세계 대공황을 겪으면서 케인즈 이론을 바탕으로 한 뉴딜정책은 경제위기 국면을 탈출하는 핵심 논거를 제공하는 출발점이었다.

슘페터의 공급 혁신 정책

오스트리아의 슘페터(Schumpeter Joseph:1883~1950)는 빈학파의 지도적 경제학자이다. 1906년 이래 하버드대학 교수로서 미국 경제학계에서 활약한 금세기의 대표적 경제학자 중의 한 사람이다. 1906년 빈 대학을 졸업한 후 여러 관직과 요직을 역임한 뒤 1932년 이후 하버드대학 경제학 교수로 봉직했으며 주요 저서로는 『경제발전의 이론 (Theorie der wirtschaftlichen Entwicklung, 1912)』이 있다.

슘페터는 『경제발전의 이론』에서 '경제발전은 외부 여건 변화에 의한 단순한 순응과 수용이 아니라 경제체제 내부에서 발생하며, 기업가의 혁신이 경제발전을 자극하는 원천'이라고 주장했다.

『경제학 원론』에서는 다음과 같이 말한다.[115]

슘페터는 자본주의 경제발전보다는 경기변동을 주된 분석대상으로 삼고 있다. 그러나 슘페터는 이처럼 자본주의 경제의 순환변동에 대하여 분석하는 가운데서 경제발전론에 중요한 공헌을 하였다.

슘페터는 경제의 '성장'과 '발전'을 엄격히 구분했다. 그가 말하는 발전은 '점진적 변화(성장)가 아니라, 경제의 틀과 궤도 자체를 바꾸는 혁명적인 변화'다. 그 발전의 원동력이 혁신이다.

그가 다룬 연구 분야는 '신新 결합'이나 '창조적 파괴'라는 개념에 의해 기업을 대행인으로 하는 기술혁신이 현대의 자본주의를 발전시키는 데 있어서 결정적인 역할을 하였다는 동학動學적, 장기적인 경제이론을 주장하여 오늘날에도 높이 평가받고 있으며, 우리나라 경제 정책에도 크게 활용되고 있다.

그는 기업가의 기술혁신innovation을 통해 매년 일정한 규모로 반복되는 순환적 흐름circular flow을 깨고 나오는 창조적 파괴creative destruction 과정을 분석했다. 즉, 혁신이란 단지 새로운 제품을 만들거나 새로운 생산방법을 개발하는 것이 아니라, 신원료 획득, 신시장 개척, 신조직 창출과 같은 광범위한 변화를 의미하는 것으로, 기업가의 혁신적 노력에 의해 경제·사회의 전반적인 변화가 주도되고 있다고 설명한다.

----

115 정창영 지음, 『경제학 원론』, (법문사, 2000), p. 927.

변양균의 『경제철학의 전환』에서는 다음과 같이 말한다.[116]

숨페터의 경제철학을 바탕으로 한국 경제를 창의와 혁신 기업가 정신이 살아 숨 쉬는 경제로 바꾸기 위한 기본조건으로 내가 제시하는 것은 다음과 같다.

노동의 자유를 높이기 위한 가장 큰 과제는 양질의 일자리를 늘리는 것이다. 취업에 급급한 상황에서는 일자리 공급자가 절대권력을 가질 수밖에 없으므로 노동의 자유가 제대로 보장될 수 없다. 어디까지나 일자리 공급에 초점을 맞추어 숨페터의 창조적 파괴가 활발해지도록 여건을 조성해나가는 것이 정부의 핵심과제다. (중략)

플랫폼 국가가 되려면 단순한 경제성장 이상이어야 한다. 가서 일하고 싶은 나라, 가서 비즈니스하고 싶은 나라, 가서 살고 싶은 매력적인 나라가 되어야 한다. 경제성장이 지속적으로 이루어지고 중산층이 튼튼한 사회, 또 이 성장이 저소득 계층을 함께 아울러서 사회의 어두운 그늘이 최소화되어야 한다.

정부의 적극적인 개입으로 빈곤의 문제를 해결하는 등 큰 정부론을 강조하는 것이 케인즈 혁명인데 반해, 숨페터의 공급 혁신정책은 성장 정책을 통한 경제성장을 주장하고 있다. 자본주의의 위기와 탐욕 등의 문제를 해소하기 위해서는 창조적 파괴로 기존체제를 변화시켜 새로운 세상이 오도록 해야 한다고 주장한다. 숨페터식 공급혁신정책은 우리나라가 맞이하고 있는 저성장시대에 성장을 가능케 하고, 양극화와 빈부장벽을 해소하여 사회 안정을 이루

---

116 변양균, 『경제철학의 전환』, (바다, 2017), p. 57, 62.

고 우리나라를 한 단계 더 도약시킬 수 있는 혁신정책으로 주목받고 있다.

신자유주의Neo-liberalism

현대의 신자유주의는 정부의 시장개입을 비판하며 시장과 민간의 자유로운 경제활동을 중시하는 사상이다. 국가권력의 시장 개입은 경제의 효율성과 형평성을 오히려 악화시킨다고 주장한다. 1970년대부터 케인스 이론을 도입한 수정자본주의의 실패를 지적하고 경제적 자유방임주의를 주장하면서 본격적으로 대두되었다. 시민사회의 문제들이 시장의 자연성에 의해 조절, 해결되어야 한다는 이론으로 19세기의 고전적 자유주의 노선을 이어받은 하이에크 (Friedrich Hayek: 1899-1992), 프리드만(Milton Friedman: 1912-2006) 등의 학자에 의해 발전했다.

케인즈 이론은 이른바 '자본주의의 황금기'와 함께하였으나, 1970년대 이후 세계적인 불황이 다가오면서 이에 대한 반론이 제기되었다. 장기적인 스태그플레이션은 케인즈 이론에 기반한 경제 정책이 실패한 결과라고 지적하며 대두된 것이 신자유주의 이론이다. 미국의 로널드 레이건 대통령과 영국의 마거릿 대처 총리가 1980년대 추진한 정책들이 신자유주의의 대표적인 예로 꼽힌다. 시카고학파로 대표되는 신자유주의자들의 주장은 닉슨 행정부의 경제 정책에 반영되었고, 이른바 레이거노믹스의 근간이 되었다.

신자유주의는 자유시장과 규제완화, 재산권을 중시하여 '작은 정부'를 주장한다. 곧 신자유주의론자들은 국가권력의 시장개입을 완전히 부정하지는 않지만, 국가권력의 시장개입은 경제의 효율성과 형평성을 오히려 악화시킨다고 주장한다. 따라서 '준칙에 의한' 소극적인 통화 정책과 국제금융의 자유화를 통하여 안정된 경제성장에 도달하는 것을 목표로 한다.

'작은 정부론'은 경제에 있어 시장과 민간의 역할이 최우선임을 주장한다. 경제활동은 가능한 한 민간에 맡겨야 하며, 정부의 역할은 최소한으로 한정돼야 한다는 것이다. 반면 '큰 정부론'은 정부의 역할을 강조한다. 경제를 시장에만 맡김에 따라 초래된 경제 · 사회적 불평등을 해소 혹은 완화하기 위해 정부가 적극적으로 재정 지출을 늘려야 한다는 입장이다. 신자유주의자들은 자유무역과 국제적 분업이라는 말로 시장개방을 주장하는데, 신자유주의의 도입에 따라 케인즈 이론에서의 완전고용은 노동시장의 유연화로 해체되고, 정부가 관장하거나 보조해오던 영역들이 민간에 이전되었다. 신자유주의는 작지만 강한 정부를 지향하고, 세계화를 표방하며 공공부문의 민간 이양과 규제 완화 등을 추구한다.

제21장

과거 역사의
한국 경제

가난의 역사

태초에 똑같이 시작한 문명이 어찌하여 빈국과 부국으로 흥망성쇠가 갈렸는지 생각해보자. 오랜 세월 국가의 환경과 국민의 태도, 습관, 문화 등이 켜켜이 쌓여 경제를 좌우했다. 우리 민족은 5천 년을 살며 어려운 자연조건과 주변 국가의 침입, 내전, 반란 등 국가의 불안이 지속된 가운데 치열한 역사를 전개하였다.

이처럼 우리 반만년 역사는 대부분은 가난과 고난이 이어져 의식주가 곤란했다. 특히 일제 강점기(1910~1945)는 일본의 식민지 수탈정책과 2차 세계대전의 전비 조달로 역사상 최악의 가난과 고난의 시대가 장기간 지속되었다. 1945년 해방은 되었으나 모든 경제 자원이 장기간 수탈되어 민족자본마저 없어 경제는 더욱 악화되었다. 이어 1950년 6·25 전쟁으로 전 국토는 폐허가 되었고 최악의 경제상황이 다시 벌어지는 불행의 시대가 계속되었다. 역사적으로 위대한 지도자를 만났을 때는 가난을 극복하고 국태민안을 이루었으나 그 기간은 길지 않았다. 그 결과 보릿고개, 입도선매立稻先賣라는 말이 자연스럽게 상용되었다. 보릿고개란 가지고 있던 쌀이 다 떨어져 보리 이삭이 익기 전에 잘라다가 허기를 채우던 춘궁기를 말하고, 입도선매란 초가을 벼가 익어갈 무렵에 보리 식량이 바닥난 농민들이 더 이상 버틸 수가 없어서 할 수 없이 추수 전 논에 서 있는 벼를 헐값에 팔아 식량을 사다 연명하는 것을 말한다.

1956년 대통령 선거 때 민주당의 '못살겠다, 갈아보자'라는 선거 구호는 빈곤을 벗어나지 못하는 경제현실을 통감한 데서 비롯되었다고 볼 수 있다. 실제로 당시 한국의 경제는 미국의 원조에 절대적으로 의존하고 있는 상황이었다. 이승만 정부는 부흥부를 만들어 경제발전을 위해 노력했지만 역부족이었다. 이러한 시대적 상황에서 5·16으로 정권을 장악한 국가재건최고회의는 도탄에 빠진 민생고를 해결하여 급속한 경제부흥을 이룩하는 것이 우선 목표였다.

박정희 대통령의 경제개발 정책 이전의 5천 년 역사의 대부분은 가난과 고난의 역사, 평균 경제 성장률 0% 시대로 초근목피草根木皮로 배를 굶주리며 연명하는 세월이 대부분이었다. 여기에다 사농공상士農工商의 문화가 더욱더 경제적 낙후를 가중시키는 요인이 되었다. 우리 기업은 세계 1등을 하는 기업을 포함해 일류기업이 많아 해외에서 인정받는 데 반해, 국내는 지금도 여전히 사농공상, 관존민비官尊民卑 관습이 이어져 경제발전에 걸림돌이 되고 있다.

우리의 사농공상은 중국에서 유래되었으나 그 의미가 변질되어 경제발전에 악영향을 주었다.

첫째, 중국은 우리나라의 사농공상과는 달리 상인에 대해 거부감보다는 친근하게 생각한다. 중국에서 사농공상 대신 사민四民이란 표현을 쓰는 이유는 특정한 신분제를 뜻하는 단어가 아니기 때문이다. 사민은 그냥 백성이란 뜻으로 '사농공상사민자, 국지석민야(士農工商四民者, 國之石民也: 사농공상 네 부류는, 나라의 기둥이 되는 백성이다)'라는 개념이다.

둘째, 일본은 중국에 영향을 받아 사농공상의 개념이 우리와는 다르다. 사농공상에서 사士는 우리의 선비가 아니라 일본의 무사武士가 들어간다. 우리의 조선 시대와는 달리 상공업이 상대적으로 발달하였던 에도시대의 상인들은 우대받는 계층으로 상인이 대노하면 천하의 무사(다이묘: 사유지에 지배권을 행사하던 무사의 우두머리들)들도 겁을 먹을 정도였다고 한다.

그런데 조선 시대 유독 사농공상士農工商의 문화가 잘못 자리 잡아 가난한 나라의 요인이 되었다. 외국과 달리 사농공상의 문화에서 상인(무역인)이 천민으로 대접받는 문화가 오랫동안 지속되었다. 중국으로부터 유래된 사농공상 문화는 중국이 상인을 우대하는 문화와는 다르게 변형되었다. 사농공상의 순서는 당시 신분제의 순서 그 대로로서 유교의 영향을 받아 선비들을 가장 높은 계층으로 생각했다. 그 뒤를 이어 농민, 장인(공장), 상인 순으로서, 특히 상인은 아무것도 만들어내지 않고 물건만 팔아 돈만 번다는 생각으로 비하하여 장사꾼, 상놈이라고 사회적으로 비하하는 분위기였다. 이러한 잘못된 사농공상 문화가 가난의 문화를 대물림하는 역사적 불행을 초래했다고 볼 수 있다. 조선의 몰락도 사농공상의 문화가 일부 영향을 미친 결과이다.

2

대한민국 경제 성장
(한강의 기적)

    대한민국 반만년 역사의 대부분은 가난과 고난이 이어져 의식주
가 곤란했다. 보릿고개를 겪으며 허기를 채우던 우리 민족은 가난의
역사에서 한강의 기적을 이루었다. 1962년 경제개발 계획을 추진한
이후 경제성장률이 꾸준히 올랐고, 1980년대 중반에는 세계적 호황
에 힘입어 매년 평균 10% 이상씩 성장하기도 했다. 1997년 IMF 외
환위기로 한때 마이너스 성장을 기록하기도 했지만, 국민 힘으로 극
복하면서 2000년 대에는 3~4%대 경제성장률을 기록했다.

    국제경제발전연구소(World Institute For Decelopment Economics Research:
WIDER)의 '한국의 경제발전 − 안정과 재조정책' 논문(엘리스 암스텐 박
사)을 참고로 경제발전 과정을 살펴보겠다.

    이 논문은 1970년대와 1980년대에 안정화 및 조정정책stabilization
and adjustment programmes을 시행했던 개발도상국가들의 경험에 대하여

WIDER가 출간하는 일련의 연구책자 시리즈 중 일부이다. 각기의 논문 들은 해당국가의 시행 정책안들을 분석하고 있는데, IMF와 세계은행과의 관계, 생산, 고용, 국제수지 및 사회복지에 그러한 정책들이 미치는 효과, 그리고 시행된 정책 이외의 다른 대안은 어떤 것들이 있었을까 하는 문제들이 다루어져 있다.

이 연구책자의 의도는 개발 도상국가들이 소기의 조정 및 성장 목표를 달성할 수 있을 뿐 아니라, 해당 조사국가의 특정 상황 하에서 정치적으로도 실현 가능한 조정정책을 입안할 수 있도록 도움을 주는 것으로써 주요 내용은 다음과 같다.[117]

첫째, 1 · 2차 5개년 계획(1962~71)

대한민국은 1962년 제1차 경제개발 5개년 계획에 착수한 이래 산업 혁명과 맞먹는 바를 경험하였다. 이는 박정희 대통령의 권력 장악으로 강력하게 추진되었던 경제개발의 역사적인 전환점이었다. 박 대통령은 경제활동을 값싸게 사고 비싸게 파는 정책으로부터 자본축적의 방향으로 전환하였다. 그러나 경제성장은 국내외의 충격 때문에 방해를 받았다.

둘째, 중공업의 부상(1972~78)

제3차 5개년 계획의 초년도인 1972년부터 제2차 석유파동 전해인 1978년에 이르기까지의 연평균 GNP성장률은 8.9%였다. 1974~75년간 의 제1차 석유파동의 여파에도 불구하고 이룩된 이러한 GNP성장률은 제2차 5개년 계획 기간의 9.5%보다 약간 낮을 뿐이었다. 그러나 지난 10년간의 중공업에 대한 거대한 투자를 특

---

117 엘리스 암스텐, 민선식 역,『한국의 경제발전』, (시사영어사, 1988), p.13, 25, 38, 61.

징짓는 것은 외채와 GNP의 비율의 움직임이었다. 대규모 산업화에도 불구하고, 그 비율은 사실상 일정했으며 1972년에는 34%이던 것이 1978년엔 30%로 약간 떨어지기까지 하였다. 중공업에 대한 대 투자가 있었던 마지막 해인 1979년에 그 비율은 32%에 불과했다. 특히 북한의 경제 우위가 남한의 경제 우위로 역전되도록 경제발전에 성공하였다.

셋째, 종합안정정책(1979년 4월)

1979년에 수립되었던 종합안정정책이 새로운 정권에 의해 다시 부활되었을 때 그것은 두 가지 내용을 포함하고 있었다. 하나는 나중에 논의하게 될 구조적 요소이고, 다른 하나는 제2차 석유파동과 정치 불안으로 야기된 당면한 경제위기를 헤쳐 나갈 일련의 정책들이었다. 1차 상품가격의 상승은 1979년과 1980년 사이에 13%의 교역조건 악화를 초래했다. 경상수지 적자는 1978년 GNP의 2.2%에서 2년 뒤에는 GNP의 8.7%로 뛰어올랐다. 1980년에 GNP성장률은 한국전쟁이 끝난 뒤에 처음으로 마이너스 성장으로 바뀌었다.

그러나 1981년과 1985년 사이에 GNP성장률은 회복되어 평균 5.9%를 유지했다. 이와 같은 성장률은 과거의 실적에 비해 낮은 것이었지만 국제수준에 비하면 훌륭한 것이었다. 더구나 인플레는 1980년에 25.6%였던 것이 1984년에는 4%에 불과해 사실상 0에 가까웠다.

과거정책의 핵심은 보조금이었다. 고도로 정치화되었던 산업허가의 과정과 장기여신할당과 관련해서 보조금은 경제활동을 유도해 나가기 위해 이용되었고, 수출목표는 정부가 보조금을 받는 자를 독려하기 위한 방편으로 사용되었다.

한국 경제는 수출에 대한 의존도가 높기 때문에 달러 가치와 국제 유가, 국제 금리의 '3고高 현상'이 미치는 악영향이 크다.

3고 현상은 고달러·고유가·고금리를 말하는 것으로서 1980년대 초반의 빠르게 성장하던 우리 경제에 큰 장애물로 작용했다. 1985년이 되자 '반전'이 일어나 저달러·저유가·저금리란 '3저 현상'이 찾아왔다. 이로 인해 우리나라는 1980년대 중반 '단군 이래 최대 호황기'라는 경제적 풍요를 누릴 수 있었다. 이처럼 1980년대 중반 국제 경제의 절묘한 타이밍이 우리 경제에 최대 호황기를 가져다줬고 경제 10위권 강국의 발판이 되었다.

우리나라의 경제는 그동안 양적인 측면, 질적인 측면에서 큰 성장을 거듭해 왔다. 60년대 초 이후 급속한 경제성장과 구조적인 변화는 사회 전 부문의 발전과정에 영향을 준 결정적 요인의 하나로 작용해 왔다. 우선 경제지표를 통해서 볼 때 GNP는 1954~1982년간 약 6.7배로 확대되었으며, 1인당 국민소득은 60년대 초의 100달러 내외에서 2021년 3만 4천 달러를 돌파했다. 특히 1986년에는 만성적인 국제수지 적자를 극복하고 흑자원년을 이룩하고 경제 최고 전성기를 맞이했다.

한국 경제 시련기(IMF 사태)

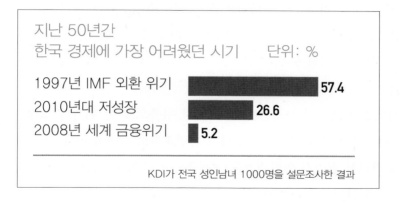

지난 50년간
한국 경제에 가장 어려웠던 시기   단위: %

1997년 IMF 외환 위기	57.4
2010년대 저성장	26.6
2008년 세계 금융위기	5.2

KDI가 전국 성인남녀 1000명을 설문조사한 결과

 1997년 IMF 외환위기 초래는 우리 지도층의 안일한 금융정책과
방만한 기업들의 운영으로 인해 대외신뢰도 하락, 대기업의 연쇄부
도, 단기 외채의 급증 등이 주된 이유였다. 이로 인해 모라토리움
(채무지불유예) 선언을 할 사태에 이르러 정부는 IMF에 구제금융
을 신청하여, IMF로부터 195억 달러, 세계은행IBRD과 아시아개
발은행(ADB)으로부터 각각 70억 달러와 37억 달러 등을 지원받아
외환위기의 고비를 넘겼다.

외환위기의 원인은 직접적 요인으로는 교역조건 악화로 인한 경상수지 적자 확대, 기업 실적 하락 및 단기차입의 빠른 증가였다. 간접적으로는 경제외교의 미흡과 더불어 아시아 외환위기로 인한 아시아 개도국 시장 전체에 대한 불안감 확산이었다.

한국개발연구원(KDI)의 설문조사에 따르면, 우리 국민들은 20여 년 전 경제에서 가장 어려웠던 시기로 10명 중 6명(57.4%)은 '1997년 IMF(국제통화기금) 외환위기'를 꼽았다. 외환위기에 이어 '2010년대 저성장'(26.6%), '2008년 글로벌 금융 위기'(5.2%) 등이 꼽혔는데 격차가 컸다. 응답자의 59.7%는 '외환위기가 자기 삶에 부정적인 영향을 미쳤다'고 평가했다. 39.7%는 '본인이나 가족이 실직·부도를 경험했고', 64.4%는 '당시 심리적으로 위축됐었다'고 답했다.

지도층의 예지력 부족은 물론 사명감 부족으로 큰 위기가 초래되었다는 사실을 겸허하게 인정하고 반면교사로 삼아야 한다. 지도자의 리더십 결여가 외환위기를 초래했으나 다행히도 국민들의 성원으로 외환위기를 극복했다.

외환위기를 조기 극복한 원동력으로는 '금 모으기 운동 등 국민의 단합'(54.4%)이 가장 많이 꼽혔다. '기업의 구조조정·공공개혁'(15.2%), 'IMF 등 국제기구의 구제금융 지원'(15.0%) 등이 그 뒤를 이었다. 외환위기 하면 가장 먼저 떠오르는 것도 '금 모으기 운동'(42.4%)이었다.

외환위기로 저성장과 실업이 구조화됐고, 경제주체의 위험회피 성향은 커졌다. 비정규직이 양산되고 구조조정이 일상화되었고, 한국 경제 특유의 활력이 외환위기 이후 사라졌다. 미국·일본·독일·스위스 등 4차 산업혁명 선도국가들의 역동감 넘치는 모습과 극명하게 대비된다. 한국개발연구원에 따르면, IMF 당시 우리 경제 상황은 '냄비 속 (뜨거워지는) 개구리 같다'는 경제전문가의 여론이 88%에 달하며, 탈출할 시간이 1~3년밖에 남지 않았다는 답변이 63%나 됐다. 외신이 한국 경제를 비판하면서 쓰는 말이 '자아도취병complacency'이다. 항상 경계하고 긴장을 늦추지 말아야 한다.

여기서 20년 전 IMF 구제금융을 신청한 임창열 전부총리의 "한국, 그 때 교훈 너무 빨리 잊어"라는 언론 인터뷰의 충언을 귀담아 들어야 한다.

"IMF를 조기 졸업한 게 반드시 좋은 것은 아니었다. 그 교훈을 제대로 이해 못하고 너무 빨리 잊어버렸다. 국제사회에서 약자弱者가 되면 숨이 끊어질 때까지 살이 뜯기고 피를 빨린다. 다시는 약자가 돼서는 안 된다."

정부, 기업인들은 물론 우리 국민 모두가 깊이 성찰하고 심기일전하여 다시는 IMF체제를 겪는 불행이 있어서는 안 되겠다. 우리는 제2의 한강의 기적을 이루어 경제강국으로 도약해야 한다. 다시는 국민들이 경제 불안으로 피눈물을 흘리지 않도록 하고 국제사회에서 당당한 G3 나라가 되도록 해야 할 것이다.

4

대한민국 경제 신화
(역동성 요인 분석)

대한민국은 제2차 세계대전 이후 세계사에서 최고의 성취를 이룬 나라이다. 유엔개발계획$_{UNDP}$은 1998년도 조사 가능한 전 세계 174개국을 대상으로 36년간(1960~1995년)의 경제성장률 및 인간개발지수$_{HDI}$의 성장 결과에 대한 발표에서 연평균 7.1%로 세계 모든 국가 중 경제성장률 1위였다고 밝혔다.

한국은 20세기 후반 이후 세계에서 삶의 질이 가장 성장한 나라가 되었다. 또한 한국이 경제규모나 사회문화 수준에서 세계 10위권 수준에 이르렀다는 것은 짧은 시간에 가장 역동적이고 가장 빠른 사회경제적 성장의 결과이다. 2020년 한국은 전년 대비 수출이 5.5%줄었지만 세계 7위의 무역대국 지위를 유지하였다. 한국의 성공은 세계적 성공모델의 상징이 되어 세계 개발도상국들이나 사회주의, 공산주의의 길을 걸었던 나라들에게 모델국가가 되었다. 세계 여러 국가들은 각종 협력사업과 국제기구의 지원으로 한국식 모델을 배우고 있다.

8대 DNA는 박정희 대통령의 근대화 리더십과 융합하여 대한민국 경제신화를 창조하였다. 미국 하버드대의 에즈라 보걸 등 외국 학자들은 '조국 근대화'와 '할 수 있다 정신can-do spirit'을 박정희 대통령 리더십의 핵심 키워드로 꼽는 데 주저하지 않는다. 특히 '할 수 있다 정신'은 당시 함께 근대화를 시도했던 개발도상국에서는 찾을 수 없는 박정희 고유의 언어다.

특히 한국인의 근면성실한 DNA는 자유민주주의와 시장경제체제의 서구문명과 결합하며 한국사회를 근본적으로 바꾸었고, 제2차 세계대전 이후 세계사에서 최고의 성취를 이루는 대한민국 신화를 만들었다.

• 철강, 유화학, 정유, 조선, 자동차 등 중후장대한 산업분야의 세계 1등 국가

• 무역 규모(수출, 수입) 1조 달러와 세계 10위권의 경제 대국

• 잠수함, 비행기(FA50 초음속 전투기), 수리온 헬리콥터 등 주요 무기수출

• 세계가 부러워하는 한국의 의료 및 건강보험제도

• IT, 반도체 등 ICT산업의 기반을 이룬 1980년대의 대한민국

• 산유국 아닌 산유국을 만든 나라 대한민국 – 원유 수입가공으로 수출 제1의 국가

• 세계 최초로 원조를 받던 나라에서 원조를 주는 나라인 DAC 개발원조위원회로 우뚝 선 한국

• 월드컵 4강, 서울 하계 올림픽 5위, 평창 동계올림픽 7위, 세

계 야구 우승, 세계 여자 골프 석권, 남자 골프 우승, 피겨 스케이트 세계대회 및 올림픽 우승, 에베레스트산 및 남북극점 정복.

이처럼 오늘날 수많은 분야에서 이룩한 업적은 한국인의 우수성은 물론, 대한민국의 발전을 산업화 시대에 전 세계에 알린 우리 민족의 쾌거라고 하겠다.

한국 경제발전은 서구에 의해 기적이라 칭해졌다. 1993년 세계은행은 한국을 비롯한 동아시아 국가들의 경제적 성공을 분석한 '동아시아의 기적'을 내놓았다. 타이완이나 홍콩, 싱가포르 등 함께 분석한 국가 중에서도 한국은 단연 백미白眉였다. 다른 소국들과 달리 인구와 국토가 상당한 규모이기 때문이기도 했지만, 6 · 25 전쟁으로 거대한 폐허 덩어리로 남았다가 불과 한 세대 만에 선진국 대열로 우뚝 선 드라마였기 때문이다.

고도성장만으로도 경이로웠지만, 정작 서구 학자들을 사로잡았던 것은 '사람 중심' 성장이었다. 한국 경제발전의 사람 중심성은 당장의 가난을 덮기 위해 돈을 나눠주는 것이 아니라 성장의 과실을 거둘 역량을 갖도록 사람을 키우는 데 전력을 다했다는 것이다.

국가 예산의 절반 이상을 미국의 원조로 메우던 가난한 나라였으면서도 1960년대 사회 지출은 복지나 의료 지원이 아닌 교육 지출에 상당 부분을 투입하였다. 마을마다 초등학교를 짓고 우수 인력을 교사로 양성하는 데 아낌이 없었다. 전쟁 중이었던 1953년 실시된 전 국민 무상 초등교육에 힘입어 해방 후 80%에 육박했던 문맹률이 급감한 후에도 교육 투자에는 거침이 없었다. 상급학교에 진학하지 못하는 청소년들을 위해 직업교육 체제를 마련하고, 중학교 · 고등학교 접근성을 단계적으로 높여 산업화가 요구하는 인력을 순차적으로 공급했다. 결국 인적 자원 고도화를 통해 국민 대다수를 경제 성장에 포용함으로써 성장과 분배 두 마리 토끼를 잡은 셈이다.

한국의 사람 중심 성장은 2차 세계대전 후 자본주의 최대 호황기에 국가 주도적 복지국가를 건설했다가 신자유주의로 선회하면서 누적된 이중의 부작용으로 골머리를 앓던 서구 선진국에 영감의 원천이 되었다. 당시는 연금과 복지 확대, 노동 시간 감소를 통해 넉넉하고 여유로운 생활을 국가가 보장하는 것이 인류 문명의 발전이며 진보라는 오랜 믿음이 세계화와 재정 위기 속에서 뿌리부터 흔들리는 시기였다. 영국의 사회학자 기든스 교수는 우리의 사람 중심 성장에서 '개인과 가족이 자조(自助)할 수 있도록 정부가 돕는다'는 국민정신을 읽어냈고, '제3의 길'이란 비전을 만들어냈다. 개인과 가족, 국가, 각각의 책임을 강조하는 '제3의 길'은 영국 노동당과 독일 사회당의 공식 노선으로 자리매김했고 2000년대 초반 하르츠 개혁을 비롯한 많은 선진국 복지 개혁의 기반이 되었다. 지난 반세기 동안 우리 경제는 참으로 눈부신 발전을 이룩해 왔다. 경제 규모는 480배, 1인당 국민소득도 250배나 커졌으며, 수출은 무려 1만 1,000배 이상 신장되었다. 이러한 성과는 우리 국민과 정부, 그리고 기업들의 합치된 노력이 뒷받침되어 실현될 수 있었던 기적이었다. 그리고 이제 우리는 기적의 지난 50년을 넘어 새로운 희망의 100년을 향해, 또 다른 도약을 준비해야 할 시점에 서 있다.

제22장

현재 한국 경제의
현실태와 문제점

1

한국 경제 위기 현상

    세계 일류 선진국이 된 나라의 역사를 살펴보면, 수많은 위기를 기회로 바꾸고 끊임없는 혁신과 개혁의 과정이 지속되었었다. 선진국 도약을 위해 국익 우선주의의 행위도 서슴지 않고 오직 국가 발전과 부국강병을 위해 혼신을 다한 역사를 볼 수 있다. 최근에도 미 · 중 패권 경쟁이 국익 우선의 보호무역전쟁으로 비화되고 있다. 과거 로마는 물론, 미국 (뉴프론티어), 영국(산업혁명), 스페인(아메리카 대륙 발견), 일본(메이지 유신) 등 나라마다 혁명의 과정을 거쳐 튼튼한 선진국가의 기반을 구축하였고 민족 자본(국가자본)을 형성하였다. 그러나 대한민국은 역사상 한 번도 선진국 같은 혁명의 과정을 제대로 겪어보지 못하고 외침과 내전, 내란 등 나라 안 싸움(성 안의 싸움, 가족 싸움)에 대부분의 국력을 소모하여 고난의 역사를 이어왔다.

대한민국은 물려받은 민족자본도 없는 데다 부존자원도 거의 없다. 우리가 가진 것은 인적 자원밖에 없다. 다행히도 한민족의 혼과 절대정신은 물론 세계 제일의 IQ와 역동성을 가지고 있어 전 국민이 뭉치면 무엇이든지 할 수 있는 저력과 능력을 갖추고 있다.

우리 경제는 지금 경쟁력 강화를 위한 경제 혁명을 강력하게 이끌어 나가야 한다. 현대는 경제가 안보安保이고 경제가 민생이므로 경제 문제는 국가적 사활의 문제라는 것을 명심하고 부국강병의 나라가 되어야 한다. 따라서 최근의 경제 위기가 반드시 기회가 되도록 해야 한다. 우리나라 5천 년 역사 이래 경제와 안보는 위기가 아닌 적이 거의 없었다. 그러나 광개토태왕, 문무대왕, 세종대왕, 정조 등 위대한 리더들은 역사적 위기에서도 르네상스 시대를 열었다. 후손들에게 우리는 부끄러운 가난한 나라를 남긴 조상으로 기억될 것인가? 아니면 초일류 통일선진강국으로 도약한 자랑스러운 조상으로 기억될 것인가? 자랑스러운 조상, 위대한 대한민국을 건설하려면 경제사의 교훈을 통해 강점은 살리고 약점은 사전 보완하면서 끊임없이 혁신, 개혁하는 등 지속적으로 경제혁명을 추진해야 한다.

온 국민이 일치단결하여 코로나 19 위기와 경제 위기를 경제혁명으로 극복하는 정신과 결기가 긴요한 시대이다.

2

경제 정책의 핵심은 일자리 창출

최근 기업들은 정부의 눈치만 보며 재투자를 통한 일자리 창출에 소극적인 실정이다. 2021년 9월 기준 실업률이 3.5%, 실업자는 102만 명에 달했다. 또한 청년실업률도 10%선으로 50여만 명에 달한다. 그런데 주무부처인 고용노동부는 고용 유연성으로 기업활성화를 통해 일자리활성화 정책을 지속적으로 전개해야 하는데도 불구하고 문제만 생기면 땜질방식의 세금으로 일자리대책을 만드는데 그치고 있다는 목소리가 많다.

청년실업의 진정한 대책이란 청년의 입장을 배려하고 눈물을 닦아 준다며 공무원으로 채용하거나 국가예산을 통해 금전을 보태주는 것이 아니다. 편파적인 기득권을 내려놓도록 하는 한편, 중소 · 벤처기업 육성, 관광산업 육성 등 실질적인 일자리 창출이 긴요하다. 취업을 위한 핵심대책은 단기적인 포퓰리즘적 대책이 아닌 미래지향적, 포용적, 혁신적 리더십으로 국가 개조의 패러다임을 구축하는 것이다.

청년실업이 높은 국가는 희망이 없다. 젊은이가 취직을 해 부국강병을 만들어야 국가 경쟁력을 유지할 수 있을 뿐만 아니라 행복국가를 만들 수 있다. 정부에서도 이런 차원에서 2018년 예산편성에 공무원 증원, 사회복지 예산 증액을 통한 소득 주도의 내수 활성화, 청년 창업지원, 11조 원 추경 편성 등을 적극 추진하고 있으나 경제 성장은 더욱 침체되고, 일자리 창출은 부진을 면치 못하고 있다.

경제 침체를 극복하기 위해 정부는 2021년에는 예산의 총 규모는 558조 원이다. 2020년 512조 3천억 원보다 약 9% 증가했다. 그만큼 우리나라의 경제 규모가 커졌다는 것을 의미하는 동시에 코로나19로 촉발된 경제 위기 등을 극복하기 위한 재정의 역할이 매우 중요하다는 것으로도 볼 수 있겠다. 과감한 재정확대의 정책을 감안할 때 우리 경제는 고용 쇼크에서 시급히 벗어나야 한다.

일자리 창출을 위한 근본대책은 공무원 증원, 사회복지예산 증액을 통한 소득주도의 활성화보다는 혁신주도성장을 통해 자생력이 생기고 경제 성장의 선순환을 통해 일자리를 계속 증가시킬 수 있는 대책이어야 한다.

더욱이 공무원 증원은 반영구적으로 재정이 소요되어 후손들에게 엄청난 부담을 주고 경제 성장에 지장을 줄 것이다.

고달픈 청년 500만 명에게 절실한 것은 공짜 배급이 아니라 일자리다운 일자리이다. 진짜 일자리를 만들려면 정권과 귀족노조의 야합을 깨는 것이 우선적일 것이다. 세금으로 만든 급조한 가짜 일자리가 아니라 기업들이 만드는 진짜 일자리이다.

제조업만으로 일자리를 만들 수 없으며, 선진국이 될 수 없다는 것은 이미 입증된 현상이다. 우리 인력은 물론 유리한 여건과 환경을 살려 4차 산업혁명, 관광산업, 서비스 산업, 농수산 산업이 상호 연계하여 일자리 창출에 기여해야 한다. 이제 정부는 성장주도와 혁신주도의 조화를 통한 일자리 창출의 선순환 경제를 이룩해야 한다.

4차 산업 혁명과 관광산업은 일자리 창출의 핵심 산업임은 물론 경제 성장을 좌우하는 열쇠가 될 것이다. 일자리 창출을 통한 경제 성장이 일류 선진국으로 가는 길로서 스위스 등 선진국의 사례를 타산지석으로 삼아 우리도 경제강국을 건설해야 한다.

소득주도성장 정책의 결과

문재인 정부의 핵심적 경제 운용 철학인 '소득주도성장론'은 공무원 신규채용, 근로시간 단축, 비정규직의 정규직 전환, 최저임금 인상 등이 주요 정책인데 이론과 실제에서 모순이 드러나 경제침체를 가중시키고 있다.

'소득주도 성장론'은 처음부터 의문을 품는 전문가가 적지 않은 바 그 내용은 다음과 같다.

• 주원 현대경제연구원 경제연구실장은 "소득주도성장은 새로운 실험이며 저성장을 탈출할 수 있는 확실한 방법이 아니라는 점에서 정부가 지나치게 소득주도성장에 매여서는 안 된다."라고 말했다.

• 조동근 명지대 교수는 "경제 문제는 실증적으로 풀어야 하기 때문에 남들이 안 가본 길을 가는 것보다 남들이 성공한 방식을 차용하는 게 현명하다.", "주요 선진국 중에 소득 주도 성장 정책을

펴는 나라가 없다는 점에서 걱정스럽다."라고 말했다.

• 하준경 한양대 교수는 "소득주도 성장은 결국 중소기업 근로자, 비정규직의 임금을 높여준다는 건데, 대기업 중심인 한국 시장의 구조 개혁이 필수적이다."라며 "그 와중에 기술혁신, 4차 산업혁명이라는 장기 성장동력을 훼손하면 한국 경제의 위험 요인이 될 수도 있다."라고 말했다.

현 정부는 초기와 달리 '혁신 성장'을 강조함으로써, 소득주도성장과 혁신주도 성장을 동시 추진하여 소득주도성장의 단점을 보완하려 했었다. 소득주도성장, 혁신주도 성장, 공정 경제의 세 축으로 구성되는 신정부의 성장정책은 자칫하면 서로가 서로를 방해하는 딜레마에 빠질 위험이 있다. 실제로 J노믹스가 추진해온 최저임금 인상의 영향으로 경제 활성화와 소득분배가 아닌, 중소기업과 자영업자의 인건비 부담과 물가 상승이라는 부작용이 나타나고 있다.

김광두 국민경제자문회의 부의장은 2018년 8월 30일 문재인 대통령에게 '소득주도 성장' 논쟁에 매몰되지 말고 더 큰 틀에서 기본으로 돌아가야 한다고 조언했다. 그는 문 대통령에게 "소득주도성장이라고 하는 것이 '사람 중심 경제'의 한 부분인데 그 큰 틀에서 이야기해야 한다."라며 '백 투 더 베이직(Back to the basic · 기본으로 돌아가자)'을 언급했다.

이헌재, 진념 등 전 경제부총리들은 소득주도성장은 문제 있는 정책으로 개선이 시급하다고 주장하고 있다. 소득주도성장의 정책기조를 바꾸지 않고서는 해결할 수 없는 상황이라는 것이 국내외 다수전문가들의 전망이며 국민 여론도 비판적이다. 이와 같이 문재인정부의 소득주도성장은 사실상 실패한 정책으로 평가받고 있다.

외국에서는 대부분이 실패한 정책으로 결론을 내렸으며 한국경제TV가 2020년 4월 주최한 '제 12회 세계 경제/금융 컨퍼런스'에 참석한 로버트 배로 미국 하버드대 교수는 소득주도성장은 불행한 슬로건이라고 발표했다.

한국경제신문 사설에서는 다음과 같이 말한다.[118]

대한민국 경제가 성장동력을 잃은 채 '조로早老 징후'로 겉늙어 가는 서글픈 현실은 새삼스런 일이 아니다. 과도할 정도의 친親노조 고용·노동 제도부터 규제 일변도의 기업 옥죄기 정책까지 모두 경제활력을 키우자는 쪽과는 거리가 멀다. 소위 부자증세와 수년째 지속돼온 재정 무한확장으로 분칠한 '반짝 경제지표'들이 지속될 수 없는 것이다. '소득주도성장'은 급등한 최저임금의 부작용으로 인해 일찌감치 거덜났고, '혁신성장'도 온갖 규제로 인해 공허한 구호가 돼버렸다. 3류 행정, 4류 정치가 금융과 산업의 발목을 잡으며 경제를 퇴보시키고 있다.

정책을 충돌하지 않게 설정하고 정책실현은 시장 친화적으로 하여야만 지속가능한 경제발전을 이룰 수 있다. 4차 산업혁명 준비, 벤처기업 육성 등을 통해 경제에 새로운 역동성을 공급하는 등 경제혁신, 개혁을 통해 혁신주도성장이 핵심축으로 소득주도성장과 조화를 이루어야 할 것이다. 이에 대해 미국문화원 점거 사건의 주동자인 586세대의 대부 함운경은 다음과 같이 말했다.[119]

----

118 https://www.hankyung.com/opinion
119 https://www.chosun.com/national

"소득 주도 성장 말한 사람들은 다 사기꾼이다. 가게 매출이 늘어야 직원들 월급도 올라가지, 월급이 올라간 다음 매출이 오르는 게 아니다. 큰 회사든 작은 회사든 가격 경쟁 속에서 얼마나 낮은 비용으로 시장에 참여할까가 고민인데, 국가가 나서 임금 많이 주라고 하면 소득이 늘어나. 오히려 고용을 줄이지. 정규직을 늘리는 문제도 마찬가지다. 대한민국 전체 매출이 그대로인데 정규직만 늘어날 수 있나. 공공부문만 비대해져 세금 쓰는 공무원만 많아졌다." (하략)

2018년 필자는 저서[120]에서 소득주도성장에 대한 문제를 기술한 바 있다.

최근 대부분의 관련 정치 · 경제 · 교육계 학자들은 물론 언론에서 '소득주도성장은 고용참사 등 잘못된 정책으로 평가' 하고 있다.[121] 소득주도성장은 소득을 높여주면 가계가 소비를 촉진하고, 기업은 투자를 확대하여 경재가 성장하는 선순환이 일어난다는 주장이다. 일단 소득을 높여주면 경제가 성장한다고 했다. 문재인 정부는 소득주도성장의 일환으로 2017년 6,470원이던 시간당 최저임금을 2018년 7,530원으로 16%나 인상(2021년 8,720원으로 대폭 인상)했지만, 성장을 만들어 내지는 못했다. 자영업자와 중소기업은 인건비 부담을 견디지 못했다. 2017년 30만 명 안팎이었던 신규 취업자 수가 2018년 7월 5,000명으로 떨어지는 고용 참사가 발생했다.

----

120 최익용, 『국부론』, (행복에너지, 2018) pp.373~376.
121 https://www.chosun.com/economy

4

저성장률 시대 진입

대한민국은 2021년 7월 초 UNCTAD에서 선진국 그룹으로 편입했다. 세계 10위권 경제 대국으로 몸집이 커졌지만, 우리나라는 최근 경제 역동성을 잃어가고, 위기가 가중되고 있다.

한·중·일 3국은 가깝고도 먼 나라로서 영원한 경쟁 대상국가이다. 극중·극일을 넘어 초중超中·초일超日을 해야 우리는 세계의 등불 코리아 - 초일류 선진통일강국을 건설할 수 있다. 따라서 저성장률 하루 빨리 탈피하여 경제 강국으로 진입하여야 한다.

그러나 현재 중국의 추격은 속도를 더하고 일본과의 격차는 극도로 벌어지고 있으나 새로운 성장 동력도 잘 보이지 않는다.

서울대 한종훈 교수는 『축적의 시간』에서 "선진국을 따라가는 데 급급했던 한국 제조업이 막다른 골목에 몰렸다. 최근 반도체와 석유화학 같은 제조업이 사상 최대 호황을 누리는 것은 20~30년간 혁신과 노력이 축적蓄積된 과거의 결실이다. 그런데 현재 우리 사회에는 미래를 내다보는 축적이 없다."라고 말했다.

요즘 전 세계 기업의 평균 수명은 약 13년 정도이고, 기업의 80%가 30년을 지속하지 못한다고 한다. 세계 100대 기업 생존율은 고작 38%에 불과하다는 통계도 있다. 한국은 더 열악하다. 30대 기업 중 최근 5년간 제조기업 4곳이 순위에서 사라졌다. 국내 신생기업의 5년 생존율은 27%로 해외 주요 5개국 평균(42%)의 3분의 2 수준에 불과했다. 최근 세계 재정위기에서 보듯이 개별 국가의 경제위기가 다른 국가로 빠르게 전이되면서 글로벌 경제의 변동성은 더욱 심각해지고 있다. 또한 기후 변화와 에너지 위기, 4차 산업혁명과 초연결Hyper Connection 등 미래 트렌드의 불확실성과 이에 대한 선제적 대비책 강구가 긴요한 시대이다.

그러나 최근 우리의 경제는 저성장 시대로 진입하고 있으며 우리가 당면하고 있는 문제는 다음과 같다.

- 저성장 시대의 장기화 조짐
- 청년 실업 및 노년 실업 등 일자리 문제
- 가계부채 급증
- 경제의 양극화
- 한국 노동시장 이중고二重苦
- 저출산 등 인구 감소에 따른 문제
- 중소기업 육성 문제
- 최저임금제
- 비정규직 문제

우리 경제는 그 동안 반도체, 자동차산업이 이끌어왔다. 최근 자동차 산업의 경쟁력 저하, 통상임금 판결, 사드로 인한 중국 판매 급감 등으로 위기를 맞으면서 반도체가 고군분투하고 있다. 반도체 초호황 덕분에 경제지표는 개선되는 듯하지만, 반도체를 제외한 한국 경제는 매우 취약한 상황과 여건이다. 주력 제조업종 상당수가 매출과 영업이익이 지속적으로 하락하거나 성장 정체 상태에 빠졌다.

수출 호조세는 반도체 덕분으로, 제조업 평균가동률이 하락한 것은 근본적으로 기술 경쟁력을 잃어가는 우리 산업의 구조적 문제라는 게 경제전문가들의 분석이다. 우리나라는 이제 '패스트 팔로워(fast follower: 빠른 추격자)'에서 '퍼스트 무버(first mover: 선도자)'로 전략을 바꿔야 한다. 역사적으로 보면 우파 정부는 성장 정책을, 좌파 정부는 분배 정책을 주로 써 왔다. 하지만 우리나라는 내우외환의 위기를 극복하고 경제성장의 기회로 만들기 위해서는 좌우 가리지 말고 강점은 더욱 살리고 약점은 보완하는 등 우파정책과 좌파정책의 장점 들을 융합, 연결하여야 한다. 새 정부 들어 최저임금 인상, 비정규직의 정규직화, 노동시간 단축처럼 기업 부담을 늘리는 정책이 급증했다. 이에 반해 규제 완화, 노동개혁 등 경제개혁은 지지부진하고, 강성 노조의 요구는 갈수록 거세지고 있다.

정부는 미래 경제에 대해 저성장시대 진입 또는 성장 속도가 느릴 것이라는 데 배팅해서는 안 된다. 경제성장의 주요 요인이 노동력과 자본투입 증가와 더불어 주어진 투입량 대비 산출량을 전보다 늘려주는 생산성 향상이라는 데 관점을 두고 효과적인 정책 및 전략을 적극적으로 추진해야 될 것이다.

5

중국의 강력한 추월과
발목 잡히는 한국경제

시진핑 주석은 2021년 중국 공산당 전국대표대회(당대회)에서 중국 공산당의 1인 지배체제를 구축하고 '중국몽 – 중화민족의 위대한 부흥'을 역설했다. G2국가에서 G1국가로 도약하여 패권을 장악하겠다는 청사진이다. 공산당의 제조업 고도화는 일반적인 산업정책 범주를 넘어서는 '역사 복원 프로젝트'라는 점이 여기서도 분명해진다.

국책연구기관인 중국공정원은 나라별 제조경쟁력을 평가하면서, 자국을 미국, 일본, 독일에 이은 3그룹으로 분류했는데, 3그룹 내에서도 한국을 중국보다 아랫단에 놓았다. 반도체 디스플레이 등 몇 가지를 빼면 배워야 할 한국의 경쟁대상이 거의 없다고 간파한 것이다. 2020년 중국의 하루 평균 신설 기업 숫자가 2만 2천 개에 달하는 것으로 나타났다. 1만 명당 신설 기업 숫자는 우리나라의 2

배에 달했다.

　중국업체들은 수년 내 반도체마저 국내 주력 산업을 추월할 것으로 예상된다. 따라서 우리가 지속적으로 성장하지 않을 경우, 연쇄 불황을 맞을 수 있다는 예상이다. 이주완 하나금융연구소 연구위원은 "과거 중국의 위협은 양적 확장에 따른 공급과잉 유발이 대부분이었는데 앞으로 다가올 위협은 양적·질적 성장을 포함하고 있어 이전보다 위기의 질質이 더욱 좋지 않다."라고 말했다.

　이와 같은 한·중 역전 현상은 기업인들에게는 훨씬 절박하다. 중국 기술자들은 악착같고 헝그리 정신이 있어 우리가 상상도 못했던 점까지 개량하여, 한국 제품보다 월등한 제품으로 혁신을 했다.

　4차 산업의 총아 중 하나인 핀테크(정보기술과 결합한 금융서비스)에서도 중국은 빠르게 미국을 추격하고 있다. 한·중 간에 시장규모는 물론 기술 격차까지 줄어들면서 실리콘밸리 기업의 '차이나 인사이더' 전략에도 빠르게 변화의 조짐이 나타나고 있다.

　최근 우리 산업의 경쟁력이 반도체품목 외에는 중국에 밀려나고 있는 현상이다. 기술지식 자산을 쌓기 위해 국유기업을 총동원하고 보조금을 지급하는 등 공정한 국제경쟁을 위반하면서 경제발전에 총력을 경주하고 있다. 미국이 이에 위기의식을 느끼고 관세폭탄으로 중국을 견제하고 있다. 그러나 중국의 자국중심적 산업정책은 훨씬 더 반시장적이어서 트럼프의 압박이 중국의 문제점을 시정토록 한다면 중국과 교역하고 경쟁하는 많은 나라의 기울어진 운동장을 바로잡는 계기가 될 수 있다. 우리는 이러한 무역환경을 최대한 활용하여 중국으로부터 끝없이 발목을 잡힐 것이 아니라 중국을 추월하는 혁신적인 경제정책이 필요하다고 판단된다.

중국 경제학자들은 그 동안 '중국의 개혁개방이란 호기를 가장 잘 살린 파트너가 한국'이라고 추켜세워왔으나, 중국 산업경쟁력이 일취월장한 지금 호기는 위기로 바뀌었다.

세계적 경영사상가 헤르만 지몬은 2021년 7월에 수차례에 걸쳐 한국 정부 부처에 글로벌 강소 기업(히든 챔피언)을 육성해야 한다고 강조해 왔다고 했다. 하지만 성과에 대한 평가는 냉정했다. 지금 한국 정부에는 히든 챔피언을 키울 의지나 힘, 결정 등이 전혀 보이지 않는다며, 반면 중국 정부는 올해 2월부터 히든 챔피언 1,000개를 육성하는 정책을 시작하여 투자하는 돈만 13억 달러(약 1조 4,860억 원)에 달한다고 말했다.

이러한 위기해결의 근본대책은 우리 경제의 국제 경쟁력을 끌어올리는 것밖에 없다. 구조조정, 노동개혁, 규제완화 등을 과감히 추진하여 위기를 다시 호기로 바꾸어야 한다.

시진핑 시대를 맞아 지도이념부터 손질하는 중국처럼 새로운 한·중 경쟁국면에서는 우리 정부도 혁명적 발상의 전환이 필요하다. 중국의 강력한 추월에 우리 경제가 발목 잡히지 않고 강력한 경제 추동력을 발휘하도록 특단의 전략과 정책이 긴요하다.

노동혁신과 경제 문제

6

노사화합은 일자리 문제와 직결되는 중요한 경제발전의 요소이다. 그 나라의 경제 수준이 노사수준으로 귀결되기 때문에 선진국들은 노사정책에 혼신을 다하고 있다. 그 예로 프랑스 마크롱 대통령은 과거정부가 손대지 못했던 프랑스의 고질병으로 불리는 노동개혁을 완수했다. 마크롱의 지지율은 큰 폭으로 하락했지만 개의치 않았고 그의 정치는 회생의 기회를 잡았으며 노동혁신의 표본이 되고 있다.

우리 정부도 프랑스 못지않은 고질적인 노조문제를 해결하기 위해 고심하고 있다. 노조문제 해결이 정치, 경제, 사회 안정은 물론, 안보, 외교까지 영향을 미칠 정도로 국가적 현황 과제이다.

문재인 대통령도 2017년 10월 24일 '노사정 사회적 대화 복원을 위해 마련한 노동계와의 만찬회동'에서 아래와 같이 역설했다.

노동계와 정부 사이에 국정의 파트너로서의 관계를 복원하는 것이 아주 중요하고 시급한 과제라고 생각한다. 지난 10년 정도 우리 노동은 아주 소외되고 배제됐으며, 국정의 파트너로 인정받지 못했다. 형식에 구애받지 않고 노사정위원회와 노사정 대표자회의 등을 통해 사회적 대화가 진척되기를 희망한다. 정부는 노동계와 함께하고 협력을 얻어야만 노동이 존중받는 사회라는 국정 목표에 한 걸음 더 다가갈 수 있고, 노동계도 같은 목표를 가지고 있을 것이다. 정부와 협력하고 또 대통령을 설득해내야 노동계가 꿈꾸는 세상에 더 다가갈 수 있다고 생각한다.

100여만 명의 민주노동 황제노조의 행태에 대해 '도대체 누구를 위한 노동 운동인가?'라는 비판이 일고 있다.

민노총이 문 정권에서 특권 대접을 받자 조합원 수가 4년 새 40% 이상 늘어 100만 명을 넘었다고 한다. 대부분 현대차, KBS, 전교조, 공무원 등 이른바 '신의 직장'에 속하는 귀족노조다. 전체 근로자의 4%밖에 안 되지만 이들이 정부와 법 위에 군림하고 있다는 여론이 지배적이다. 가장 큰 피해는 청년층이다. 나라의 미래와 청년을 위해 민노총 개혁보다 시급하다.

민주노총이 기득권에 집착하면서 강경 투쟁의 노선을 걸으면서 결국 근로자 사이의 양극화를 초래했다는 불만이다. 이제 노동계는 익숙한 관행에서 벗어나 미래로 향해 가야한다.

민노총의 '파업 제일주의'는 기업의 이익을 고려하지 않는 무리한 노동운동이다. 전 현대차 노조위원장도 "내가 경영진이라도 해외에 공장을 지을 것 같다."라고 말했다.

자영업자와 대학생 단체가 어제 전국 대학가에 붙인 민노총의 '10·20 총파업'반대 대자보는 고강도 거리두기에 따른 국민 고통은 아랑곳 않는 민노총 행태를 적나라하게 규탄했다. 코로나 신규 확진자가 103일째 네 자릿수를 넘고 '위드 코로나'(단계적 일상회복) 이령이 내달 초로 다가왔는데, 55만 명이 참여해 서울 도심 대규모 집회 등을 예정대로 강행하겠다는 민노총은 '눈치도 없는 민폐노총'이란 것이다.

대한상공회의소 부회장이 김상조 공정거래위원장에게 "정부 노동정책 때문에 기업들이, 특히 중소기업들이 죽어난다. 이런 기업 애로사항을 청와대나 정부에 전달해달라"고 말했을 정도이다. 현대차의 연간 임금 수준은 일본 도요타보다 1,600만 원 높았지만, 현대차 근로자가 차 1대를 생산하는 데 투입되는 시간은 도요타보다 2시간 이상 더 걸리는 비생산적인 구조다. 2017년 더불어 민주당 송영길 북방경제협력위원장도 현대자동차 중국 충칭重慶 공장을 방문한 뒤 '한국 자동차 산업의 미래가 걱정된다'는 글을 게재할 정도로 노조문제는 심각하다.

2019년 더불어 민주당 홍영표 원내대표는 "대한민국 노조도 이제 좀 바뀌어야 한다. 노동계도 이제는 우리 경제사회 주체 중 하나로서 어떻게 지속가능한 성장을 할 수 있는 나라로 만들지 함께 고민해야 한다."라고 말했다.

노동계는 과거와는 달리 사회적 약자의 지위에서 정부와 협상이 가능할 정도의 권력을 가진 사회 중심세력으로 변화했다. 따라서 공감하기 힘든 권리를 요구할 것이 아니라 지위에 맞는 책임감을 가져야 한다. 희망이 없이 살아가는 노동자들의 권리를 대변하지 못하는 노동운동은 의미가 없다. 노동을 혁신해야 소득 주도 성장과 혁신주도 성장이 결합할 가능성이 높아진다. 새로운 기술, 새로운 기업, 새로운 산업만 주목하는 혁신주도 성장이 아니라 기존 일자리, 기존 중소기업, 기존 주력 산업 혁신을 통해 경제가 살고 소득도 올라갈 길을 주목해야 한다는 의미다.

혁신 성장의 필수조건이 노동개혁이기 때문에 제 각각의 구동 방식이 아니라 유기적으로 연계할 수 있는 정책을 설계해야 한다. 노동은 그 연결점의 시작이자 끝이다. 노동의 개혁과 혁신으로 노동계는 물론, 경제계 모두가 상생하고 조화를 이룰 수 있는 대책을 조속히 시행하여야 한다. 예컨대, 인건비를 현재 자동차공장 노동자 평균임금의 절반 수준으로 묶는 대신 광주 지역에 자동차공장을 지어 1만 개 남짓의 일자리를 만들자는 '광주형 일자리'의 노사 상생 모형은 의미 있는 시도이다. 영국의 대처, 독일의 쉬뢰더, 프랑스의 마크롱이 정치 생명을 걸고 추진했던 노동개혁임에도 불구하고 우리나라에서는 지도자들이 말조차 꺼내지 않는 한심한 실정이다.

적폐 청산을 강조해온 정부는 노동계의 적폐인 고용세습 청산에도 적극적일 필요가 있다. 그러나 새 정부 출범 이후 고용세습 단협에 대해 시정명령을 내린 건 2건에 불과했다. 고용세습이 위법이더라도 시정명령을 하지 않으면 노조의 고용세습은 근절되기 어렵다.

지금 고용상황이 장기화되면 젊은이 일자리 창출은 더욱 어렵게 되어 국가적 재앙이 될 것이다. 노사와 민관이 함께 국민대화합 측면에서는 물론 내우외환의 위기를 극복하도록 애국심으로 심기일전하여야 한다.

7

국가위기를 초래할
국가부채와 가계부채

국가부채

우리나라는 최근 국가부채와 가계부채가 증가하고 있어, 적극적
대처가 필요하다. 최근 코로나19 경제에다 미·중 무역분쟁 가중으
로 미국우선주의가 가속화되고 있다. 최근 신흥국의 경제 위기 현
상에 대해 IMF총재는 1,000억 달러가 빠져나갈 가능성이 있다고
경고하고 있다. 우리나라는 외형상 아직 문제가 없는 듯 보이지만
실제는 경기 침체와 더불어 국가부채, 가계부채가 급증하고 있어
신흥국가가 IMF 체제로 들어갈 경우 국제 투기 자본의 영향을 받
아 위험할 수 있는 상황이다.

2021년 들어 미국 경제는 호황이 예상되고 있어 금리 인상을 계
획하고 있다. 미국이 금리 인상을 단행하면 부동산에 투자됐던 돈
이 채권과 예금 등 안전자산으로 빠르게 옮겨갈 확률이 높다. 특히

우리나라처럼 주택담보대출로 인한 가계부채가 큰 폭으로 늘어난 나라는 금리 인상에 더 취약하기 마련이다.

더군다나 최근 우리나라는 국가부채가 급증하여 우려되고 있다. 2022년 나랏빚이 1,100조 원(2017년 660조 원)에 육박할 전망이다. 사상 처음으로 국내총생산(GDP)을 추월했다. 코로나19로 재정지출이 급격하게 늘고 나라살림이 사상 최대 적자를 기록한 탓이다.

한국경제연구원의 분석에 따르면 현재 생산가능인구(15~64세) 1인당 국가 부채 부담액이 2,600만 원인데 올해 신생아가 만 18세 성인이 된다면 2038년에는 1억 500만 원, 2047년에는 2억 1,000만 원을 넘게 된다고 한다.

국가부채가 감당하기 어려울 정도로 급격히 증가하면 위기는 필연적으로 온다. 먼저 외국 자금이 떠나면서 환율이 급등하고, 물가가 폭등하면 금융기관이 마비되고 기업들이 망한다. 실업자가 쏟아져 나오지만 국가가 재정능력이 없어 할 수 있는 일은 없다. 1992년 1월 1일 소련은 지구상에서 사라졌다. 1917년 볼셰비키혁명 이후 미국과 양대 축을 형성하며 세계를 호령하던 소련은 미국과 군비경쟁을 벌이다 전쟁이 아닌 국가부채로 허무하게 무너진 것이다.

선진국들은 국가부채의 무서움을 알기 때문에 사전에 대비하고 있다. 우리는 선거를 의식해 기초연금 지급액을 계속 올리고 있지만 원조 복지국가인 스웨덴·노르웨이는 이미 폐지했다. 스위스는 공짜로 기본 소득을 보장해주겠다는 법안을 국민이 반대했다. 일본은 소비세를 인상했다.

세계가 모두 국가부채를 줄이려고 안간힘을 쓰는데 우리는 반대

방향으로 가고 있다. 우리 국가부채는 과도한 가계부채, 일상화되는 재해, 그리고 통일비용까지 고려하면 눈덩이처럼 불어날 것이다. 선진국들이 보여주었듯이 복지에 한번 시동이 걸리면 부채는 걷잡을 수 없이 늘어난다. 국가부채 위기는 가계부채와 더불어 우리 국가경제의 큰 위험요소이다.

문제는 포퓰리즘 복지 지출은 한번 늘어나면 다시 줄어들기 어렵다는 것이다. 재정학회장을 지낸 최병호 부산대 교수는 "복지 체계를 다시 설계하거나 세금을 대폭 올리지 않는다면 앞으로 재정 부담을 견디기 힘들 것"이라고 말했다.

우리 경제는 이제 수술대에 올랐다. 어느 정도의 고통을 감내하지 않고는 메스를 댈 수 없는 법이다. 수술 성공 여부는 정책 당국자의 혁신 정책과 국민 협조에 달렸다고 할 것이다. 국가부채 문제를 전면 검토하여 장기 재정 전략을 새로 마련해야 한다.

가계부채

지난 50여 년간 지속적인 가계부채 문제는 사회적, 국가적 위기의 국가 재앙으로 다가왔다. 그 결과 상대적 빈곤 및 박탈감, 내집 마련 꿈 상실, 미래사회에 대한 불안, 출산율 감소, 빈익빈 부익부의 양극화, 부동산 투기 만연, 물본주의 사회현상 등이 복합적으로 나타나고 있다.

우리나라의 GDP 대비 가계부채 비율은 2019년 말 83.4%에서 2021년 1분기 말 90.3%로 증가했다. 특히 30대 이하 청년층이 차지하는 비중은 2019년 56.4%, 2020년 3분기 58.4%로 계속 늘고 있는 추세이다. 한국은행의 '2021년 1분기 가계신용(잠정)'에 따르면 2021년 10월 말 우리나라 가계신용 잔액은 1,765조 원으로 언제 터질지 모를 빚은 230조 원이다.

정부가 억지로 끌어올린 경기는 회복세에 한계가 있었다. 가계 빚의 증가가 성장의 마중물이 되기는커녕 침체된 내수를 더 얼어붙게 하는 요인이 된 것이다. 현재 한국 경제에 가장 취약한 부분을 꼽으라면 폭증한 가계빚이다. 이미 월스트리트저널$_{WSJ}$이 2018년 2월 가계부채에 취약한 나라로 10국을 지목할 때 한국이 들어갔다. WSJ는 한국과 노르웨이의 가계부채 증가율이 유독 높다고 지적했다. 정부가 잇따라 내놓고 있는 부동산 대책도 성장엔 악재다. 현재 한국 경제는 한 측면이 아니라 다중적인 인플레이션 압력에 둘러싸여 있다. 즉, 부채로 조달한 투자가 원리금 부담 증가로 채무불이행에 빠지기 쉬운 '레버리지$_{Leverage}$위험'에 강하게 노출되는 금리 환경이 도래하고 있다는 뜻이다.

가계부채 문제는 단기적 성과를 위한 정부의 과도한 간섭이 부정적인 영향을 미쳤으므로, 정부는 장기적인 전략을 세워 서민경제는 물론, 경제성장에 지장이 없도록 해야 한다. 경제 발전과 성장은 각종 정책 및 제도와 밀접하게 관련돼 있는 만큼 가계부채 대책은 시한폭탄이 되지 않도록 경제 안정화에 치밀한 대책을 강구 해야 할 것이다. 다시는 국민들이 경제 불안으로 피눈물을 흘리지 않도록 하고 국제사회에서 당당한 나라가 되도록 해야 할 것이다.

8

산업체 스파이 기술 유출

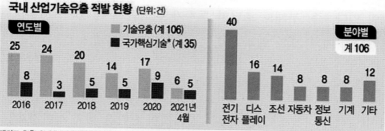

국내 산업기술유출 적발 현황 (단위:건)

연도별
- 기술유출 (계 106)
- 국가핵심기술* (계 35)

연도	기술유출	국가핵심기술
2016	25	8
2017	24	3
2018	20	5
2019	14	5
2020	17	9
2021년 4월	6	5

분야별 계 106

분야	건수
전기전자	40
디스플레이	16
조선	14
자동차	8
정보통신	8
기계	8
기타	12

해외로 유출될 경우 국가안전보장 및 경제 발전에 중대한 악영향을 줄 우려가 있는 기술 〈자료:국가정보원〉

우리나라는 북한의 고정 간첩 색출에 대해서는 국민적 관심이 많은 반면, 산업체의 국가 핵심기술 유출, 즉 산업체 간첩에 대해서는 경계심이 소홀하다. 국가 핵심기술 및 산업기술의 유출은 국가 안전 보장과 국민 경제에 중대한 악영향을 미칠 수 있다.

산업통상자원부 등이 제출한 자료에 따르면 2015년부터 2020년 8월까지 6년간 파악된 산업기술 해외유출 및 유출 시도 적발 건수

는 총 121건이며, 그 중 국가핵심기술은 총 29건이다.[122]

국가핵심기술 분야별 적발 건수는 각각 조선·자동차 15건(51.7%), 전기전자 12건(41.4%), 정보통신 1건(3.4%), 기타 1건(3.4%)으로 나타났다. 기술탈취 90% 이상이 반도체와 조선·자동차 등 대한민국 주요 산업분야에 집중되고 있는 상황이다. 국가 핵심기술뿐만 아니라 전체 산업기술 유출 현황 역시 전기전자와 조선·자동차 분야에서의 피해가 압도적이다. 산업부에 따르면 기술 유출건수가 많은 순서대로 전기전자 61건(50.4%), 조선·자동차 22건(18.2%), 기계 13건(10.7%), 화학·생명공학 11건(9.1%), 정보통신 9건(7.4%), 기타 5건(4.1%) 순이다.

산업체 스파이활동 색출에 실패한다면 기업의 타격은 물론 국가경제까지 위태로울 수 있다. 한국이 기술력이나 시장점유율에서 세계 1위인 기술이 경쟁국에 유출될 경우 국내 산업 경쟁력은 타격을 입게 된다. 근간 중국의 산업스파이 활동은 세계적으로 경악할 정도이다. 특히 삼성, LG디스플레이의 협력사에 중국인 산업스파이 두 명이 위장 취업하여 한국의 독보적 기술인 '휘어지는 OLED(유기발광다이오드)' 기술을 빼가려다 적발되었다.

산업스파이의 기술 탈취는 기업은 물론 국가 경쟁력에 영향을 미치는 중대 범죄이다. 미국 등 대부분 국가가 기술 유출을 간첩죄로 가중 처벌하는 이유는 경제안보 차원에서 중요하기 때문이다.

중소기업벤처부는 기업의 보안 시스템 구축을 지원하는 사업을

----

122 http://www.busan.com/view

시행하고 있으나 예산 부족으로 일부만 지원을 받고 있다. 기술 유출을 막기 위한 보안강화에 예산을 추가 투입해야 한다.

또한 경쟁국이 관련 산업 종사자를 매수하는 방식으로 이루어지므로 이에 대한 감시도 강화해야 한다. 산업스파이는 고정간첩 못지않은 이적행위로서 사전 예방, 색출 활동 및 처벌을 강화해야 할 것이다.

더욱이 한국항공우주산업(KAI)이 2021년 6월 북한 추정 세력으로부터 해킹을 당한 것으로 드러났다.

최근 군사기밀을 다루는 우리 기업·연구기관은 한국원자력연구원, 대우조선해양에 이어 세 번째이다. 미·러 정상회담에선 핵무기보다 해킹이 더 심도 있게 논의됐다. 전 세계가 해킹을 국가적 위기로 다루고 있다. 그러나 우리 정부는 안보 기밀을 해킹당한 데 대한 대책조차 발표가 없어 국민들은 사이버 해이라고 비판한다.

9

반도체 산업의 명암

우리나라는 반도체 대국이나 중국이 추월정책을 강력히 전개하고 있다. 혁신적이고 다양한 기능을 가진 시스템 반도체 개발을 선도하여 주력제품의 경쟁력을 향상시키고, 선진국과 경쟁하는 시스템 반도체 강국이 되어야 한다. 특히, 공정과 소재 분야 혁신기술 개발로 메모리 반도체 기술혁신을 이끌어 온 한국의 세계 메모리 반도체 산업은, 중국의 추격을 따돌리고 계속 선도적 위치를 점유해야 한다. 세계 1위인 한국 반도체 산업을 따라잡기 위해 중국이 조성한 국부펀드 규모가 수백조 원이 넘는다.

코로나-19 사태의 장기화로 비대면 생활양식이 확산되고 있다. 이에 따라 반도체 수요가 크게 늘어 한국의 반도체 산업이 지속적 성장세를 보일 것으로 전망된다. 실제로 D램, 낸드플래시 등 국내 반도체 기업들이 주력하는 메모리반도체 고정거래 가격이 이달 일제히 상승한 것으로 나타났다. 대만의 시장조사기관 트렌드포스에 따르면 PC용 D램 범용제품(DDR4 8Gb)의 2021년 7월 고정거래가격은 6월보다 7.89% 증가한 4.10달러로 조사됐다. 클라우드 업체들이 주로 구매하는 서버용 D램 주요 제품(32GB RDimm) 고정거래 가격도 이달부터 계절적 성수기에 진입하면서 약 6%가량 상승한 것으로 집계됐다.[123]

21세기 경제가 안보는 물론 국가 위상을 좌우하고 있다. 우리 경제가 세계 최고 수준의 기술력을 갖춘 반도체 산업을 국가전략산업으로 집중 육성해야 한다. 트렌드포스에 따르면 2021년 전반기 기준 세계 D램 점유율은 삼성전자(42.1%)와 SK하이닉스(29.5%)로 한국 기업이 반도체시장 점유율 71.6%를 기록했다. 미국의 최대 반도체 업체인 마이크론 테크놀로지(23%)보다 월등히 높은 수치이다.

우리의 반도체 산업은 경제의 핵심 산업이며 동시에 중국에 맞선 전략적 무기가 될 수 있다. 우리의 반도체 산업은 중국의 추월을 절대 허용하면 안 된다. 우리나라는 미래 중국과 치러야 할 반도체 치킨게임에서 절대적으로 물러서는 안된다.

중국을 견제하는 건 비단 한국뿐만이 아니다. 세계 1위 반도체 생산국의 지위를 되찾고자 노력 중인 미국은 중국을 견제하기 위해 국가안보 차원에서 반도체 기술의 중국 수출을 금지하고 있다. 반도체 최대 수출국인 대만이 중국 옆에 있다는 점은 미국에게는 불

----

123 https://www.yna.co.kr/view/AKR20210730082600003 (연합뉴스, 2021년 7월 30일 참조).

안요소이다. 대만의 반도체기업 TSMC의 미국 본토 유치에 성공한 미국은 삼성전자까지 유치하기 위하여 법인세를 포함한 각종 세금 인하, 삼성을 위한 도로명 주소 지정, 공장부지 확보 및 무료 제공 등의 다양한 혜택을 내세우는 한편 2021년 5월 백악관에서 개최된 한미정상회담에서도 한국 반도체 기업의 미국 내 투자유치가 주요 의제로 다루어졌다. TSMC는 미국의 힘을 등에 업고 미국 내 공장 6곳 증설을 계획하고 발표했다. 세계 각국을 돌아다니며 반도체 전쟁을 지휘해야 할 삼성의 이재용 부회장은 207일 동안 수감생활을 이어오다가 2021년 8월 15일 가석방되었다.

반도체공학회 부회장 유재희 홍익대 교수는 중앙일보와의 인터뷰에서 다음과 같이 말했다.[124]

"기술 선진국인 미국도 설계·제조·소재·패키징 및 장비 등 모든 분야를 할 수는 없어 여러 나라로 이뤄진 반도체 연합체를 구성할 공산이 크다. 미국이 원천 기술, 지적 재산권은 물론 설계 소프트웨어와 주요 생산 장비를 가장 많이 장악 중인 만큼 일단은 미국 주도의 반도체 연합체에 중점을 둘 수밖에 없다."

반도체 시장은 제품의 질을 지속적으로 높이고 공급 물량을 수요 이상으로 유지해야 한다. 공급이 수요를 능가하는 한 소비자는 계속 1등 제품을 선택하기 때문이다. 반도체 산업은 통상 4~5년 단위로 호황·불황을 반복한다. 2017년부터 시작된 반도체 사이클

---

124 https://news.joins.com/article/24084370

이 계속 이어져 삼성전자의 작년 영업이익의 대부분을 반도체에서 달성했다. 관건은 이 같은 반도체의 호황이 언제까지 지속 될 것인가이다. 한국 경제에서 반도체 산업이 차지하는 비중이 크다는 점은 불황이 몰아닥칠 경우 우리나라 경제에 미치는 파급영향이 크다는 것을 의미한다.

우리나라는 반도체 시장을 성공적으로 이끌고 있지만, 4차 산업혁명 시대 선도자의 역할에 미치지는 못하고 있다. 자칫 잘못하면 4차 산업혁명 시대에 미래 반도체 기술과 시장을 잃을 가능성마저 제기되고 있다. 미 · 중 · 일에 이어 EU까지 독자적인 반도체 제도 생태 구축을 선언했다. 경제는 물론 안보의 핵심 요소로 대두됐기 때문이다.

세계 강국들의 반도체 각자 도생에 나섬에 따라 경쟁 우위 정책을 적극 마련해야 할 것이다.

정부는 2021년 5월 'K-반도체 전략'을 발표했다. 인력 양성 방안, 용수 지원 등 간접적인 지원사업에 비하여 1조 원 규모의 금융 지원 등의 직접적인 지원은 바이든 행정부의 반도체 지원금(56조 5,000억 원) 에 비해 턱없이 부족한 상황이다. 반도체 산업은 물론 제조업 전체의 세계주도국가의 위상을 계속 지키기 위해서 업계는 물론 정부의 전폭적인 지원이 필요하다.

10

탈원전 정책 폐기,
원전 강국 정책 긴요

　미래 인류와 지구의 멸망을 막기 위해서는 세계적인 탄소제로 정책에 모든 국가가 적극 참여해야 한다. 탄소 중립 레이스에 참여하지 않을 경우 국제적으로 고립되어 쇠락의 길을 가게 되는 시대가 오고 있다. 세계 G7 국가는 물론 중국까지 탄소제로 정책에 국가의 명운을 걸고 대비하는데 그 핵심은 원전정책이다. 탄소배출제로와 경제성을 감안할 때 원전개발 정책은 부국강병을 위해 긴요하다.

　그러나 한국은 경제성 평가를 이유로 월성 1호기를 조기 폐로시키고, 이미 7,000억 원 이상이 투입된 신 한울 3·4호기 건설을 중단시키는 등 문재인 정부 출범 이후 줄곧 탈원전 정책을 시행하고 있다.

　한국의 탈원전 정책과는 달리 세계 주요국가들은 고급 원자력을 포함한 탈 탄소 에너지 기술을 사용하여 다양한 인력을 고용하고 고임금의 장기적인 일자리를 창출하고자 노력중이다. 세계 원전 1, 2위 미국과 프랑스는 차세대 원전 개발에 협력하여 탄소 제로 정책을 추진키로 합의했으며, 중국도 5년 뒤 세계 1위 원전대국으로 도약하기 위해 추진하고 있다.

2021년 5월 한미 정상회담 공동성명에서 원전 사업 공동 참여를 포함한 해외 원전 시장 내 협력을 발전시켜 나가기로 했다. 핵 안보, 경제와 직결된 중요한 원전 시장을 중국·러시아가 싹쓸이하는 현상에 대해 한미가 공동 대처키로 합의한 것이다.

빌게이츠는 "밤낮과 계절에 관계없이 대규모로 전력을 생산하고, 지구 어디서나 작동하면서 유일하게 탄소를 발생시키지 않는 에너지원은 원자력뿐이다."라고 강조했다. 빌게이츠는 소형모듈원자로(SMR)를 미국 에너지부의 지원을 받아 개발하고 있으며, 향후 몇 년 안에 가동될 예정이다.

탄소 중립화를 위해 미국이 추진중인 소형 모듈 원자로(SMR) 분야에서 미국과 협력한다면 대한민국이 세계 원전 시장을 주도할 수 있을 것이다. 미국은 원전 원천 기술 보유국이고, 한국은 미국의 우방국 중 국내외 원전 설계·건설 경험이 풍부하여 시너지 효과가 기대된다.

특히 최근 안전성 문제를 상당 부분 해결한 차세대 원전 기술이 속속 개발되고 있다. 폐연료도 재활용하고 바닷물에서 핵연료를 무한정 가져올 수 있는 기술까지 나오는 등 원전이 녹색 재생에너지로 발전하고 있다. 정용훈 KAIST 원자력양자공학과 교수는 "최근 원전이 탄소중립의 기반 기술로 주목받으면서 안전 기술이 더욱 발전하고 있다."며 "이제 일본 후쿠시마 원전 사고와 같은 일은 다시 일어나지 않을 것이다."라고 말했다.

원자력 기술은 계속 진화하고 있다. 소형 원자로만이 아니라 사용 후 핵연료를 연료로 재활용할 수 있는 기술도 개발되고 있다. 이렇게 되면 사용 후 핵연료 처리 문제도 사실상 해결된다. 그러나 탈원전 정책이 지속돼 국내 원자력 생태계가 붕괴하고 나면 차세대 원전 경쟁에 우리가 끼어들 자리는 없어진다.

영국은 세계 최초의 상업용 원전 운용 국가로 명성을 날리다, 지난 40년간 원전 건설을 폐지하였다. 최근 다시 원전 건설 정책을 추진하고 있지만 전적으로 해외 기술에 의존해야 하는 처지로 전락한 사실을 반면교사로 삼아야 한다. 최근 2021년 6월 한·미 양국의 '해외 원전 공동 진출' 합의와 관련해 탈원전 논의가 활발해지고 있는데, 독일의 탈원전 실패경험을 교훈으로 받아들여야 할 것이다.

천영우 한반도 미래포럼 이사장은 2021년 6월 기고문에서 다음과 같이 말했다.[125]

탄소 중립과 해외 원전 시장 진출은 탈원전 정책과는 양립할 수 없다. 대한민국에는 위험한 원전이 다른 나라에는 안전하다고 주장하는 것은 위선이고 국제적 기만 행위나 다를 바 없다.

첫째, 탈원전 정책 폐기 없이는 탄소 중립과 지속 가능한 성장 목표 달성이 현실적으로 불가능하다. 신재생에너지 비율은 늘릴수록 좋지만 전

----

125 https://www.chosun.com/opinion/chosun_column/2021/06/05/XCHYA LHGGJBB3P24JCTFZ23N74/

국토와 해안을 풍력발전기와 태양광 패널로 뒤덮는다고 해도 전력 공급의 60% 이상을 차지하는 석탄과 천연가스 발전을 대체할 수는 없다.

둘째, 원전의 경제성과 탄소 대체 효과보다 국가적으로 더 중요한 것이 에너지 안보다. 에너지의 90퍼센트 이상을 수입에 의존하고 있는 대한민국에 에너지 안보는 바로 국가 안보이기도 하다.

미래 국가 안보를 위한 옵션을 살리기 위해서라도 탈원전 정책은 폐기함이 마땅하다.

탄소중립을 이루려면 재생에너지와 소형원전(SRM)이 모두 필요하다. 재생에너지가 주류가 되는 미래 전력 시장에선 대형 원전보다 소형 모듈원전이 더 효율적이다. 출력을 자유롭게 조정할 수 있기 때문에 재생 에너지의 불안정성을 해소 할 수 있다.

2021년 6월 에너지정책합리화를 추구하는 교수협의회는 서울대 원자력정책센터, 원자력 노동조합연대와 함께 여론조사 업체 엠브레인퍼블릭에 의뢰해 실시한 '에너지 정책 국민 인식 조사' 결과를 발표했다. 1,021명(전국 18세 이상 남녀)을 대상으로 한 이번 조사에서 '우리나라에 가장 적합한 발전 방식'을 묻는 질문에 36%가 원자력을 꼽았다. 태양광(31.3%)과 풍력(13.5%)이 2 · 3위를 차지했다.

원자력발전 비율에 대해서는 국민 10명 중 7명이 확대하거나 유지해야 한다고 답했다. 응답자의 35.5%는 '늘려야 한다'고 답했고, '유지해야 한다'는 답변은 33%였다. '줄여야 한다'는 답변은 28.7%에 그쳤다. 확대와 유지를 합한 비율이 68.6%로 국민 대다수가 정부의 탈원전 정책에 동의하지 않는 것으로 나타났다.

우리 정부는 탈脫원전 정책을 지속하고 있지만, 4차 산업혁명 시대 늘어나는 전력 수요를 감당하면서 탄소 중립을 이루기 위해 탄소배출이 없는 원전이 필수라고 대부분의 전문가들이 말한다. 미국, 영국, 프랑스 등의 주요 선진국은 원전 가동을 기본 틀로 탄소 중립을 실행하기 위해 의회에서 원전에 투자를 하겠다는 발 빠른 움직임을 보이고 있다.

미국 정보기관을 총괄하는 국가정보국장실이 기후변화와 안보에 대한 보고서를 내면서 소형 모듈 원전SMR을 미래 에너지의 핵심으로 꼽았다. 영국·프랑스도 탄소 중립을 위해 원전에 주목하고 있다. 한국 수력원자력 사장도 2021년 10월 국정감사에서 "원전 없이 탄소 중립 실현은 불가능하다."며 정부와 다른 목소리를 냈다.

최근 세계가 다시 원전에 주목하는 이유는 간단하다. 탄소중립을 위한 가장 현실적 대책이기 때문이다. 원자력 노동조합연대에 따르면 한국은 1kWh의 전력을 생산할때마다 이산화탄소 520g을 배출한다. 그러나 원전 비율이 758%에 달하는 프랑스는 61g만을 배출한다. 미국 하버드대 스티븐 핑커 교수는 "원전은 인류가 지금까지 사용해온 어네저 중 가장 안전한 에너지"라고 단언한다.

이와 같은 점을 종합적으로 판단할 때 탈원전 정책을 고수하기 보다는 오히려 원전강국을 부활하는 것이 국익은 물론 세계의 탄소제로 정책에 적극 기여할 수 있다. 더불어 원전 정책은 범국가적으로 미래 핵심산업으로 적극 육성하되 기존 원전에 문제요인은 완전 제거하고 위험성이 없는 신원전기술 강국정책에 집중해야 할 것이다.

미국 국무부 보고서,
"한국서 사업하려면
체포·기소 각오해야!"

2022년 3월 대통령 후보들이 산업현장을 방문하여 기업을 적극
지원하겠다는 다짐을 했다. 그러나 대부분 후보가 시장경제에 반하
는 공약을 쏟아내고 있다. 노사상생勞使相生을 명분 삼아 대기업에
더 큰 희생을 요구하고 있는 점이다. 최근 우리나라 기업들은 미·
중 갈등과 글로벌 공급망 재편, 거세지는 탄소 규제, 중국 기업의
추격, 변이 바이러스 확산 등 온갖 위기에 직면해 있다. 경쟁국들
이 자국 기업에 파격적 지원을 하는 상황인데, 국내 정치인들은 시
장경제체제에 역행하는 규제 공약을 내놓는 경우가 많다. 이런 현
상에 대해 미 국무부가 "한국은 경제규모에 걸맞지 않은 규제의 불
투명, 일관성 없는 규제해석 등이 투자에 걸림돌이 되고 있다."라
고 지적했다.

미국 국무부의 『2021년 투자환경 보고서』는 한국의 기업규제를

비판적으로 조명하고 있다.[126]

동 보고서는 한국의 코로나-19 대응, 정치 안정, 공공 안전, 세계 수준의 사회간접자본과 숙련 노동자 등을 긍정적으로 평가하면서도 법률, 규제의 문제점을 소상히 지적했다.

특히 법 제도와 관련해 "외국 기업의 한국지사 최고경영자(CEO)는 회사의 모든 행위에 법적으로 책임져야 하며, 때로 회사의 법규 위반으로 인해 체포되거나, 기소될 수 있다."라고 했다. 한국GM 카허 카젬 사장이 불법 파견 혐의로 2년간 두 차례 출국정지를 당하는 등 선진국에서 보기 드문 외국인 CEO에 대한 형사 조치가 한국에선 빈발한다는 경고다. 실제로 과중한 CEO의 법적 책임 때문에 한국 지사장으로 오려는 사람이 없어 여러 해외 기업들이 고민하고 있다고 한다. 외국인 눈에 한국의 기업 CEO가 '위험한 직업'으로 비치는 건 기업과 기업인에 대한 과도한 규제와 처벌 때문이다. 한 명이라도 근로자 사망사고가 발생하면 사업주, 경영책임자를 '징역 1년 이상, 벌금 1억 원 이상' 형사처벌하는 중대재해처벌법 등 기업인을 잠재적 범죄자 취급하는 규제가 속속 도입되고 있다.

게다가 국무부 보고서가 "법률 80%가 엄격한 영향평가 없이 의원입법 형태로 입법화된다."라고 꼬집은 것처럼 규제 법안이 너무 쉽게 양산되고 있다. 작년에 출범한 21대 국회는 올해 상반기까지 1300여 개 규제법안을 의원입법 형태로 발의해 '역대 최다最多 규제

----

126 세계 170개국을 분석한 이 보고서는 한국에 진출한 외국기업 경영자들이 체포, 기소 등 법률 리스크에 노출돼 있다고 지적했다. 동 보고서는 미국 기업이 참고할 수 있도록 작성한 것으로 각국의 사업 환경이 기업에 얼마나 친화적인지 보여준다.(https://www.donga.com/news 참조).

국회'가 될 것이란 전망이 나온다.

기업을 규제 대상으로만 보는 정치권의 왜곡된 시각과 관행 탓도 크다. 대기업, 금융회사에 각종 기여금 등 준조세 부담을 지우면서 국정감사 철만 되면 온갖 이유로 기업인을 국회로 불러내 윽박지른다. 7월 국회에서도 여당은 대기업을 중소 · 벤처기업 기술을 탈취하는 집단으로 보고 처벌을 강화한 '대 · 중소기업 상생협력법' 등의 규제법안을 통과시키겠다고 공언하고 있다. 이런 식이라면 외국 기업 유치만 어려운 게 아니라 한국 기업의 해외 탈출도 막기 힘들 것이다.

한편 일본 니혼게이자이 신문도 쿠팡 창업자인 김범석 의장이 최근 갑작스럽게 사임한 것도 산재발생 시 최고경영자를 처벌하는 중대재해처벌법 때문이라고 보도했다. 해외 언론에 한국의 열악한 기업 환경이 자주 소개되어 국가 위상을 저하시키고 있다. 그나마 국회를 통과한 게 이 정도다.

문재인 정부 들어 4년여간 국회에서 법안을 통해 발의된 기업규제는 총 3950건에 달한다. 한국은 세계 10위권 경제대국이고 UN 산하 운크타드UNCTAD도 공인한 선진국이다. 당연히 기업규제도 선진국 수준으로 합리화돼야 하는데 오히려 뒷걸음질이다. 역대 정부마다 규제 혁신을 외쳤지만 오히려 반기업 정서가 고조되고 있다. 한국은 기업의 무덤이라는 이미지를 쇄신해야 할 것이다.

제23장

미래의 경제혁명
11미가지 실천 전략

1

세계 경제사에서 배우는 교훈

경제 통찰력과 경제민주화

경제 통찰력은 현재를 분석해 미래를 판단하는 미래경제학이다. 경제통찰력은 일상포착력→사회해석력→재무판단력이 조화를 이룰 때 완성된다. 다시 말해, 개인→사회→돈의 3대 요소를 통찰할 수 있는 이 세 가지 능력을 충분히 발휘하면 세상을 읽고 한 발 먼저 움직일 수 있으며, 성공과 행복을 모두 이루는 길을 찾아갈 수 있을 뿐 아니라, 나아가 사회를 건강하게 하기 위한 연대의 첫걸음을 뗄 수 있다.

『경제통찰력』에서는 다음과 같이 말한다.[127]

경제통찰력이란 경제와 사회 트렌드를 읽어 재테크에 연결할 수 있는

---

127 양찬일, 『경제통찰력』, (비전코리아, 2010), P.7.

능력을 말한다. 이런 경제통찰력을 기르기 위해서는 탄탄한 기본기가 필요하다. 하루아침에 뚝딱 얻을 수 없는 능력이다. 여러분은 경제통찰력을 자기 것으로 만들고 싶은가? 그러기 위해서는 꾸준한 독서와 부지런한 사회활동으로 경험을 쌓으면서 열심히 경제와 사회에 대한 안목을 갖춰야 한다.

우리나라 기업의 1세대들은 현장경험으로 성공했고, 2세대는 유학 등을 통한 경제지식 습득으로 수성했지만, 이제 3세대는 경험과 지식을 조화시켜야 한다. 젊을 때부터 경제통찰력을 쌓겠다는 분명한 목표 아래 경험과 지식을 쌓고 조화시킨다면 자신에게 큰 보탬이 될 것이다.

불확실성의 시대에 성공적인 재테크를 꿈꾼다면 변화하는 경제·사회 트렌드를 모두 읽어야 한다. 경제와 사회를 분리해 생각할 수 없는 현실에서 재테크와 경제에 대한 편향적인 지식을 추구할 경우 사회 흐름과 유리될 수밖에 없다. 허상과 소문에 사로잡힌 채 하는 재테크는 실패할 확률이 높다. 따라서 경제와 사회를 연결해 그 흐름을 읽고 경제 미래를 예측하고 투자할 수 있는 능력, 즉 '경제통찰력'을 착실히 닦는 것이 무엇보다 중요하다.

지도자의 경제 철학이 얼마나 중요한지를 단적으로 보여주는 예시로, 영국의 마거릿 대처와 아르헨티나의 후안 페론이 있다. 대처는 영국병으로 인해 영국 경제가 점차 몰락해 가고 있음을 간파하여 복지 혜택을 축소하고, 강성 노조를 탄압하며, 만성 적자에 시달리는 국영기업들을 민영화하는 등 신자유주의 정책을 폈다. 그리고 영국은 이러한 대처의 노력 덕에 영국병에서 탈출하여 다시금 경제적 도약을 할 수 있게 되었다.

대처와 대조적인 인물로, 잘 나가던 아르헨티나를 복지병의 수
렁으로 빠뜨린 페론을 들 수 있다. 아르헨티나의 대통령이었던 후
안 페론은 매년 20%에 달하는 높은 임금 인상과 과도한 복지정책
등 포퓰리즘 정책을 남발하였다. 이에 아르헨티나 국민들은 더 많
은 복지를 원하고 일을 할 의욕이 떨어져 노동생산성이 하락했기
에, 아르헨티나 경제가 피폐해지고 몰락의 길을 걸었다. 이는 지도
자가 얼마나 올바른 철학을 가지고 있느냐가 한 나라의 운명을 좌
지우지할 정도로 매우 중요한 요소임을 보여준다.

우리 경제인들은 경제철학을 확립하고, 실천하는 것이 중요하
다. 경제철학의 실천에 따라 국민들이 공감하여, 국민화합과 결집
력이 생김으로써 경제의 성장과 함께 일자리 창출 등 지속적 성장
이 가능하다. 이러한 경제 정책은 국민, 정부, 노동자, 경제인 모두
가 분열과 대립 없이 지속성장 가능한 경제발전을 가져올 것이다.

21세기 불확실한 경제미래 시대에서 부국강병의 나라를 건설하
기 위해서는 지혜로운 경제철학과 통찰력을 통해 국가의 꿈과 희망
을 비전으로 제시하고 그 비전을 실현할 수 있는 지도자의 통치력
이 매우 중요한 요소이다. 피터 드러커는 "기업가 정신이란 과학도
기술도 아니며 다만 실천일 뿐이다."라고 말했다.

이제는 기업가 정신의 '실천'이 가능하도록 구체적 '방법'이 제시
되어야 한다. 이러한 경제철학과 통찰력은 앞에서 제시한 세계 경
제사는 물론 국가 경제사에서 도출된다. 모든 철학은 역사를 근원
으로 출발하고, 경제철학과 통찰력을 통한 전략과 정책 구현이 요
구되기 때문에 경제인들은 끊임없는 독서와 학습은 물론, 수신과

성찰을 통해 역량을 구축해야 할 것이다.

경제 민주화 원리와 홍익인간 정신

경제 민주화의 일환책인 사회적 경제는 산업혁명이 한창 진행 중이던 19세기 영국에서 처음 등장했다고 한다. 그런데 경제민주화의 원조는 사실상 대한민국의 절대정신, 홍익인간弘益人間 이념과 정신에서 찾아볼 수 있다.

- 홍익弘益의 개념은 널리 경제를 상호 이롭게 펼친다는 의미이고
- 인간人間의 개념은 공동체 정신이 들어있는 것이다.

일찍이 고구려는 홍익이념의 경제 정책을 시행해 왔는데 대표적으로는 진대법이 있다. 진대법賑貸法의 진賑은 흉년이 들면 기아민飢餓民에게 곡식을 나누어 주는 것을 뜻하고, 대貸는 봄에 양곡을 대여하고 가을에 추수 후 거두어들이는 제도를 말한다. 다시 말해 흉년, 춘궁기에 국가가 농민에게 양곡糧穀을 대여해 주고 수확기에 갚게 한 전근대 시대의 구휼제도救恤制度이다.

고려시대에는 초기부터 국가적 차원에서의 진휼사업賑恤事業이 행하여졌다. 진휼기관인 의창義倉을 설치하고 은면지제恩免之制·재면지제災免之制·환과고독진대지제鰥寡孤獨賑貸之制·수한역려진대지제水旱疫癘賑貸之制 등의 방법으로 행하였다.

조선 시대에는 고려의 제도를 계승하여 상평常平·환곡還穀의 제도로 그 범위가 확대, 정비되어 활발하게 운영되었다. 전근대 사회에서 시행된 이러한 진대법은 지배층과 피지배층 사이의 계급적 대립을 완화시켜 지배체제를 유지하는 수단이기도 하였다.

홍익인간의 정신과 이념은 1949년 대한민국 정부수립 이후 민주 헌법에 바탕을 둔 경제민주화 내용에 포함되어 기본정신이 되기도 했다. 이에 따라 우리 헌법에는 다음과 같은 경제민주화 관련 조항이 있다.

1항: 모든 국민은 인간다운 생활을 할 권리를 가진다.

2항: 국가는 사회보장, 사회복지의 증진에 노력할 의무를 진다.

5항: 신체장애자 및 질병·노령 기타의 사유로 생활능력이 없는 국민은 법률이 정하는 바에 의하여 국가의 보호를 받는다.

향후 개헌 시 경제자본주의의 취약점을 보완하여 경제 민주화를 더욱더 발전시켜야 할 것이다.

한국 경제가 고도성장을 추구해 오는 과정에서 취해 온 정책기조의 하나는 선성장 후분배였다. 정부는 여러 경제 정책 부문에 있어서 대기업, 수출산업 또는 중화학공업 중심의 계획경제 결과로 급속한 경제성장을 이룩하면서 많은 일자리를 마련하게 되었으나, 다른 한편으로는 근로자보다는 기업주에게 더 많은 혜택이 돌아가게 한 것도 사실이다. 이러한 불균형적 분배정책은 사회적 갈등을 낳았다. 다른 한편으로는 경제발전의 궁극적 목적이라 할 수 있는 경제적 정의와 형평을 저해했다.

경제적 정의와 형평이 이루어지지 않는 한 사회 구성원들은 경제활동에 참여할 의욕을 잃게 되며, 또 사회적 불만과 불신이 누적됨으로써 장기적으로 발전을 저해하게 된다.

최근 활성화되고 있는 '사회적 경제'란 이윤보다는 일자리 만들기나 빈부 격차 해소 등 공공 이익을 목적으로 하는 기업들의 경제 활동을 말한다. 사회적 경제 기업은 지역사회를 기반으로 취업이 어려운 장애인 등의 취약계층의 일자리를 보장하거나 이윤의 일정 부분을 사회에 환원하는 형태로 기업을 운영하는 기업들인데 각 지자체들도 적극적으로 이런 기업들을 육성, 지원하고 있다.

정부에서 사회적 경제를 확대하면 일자리가 늘어나고 양극화 현상을 해결할 수 있어 더욱 활성화시킬 방침이다. 사회적 경제 제도를 통해 공동체, 공동선 정신의 사회적 도입은 물론 현재 문제가 큰 취업난 해소에도 도움이 될 것으로 판단된다.

우리 경제가 당면하고 있는 경제민주화의 어려움을 극복하기 위해서는 한국적 경제철학과 통찰력은 물론 경제윤리와 가치관을 정립하여야 한다. 시장경제의 원리를 토대로 건전한 기업가 정신, 원만한 노사관계, 건전한 직업윤리 등이 확립되어야 할 것이다.

경제민주화는 관官은 방향만 제시하고, 민民이 주도하여 반드시 수익을 낼 수 있는 혁신성장 구조를 반드시 갖추어야 한다. 수익을 통해 기업이 생명력을 갖고 기업가가 경제민주화로 존경받는 문화가 조성되어야 한다. 이러한 사회적 경제는 우리의 홍익인간 정신이 원조인 점을 감안, 홍익인간 정신과 이념을 살려 선진국이 되어 국민복지가 잘 이루어지도록 해야겠다.

한국 경제 구조개혁
방향과 시급성

개혁_{reform}이란 제도나 기구 따위를 새롭게 뜯어고치는 것으로 구조의 변화를 의미한다. 또한 유사한 개념으로 혁신_{innovation}이란 조직, 관습 등을 바꾸어서 새롭게 한다는 뜻으로 질의 변화를 의미한다.

우리나라 경제전문가들은, 우리 경제가 중대한 변화에 직면해 있으며, 속히 대응하지 않으면 큰 위기를 겪을 것으로 보고 있다. 경제 정책 및 발전 전략 면에서 대외경제의존, 국제경쟁력의 약화, 외채의 부담 및 경제적 불안 등이 문제가 되고 있다.

정부가 혁신 성장과 관련해 규제 개혁을 국정 주요 과제로 오랫동안 추진했지만 기업개혁 및 혁신은 제대로 이루어지지 않고 있는 데다, 노동개혁 조차 지지부진하다. 아산나눔재단 분석에 따르면, 글로벌 상위 100대 스타트업 가운데 57곳이 한국에서는 제대로 해볼 수가 없다고 한다. 최근 20여 년간 중국은 미국보다 한발 늦게 출발했지만 텐센트, 알리바바, 바이두 등 미국의 공룡들과 맞먹는 거대 기업을 만들어냈다. 세계 10대 핀테크 기업 중 5곳이 중국 기업이다. 미국이 셋이고, 한국과 일본은 없다. 이들은 거대한 자본력을 바탕으로 4차 산업혁명을 실현할 밑천을 댈 것이다.

조선, 철강, 자동차 등 전통 산업에서 중국에 따라잡히는 것은 예상했던 바이지만, 4차 산업혁명에선 처음부터 중국에 뒤지고 있다. 혁신 성장 성공을 위해 더욱 중요한 전제 조건은 규제 개혁이다. 한·중·일의 세계적 선도 기업을 비교하면 한국 6개, 중국 89개, 일본 17개로써 획기적인 개혁정책이 절실하다.

제행무상諸行無常이라는 말이 있다. 모든 것이 변화하지 않으면 생존은 물론 발전할 수 없다는 의미이다. 한국경제는 규제로 인해 변화할 수 없어 경제가 망한다는 원성이 비등하다. 지난 정부는 '규제 혁파'를 핵심 국정과제(이명박 정부: 규제 전봇대, 박근혜 정부: 손톱 밑 가시)로 내세웠으나 모두 구호로만 그친 결과 경제발전에 큰 장애요소가 되었다.

한국일보 사설에서는 다음과 같이 게재했다.[128]

박용만 대한상의 회장이 4일 새 국회의장단과 여야 대표를 찾아 "기업이 원하는 법이면 다 악법이고 가치가 없는 것이냐"며 울분을 터뜨렸다. 8월 국회가 인터넷전문은행 특례법과 서비스발전기본법 등 혁신성장을 위한 규제혁신 관련법을 하나도 처리하지 못한 채 문을 닫자 허탈감과 무력

---

128 http://www.hankookilbo.com/v/388df1d9a45b4d56a6ed08b3a001a294

감을 토로한 것이다. 그는 이날 국회 방문이 20대 국회에서만 9번째라며 "매번 '지금이 (경쟁력 회복의) 골든타임'이라고 외쳤지만 외면했다"고 했다. 박 회장의 하소연에 의장단과 여야는 적극 협력을 약속했다. 그러나 약속을 밥먹듯 어긴 게 정치권의 고질적 병폐였으니 전혀 미덥지 않다.

박 회장이 '정치권 지도부에 전하는 부탁 말씀'이라며 내놓은 우려와 바람은 말 그대로 절실하다. 툭하면 '대기업 좋은 일' 운운하며 거부감을 드러내지만 이젠 그런 낡은 그림을 바꿔야 한다는 게 첫째다. 격차 해소 및 복지 등 우리 사회의 당면 과제를 해결하려면 많은 재원이 필요하고 정부의 역할도 중요하지만, 결국 기업이 큰 몫을 담당해야 하는 만큼 정치가 입법을 통해 기업하기 좋은 환경을 만들어줘야 한다는 것이다.

민생경제 활성화를 슬로건으로 내세웠던 문 정부가 출범한 후 집권 말기에 다다른 시점에서 현재의 경제성적표는 빈약한 실정이다. 이 같은 '민생경제의 실패'가 코로나19 이전부터 이미 시작되어 '시장의 실패' 보다는 '정책의 실패'라서 더욱 문제가 되고 있다.

그럼에도 불구하고 현재도 각종 규제가 너무 많아 기업인들의 애로사항이 많다. 국회는 IMF의 한국 경제에 대한 경고를 겸허히 받아들여 혁신주도 성장을 기반으로 공정경제가 이루어지도록 해야 할 것이다. 먼저 '되는 게 없는' 이 나라를 '안 되는 게 없는 나라'로 만들어야 혁신 성장이 가능하다. 능력과 열정만 있으면 누구라도 해볼 수 있게 해야 한다.

이와 같은 경제적 상황과 여건에서 우리를 더욱 절망시키는 것은 여야의 유력 대선 예비후보들은 경제와 민생 정책과 전략은 도외시하고 상대 후보들의 약점 공격에만 치중하고 더 나아가 네거티

브 전략에만 매몰되어 있는 실정이다.

이제 우리 모든 정치인들은 국가 미래와 국민들을 위해 오직 세종대왕의 위민, 여민 리더십으로 국가분위기를 쇄신해야 할 중요한 시점이다.

2022년 3월에 선출되는 대통령과 정부는 혁신 성장과 신성장 동력 창출의 두 날개를 튼튼히 하여 경제위기 극복은 물론, 선진국으로 도약할 수 있는 역량을 갖추어야 하겠다.

나라가 흥하는 데는 수십 년의 축적이 필요하지만 주저앉는 데는 오래 걸리지 않는다. 우리 경제는 지도자의 전략 부재로 98년 IMF 위기를 초래한 아픈 경험을 갖고 있다.

정부는 저성장과 양극화를 극복하기 위해서는 동반성장 정책을 적극 추진해야 될 것이다. 과감하게 규제를 풀고 기업가 정신을 고취시키는 등 시장에 활력을 불어 넣는 선견지명의 전략과 정책을 적극적으로 펼쳐야 할 것이다.

팍스 테크니카(기술패권) 시대의 왕도-4차 산업혁명

21세기는 팍스 테크니카_{Pax Technica}시대로서 과학과 기술이 사회 변화를 선도하는 시대이다. AI를 비롯한 과학과 기술이 국가발전의 핵심 역할을 하게 된다.

우리나라는 치열한 제4차 산업혁명 경쟁에서 추격자의 위치에 있어 혁신적인 민과 관의 절대적인 협조 없이는 선두주자로 도약하기가 어려울 수 있다. 제4차 산업혁명의 선두권 진입은 판교에서 기흥지역까지 경부고속도로 일대를 실리콘 밸리 지역으로 조성하는 것이 핵심 관건이라고 해도 과언이 아니다.

박근혜 정부에서는 도시첨단산업단지인 경기 성남시 판교 창조 경제 밸리(제1 테크노밸리)를 혁신 성장의 메카로 육성했다.

최근 정부는 창조 경제 밸리를 통해 창업기업 등 첨단기술 분야 기업 750개를 육성하고 일자리 4만 개를 창출한다는 계획을 했다.

경기도 판교에 조성 중인 '판교 제2 테크노밸리'가 2022년까지 스타트업 등 1,400여 개 사社가 입주하는 '벤처기업의 메카'로 육성된다. 정부는 우선 창업 기업이 저렴하게 이용할 수 있는 사무 공간을 대폭 늘리기로 했다. LH(한국토지주택공사) 등이 조성해 임대하는 공공임대 창업 공간을 기존 4개 동棟 500개 사 규모에서 9개 동 1,200개 사 규모로 확충한다.

민간 기업이 신흥 창업자를 위해 제공하는 공간도 있다. 선도 벤처기업이 입주하는 '벤처타운'은 건물 전체 면적의 30%를 소규모 창업 기업 200개 사에 무상으로 임대한다. 또한 사업 기반을 잡은 벤처기업들이 후배들에게 성공 노하우를 전수하고 컨설팅하는 액셀러레이터(창업기획사) 설립도 지원할 방침이다.

정부는 '아이디어만 갖고 판교 2밸리를 찾아온 기업도 창업 대열에 성공적으로 합류할 수 있도록 기술, 금융컨설팅, 해외 진출까지 '원스톱'으로 지원하는 환경을 구축할 것'이라고 밝혔다. 연구·개발R&D부터 창업 실패 후 재도전까지 창업 전全단계에 필요한 지원을 하겠다는 것이다. 사물인터넷IoT·드론·자율주행·헬스케어 등 11개 신산업 분야에 대한 테스트 환경도 조성된다. 특히 스마트시티와 자율주행차를 실생활에 구현하는 중심지로 판교 제2테크노밸리를 키운다는 방침이다.

판교 테크노밸리는 2000년대 들어 여야의 정권교체와 상관없이 정책의 지속성이 이어져 성공하는 모델케이스가 되고 있다. 한국판 실리콘밸리의 확대를 통해 대한민국 혁신생태계를 구현하여 중·소, 벤처기업이 참여하고 교류할 수 있는 여건을 조성하여야 한다.

4

경부고속도로 지하화 (잠원~죽전) – 실리콘밸리 단지 배후 지원시설 제공

수도권 경부고속도로(잠원~죽전)의 지하화로 실리콘밸리를 조성하면 역사적인 제4차 산업혁명 단지가 되어 제2의 한강의 기적을 이루는 데 크게 기여할 수 있을 것으로 판단된다. 이를 위해 4차 산업혁명 통합형 도시로 발전할 수 있는 큰 전략 수립이 우선돼야 한다. 지상에 열린 공간을 확보하고 보행 중심 공간을 만들어 지역 경제를 활성화시키는 데 크게 기여할 것이다.

경부간선도로의 입체화로 한정된 토지 자원을 효율적으로 활용할 수 있다. 경부간선도로를 새롭게 만들어 냄으로써 21세기 한국형 도시 개발의 선도 모델로 발전될 수 있을 것이다. 도심에서 대규모 유휴 용지를 확보하면서, 교통·환경 문제, 일자리 창출 등을 동시에 해결하는 효과도 있다.

여기서 더 나아가 경부고속도로를 지하화해서 실리콘밸리로 만드는 것은 만성 교통 정체지역을 해소함은 물론, 서울시내 주요지역과 양재 R&CD특구, 판교 테크노밸리를 연결할 수 있다. 이를 통해 서울 강남 지역, 서울고속도로 인접지역, 판교, 죽전, 수지, 수원, 기흥을 아우르는 대규모의 '실리콘밸리 단지' 배후 지원시설을 완비할 수 있다. 경부고속도로 서울 구간의 지하화에 관한 논의는 수년 전부터 활발하게 전개되었다. 서울시는 이미 서부 및 동부간 선도로의 지하화를 추진하고 있다.

경부고속도로 주변에 각종 연구실과 사무실이 집합하여 국내외인 모두가 쉽게 찾고 쉽게 접근할 수 있는 시스템을 만들어야 한다. 그러나 현실적으로 경부고속도로 주변의 아파트 등으로 인해 연구실 및 사무실 조성이 불가하기 때문에 경부고속도로 지하화를 통한 실리콘밸리 배후시설 조성이 필요하다.

더욱이 도심의 비싼 땅값 때문에 입지할 수 없던 시설을 대거 유치하는 한편 청년 창업 공간과 생산자 지원 서비스를 제공해 4차 산업의 성장 발전에 시너지 효과를 가져올 것이다. 또한, 연구요원 주거지역을 확보하면서 대학생 및 창업자의 기숙사를 유치하면 더욱더 큰 효과를 거둘 것이고 부동산 안정에도 기여할 것이다.

대한민국이 4차 산업혁명 주도권을 장악하는 것은 반도체 선점 효과보다 더 커서 선진국 건설의 핵심 요인이 될 수 있다. 따라서 미국 실리콘 밸리와 맞먹는 최고수준의 창업 및 혁신생태계를 조성할 수 있도록 대승적 차원에서 정부의 혁신, 혁명적 지원이 요구된다.

5

1, 2, 3차 주력산업과
제4차 산업혁명의 융·복합화

　IT(정보통신기술)와 자동차 · 조선 · 화학 · 철강 등 우리나라 주력 제조업들이 침체돼 위기라는 말이 자주 나온다. 얼마 전만 해도 막대한 매출을 기록하며 경제를 떠받치는 업종이었고, 삼성전자와 현대자동차, 포스코 등 대표 기업들은 글로벌 시장을 호령했다. 하지만 지금은 외국 기업의 추격이 무서울 정도이다. 또한 기업의 매출이 줄고 일부 기업은 구조조정 위기에 직면해 있다.

　국내 주력산업이 침체에 빠진 가장 큰 배후는 중국이다. 중국 기업은 이미 단순 제조업에선 한국을 앞섰다. 낮은 인건비를 바탕으로 섬유 · 가전 산업 등에서 한국을 추월했고, 최근엔 하이테크 산업에서도 수익성과 성장성, 특허출원, 해외 인수합병M&A 등에서 한국 기업과 격차를 빠르게 줄여가고 있다. 그동안 우리나라 경제 성장은 주력산업 수출로 달성했다고 해도 과언이 아니다. 하지만, 이제 글로벌 시장에서 한국 주력산업 경쟁력은 갈수록 떨어지고 있다. 그동안 수출은 반도체, 자동차, 선박 등 주력품목을 중심으로 세계시장 경쟁력을 확보해 왔으나, 최근에는 주력품목 수출이 오히려 더 부진한 것으로 나타나고 있다.

화학, 건설 등 5대 취약산업의 구조조정이 유명무실해지고 있다. 게다가 최근 정치혼란이 장기화되면서 내수 진작을 위한 경제법안 처리마저 지지부진한 상태이다. 특히 '서비스산업발전 기본법', '산악관광 진흥구역 지정 및 운영법' 등이 정치이슈에 밀려 국회에서 표류 중이다. 이러한 현재의 경제 상황과 여건하에서 제4차 산업혁명은 위기이자 기회의 양면성을 가지고 있다. 예컨대 '스마트팩토리'는 생산성 향상, 에너지 절감, 높은 효율성과 품질 등을 통해 기존 산업들의 한 단계 도약을 이뤄낼 수 있다. 제4차 산업혁명이 기존 1, 2, 3차 산업과 융합하는 시대가 되어 우리의 대표적인 산업인 철강 · 석유화학 · 정유 · 조선과 같은 중화학 공업의 중흥이 기대된다.

제4차 산업혁명의 선도자 역할과 더불어 중후장대한 중화학 공업의 세계 경쟁력을 다시 회복할 수 있는 기회가 도래하였다. 제4차 산업혁명은 디스플레이, 반도체, 선박, 석유화학, 무선통신기기, 자동차 부품, 철강제품, 석유제품, 자동차, 일반기계, 가전, 섬유류, 화장품, 의료 등 모든 산업의 영역에 변화를 유발하고 시너지 효과를 나타낼 것이다.

적극적인 연구 · 개발R&D 투자를 통해 글로벌 경쟁력을 키울 경우, 다시 1, 2, 3차 산업의 전성시대가 올 것이다. 따라서 빅데이터화, 스마트팩토리 확대 등을 4차 산업혁명에 앞장서서 선점하여 그 효과를 모든 사업 영역으로 확산시켜 경제 회복에 앞장서야겠다.

6

중소·벤처기업 육성과
경쟁력 강화

우리나라는 중소기업이 90여%에 달하고 그 중의 47%가 대기업 협력업체로서, 이들은 매출액의 85%를 대기업에 납품하고 있다. 우리 경제의 선진화를 이루기 위해서는 대기업 의존에서 벗어난 대·중소기업 간 동반성장이 필수적이다.

그러나 우리나라 중소기업의 경쟁력은 선진국에 비해 미약하다.

특히 대한민국의 중소기업에 필요한 창의력과 기업가 정신은 사라져가고 있다. 능력 있는 젊은이들이 도전정신을 잃어가고, 사회적으로는 반反기업 정서가 팽배해 있다. 또한 기업에 대해 잘 알지 못하는 지도층이 기업 활동에 지나치게 간섭함으로서 기업가 정신을 가로막고 있다. 반면 선진국 중소기업들은 기업가 정신, 적절한 지원 및 규제로 중소기업이 사회의 중추역할을 담당하고 있다. 독일, 일본, 스위스, 이스라엘 등 선진 중소기업은 자생력이 강하여 수출비중이 꾸준히 증가하고 있으며, 높은 기술력, 산학연 산업클러스터 조성 등으로 건강한 기업생태계 조성을 통해 부국강병의 중심역할을 하고 있다.

정부는 중소기업의 특성을 파악하고 다음 사항을 중심으로 중소기업 생태계를 건전하게 육성하며 관리를 철저히 하여야 한다.

• 중소기업 지원 제도의 통폐합 및 지원정책의 합리적 평가와 효율화
• 중소기업의 상시적 혁신이 이루어지고, 중소기업 간 또는 중소기업-대기업 간 M&A가 활성화되어 기업생태계의 활력 제고
• 미래가치, 기술력에 근거한 자금지원 및 성과연동형 중소기업 지원 확산
• 부처별로 복잡다기한 중소기업 지원 제도를 재정비하여 지원정책 효율성 강화
• 정량적 평가에서 벗어나 기업의 미래가치와 기술력 평가를 위한 금융기관 공조 신용평가 시스템 구축
• 성장 의지가 없는 한계 중소기업 지원보다는 수출, 고용, 투자 등에서 성과를 낸 기업에 자금지원을 확대
• 중소기업 취업자에 대한 세제혜택, 주택 · 출산 · 육아 등 실생활에 도움이 되는 지원책 마련
• 유망한 중소기업의 마케팅으로 고급 청년인력 유치 지원

청년들은 중소기업의 근무여건이 좋지 않다는 이유로 기피하고 있는 실정(인력부족률 : 2.51%/대기업 1.7%)이다. 근무여건 개선,

행복한 일터 만들기, 선취업·후학업 여건 조성, 클린 사업장 확대 등 작업환경개선으로 일할 맛 나는 직장으로 변화시켜야 할 것이다.

경쟁력을 높이고 성장하고자 노력하는 중소기업이 더 많은 지원과 혜택을 받아 강한 중소기업이 중견기업, 대기업으로 성장하도록 하며, 필요시 문제업체는 삼진아웃 제도를 도입하여 부조리와 부정부패는 강력하게 조치하여 근절시켜야 한다.

또한 대기업이 협력업체들 중 우수 중소기업을 해외 글로벌 기업에 추천하여 중소기업의 수출시장 개척을 지원하는 등 세계화 및 국제경쟁력 강화에 역량을 집중할 필요가 있다.

또한 대기업과의 공동브랜드를 통해 글로벌화 과정에서 겪는 낮은 브랜드 인지도 문제를 해결하고 중소기업의 브랜드 파워를 키워 시장지배력을 강화하여야 할 것이다. 모든 중소기업이 끊임없는 자구 노력으로 경영의 투명성을 높이고 적극적인 R&D 투자로 원천기술을 개발하여 적극적인 해외시장 개척을 통한 수출역량의 강화가 요구된다.

세계적인 경쟁력을 갖춘 중소기업을 육성하고, 이를 통해 우리 경제의 선진화를 이루기 위해서는 중소기업이 든든한 뿌리 역할을 하여 강한 산업의 나라가 되도록 중소기업 활성화 정책을 강화시켜야겠다.

7
신 북방정책 전략 구상

문재인 정부는 국정운영 5개년 100대 계획을 적극 추진 중이다. 외교정책에서는 국제협력 강화, 국익 증진, 한반도 평화와 번영을 위해 '실리 외교 정책'이 강조되고 있다.

특히 대륙 진출 외교정책은 신 북방정책New Northern Policy으로 불린다. 이는 중국 동북 3성, 러시아 및 중앙아시아, 몽골 등 유라시아Eurasia 지역 국가들에 대해 역대 정부가 추진해오던 정책을 보완하고, 다양한 협력을 활성화하겠다는 방안이다. 세계화와 지역화가 대세로 떠오르면서 초 국경 광역경제권의 시대가 열리고, 국가 간 경제가 도시 · 지역 간 경제체제로 진화하고 접경 지역은 개방과 협력의 공간으로 바뀌었다. 대한민국은 일본보다 물류흐름상 유리한 지리적 여건으로 세계 물류국가로 도약할 수 있다. 한국이 동북아 물류 중심국가로 될 수 있는 가장 중요한 기회가 이미 북한 나진까지 운행하는 시베리아횡단철도$_{TSR}$를 한국으로 연결 짓는 사업이다.

극동 러시아와 중국 동북3성, 몽골과 중앙아시아를 아우르는 거대한 물류 거점이 블라디보스토크가 될 것이며 이 흐름에서 우리나라가 중심 역할을 하게 될 것이다.

신 북방정책의 핵심 내용은 북한의 나진·러시아의 하산 물류사업과 철도 및 전력망 연결 등 남·북·러 3각 경제협력 기반 구축, 중국의 일대일로(육상 및 해상 실크로드) 구상 참여, 러시아·카자흐스탄·키르기스스탄 등이 회원국인 유라시아경제연합$_{EAEU}$과 자유무역협정$_{FTA}$ 체결 등이다.

이언 브레머는 다음과 같이 말한다.[129]

미국과 중국의 대립이 심화되는 현실에서, 모든 국가는 양국 중 어느 편에 설 것인가를 고민할 수밖에 없다. 이에 대한 답으로 양국뿐만 아니라 세계 어느 특정 국가에 지나치게 치우쳐서는 안 된다고 주장한다. 한국과 같은 신흥국들은 여러 나라들과 다양한 협력 관계를 구축하는 이른바 '중심축 국가$_{Pivot\ State}$'가 되어야만 살아남아 발전을 이어갈 수 있다는 것이다. 마찬가지로 기업들에게는 무조건적인 경쟁을 벌이기보다는 다양한 협력관계를 구축하는 것이 해답이라 주장한다.

위와 같이 한국이 주변국과 우호 관계를 넓혀 어느 한쪽에도 과도하게 기대지 않는 중심축 국가$_{Pivot\ state}$가 되어야 한다는 것을 큰 전략으로 받아들여야 한다. 이와 같은 구상을 발전시키는 현실적인 대안으로, 미국은 물론 일본, 러시아, 아세안, 인도 등 주변국과 긴

----

129 이언 브레머, 박세연 역, 『리더가 사라진 세계』, (다산북스, 2014).

밀한 관계를 구축하면서 특히 러시아의 극동(연해주)지역과 한반도를 환동해 경제권으로 연결하는 신 북방정책을 주요 전략으로 강화시켜야 한다. 러시아를 통해 중심축 국가_{Pivot state} 역할 강화는 물론 남북이 공존 · 공영하는 경제공동체 구축을 통해 한반도 평화와 안보를 굳건하게 유지토록 해야 한다.

신 북방정책의 최대의 수혜자는 우리나라와 러시아가 될 수 있다. 중국과 일본을 경계하는 러시아에게 우리나라는 최고의 파트너가 될 수 있는 것이다. 더불어 한반도 유사시 러시아가 통일에 반대하지 않는 효과도 거둘 수 있다.

한국은 러시아와 긴밀한 관계를 형성하면서 연해주와 남시베리아와의 경제교류를 확대해 나가야 할 것이다. 또한 몽골과 경제협력을 강화해야 한다. 몽골은 세계적인 자원국가이다. 우라늄, 희토류, 구리, 금, 석탄 등의 지하자원 매장량이 세계 7대 자원부국이다.

21세기 격동하는 국제정세의 흐름을 이용하여 한반도와 러시아 극동 지역을 연결하는 대단위 경제 · 인프라 개발사업에 선도적으로 참여함으로써 극동 중심국가로 발전하여야 하겠다.

8

신 남방정책과 한국의 경제발전 모델 수출

아세안(ASEAN · 동남아국가연합) 지역은 한때 유럽의 식민지였고 최근까지 유럽과 동북아를 연결하는 통로에 불과했던 지역이었으나 21세기 들어 세계의 역동적 성장을 이끄는 주역으로 부상하고 있다. 더욱이 미중 패권경쟁에서 아세안의 중요성은 더욱 제고되고 있다. 아세안 인구는 6억 4,000만 명으로서 경제성장률 5.2%로 급성장하고 있다.

베트남, 인도네시아와 더불어 아세안은 우리나라와 새로운 단계로 발전하고 있다. 우리 정부는 2017년 아세안 창설 50주년에 맞춰 대(對)아세안 전략인 신 남방정책을 발표한 이후 전략적으로 아세안 외교관계를 강화하고 있다. 문재인 대통령은 2017년 11월 아세안 순방 중 아세안 미래 공동체 비전의 핵심 가치로서 사람, 평화, 상생 번영을 제시했다. 한국과 아세안의 관계를 한반도 주변 4강

(미·중·러·일) 수준으로 격상시켜 미·중·러·일 편중 외교와 경제 정책을 개선하고자 하였다.

미국의 도널드 트럼프 전 대통령은 인도·태평양 전략을 제시함으로써 이 거대한 지역을 하나의 전략적 공간으로 통합했다.

아세안 국가들은 중국의 부상이 가져오는 불안정 요소와 갈등 가능성에 대비해 한국과의 관계 강화를 중요 정책으로 내세우고 있다. 중국에 대한 경제 의존이 아세안 각국의 주권 침해로 이어질 것을 우려하여 한국 정부의 적극적인 대아세안 관계 강화를 희망하면서도 그들은 중국의 경제력이 주는 기회를 활용하는 이중정책을 펼치고 있다.

인도네시아는 한국과 특별한 경제파트너를 추구하면서도 중국의 일대일로 구상에 협력하고 있다. 베트남도 남중국해 문제로 중국과 갈등을 겪지만 경제 문제는 중국과 협력관계 지속을 원했다. 이와 같이 아세안 각국들은 대중 관계에서 안보와 경제를 분리하여 자국에 유리한 정책을 꾀하고 있는 실정이다. 이러한 현상을 우리나라는 전략적으로 활용하여 경제외교 활성화에 만전을 기해야 할 것이다.

신 남방정책은 우리나라가 미국과 중국 의존도를 줄이면서 경제성장을 이어갈 수 있는 유일한 돌파구다. 신 남방정책은 블루오션 영역에 속하기 때문에 우리가 진정 상대국을 이해하고 배려하는 윈·윈의 정책을 전개해야 할 것이다. 또한, 해외 인프라 투자와 물류 전문 인력 양성·파견이 필요하다. 대 아세안 남방정책은 지역 협의체 성격이 강한 만큼 장기적인 전략을 통해 미래경제외교의 핵심지역이 될 수 있도록 지속적으로 정책을 강구해야 할 것이다.

9

포스트 코로나 시대의
의료체계와 관광산업 발전

　미래는 의료산업, 관광을 키울 플랫폼 구축에 나서야 하는 시대
이다. 의료산업 관광의 컨트롤 타워로서의 서울시 역할이 중요한
시대가 도래하고 있다. 서울시는 의료산업 관광을 키울 플랫폼 구
축에 나서야 한다. 의료계, 산업계, 관광계가 따로 노는 지금의 현
실로는 서울이 글로벌 선진 의료도시로 도약하기란 사실상 불가능
하다. 글로벌 선진 의료도시로 가는 길에는 의료산업과 의료관광이
라는 양 날개가 있어야 한다.

　그러자면 각각의 전문가를 엮어 줄 네트워크가 필요하며, 의료
산업 관광 플랫폼이 그 역할을 할 수 있을 것이다. 또한, 21세기 중
반에 근접할수록 국제사회는 환경 및 기후변화, 신기술, 재난, 전
염병 백신 같은 보건 등에 대한 기능적인 협력이 강조될 것이다.
따라서 인류사회를 위한 '공동의 비전 증진과 평화 · 번영 보장에

기여하는 뜻을 공유하는 국가로 자리매김해야 국제사회의 리더 국가로 자리매김할 수 있다. 대한민국은 K-방역의 성공사례를 기반으로 국제사회에 기여와 선도적인 협력이 가능한 기후변화 대응 및 신종 코로나바이러스 감염증(코로나19) 백신 등 분야에서 국제사회와 협력을 증진해 나갈 수 있다. 한국의 의료체계가 국가발전의 신성장 동력이 될 수 있는 시대가 도래하고 있다.

국내적으로는 국민의 소득증대로 관광욕구가 증가하고, 국제적으로는 국가 간, 대륙 간 관광욕구가 급증하고 있다. 관광 사업 진흥 정책이 코로나 여파로 큰 어려움을 겪고 있다. 그럼에도 불구하고 21세기 관광산업은 국가 경제의 새로운 성장동력을 제공할 수 있는 종합 산업으로 무한한 가능성이 열려 있다. 국토개발의 패러다임이 도시재생으로 변화하면서, 지역 및 도시 분야에서는 지역관광 개발의 개념을 도시 마케팅의 수단으로써, 도시 브랜드개발, 역사문화적 자산의 활용, 숙박시설 및 서비스개발 등의 행위로 정의하고 있다.

박종학은 박사논문에서 다음과 같이 말한다.[130]

지역산업진흥차원에서의 관광산업은 유망한 성장산업이다. 지역에 심대한 영향을 미치는 관광 개발이 추진될 때 관광가치에 대한 개념의 정립과 명확한 목표가 설정되어야 한다. 목표가 불분명한 관광 개발은 성공을

---

130 박종학, 「지역관광 활성화를 위한 케이블카 사업에 관한 연구」, (목포대 대학원 박사논문, 2016), p.10.

거두기 어렵다. 관광에 대한 관점이 다양화되고 지역사회환경이 변화하고 있으므로 지방자치단체에서는 다양화되고 변화되는 환경에 보다 능동적으로 대응하여야 한다. 관광을 위한 관광시책을 재정비하여야 하고 지역 관광 업자에 대한 지원을 늘려야 하며 지도를 해야 한다.

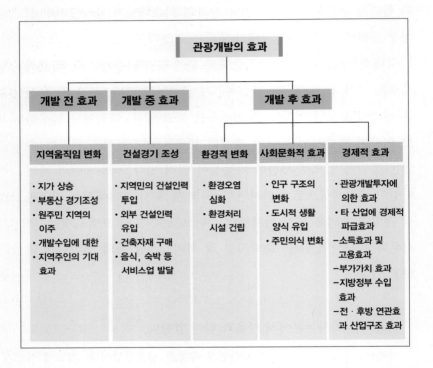

지방자치 시대의 관광산업은 지역의 개발을 도모하여 낙후지역을 발전시킴으로써 균형 있는 국토개발과 국가 경제발전에 기여할 수 있다. 국민의 휴양 및 여가선용 기회를 위한 여가공간의 확충으로 생활환경 선진화와 복지수준 향상효과를 가져올 수 있으며, 더 나아가 외국 관광객들의 방문확대로 외화 획득 증대뿐만 아니라 국제적 위상 제고에도 기여한다.

10

우주강국으로 도약하는
한국의 과학기술

미국의 케네디 대통령은 1960년대 달 정복을 선언하여, 국민 결집과 국가 발전을 도모하고 미·소 경쟁에서 승리하게 되었다. 초일류 선진국의 우주개발 성공은 국가의 정신·물질주의가 융합되어 세계를 선도하는 국가임을 입증하고 있다.

최근 세계는 달 프로젝트로 뛰고 있다. 우리도 여기에 동참하지 않으면 과학의 꽃인 우주산업에 낙오자가 될 수밖에 없다.

미국, 중국, 러시아, 일본, 두바이 등 외국 항공 우주 사업은 하루가 다르게 발전하고 있다. 2017년 6월 12일 미국항공우주국_{NASA}은 나노랙_{NanoRacks}사와 1,000만 달러(약 114억 원) 규모의 연구용역계약을 맺었다. 5년 내 우주로켓의 상단부를 국제우주정거장의 우주인 거주 공간이나 실험실로 재활용할 방법을 개발하는 것이다.

21세기 우주를 향한 인류의 도전은 끊임없이 지속되고 있는 바,

대표적인 사례는 아래와 같다.

첫째, NASA는 1980년대부터 지구 환경이 아닌 극한 환경에서 작물을 재배하는 기술 개발에 투자하기 시작했다. 태양광을 대체하는 특정 조합의 LED 광원 기술, 밀이나 감자 또는 대두의 뿌리를 양액에 담가 재배하는 기술도 개발했다. 이 같은 우주탐사를 위한 기술 청사진은 수십억 달러 규모의 비즈니스도 창출하고 있다.

2021년 6월 미국 기업인 '바워리파밍'은 업계 최대 규모인 3억 달러(약 3,400억 원)의 투자 유치를 발표했다. 회사의 가치는 23억 달러(약 2조 6,400억 원)에 달한다. 테슬라 창업자 일론 머스크의 동생 킴벌 머스크도 2015년 '스퀘어 루츠'를 창업했다.

둘째, 네덜란드의 한 기업가가 2024년 출발하는 화성 여행 상품을 내놨다. 편도 여행이고 화성에 식민지를 만들어 정착한다는 사기성 상품이었는데 10만 명이 몰렸다. 회사가 2019년 파산하며 없던 일이 됐지만, 우주로 떠나고픈 인류의 열망이 얼마나 뜨거운지 보여준 사건이다.

셋째, 나사 소속 우주인이 아닌 민간인으로 우주에 다녀온 첫 사례는 1989년 5월 옛 소련 우주선 소유스를 타고 우주정거장(ISS) 미르에 다녀온 영국인 여성 과학자 헬렌 셔먼이다. 민간 우주인 배출 프로젝트여서 관광은 아니었다. 이소연씨도 그렇게 해서 우주인이 됐다. 첫 우주 관광객은 2021년 4월 소유스 TM-32를 타고 ISS에 올라가 8일간 머물다 돌아온 미국인 사업가 데니스 티토다. 여행 경비로 2000만 달러를 썼다.

우주 관광은 지난 10년간 우주산업의 성장을 보여주는 척도다. IT(정보 통신) 산업에서 성장한 기업들이 2000년대 잇따라 우주산업에 진출해 재사용 우주로켓 발사 비용을 획기적으로 낮췄다.

미국 투자은행 모건스탠리는 우주산업이 지난해 3,500억 달러에서 2040년에 1조 달러 규모로 성장할 것이라고 예측했다.

그러나 우리나라는 우주 항공산업이 계속 지연되고 있다. 달 탐사 사업은 노무현 정부 시절인 2007년 11월 수립한 '우주 개발 세부 실천 로드맵'에서 시작했다. 당시 정부에선 오는 2025년까지 달에 우리가 제작한 탐사선을 보낸다는 계획을 세웠다. 이를 박근혜 대통령이 대통령 선거 당시 5년 앞당기겠다고 공약했다.

그러나 문재인 정부가 박근혜 정부 시절 수립된 2020년 달 착륙선 발사 계획을 2030년으로 연기했다. 2021년 10월 21일에는 한국이 우주선진국 대열에 합류하기 위해 국내에서 개발한 첫 우주 발사체(누리호)를 발사했지만 더미 위성을 궤도에 올리는 데는 실패하여 미완의 과제(절반의 성공)로 남았다. 과학계에서는 "장기적 안목을 갖고 추진해야 할 국가 우주사업이 정권이 바뀔 때마다 흔들리면서 사업 추진 여부까지 불투명해지고 있다."라는 우려가 나오고 있다.

선진국에 비하면 한국의 우주개발산업은 걸음마 단계라고 볼 수 있다. 미국은 2012년에 화성 착륙선을 보냈고, 2017년 8월 태양 탐사선을 발사했다. 중국은 2018년 12월 인류 최초로 달 뒷면 착륙을 시도하고 2020년 화성착륙선을 발사할 예정이다. 일본은 달과 소행성 탐사에 이어 2018년 12월 EU와 함께 수성도 조사한다.

특히, 두바이는 2021년 2월 화성 탐사 위성 '아말'(희망이란 뜻의 아랍어)을 화성 궤도에 진입시키는데 성공했다. 미국, 러시아 유럽, 인도에 이어 세계 다섯 번째, 중국보다 하루 먼저, 아랍권 최초로 화성 궤도에 진출한 나라가 됐다.

여기서 우리는 두바이를 타산지석으로 삼아야겠다. 스승이었던 한국은 1992년 첫 소형위성 '우리별 1호'를 쏘아 올린 지 30년이 되는 내년에야 달 궤도에 진출한다. 화성 진출 계획은 아직 없다. UAE는 나라 전체가 기업 스페이스X와 같다. 스페이스X가 실패를 거듭한 끝에 미국 항공우주국ₙₐₛₐ을 뛰어넘은 세계 최고의 발사체(로켓) 기술을 갖게 된 것처럼, UAE도 실패를 무릅쓰고 화성 탐사 프로젝트를 지원한 끝에 오늘날의 성과를 얻을 수 있었다.

우리나라도 달 착륙, 우주여행 등의 꿈이 실현될 수 있도록 ICT 강국 및 4차 산업혁명 주도국으로 도약하여 우주 산업의 역량을 기울여야 할 시기이다. 우주과학산업 발전은 과학입국, 경제강국으로 가는 길이기 때문에 국민의 꿈과 가치관 실현을 위해서라도 반드시 융성시켜야 될 분야이다. 따라서 거시적인 전략과 정책으로 기획하여 핵심산업으로 육성하여야 한다. 미국, 중국, 러시아 등 선진국과 전략적으로 협력하면서 항공우주산업의 비약적인 발전을 도모해야 할 것이다.

중국의 일대일로(一帶一路 · 육해상의 신실크로드)가 우주로 확장되고 있다. 내년 완성되는 독자 우주정거장 '톈궁天宮'은 미국 중심의 국제우주정거장ᵢₛₛ과 함께 우주 공동 개발의 큰 축을 맡는다. 미국도 못 했던 달 뒷면 착륙(2019년), 화성 도착(올해 5월) 등 연일 놀라운 성과를 쏟아내고 있다.

미국과 서방 세계 불안은 점점 커진다. 중국의 우주개발 성과는 군사 목적으로 쉽게 전용轉用될 수 있기 때문이다.

한민족 도약의 상징, 한상韓商
– 해외개척의 선봉이자
애국자원

우리가 지향하는 민족주의는 단지 우리만을 위한 배타적 의미가 아니라, 우리 민족의 능력을 발휘하여 세계 평화에 공헌하는 것이다.

한민족의 도약을 설계할 때 빼놓지 말아야 할 사람들이 있다.

첫째, 668년 삼국통일 후 신라인을 주축으로 고구려, 백제 등 유민들로 구성된 재당신라인在唐新羅人들은 뛰어난 항해술로 운하경제와 해양무역에서 맹활약을 하여 당나라에서 큰 영향력을 발휘하였다.

둘째, 재당신라인의 DNA를 이어받은 한상韓商은 국내·외 한민족 공동체로서 맹활약하고 있어 미래 유대상(商)을 능가하는 조직으로 발전될 것으로 크게 기대된다.

세계를 누비는 한국 상인들, 즉 한상의 성장 가능성은 무한하여 언젠가 유대 상인들의 저력을 추월할 수 있을 것이다. 현재 세계 175개국에 퍼져있는 750여만 명의 재외 동포를 연결하는 세계적 차원의 한민족 네트워크가 구축되고 있다는 것도 큰 장점이다. 이 네트워크가 국가 경제와 연계될 때 시너지 효과는 엄청날 것이다.

2021년 10월 19일~21일까지 3일 동안 열린 '제19차 세계한상대회'가 개최되었다.

주관 단체인 재외동포재단은 이번 대회를 통해 해외 한인 기업인과 모국 간 동반 성장과 차세대 양성을 위한 네트워크 구축을 강화했다. 45개국에서 1,500여 명이 온·오프라인으로 참가했다.

세계한상대회는 한국 내 경제인과 재외 한인 경제인, 재외 교포 경제인 간 비즈니스 지원과 국내 중소기업의 해외 진출 지원을 위해 매년 열렸다. 2019년의 18차 대회에는 제외 한인 790명, 한국 내 경제인 3,692명이 참가했다. 2020년의 한상 회의는 코로나19 사태로 취소되었으며 2022년 한상 회의는 울산에서 개최될 예정이다.

세계화의 시대에 세계를 아우르는 민족적 네트워크를 구축할 수 있는 한민족 동포사회는 한국 미래의 큰 축복이다. 우리 한상들이야말로 다이내믹한 활동력으로 글로벌 코리아의 기수 역할을 하고 있어 국가 경제영토 확장의 상징이고 대한민국의 국력으로 중요성은 날로 제고되고 있다.

10부

3대 혁명의 초석
튼튼한 국방안보

제24장

국방안보 패배주의 극복 및 남북통일 성취

1

국력신장에 걸맞는 국방안보 전략

냉철한 안보현실 직시

대한민국이 6·25 전쟁의 폐허를 딛고 세계 10위권 경제대국, 6위 군사강국으로 도약하여, 세계가 주목하는 국가위상을 달성하였다. 그러나 한미 동맹 전력을 제외할 경우 우리의 실질적 군사력은 북한에 비해 열세이다. 즉 북한이 다시 남침할 경우 6·25전쟁의 불행이 재현될 수 있는 실정이다.

더욱이 최근 국방안보정신 해이로 대부분의 국민들이 국가 안보에 대해 무관심한 현상이 확산되고 있다. 우리 군은 올바른 대적관과 강한 정신전력으로 무장해야 한다.

특히 한반도를 둘러싼 안보정세가 그 어느 때보다도 역동적으로 변화하고 있다. 미·중 간 경쟁이 본격화되고, 주변국들은 막대한 국방비를 투입해 첨단전력을 증강하는 한편 코로나-19의 여파로 인해 자국의 국익 최우선 전략이 가중되며 안보의 불확실성도 증폭 되고 있다. 강대국들이 자국의 국익을 동맹보다 중시하며 신냉전구 도와 유사한 양상으로 치닫지 않도록 대한민국의 국방안보 전략을 지혜롭게 정립해야 한다.

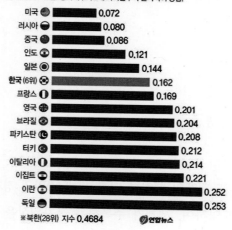

세계 **군사력 순위**

글로벌파이어파워(GFP), 인구·병력·무기·국방예산 등 48개 항목 종합해 군사력 지수 산출. 평가지수가 0에 가까울수록 군사력이 강함.

국가	지수
미국	0.072
러시아	0.080
중국	0.086
인도	0.121
일본	0.144
한국 (6위)	0.162
프랑스	0.169
영국	0.201
브라질	0.204
파키스탄	0.208
터키	0.212
이탈리아	0.214
이집트	0.221
이란	0.252
독일	0.253

※북한(28위) 지수 0.4684　　연합뉴스

우리나라는 전방위 국방태세 확립과 한반도 평화체제 보장에 매 진하고 한미동맹 발전 및 국방외교력을 강화해 나가야 한다. "대한 민국은 우리 스스로 지키되 동맹을 활용한다."라는 결기를 갖고 한 미연합방위태세를 증진해야 한다. 우리 군은 육·해·공 3군을 균 형적으로 발전시키면서 사이버, 우주, 4차산업혁명까지를 통합한 국방·안보 교리를 시대변화에 맞게 정립해야 한다.

미국의 바이든 행정부 출범 이후 한반도를 둘러싼 동북아 안보 지형에 형성되는 새로운 흐름에 대해 큰 틀의 방향성을 진단하고 국방안보 차원의 전략과 정책 방향을 정립해야 한다. 특히, 전시작전통제권 전환을 둘러싼 논란을 종식시키고 시기가 아니라 조건과 능력에 기초한 전환 기조를 확실히 다져야 한다.

나아가 2020년 촉발되어 인류의 생활 양식 자체를 위협하는 COVID-19 대유행(팬데믹) 현상이 상징하는 바와 같이 앞으로 우리에게 닥치는 비전통적 국가 안보(보건 건강안보, 사이버안보 등) 위협으로부터 국민의 생명과 안전을 지키는 새로운 국방안보 전략도 세워야 한다. 전방위적 안보위협을 대비할 수 있도록 전략을 재정비하고, 한반도 안보환경에 적합한 미래 전력을 구축해야 한다.

미국과 중국이 상호간 경쟁을 하면서도 한반도에서의 영향력을 유지하려는 의도를 간파해야 한다. 나아가 통일된 선진강국으로서 인류 공동의 과제 해결을 위한 다자 협력과 동맹국과의 유대를 강화해 국제질서 주도국으로 세계 등불 코리아 역할을 감당할 글로벌 마인드를 견지해 나가야 한다.

통일된 선진국으로서 대한민국의 외교안보 전략 기조는 '평화공영을 위한 전방위적 협력'을 가치로 내세우지만 강력한 군사력이 뒷받침되도록 힘과 지혜를 모아야 한다. 특히 북한은 종전선언이 되면 유엔사와 미군 없는 한반도를 만들어 '내전' 운운하며 대놓고 한반도 적화작전에 나설 것이다. 더욱 걱정스러운 것은 김정은, 김여정 남매가 밀면 밀리는 행태를 시도할 것이다.

특히, 남북한 간 군사력 균형이 이루어지지 않으면 북한은 남한을 평화협상의 파트너로 인정하지 않는 현실을 직시하여야 한다. 남한이 군사적 균형을 이루지 못한 상태에서 평화를 외치면 외칠수록 북한은 우리를 무시하고 위협하며 적화통일 전략에 혈안이 될 것이다. 세계사를 볼 때, 적대 세력 간에는 평화 의지나 협정으로 평화가 이루어지는 경우가 없었다는 교훈을 잊지 말아야 할 것이다.

정신, 교육, 경제와 안보의 융합정책 긴요

인류의 역사는 전쟁의 역사이다. 안보가 취약했던 국가는 전쟁의 비극을 피할 길이 없었다. 과거 우리 조상들이 이어온 삶을 살펴보더라도 이 같은 사실을 확인할 수 있다. 안보의식이 강한 국가는 국태민안, 부국강병으로 부흥했으며, 그렇지 않은 국가는 쇠퇴와 망국의 길을 면치 못했다. 이렇듯 국방안보는 국가의 운명을 좌우하는 것이다.

특히 경제는 인류의 역사에서 안보를 좌우하고 안보는 국가의 존망을 결정한다. 가난한 나라는 경제, 안보, 외교적으로 무시당하거나 약육강식의 희생양이 되기도 한다. 특히 21세기 경제는 안보, 외교, 민생을 뒷받침하는 핵심요소로 국가사활의 문제이다. 특히 한반도 평화번영을 위한 각종 정책은 정신 · 교육 · 경제가 국방안보와 융합 작용하여 시너지 효과를 내도록 해야 한다.

안보라 함은 각종 위협으로부터 국가 목표를 달성하는 데 있어서 추구하는 정책체계를 종합적으로 운용하여 기존의 위협을 효과적으로 배제하고, 일어날 수 있는 위협의 발생을 미연에 방지하고 나아가 불시의 사태에 적절히 대응하는 것'이라고 할 수 있겠다.

국방과 안보태세를 확립함에 있어서 정치적 득실을 철저히 배제해야 한다. 보수 · 진보, 여 · 야를 막론하고 국가보위 차원에서 접근하지 않는 정치세력에 대해서는 국민이 응징하는 풍토가 정립되어야 한다. 아프가니스탄 패망 사태가 입증하는 바와 같이 국가안보를 외면하고 진영대결을 벌이거나 안보 포퓰리즘이 횡행하도록 방치하는 것은 이적행위라해도 과언이 아닐 것이다.

대표적인 사례로 최근 북한 공작금과 지령을 받고 F-35A 스텔스 전투기 반대 시위를 한 일당이 지난 대선 당시 문재인 후보 선거대책위 특보로 활동하고 총선에 출마하는 등 정치 활동을 벌인 혐의가 드러났음에도 불구하고 진영 간 이견이 심각하게 노출되고 있다. 간첩이나 북에 포섭된 사람이 정치에 개입할 경우 대북정책을 왜곡하고 국민의 안보의식을 해이하게 만든다.

역사적으로 볼 때 적군이 쳐들어 오는데 내부분열에 휩싸이는 것을 넘어서 성문을 적에게 열어주어 망국을 초래한 고구려 멸망의 교훈을 상기해야 한다. 명백한 간첩(20여만 명: 출처 배영복, 전쟁과 역사, pp.513~514) 행위에 대해서조차 정치적 프리즘을 들이대어 미온적으로 대처할 경우에는 군부대를 넘어서 청와대를 포함한 정부 핵심기관까지 이적세력이 암약하도록 방기하는 사태로 악화될 수 있다.

자칫하면 국가위기 국면이 패망으로 걷잡을 수 없게 치닫게 되는 준엄한 교훈은 베트남이나 아프가니스탄의 사태를 타산지석으로 삼아야 한다.

특히, 2022년 대선에서 유리한 여론을 형성하기 위한 안보 포퓰리즘이 국방안보 전략에 투영되지 않도록 국민이 나서야 한다. 국방안보 전략은 전현직 군인이나 안보전문가들만의 영역이 아니라 국민이 리더십을 발휘해야 할 국가생존과 선진강국 달성 비전과 직결된다.

2

한반도 고착화 마인드 탈피와
미·중 경쟁의 전략적 활용

미·중 경쟁 본격화 시대의 국방안보 전략과 정책 방향을 제시해야 한다. '안보는 미국, 경제는 중국'을 고집하기엔 미·중 대결이 워낙 격렬하다. 국제정치적 현실주의와 '깊고 넓게 역사 읽기'를 통합한 국가안보 전략을 치밀하게 정립해야 한다. 국력을 신장하는 과정에서 한미동맹을 더욱 발전시키면서 한미연합 군사대비 태세를 더욱 공고화시키는 전략을 구사해야 한다. 동북아 안보정세의 흐름에 선도적으로 부응하면서 국력 신장에 걸맞은 국방안보태세를 더욱 공고하게 확립해 나가야 한다. 한미 동맹 간 신뢰에 입각해 북한의 도발 억지를 위한 협력을 다지고 상호 간 호혜적인 동맹의 성격을 확인하면서 북핵의 최대 피해자이자 당사자인 한국의 의견을 경청하여 북핵문제 해결에 집중하고 한반도 평화 프로세스를 복원하는 방향으로 나가야 한다. 한국의 지정학적 위치를 고려할 때 부상하는 중국에 대항하여 일정한 균형을 창출하고 안전을 보장하기 위해 미국과의 동맹은 통일 과정 및 그 이후에도 지속적으로 필요하다. 한미동맹의 가장 큰 역할은 대북 핵 억지력을 확보하는 것이다. 바이든 행정부가 한미동맹의 역할을 북한뿐 아니라 중국도 견제하는 동맹으로 전환하려 하는 모습이 관찰되고 있다. 만약 정부가 미국의 요청을 받아들여 그간 호혜적인 경협을 진흥해 온 중국을 봉쇄하고 견제하는 진영에 가담한다면, 우리는 한미동맹이 혜택 못지않게 큰 손실을 수반할 수 있는 상황을 맞고 있다.

미 전략국제문제연구소_CSIS 수석 부소장 빅터 차는 한국에 대한 미국의 헌신과 깊은 신의_fidelity에 대해, 아프간에서 도출된 결론을 적용할 수 없는 세 가지 중요한 이유를 다음과 같이 말한다.[131]

첫째, 정책 유지 여부를 평가하는 데 있어 성공보다 더 좋은 척도는 없다. 미국의 아프간 개입은 성공적이지 않았다. 아프간은 '수렁(quagmire)'이었다. 문제에 대한 해결책이라고는 더 많은 돈을 집어넣는 것뿐인 끝없는 소용돌이. 미국은 스스로를 덫에 가둔 것이나 마찬가지였다. 이와 대조적으로 한국은 미국의 안보 헌신이 거둔 눈부신 성공 사례다.

둘째, 바이든의 아프간 철수 결정의 기저에는 미국의 헌신이 무위에 그쳤다는 관점이 있는데, 바이든 대통령이 한국에 대해서는 달리 생각한다는 건 확실하다.

셋째, "아프간 다음은 한국에서 미국이 철수할 차례인가?"라고 묻는 사람들이 있는데, 전제와 목적을 혼동하고 있다. 아프간 철수는 한국 철수로

----

131 https://www.chosun.com/opinion/chosun_column

이어지는 것이 아니다. 오히려 그 반대로, 미국이 한국에 머문다는 뜻이다.

위와 같이 미국의 아프간 철수는 한미동맹의 나쁜 영향을 주는 것이 아니라 더욱 강화되고, 발전될 것이다.

따라서 북핵문제를 협상을 통해 전향적으로 해결해 중국의 동맹국인 북한을 중국으로부터 떼어내고 북·미 관계를 개선하는 것이다. 평화협정이 체결되더라도 주한미군이 철수하거나 한·미동맹이 해체되어야 하는 것은 아니다. 평화협정 이전에 주한미군이 북한 도발을 억지하는 예방자preventer 역할을 했다면 평화협정 체결 후에는 한반도 평화 상황을 유지해주기 위한 평화 조정자peace coordinator 역할로 전환하는 것이 바람직하다.

대한민국의 국민과 국토를 수호하는 사활적인 이익을 지키기 위해서는 대미 의존을 줄이고 자기주도적 국방안보 전략을 결정할 수 있는 기반을 조성해야 한다. 효율성을 앞세워 계속 미군에게 국방을 맡긴다면 세계 10위권의 경제력과 세계 6위의 군사력을 가졌지만 외교·안보 및 대북 정책은 계속 미국 국익의 틀 속에서 통제되는 것을 각오해야 할 것이다. 한미동맹은 한국군이 자기 주도 작전 지휘능력을 갖출 때만 상호 간 호혜적인 이득이 증진되고, 전작권을 가져오더라도 한미동맹이 더욱 굳건해질 수 있는 것이다. 한미동맹은 글로벌 전략 동맹으로 원자력, 기술, 백신 등 협력범위를 확대해 나가야 한다. 대한민국이 세계의 등불 코리아로서 글로벌 주도국으로 부상할 수 있는 것이다. 국제사회 질서를 창출하고 주도하는 국가로 교두보를 확보하고, 협력의 깊이, 범위를 획기적으로 격상시켜야 한다.

3

첨단 과학기술을 융합한
한국형 무기체계 발전

첨단 과학기술을 융합한 한국형 무기체계 발전을 도모하는 것은 국력신장에 걸맞는 무기체계 발전을 위한 방향이다. 미래전쟁 양상의 변화, 군사강국의 무기체계 발전추세, 한반도 전장환경 등을 총체적으로 고려하여 Korea G3 위상에 부합되는 한국형 군사력 건설 방향을 정립해야 한다.

한반도 주변국들은 모두 세계 최대 강대국들로서 첨단 정보통신 기술의 혁명적 발전과 전쟁패러다임의 본질적 변혁에 대비하여 군사력 발전의 개념 및 방식을 근원적으로 전환할 것이 예측된다. 미국은 핵의 소형 · 정교화, 정보지배, 항공 · 우주지배, 원거리 신속 투사, 장사정 정밀타격, 무인화 전투 등을 추구하여 군사력의 절대 우위를 지속할 것이다. 따라서 대한민국은 미국의 군사력 증강 방향과 차별화된 정보통신, 정밀전자, 항공우주, 신소재, 레이저, 생명공학 등을 활용한 새로운 차원의 무기체계 발전 방향을 모색할 필요가 있다.

특히 정보통신기술의 발달로 전장 가시화, 전장정보 실시간 유통 네트워크화, 정밀유도무기 장사정화가 가능한 추세를 고려하되 국방예산의 가용수준과 무기체계 운용에 소요되는 비용을 염두에 두어야 한다.

한국형 무기체계 발전이라고 하여 너무 국산화율에 너무 매달리면 안 된다. 국산화율 제고도 좋지만 중요한 것은 경제성과 실익이다. 국산화율을 높이기 위해 처음부터 고가, 첨단장비를 개발하는 것은 매우 위험하다. 특히, 한국의 강점인 4차 산업혁명 관련 기술력을 바탕으로 첨단 국방과학 기술력으로 연계시키는 민군 겸용기술 개발을 활성화해야 한다. 우리의 국방과학기술 수준은 선진강국 수준까지 끌어올릴 수 있지만 막대한 비용과 시간이 소요된다.

이러한 차원에서 현재 한국군도 미래전과 전방위 안보위협에 대비할 수 있는 한국형 첨단무기체계 개발을 지원하며 미래지향적 발전을 도모하고 있다. 구체적으로 한국군의 전략 · 작전계획 · 전술 전반을 무기 획득 방향과 연동시키면서 전시작전권 전환을 추진하고 있다. 첨단과학기술의 발전과 이에 따른 전쟁양상의 변화에 적합한 군 구조로의 전환과 더불어 한국형 무기체계 발전에 박차를 가해야 한다.

4

북한 주민의 깨우침
전략과 체제붕괴 도미노

    북한 핵문제 해결의 방향은 완전한 비핵화를 목표로 단계적 합의를 통해 실질적인 진전을 추진하는 실용적 접근practical approach을 채택해야 한다. 보다 점진적 · 단계적으로 비핵화를 향해 나아가야 한다. 북핵문제 해결을 위해 정부는 북 · 미 양측에 전방위적인 설득외교를 펼치고 사안에 따라서는 단호한 의지도 보여야 한다. 먼저 북핵협상을 장기적으로 불가능하게 만드는 북한의 도발을 억지하기 위해 설득과 압박 양면의 대북 정책을 구사해야 한다. 현재 북한이 상당한 위기를 겪고 있는 것으로 보이지만 심각한 체제 불안정까지 이어지고 있지 않다. 제재를 통한 북핵 문제 해결에 대해 한계가 있기 때문에 북한 주민들이 외부세계의 정보에 접하도록 '깨우침의 전략'을 추진할 필요가 있다. 북한이 김정은 독재체제를 지속하여 폐쇄적이고 고립적인 시스템을 계속할 경우 인권문제가 심각하게 대두될 것이다. 압박을 통한 북한정권 붕괴는 감당할 수 없는 인권 유린의 잠재적 가능성을 내포한다. 인권문제는 북한 정권이 제한적이나마 개혁, 개방을 시행하고 정상국가화의 길로 가는 과정에서 풀릴 수 있는 전략적 과제에 해당한다.

1980년대 말 동구 공산 독재정권이 붕괴하고 소련이 해체된 것 같은 외부세계에 눈을 뜬 주민들이 자유와 인권을 요구하는 시대정신을 형성한 큰 흐름 때문이다. 북한 주민의 의식이 깨우치지 않도록 사회적 통제를 강화할수록 김정은 체제의 내부적 불안이 심화되고 이러한 불안요인이 연쇄적으로 도미노 현상으로 이어질 수 있다. 이러한 체제붕괴 도미노현상을 차단하기 위해 김정은 체제는 한반도에 군사적 긴장을 촉발시키거나 한국사회 내부의 남남갈등을 유발시키기 위한 대남심리공세를 강화할 것으로 예상된다.

미국의 바이든 행정부가 2021년 8월 아프가니스탄 주둔 철군 과정에서 국제적 신뢰가 크게 손상됨에 따라 한반도에서 유사한 상황이 초래될 수도 있다는 우려가 제기되고 있다.

이러한 부정적 여론을 의식하여 바이든 대통령이 직접 한미동맹의 공고함을 재확인하는 한편, 북한 핵문제 해결 등 안보이슈에 대해서 한국정부와 긴밀하게 공조할 것임을 확약하였다. 이러한 측면에서 북한 김정은 체제의 행보나 우발사태 발생 시 한국과 미국의 긴밀한 공조로 상황을 안정적으로 관리할 필요성을 재확인한 셈이다.

제25장

국민이 성원하는
국방 위상 정립

국방안보 가치에 대한
대국민 소통

이제 한반도에 고착된 과거지향적 패배주의 인식을 벗어나 '튼튼한 안보, 강한 국방'에 대해 국민이 자신감을 가질 수 있도록 힘과 지혜를 모아야 한다. 국력신장에 걸맞은 국방안보 역량에 대한 자신감이 결여되고 국민의 대군 불신 풍조가 만연한 실정이다.

아프가니스탄 정부가 이슬람 무장단체 탈레반에 항복함에 따라 수도 카불을 탈출하려는 수많은 인파로 아수라장이 된 공항 모습은 베트남 패망 직전 '사이공 탈출'을 방불케 했다. 먼저 항공기에 타려고 트랩에 매달리고, 추락사한 사람도 있어 아비규환이 따로 없다. 정부의 무능과 부패, 분열이 어떻게 국민을 생지옥으로 몰아넣는지 여실히 보여주는 비극적 장면이다. 조 바이든 미국 대통령은 "미국의 국익이 없는 곳에서 싸우는 실수를 반복하지 않겠다."라고 못박았다. 스스로 지킬 능력과 의지를 갖추지 못한 나라는 동맹이라도 손절할 수밖에 없다는 것이다. 우리에게도 시사하는 바가 크다.

　한국경제 신문의 「요즘 간첩이 어딨냐」는 제하의 사설은 국민을 충격에 빠뜨리게 한다.[132]

　이른바 진보진영 인사들과 그에 동조하는 이들은 "요즘 간첩이 어딨냐"고 입버릇처럼 말해왔다. 그러나 국가정보원이 최근 적발한 '자주통일 충북동지회'의 기막힌 체제전복 활동을 보면 그 말은 이제 "간첩은 곳곳에 있다."로 바꿔야 할 듯싶다. 피의자들은 여전히 '국정원의 조작'이라고 주장하지만 북한에서 직접 지령과 공작금을 받은 증거가 차고 넘친다. '원수님의 충직한 전사로 살겠다'는 충성 혈서까지 나온 마당이라 대형 간첩단 사건으로 보는 데 무리가 없다.

　이번 사건은 우리 사회의 이념적 혼란이 얼마나 심각한지 보여준다. 피의자들의 직업(언론인, 대기업 직원, 간호사 등)을 보면 평범한 이웃이란 점에서 시사하는 바가 크다. 시민단체 활동 경력자라는 점도 진보진영에 대한 실망감을 키운다. 여권이 적극 수사로 실체를 밝히는 데 앞장서야 하는 이유다. '색깔론'이라며 뭉개려고 한다면 더 큰 충격파를 감당해야 할 것이다.

　현 정부 들어 안보의 기둥인 한·미 동맹은 약화됐고, 친북·친중 노선은 되레 강화됐다. 북한 핵·미사일이 갈수록 고도화하는 마당에 허망한 종전선언에 매달리고, 북한의 도발에는 경고 한마디 못 하고 대화를 구걸하다시피 했다. 한미 훈련은 4년째 컴퓨터 시

----

132 https://www.hankyung.com/print/2021080921341

뮬레이션으로 진행되면서 형해화되는 판이다. 게다가 부실 급식, 인권 침해, 성범죄 등 '병영내부 고발' 프레임 연쇄반응 현상까지 나타나고 있다. 이러한 문제를 해결하기 위해서 국민이 나서서 국방안보 가치를 재인식하고 군을 성원하는 '전략적 마인드'를 견지해야 한다.

국방 당국은 문제 인식 수준을 넘어서 해법 중심으로 국민적 공감대를 형성해야 한다. 안타깝게도 국방 리더들이 시대 흐름과 미디어 생태계 변화에 둔감하거나 소통 역량이 미흡하다. 과거의 경험과 군대 관행에 의존하여, '사실을, 적시에, 정확하게' 소통하지 못하고 축소, 은폐, 적당주의로 위기를 모면하려 해서는 안된다.[133]

한국의 국방 자주권을 회복하는 한편 북핵문제를 해결하면서 한국이 보다 능동적으로 한반도 평화체제 구축을 주도하는 정책을 추진하는 과정에서 국민적 공감대 형성이 매우 중요하다. 선진강국 위상에 적합한 국방안보의 가치에 대해서 국민을 향한 전략적 소통이 강화되어야 한다. 국방개혁의 핵심은 '양적 군 구조'를 '질적 군 구조'로 전환하는데 있다. 기술집약형 스마트 강군으로의 혁신하여 현재의 병 위주의 국방인력 구조를 혁신하여 숙련된 정예인력 확보하는 방향으로 나가면서 단계적으로 징집병을 축소하고, 민간인력과 부사관을 확대해야 한다. 참여·공감을 이끄는 대국민 소통을 활성화해야 한다.

---

133 김철우, "민생 국방 이슈 해법 : 소통Communication", 『2021 국방안보 정책세미나 자료집』(2021년 7월 8일), p.105.

2

국가를 위한 헌신에 대한 존경과 보훈

 통일된 선진강국으로 나아가는 과정에서 나라를 나라답게 만드는 기본은 국가를 위한 헌신에 대한 존경과 보훈이다. 보훈은 물질적 보상 이전에 국가를 위한 헌신을 잊지 않고 존경하는 것에서 출발한다. 국가를 위해 목숨까지 바친 군인이나 국가유공자에 대한 예우는 국가유공자와 유족들이 자부심을 가질 수 있을 때 비로소 완성된다. 그분들의 삶이 젊은 세대의 마음속에 진심으로 전해져야 한다. 후손들이 선대들의 나라를 위한 헌신을 기억하고 애국자와 의인의 삶에 존경심을 가질 수 있도록 우리 국민 모두가 함께 관심을 가져야 한다. 이것도 국민 리더십 문화와 연계된다. 애국과 보훈에 보수와 진보가 따로 일 수 없다. 나라를 나라답게 만드는 일에 국민들이 앞장서야 한다. 그것이 대한민국이 선진강국으로 도약하는 힘이 된다. 국민의 생명과 재산 보호를 위한 국가유공자의 희

생과 헌신 역시 대한민국의 안정적 발전과 번영을 이루는 밑거름이
되었음에 대한 국민적 공감대를 확산해야 한다.

국가를 위한 헌신에 대한 존경과 보훈에 대해 국가보훈처에서는
문화보훈을 다음과 같이 강조하고 있다.[134]

이제 우리는 문화로서의 보훈을 우리 사회에 자리매김하기 위한 방법
론을 고민해 보아야 시점이다. 현재 우리나라의 보훈 정책이나 사회 제도
는 강화되고 있으며, 국가에 희생하거나 공헌한 사람들에 대한 시민들의
존경과 예우도 널리 인식되고 있다. 이렇듯 보훈이 문화로 정착될 수 있
는 기반이 충분히 갖추어져 있다. 다만 문화발현의 초기 단계에서는 그것
을 하나의 문화현상으로 이끌어 낼 수 있는 주체가 필요하다. 한국 대중가
요(K-Pop)처럼, 나아가 한국문화 전반이 전 세계에서 인정받는 것이 단
시일에 일개인에 의해 이루어진 것이 아닌 것과 같이 보훈문화도 장기적
인 시간투자와 국민 전체를 대상으로 확장되어야 한다. 그런 면에서 그것
을 선도적으로 이끌어 가며 전략적인 기획을 통해 확산해 나갈 수 있는 주
체가 요구된다는 것이다.

선진국일수록 보훈문화가 자리잡고 있으며, 국가보훈처의 역할이
확대되고 중시된다. 대한민국이 선진강국으로 나아가는 토대는 보상
과 선양, 예우와 복지, 제대군인, 보훈단체에 이르기까지 '국가를 위한
헌신을 잊지 않고 보답'하는 것에서 비롯된다. 국민들이 믿고 신뢰할
수 있도록 보훈정책과 제도의 내실화는 물론, 국민들의 애국심 함양을
위해 '보훈문화' 확산이 국민 리더십 차원에서 활성화되어야 한다.

---

134 국가보훈처 나라사랑신문 2021년 8월호.

3

젊은 세대의 특성과 민생 국방(모병제, 국방예산)

    민생국방과 직결된 이슈에 대해 사실$_{Facts}$에 입각한 발전적 해법을 마련하고 공감을 불러일으키는 소통에 진력해야 한다. 국민들이 든든한 마음으로 민생에 전념하도록 추호의 빈틈이 없이 국방안보 태세를 강화해야 한다. 양성평등, 인격적 생활여건, 병역제도, 국방예산 등 국민적 관심사로 부상하는 것은 '민생 경제'처럼 국민이 체감하도록 '민생 국방'의 개념을 정립해야 한다. 이러한 차원에서 병영의 삶의 질을 향상시켜서 국력신장에 걸맞은 수준으로 병영의 기본생활권 획기적으로 개선해 나가야 한다. 장병 급식 수준은 사소한 병영내부의 문제가 아니라 군인들의 사기진작과 전투력 증진에 직결된 중요한 국방 이슈로 인식해야 한다. 군간부층의 병사에 대한 인식부터 전환해야 한다. 병사들을 통제·관리의 대상이 아니라 본연의 국방임무를 완수할 수 있도록 인권과 기본생활권을 보장해 주는 것이 선진강국의 군대로 가는 것이다. 대한민국이 직면한 초저출산, 초고령화의 국가사회적 문제에 대해 심층적으로 연구가 진행되어야 한다. 현재의 징병제 시스템으로 병력 충원이 곤란한 상황에 직면한 것도 국방분야에 심각한 도전이다. 초저출산 현상이 수년 이내로 점점 심각한 국면으로 치닫는다. 출산율은 1960년 6.0에서 2005년 1.08명, 2020년 0.84명으로 급속히 하락하고 있어 새로운 형태의 병역제도 설계가 시급하다. 대안(병력규모 감축, 복무기간 연장, 여성 징병제)의 선택이 어려운 구조다.

따라서 징병제를 기반하되 모병제 성격을 강화하는 방향으로 병역제도를 단계적으로 개편해 나가는 것이 바람직하다. 안보위협과 인구감소를 고려하되, 무엇보다 군 구조 혁신의 관점에서 점진적으로 상비병력 규모를 감축하는 방향과 합치되어야 한다. 남북한 관계 변화와 인구가 줄어드는 상황에서 모병제는 현실적으로 채택하기 어렵다. 징병제를 기반으로 모병제의 성격을 확대하는 방향으로 추진해야 한다. 한국의 군사력 규모와 수준은 군사강국의 면모를 잘 나타내고 있다.

2021년 현재 한국의 군사력은 세계 6위, 국방비 지출 규모면에서도 세계 8위의 수준이다. 한국의 국방비는 2021년 기준 GDP 대비 2.7%, G7 국가 중 미국 다음으로 많은 부담을 하고 있다. 북한의 군사력 순위는 28위 수준이고 국방비 지출 규모는 한국이 480억 달러로 8위이며, 북한은 35억 달러로 59위에 위치하고 있다. 2018년부터 전년도 대비 7~8.2%의 증가율로 국방비를 증액하고 있으며 국방중기계획에 따르면 2021년부터 5년간 300조 7,000억 원(증가율 6.1%)을 투입할 계획이다. 남북한 간 비교에서 남한은 군사력의 근간이 되는 인구, 경제력, 국방예산 등에서 북한과의 비교가 무의미할 정도로 압도적 우위를 보이고 있다. 남한은 북한에 비해 인구는 2배, 2019년 무역총액은 280배, 1인당 국민총소득 27배(한국은행 기준) 수준이다. 2020년 기준 국방예산은 남한이 50.2조 원으로 북한 1.8조 원의 28배 규모에 이른다. 핵과 미사일을 제외한 부문에서 이미 압도적인 우위를 확보하고 있다. 핵미사일에 대한 억지력은 주한미군의 군사력을 비롯해 한미동맹의 틀을 활용하는 전략이라는 것을 국민들이 정확하게 인식해야 한다.

우리 군은 민생국방에 관련된 불신을 극복하고, 강한 정신 전력을 중시하는 제대로 훈련된 군대가 되어야 한다. 나아가 4차 산업혁명 시대의 첨단 미래전력을 운영할 전문성을 갖춘 군대로 탈바꿈해야 하다.

특히, 정치권의 눈치를 보며 휘둘리는 군대가 되지 말아야 한다. 북한의 명백한 미사일 도발에 대해 입장을 명쾌하게 천명하지 못하고 '분석 중'이라는 모호한 태도를 보이거나 날로 증강되는 북한의 핵미사일 위협을 과소평가하거나 외면해서는 안 된다.

국방안보를 책임 맡은 리더들이 정권의 정책을 과잉고려하거나 북한의 입장을 두둔해서야 되겠는가? 대한민국의 역량과 지략을 총동원하여 북한의 비핵화를 반드시 달성하고 자유민주적 기본질서에 입각한 평화적 통일을 추진해야 한다. 이를 위한 초석은 시류에 흔들림 없이 굳건한 국방안보태세를 확립하는 것이다.

11부

골고루 행복한
나라 건설

제26장

국민 행복지수 증진

골고루 행복한 나라 건설

대한민국 헌법은 행복추구권을 국민의 기본권으로 보장하고 있다. 10조에 '모든 국민은 인간으로서의 존엄과 가치를 가지며, 행복을 추구할 권리를 가진다.'라고 천명한 것은 행복추구권이 다른 기본권의 기초일 뿐 아니라 인간다운 삶의 가치와 연결됨을 헌법 정신에 반영한 것이다.

행복을 과학적으로 연구하는 전문가들은 어떤 조건을 얼마나 갖추어야 행복할 수 있는지에 대해서 관심을 기울여왔다. 역사를 거슬러 올라가면 지중해 연안을 따라 꽃피웠던 그리스의 헬레니즘 문화는 "인간은 어떻게 하면 행복해질 수 있는가?"에 대해서 철학적 질문을 던지고 해답을 찾으려고 부단히 노력하였다. 대표적 해답을 제시한 철학자는 소크라테스, 플라톤, 아리스토텔레스였다. 『내 목은 매우 짧으니 조심해서 자르게』에서는 "악법도 법이다!"라는 격언을 남긴 소크라테스의 생애와 사상, 그리고 사형과정을 생생하게 묘사하고 있다. "너 자신을 알라."라는 경구는 그의 철학적 사상을 한마디로 웅변해 준다. 모르는 것이 무엇인지를 아는 것이 참된 지혜라는 것이다. 아리스토텔레스는 인생의 궁극적 목표가 행복이며, 행복을 얻으려면 덕을 얻으라고 갈파했다. 동양의 성현 공자도 인과 덕을 강조하고 인의 궁극적 목표는 행복이라고 했다. 『행복의 역사』를 쓴 역사학자 대런 맥마흔은 현대적 의미의 행복의 개념이 17~18세기부터 정립된 것으로 보고 있다.

고대인들에게 행복은 운명과 동의어였다. 행복을 통제할 권리는 신들이 쥐고 있었다. 중세를 거쳐 계몽시대에서야 행복은 레크레이션, 사치품, 패션 등으로 상징화되고 상업주의 확산과 더불어 행복을 사고팔기까지 가능한 개념으로 변화되었다. 상업주의는 미디어의 발달과 함께 사람들에게 비교의식을 키우려는 광고전략을 구사했다. 이로 인해 사람들은 때로 자기가 가진 것의 소중함은 잊은 채 남의 것을 한없이 부러워하도록 만들었다. 도스토옙스키도 "인간이 불행한 것은 자기가 현재 행복하다는 사실을 모르기 때문이다."라고 했다. 이처럼 행복의 개념이 극히 주관적이고 상대적인 것으로 바뀐 것이다.

21세기 들어서 노벨경제학상 수상자인 조지프 스티글리츠 컬럼비아대 교수와 아마르티아 센미 하버드대 교수는 "삶의 질과 발전의 지속가능성을 반영하는 새로운 경제지표를 도입해야 한다."라고 주장했다. 이들이 제시한 삶의 질 항목에는 '휴가 일수, 평균 기대수명, 의료 서비스 수준' 등 전통적 경제지표와 다른 항목들이 포함되어 있으며, 발전의 지속가능성 부문에는 '환경보호 수준' 등이 반영되어 있다. 현재 국제사회에서는 삶의 질을 중시하는 지표로서 유엔개발계획이 '인간개발지수', 영국 신경제재단이 '국민 행복지수', 영국 레가툼 연구소가 '번영 지수' 등을 국가별로 작성해 발표하고 있다. 유엔은 3월 20일을 '세계 행복의 날'로 지정하기까지 했다.

이러한 국제적 추세에도 불구하고 한국의 국가 행복지수 순위가 경제협력개발기구OECD 37개국 중 최하위권에 머무르는 것으로 나타났다. 한국의 2018~2020년 평균 국가 행복지수는 10점 만점에 5.85점을 기록했다. 국가 행복지수는 유엔 산하 자문기구인 지속가능발전 해법 네트워크SDSN가 국가별 국내총생산GDP과 기대수명, 사회적 지지 등을 이용해 집계하는 지수다. 전체 조사 대상 149개국 중 62위, OECD 37개국 중 35위에 해당한다. 고령화 속도와 노인빈곤율도 OECD 국가 1위를 기록했다.

이러한 지표를 총괄하여 KDI 경제정보센터는 "한국은 2018년 1인당 국민소득 3만 달러 돌파, 2020년 명목 GDP 세계 10위 전망 등 괄목할 만한 경제 성장을 이뤘지만, 삶의 질 향상은 미흡하다."라고 지적했다.[135]

경제적 통계 수치로 보면 한국은 객관적으로 잘 사는 나라이다. 하지만 한국의 국가 행복지수는 대한민국의 경제 발전추세에 비교해 크게 떨어진다. 자살률과 고령화 속도, 노인빈곤율 상징적으로 보여주는 바와 같이 국민이 행복하지 못한 것이 엄연한 현실이다. 세계 10위 경제 대국인 한국이 국민 삶의 만족도가 OECD 최하위

----

135 https://www.hankyung.com/economy/article/2021051987391 2021년 5월 19일 한국개발연구원(KDI) 경제정보센터가 발간한 '나라 경제 5월호'에 상세한 내용이 게재되어 있다.

권인 이유는 무엇인가? 경제적 풍요로움이 행복을 보장해 주지 못한다는 것을 우리의 현실이 웅변해 준다.

국민 개개인의 삶에서 부와 명예, 일과 성취, 건강과 사랑 등은 행복한 삶의 대표적 필요조건임을 부정하는 것은 아니다. 이러한 조건들을 많이 갖출수록 행복한 삶에 가까울 수 있다는 믿음이 급속도로 퍼지고 있다. 하지만 우리의 막연한 믿음과 달리 이러한 요건을 갖추는 정도와 행복감은 비례하지 않는 것이 현실이다. 세속적 기준의 대표 격인 돈을 많이 벌거나 지위가 높아진다고 행복한 것은 아니다. 성공한 자들만의 특권이 행복은 더더욱 아니다. 최소 생계비로 가족을 겨우 부양하며 몸이 불편한 장애가 있는 가장도 삶의 행복을 고백하는 인생스토리에서도 감동을 불러일으킨다. 부나 명예를 갖추었지만, 더 갖기 위해 자신과 주변을 불행하게 만드는 출세주의, 기회주의를 추구하는 각계각층의 지도자들이 국민을 실망하게 하는 경우가 빈발하는 것이 현실이다.

특히 정치 리더십에 환멸을 느껴서 냉소적이거나 방관자적 태도를 보이는 흐름도 실존한다. 국민 행복지수를 향상하기 위한 우리 국민의 역할은 무엇인가? 골고루 행복한 나라는 특정 정치세력의 그럴듯한 캐치프레이즈로 전락하여서는 안 된다. 진정으로 국민이 행복하도록 국가 리더를 꿈꾸는 정치인들의 자세부터 달라지기를 기대하기도 어렵다. 대통령 후보들의 공약이나 새로 들어서는 정부의 정책만으로 국민을 행복하게 해 줄 수 없다.

결국, 국민 리더십 문화 운동을 통해서 창달되어야 한다. 국민이 나서야 국가 리더십이 올바로 정립되는 측면도 간과해서는 안 될 포인트다.

리더는 행복을 주는 사람

국가 리더십의 화두는 행복이다. 바꿔말하면 행복이 국가 리더십의 핵심이라고 할 수 있다. 대한민국을 이끌어 나갈 대통령을 꿈꾸는 정치 지도자의 소명은 국민의 행복추구권을 올바로 인식하고 국민 행복을 위한 비전을 제시해야 한다.

정치 지도자들이 국민의 행복을 보장할 수는 없겠지만 최소한 국민을 불행하게 만드는 원천이 되지 말아야 한다. 리더들은 운명을 개척하기 위해 준비하는 젊은이들을 진심으로 사랑하고 지원하며 희망을 주어야 한다. 국가 리더십은 나라를 이끌어가는 힘으로 작용한다. 우리 국민들은 국민행복리더십을 원한다. 좋은 정치지도자들은 국민의 마음을 보듬어 주고 하나로 모으는 사람이다. 부정부패를 저지르고 편가르기 부추기기는 리더는 최악의 리더이다.

필자가 국민리더십 문화 운동을 통해 대한민국의 운명을 개척해야 한다는 논지를 전개하는 최종 목표는 행복 창출로 귀결된다. 정치 권력을 휘어잡은 세력들만의 행복이 아니라 리더와 팔로어가 윈-윈할 수 있는 방향으로 나아가야 한다. 새로운 차원의 행복을 만들어 나가는 국가 리더십은 국민의 마음을 얻는 공감과 감동의 이심전심이 절대적 요건이다.

국가리더십은 국민의 마음을 얻는 것이므로 이를 위해서는 국민 개개인의 자아실현과 행복 창출을 동시에 구현해야 한다.

이러한 인식을 바탕으로 필자는 2006년도에 연구한 『한국형 이심전심 리더십의 모형 구축』에 관한 박사학위 논문에서 리더십과 행복 창출의 관계를 심층적으로 분석한 바 있다. 이후 일련의 저술과 강의, 젊은이들과의 소통을 통해서 100여 년간 리더십 학계가 추구해 온 조직의 '목표 달성' 개념을 '자아실현과 행복 창출을 위한 목표 달성'으로 재정립하였다.

최근에는 리더십과 행복 창출의 관계를 조명하는 것이 세계 리더십 학계의 메가트렌드로 정착되고 있다.

국민리더십 문화가 추구하는 행복 창출의 개념을 대한민국의 과거-현재-미래와 연결하면 아래와 같은 네 가지로 세분화시킬 수 있다.

첫째, 한국의 문화, 가치, 지혜 등 리더십 형성의 원천이 되는 역사적 사실(배경)과 타인을 존중하고 배려하는 인간 중심, 가치 중심의 사상이 시대 흐름에 따라 행복창출로 발전하고 있다.

둘째, 우리나라는 예로부터 홍익인간, '민심은 천심이다', '임금은 백성을 하늘처럼 섬겨야 한다' 등의 전통적 사상과 정신을 갖고 있으며 리더십에서도 이런 사상이 면면히 흐르고 있다. 이것은 한국적 리더십의 자랑스러운 전통과 유산으로서 모든 국민이 이심전심으로 느끼고, 부지불식간에 실천해 온 정신과 사상이다. 따라서 국가 지도자의 위치에 서게 되는 사람은 국민에게 행복을 선물하며 봉사한다는 마인드를 가져야 한다.

셋째, 최근 권위주의 리더십은 가치가 퇴색하고 한국적인 배려, 봉사, 인성이 바탕이 되는 인간 중심, 가치 중심의 리더십이 탄력을 받아 '행복 창출'이 핵심가치로 자리매김하고 있다. 시대 상황의 변화와 새로운 리더십 문화는 상호작용하면서 인간의 가치관에까지 영향을 미친다.

넷째, 리더는 솔선수범하는 멘토 역할을 통해 팔로워의 행복을 창출해야 한다.

현실적으로 국가 차원의 리더십에 의존하여 행복을 창출하기란 정말 어렵다. 따라서 국민이 스스로 나서서 리더십 문화를 형성해 가는 것이 행복에 이르는 지름길이라고 할 수 있다.

국민리더십 문화의 중요성을 아무리 강조해도 지나치지 않을 것이다. 리더십은 우리 자신을 행복하게 만들고 나아가서 다른사람(팔로워)들에게 행복을 주기 때문이다.

대한민국 리더들이여! 미래 대한민국의 행복을 창출하여 국민행복의 나라가 되도록 정성을 다해야겠다.

3

21세기 인류의 행복과 생존을 좌우하는 탄소중립

2021년 9월 24일 글로벌 기후파업의 날을 맞아 독일, 캐나다, 네덜란드 등 전 세계적으로 시민 운동이 벌어지는 가운데 우리나라도 세대와 분야를 가리지 않고 기후위기 대응을 촉구하고 나섰다. 기후변화 대응은 국가와 인류의 과제로서 지구촌의 운명을 좌우한다.

우리나라는 새로운 경제 성장 동력 창출의 기회라는 인식에 따라 기후변화 문제에 적극적으로 대응하고 있다. 이제는 Green Action! 개념으로 접근하여 기후위기 시대에 대비한 국가 차원의 동참 전략을 실천에 옮겨야 한다.

정부에서는 '가능성의 문제가 아니라 당위의 문제'라고 탄소중립 문제를 강조하고 있다. 그러나 탄소중립을 실현하기 위해서는 불확실한 가정이 아니라 현실에 실증한 과학이 필요하다. '탈脫원전'의 명분을 탄소중립에서 찾는 선진국의 전략 수정을 우리도 참고할 필요가 있다. 20년 넘게 원전 건설을 중단했던 영국은 2030년까지 12기의 원전을 짓기로 했으며 호주도 의회 내 '원전산업 발전 검토 위원회'를 구성했다. 한편 후쿠시마 악몽을 겪었던 일본마저 소형원자력발전소_{SMR} 도입론을 거론하고 있다. 탄소중립의 실현을 위해서는 원자력이 가장 현실적인 대책이기 때문이다.

국립기상과학원은 전 세계 온실가스 예상 배출량을 분석한 결과 지구 연평균 기온이 산업화 이전보다 1.5도 상승하는 시기가 이르면 2028년, 늦어도 2034년이 될 것이라고 전망했다. 전 세계가 온실가스 감축에 나서기로 합의한 파리기후변화협약의 신新기후체제가 올해 시작됐다. 특히 신종 코로나바이러스 감염증(코로나 19)으로 인해 기후변화에 관한 관심이 어느 때보다 높아졌다.

세계기후정상회의를 시작으로 주요 7개국_{G7} 정상회의, 주요 20개국_{G20} 정상회의, 유엔 기후변화협약 당사국총회_{COP26} 등에서 기후변화에 대응하기 위한 국제사회의 공동 대응이 구체화되고 있다. 이에 따라 2021년 10월 31일~11월 12일까지 영국 스코틀랜드의 글래스고에서 열리는 제 26회 유엔 기후변화 당사국 총회_{COP26}에서 각국 정상들은 탄소배출 감축을 위한 대책을 논의했다. 대한민국은 지난 30~40년 동안 고도성장을 하며 소위 '성장 만능주의'에 빠져 있었다. 기후변화 대응에는 소홀했다. 2009년에도 온실가스 감축 목표를 선언했으나 지키지 못했다. 국제사회에서 한국을 '기후 악당_{Climate Villain}'이라고 부른 이유다. 그동안 심각해진 기후변화가 지구의 '6차 대멸종'을 가져올 것이라는 전망도 나올 정도다. 지구 온도 상승을 1.5도에서 막으려면 2050년까지 탄소 중립(온실가스 배출량과 흡수량이 같아 0이 되는 개념)에 도달해야 한다. 미래 세대는 탄소 중립이 '인류의 생존이 달린 문제'라고 말한다. 그런 목소리에 귀를 기울이고 지금 나서서 문제를 해결해야 한다.

가장 어려운 과제는 에너지 전환이다. 우리나라는 발전 분야에서 석탄, 액화천연가스LNG 등 화석연료에 의존하는 비율이 66%에 달한다. 이를 풍력과 태양광 등 재생에너지로 빠르게 바꿔야 한다. 도시에 가득한 빌딩에서 태양광 에너지를 생산하고, 바다에서 부는 바람을 에너지로 만들어야 한다. 온실가스 다배출 업종 위주인 산업계의 변화, 수송 부문의 변화도 필요하다. 한국은 짧은 시간에 경제 성장을 이뤄 최빈국에서 지금에 이르렀다. 탄소 중립 도달 목표 시점까지 30년 정도 남았다. 지금까지 한국의 성장을 보면 충분히 국제사회의 모델 국가가 될 수 있다고 확신한다. '녹색성장'으로 바뀌어야 한다. 그래야 세계등불 코리아의 위상을 제고할 수 있으며 국제적으로 지속 가능한 목표를 향해 함께 갈 수 있다. 대한민국이 가교 역할을 할 수 있다.

기후변화 문제, 환경 보호 이슈 등을 자연스럽게 인식하고 행동하려면 어릴 때부터 환경 교육이 필요하다. 탄소 중립이 우리 사회의 핵심 의제로 자리 잡으면 그 도달 시기도 앞당겨질 것이다. 글로벌 리더 국가로 자리매김하기 위해서는 기후변화 대응에 선도적으로 동참해야 한다.

문재인 대통령은 2020년 10월에 '2050 탄소중립'을 국제사회에 선언했다. 반면 중국은 2060년을 목표로 탄소중립을 실현하려 하고 있다. 탄소중립은 인류의 행복과 생존을 좌우하는 세계 공동의 과제이다. 에너지, 산업, 운송, 도시 등 모든 시스템을 다 바꾸어야 한다.

제27장

권역별 특성화 및
지방자치제 순기능
확대

1

청와대 세종 행정도시 이전의
파급력과 국토균형 발전

노무현 · 문재인 대통령 공약 이행—국토 균형 발전

2021년 10월 국토연구원이 전국 74개 시 · 군 · 구를 지방소멸 위기지역으로 지정하자고 건의했다. 지방소멸이라는 국가적 재앙을 막을 대책은 국가균형발전밖에 없다. 균형발전은 자치분권과 재정분권 확대라는 두 가지 축이 없이는 이뤄지지 않는다.

수도권에서의 삶도 피폐하게 만들어 공멸로 갈 수밖에 없다. 국가적 대응책을 서둘러야 하는 이유다.

이제는 균형발전과 지역의 특성과 환경을 고려하여 선택과 집중의 특화 발전을 이루어야 한다. 문재인 대통령은 2017년 5월 중앙정부에 집중된 권력을 분산하여 수도권과 지방이 상생하는 나라를 만들기 위해 지방분권의 강화, 연방제에 버금가는 강력한 지방분권을 공언했다. 문 대통령은 대선 공약을 통해 '자치입법권과 자치행정권,

자치 재정권, 자치복지권'의 4대 지방 자치권 보장, 지방자치단체를 지방정부로 개칭 등의 방안을 내놓았다.

2020년말 더불어 민주당은 행정수도의 세종 이전을 공식 발표했다. 그러나 대통령의 발의에 의한 지방분권 개헌안이 국회 거부로 불발되면서 분권과 자치 의지가 퇴색하고 있다는 여론이 대두되고 있다.

향후 정부는 지방분권 및 균형발전 의지를 발휘해 대통령 공약을 충실히 이행하여야 할 것이다. 선진국들은 예외 없이 지방자치제를 강화하고 있다. 특히, 프랑스 헌법은 '프랑스는 민주, 사회주의 공화국이다.'라고 천명한 제1조의 마지막 문장에서 '프랑스의 조직은 지방분권이다.'라고 선언하고 있다.

근간 사회적 문제가 되는 지역 불균형과 적폐는 중앙 집중적인 정치의 폐해에서 비롯됐다고 해도 과언이 아니다. 그로 인한 위기를 극복하려면 당연히 지방분권에서 답을 찾아야 하는 한편, 제왕적 대통령제의 폐해를 극복하고 풀뿌리 민주주의를 제대로 뿌리내리도록 지방자치제를 제대로 시행하여야 한다. 민주주의의 완성을 위해서는 이제 지방분권의 정착에 힘을 쏟아야 한다.

세종행정도시 이전의 파급력

세종시로 청와대 등 정부를 완전히 이전해야 명실상부한 행정수도가 완성되는 것이다.

대한민국 행정부는 서울과 세종시로 분리되어 있어 국가경영의 능률성 저해는 물론, 국토 균형발전 등 국가발전에 큰 걸림돌이 되는 실정이다. 근간, 행정수도 이전이 서울을 비롯한 수도권의 질 높은 발전은 물론, 전국의 균형발전을 가져올 것이라는 전망이 지속적으로 제기되고 있다. 세종 행정도시를 완성하고 지방분권 강화의 헌법 개정 등을 통해 연방제에 버금가는 강력한 지방분권으로 국가의 틀을 새 나라로 바꾸어 초일류 통일 선진강국 건설의 꿈과 비전을 국민들에게 심어주어야 한다. 정부의 핵심 리더들이 청와대와 국회 등 정부의 완전 이전을 발표했음에도 불구하고 청와대 세종 행정도시로의 이전이 진행되지 않고 있다. 청와대를 비롯한 중앙행정 기능과 국회를 세종시로 옮기면 모든 것이 서울에 집중돼 있다는 심리적 상징성이 완화되고 수도권은 질 높은 발전을 꾀할 수 있는 계기가 될 수 있다.

세종시가 실질적으로 국가균형 발전을 이끌고 나아가 한국판 워싱턴으로 세계적인 명품도시의 기준으로 자리 잡을 수 있다. 지방분권을 통한 국가균형 발전이 지속 가능한 발전을 위한 최고의 국가발전 전략이라는 데는 이견이 있을 수 없다. 1987년 체제를 뛰어넘는 고도의 민주주의 실현은 물론이고 모든 국민이 고루 잘사는 나라를 만들기 위해서는 세종 행정수도 완성 등 지방분권 개헌이 필요하다는 게 시대정신이 되었다.

충청·세종·대전 메가시티를 중심으로 신수도권 시대를 열어나가야 한다. 대한민국의 중심축이 서울과 수도권에 지나치게 집중되는 현상을 탈피하여 국가균형발전을 추구해 나가야 한다.

이를 위해서는 세종시에 청와대와 국회를 이전시켜 진정한 행정수도를 완성해 나가야 한다. 이와 더불어 행정수도의 필수조건인 교통 인프라 구축을 위해 강호 축 고속철도, 충청권 광역철도, 동서 횡단철도를 건설해야 한다.

헌법 제123조 2항에도 국가가 지역균형 발전을 추진할 의무가 명시되어 있다. 세계적인 추세와 국내 실정을 종합적으로 판단할 때, 세종 행정수도의 완성이 시대적 당위성을 갖고 있으므로 세종시는 워싱턴처럼, 서울은 뉴욕처럼 발전시키도록 적극적으로 추진해야 할 것이다.

우리나라는 미흡한 지방분권 제도로 각 지방의 특색과 강점을 제대로 살릴 수 없는 데다 법·제도적 기반 취약 정부 예산 지원 미흡 등 여러 가지 제약으로 발전의 한계가 있었다. 정부는 문제 해결을 위해 향후 분권 개헌을 계기로 세계 수준의 분권 자치제를 추진해야 한다.

수도권과 비수도권의 '불평등'은 유럽, 일본 등 대부분 국가의 문제이다. 특히 프랑스는 '프랑스에는 파리가 있다. 나머지는 사막이다.'라는 자조 섞인 말이 1960년대에 유행할 정도였다.

프랑스 정부의 분권·균형발전 담당 기관 이름은 국토평등위원회 CGET로써 지방분권을 적극적으로 시행하고 있다. 최근 스위스는 각고의 노력 끝에 지방정부의 세원(6.5)이 연방정부(3.5)를 앞질러 반면 우리나라와 대조적인 현상을 보인다.

2

4차산업 시대에 부합하는
권역별 메가시티 조성

특히 4차 산업혁명과 같은 혁신의 시대, 성장동력은 다양성에서 나온다. 다양성은 획일화된 중앙집권 시스템으로는 힘들다. 수도권 일극 집중의 폐해가 개선은커녕 갈수록 악화하는 상황에서 지방분권을 중요시하는 각 지방자치단체에서는 '그랜드 메가시티' 조성에 역량을 집중하고 있다.

특히, 영남권 지방자치단체들이 부·울·경 메가시티 조성을 합의했다. 부산·울산·대구·경남·경북 등 5개 시·도 수장들이 2021년 7월 19일 울산에서 개최한 영남권 미래발전협의회에서다. 이들은 영남권을 하나의 경제·생활 공동체로 묶는 그랜드 메가시티를 추진키로 합의했다.

동남권 메가시티를 향한 역사적 항해가 시작됐다. 일찌감치 메가시티 논의에 나선 부산과 울산 경남은 2021년 9월 29일 전국 지자체

중 최초로 '부·울·경 특별지방자치단체 합동추진단'을 꾸리며 메가시티 실현에도 선두에 섰다. 합동추진단은 2020년 12월 지방자치법 개정안 국회 통과에 따라 부·울·경을 단일 생활권이자 경제권으로 묶을 공동 사업을 추진할 공식 기구인 특별지방자치단체 메가시티 구성에 적극적으로 추진하고 있다.

특별지자체는 한국사회가 자치분권 실현을 위해 설정한 새로운 모델로, 국가적 실험이다. 과도한 수도권 집중, 지방 소멸로 대변되는 국토의 기형적 발달을 멈춰 세우고 기존 지방자치제를 보완해 국가균형발전을 이끌 도전이다.

2021년 10월 전국 광역 지방 자치단체를 중심으로 메가시티 구축 논의가 활발하게 전개되고 있다. 대한민국 국토 중심부에 자리잡은 세종특별자치시, 대전, 충남, 충북 등 충청권 4개 시·도가 광역생활·경제권을 만드는 메가시티 구축을 추진하기로 뜻을 모았다.

메가시티 구축이 수도권 편중 심화에 따른 지역간 불균형 문제를 해결할 대안으로 떠오르고 있기 때문이다. 중앙정부가 주도하던 방식의 균형발전을 넘어 지방정부 스스로 네트워크를 구축해 새로운 지역발전 모델을 창출하겠다는 것이다.

아직 행정구역 통합에 대한 구체적인 논의까진 진전을 보지 못했지만, 우선 하나의 광역생활·결제권을 만들어 공동발전을 위한 새로운 성장동력을 창출하겠다는 청사진을 그리고 있다.

권역별 메가시티 조성을 위해 교통·물류 환경·안전 문화·관광 등 6개 분야에서 협력사업을 추진하기로 했다. 이에 따라 대구, 경북에서도 대구, 경북을 통합하는 메가시티를 조성을 추진하고 있다.

메가시티는 영남지역만이 아닌 전국적 화두로 확대돼 가는 모양

새다. 계간 '창작과 비평'은 올해 여름호에서 '지방 소멸, 대안을 찾아서'라는 특집을 통해 "지방 소멸 문제가 내년 대선에서 핵심 의제가 돼야 한다."라고 주장했다. 지방 소멸을 막고 국토균형발전을 도모할 수 있는 유력한 대안이 메가시티다.

부산작가회의 계간 『작가와 사회』올해 여름호가 '부·울·경이 추진 중인 메가시티를 국가의 주요한 정책으로 격상시키고 의제화해야 한다.'라고 역설한 것도 같은 맥락에서다. 영남권 그랜드 메가시티는 이런 여론에 부합하는 방향 설정인 만큼 목표 달성을 위해 박차를 가해야 한다.

이에 따라 전라지역 메가시티(광주광역시와 전남·북도), 충청지역 메가시티(세종특별자치시, 대전광역시, 충남·북도), 강원지역 메가시티(강원도, 경기 북부지역)를 각각 구상하고 추진하고 있다.

2020년 수도권 인구는 최초로 비수도권 인구를 추월했다. 이로 인해 인구 부족으로 사라질 시·군·구는 105개에 달하여 지역균형발전에 위기를 초래하고 있다.

지방 경제가 황폐해진 것은 지속되어 왔다. 역대 정부 모두 공약을 내놨지만, 성과는 없었다. 특히, 현 정부 들어 폭등한 수도권 집값은 지방 주민들의 상대적 박탈감을 크게 만들었다. 지방 균형발전은 시대적 여망이다.

『대한민국 운명』을 바꾸는 국민 리더십

대한민국의 운명을 바꾸기 위해서는 속도보다 방향이 중요하다. '잘사는 나라'에 대한 개념 정의도 달라져야 한다.

2020년부터 코로나-19와 치열한 싸움을 벌이는 오늘의 대한민국 주역들은 더 이상 '자기 연민_{Self Pity}'에 빠지거나 "아! 그때가 좋았고, 그립다_{Good Old Days Syndrome}."라는 과거 회귀형 삶으로 돌아갈 수 없다. 팬데믹 상황에서 새로운 라이프 스타일의 경험이 세상을 바라보는 마음의 프레임에도 변화를 일으키고 있다.

런던 비즈니스 스쿨의 이바라 교수는 고민에 머물지 말고, 분리와 재통합 그리고 그 사이 경계_{limitnality}란 전환 과정을 거칠 이번 시기에 적극적으로 참여하여 실제적인 변화를 일으켜 볼 것을 권유한다.

특히 기성세대들은 "나 때는 말이야?"라며 자신의 인생 스토리에 심취하여 젊은 세대와의 소통을 단절하지 말아야 한다. 의욕이 앞설수록 소통이 아니라 불통 · 먹통이 된다. 세상이 급변하고 있으며 시대정신도 달라지고 있다. 격랑의 파고에 흔들리는 '한국호_號'에 동승한 우리는 승객인 동시에 선장이다.

오늘의 대한민국이 있기까지 피와 땀과 눈물을 흘린 숭고한 희생과 헌신을 받들고 선양해야 한다. 나아가 후손들에게 자랑스러운 선진강국, 통일된 초일류 국가를 물려주어어 한다.

이는 국민이 앞장서서 나라사랑과 역사의식을 갖고 만들어 나가는 위대한 여정이다.

『대한민국 운명』은 비장함마저 감도는 열정과 결기가 담겨 있다. 필자가 사용한 '운명'은 숙명으로 받아들이는 체념과 전혀 다르다. "운명은 바꿀 수 있다!"라는 관점에서 운명 개척의 메시지를 전하려는 것이다. 10위권으로 신장된 국력에 자족하지 않고 통일된 선진강국 'Korea G3'를 향해 국민이 나서서 위대한 행진을 하자는 호소다. 운명을 바꾸는 프로젝트의 기본 방향은 "정신(의식) × 교육(지식) × 경제(물질)"를 융합하여 시너지 효과를 극대화하면서 튼튼한 국방안보태세 확립을 핵심적 기초(토대)로 삼는 것이다. 통일된 선진강국United Korea G3이 달성 목표다. 추진 전략은 4대 중추(정신, 교육, 경제, 안보)를 혁명적으로 개혁하여 체계적으로 성취하는 방향으로 설정했다.

이 책을 통해 국민(특히 젊은세대)과 소통하려는 메시지는 한민족 역사 속에서 진정한 리더의 면모를 식별하여 역사적 교훈을 도출하고 이를 21세기 4차 산업혁명 시대를 이끌어 갈 한국식 리더십을 창출해내려는 의도와 연결되어 있다.

특정 정치세력이나 권력자에게 의존하는 것이 아니라 '국민 리더십' 문화로 성취하기 위해 젊은이들의 공감을 얻는 것이 소망이다.

이러한 소망을 바탕으로 한국사회가 당면한 위기를 기회로 전환하고 세계적 흐름을 선도하기 위한 비전을 제시하며, 추진 전략을 4가지로 집약하여 다양한 의제를 다루었다. 목표가 달성되는 시기는 21세기 중반(2050년 전후)으로 설정했다. 또한, 5년 단위로 6차에 걸친 평가 과정을 거치며 단계적으로 제도와 시스템의 변화까지 정착시킨다.

기초가 든든하고 기둥이 균형 잡힌 '대한민국 집'을 새롭게 건축하는 프로젝트라고 할 수 있다. 물론 이 집을 짓는 주역이 국민이고, 주인도 국민이다. 우리 국민이 꿈꾸는 통일된 선진강국은 패권을 다투는 나라가 아니라 인류평화와 번영에 진정으로 이바지하는

"지구촌의 밝은 빛(세계의 등불) Korea G3"가 되는 것이다.

남북한 군사적 대치가 존속하는 냉엄한 현실을 직시하고 강대국의 치열한 패권경쟁을 돌파하기 위해서는 애매한 동북아 균형론자론에 매달려서는 안 된다.

더 이상 고래 싸움에 등 터지는 새우의 신세로 전락했던 구한말의 치욕을 되풀이하지 않아야 한다. 그렇다고 우둔하게 몸집만 비대해져서 적응력이 떨어지는 고래가 될 수 없다. '영민한 돌고래 Smart Dolphin'처럼 역동적이고 똑똑하게 국가발전 전략을 구사해야 한다.

United Korea, G3! 달성을 목표로 설정하고 치밀하게 단계적 로드맵을 구체화하여 행동에 나서야 한다.

큰일을 감당할 서번트(봉사자) 대통령을 올바로 뽑는 것도 국민 리더십의 몫이다.

대한민국 운명을 개척하는 주체는 우리 국민이요, 국민이 영웅이다.

영웅적 대한국민이 나서서 '국민리더십 문화'의 힘으로 '세계의 등불 팍스Pax코리아, G3'로 만들어야 한다.

이것이 대한민국의 운명이다!

이제 한국은 약소국의 서러움을 호소하며 구원의 손길을 기다리는 나라가 아니다. 원조를 받던 나라에서 국제사회에 원조를 제공하는 나라로 위상이 바뀌었다. 그러나 현재 대한민국이 직면한 대내외 정세는 도전이 복합되어 격랑처럼 몰려오는 형국이다. 한반도를 둘러싼 동아시아 지역에 세계 열강의 진출과 대립이 심화되어 우리나라의 안보와 국익을 위협하는 와중에 2022년 대통령 선거를 겨냥한 내부갈등이 도를 넘어서는 진흙탕 싸움으로 치닫고 있다.

2021년 11월 1일 안철수 국민당 대표는 대선 출마를 선언하면서 다음과 같이 말했다.

"이번 대선은 놈놈놈 대선"이라며 "나쁜 놈, 이상한 놈, 추한 놈 밖에 보이지 않는다고 (국민들이) 한탄한다."

2022년 3월 9일 대통령 선거는 역대 선거중 가장 치열한 싸움이 예상된다. 4류 정치마저 5류 정치로 추락할까봐 국민들은 우려하고 있다. 역사를 돌이켜보면, 이러한 위기국면일수록 국민이 나서서 위기를 극복해 왔다. 이번에는 성숙한 국민 리더십 문화로 위기 상황을 슬기롭게 극복하여 대한민국 운명을 확실히 바꾸어 국가 위상을 높여야겠다. 우리에게 부여된 시대정신과 역사적 사명은 각자의 생업에 성실히 전념하는 수준에 안주할 수 없다. '국민 리더십 문화 운동'에 비유할 정도로 열정을 갖어 2022년 대통령 선거가 대한민국의 미래 비전에 대해 공감대를 형성하여 세계 등불 코리아, G3! 통일된 선진강국을 향한 여정에 적극적으로 나서야 한다.

이러한 인식을 바탕으로 필자는 네 가지 핵심 중추를 식별했다. '정신문화, 교육혁명, 경제발전, 강한안보'를 지향하여 '혁명'이라는 용어까지 등장시켰다. 수난의 근현대사의 역경을 극복해 온 우리 국민의 저력이 다시 한번 '용龍이 승천하고 봉황이 춤추(용비봉무 龍飛鳳舞)는 기세'를 타야 한다. 3대 국운이 동시에 몰려올 때 용비봉무의 역동성을 잡아야 한다. 한국인은 신바람이 나면 엄청난 일들을 성취해 낸다. 그러한 신바람을 불러일으키는 것이 '국민 리더십 문화 운동'이다.

대한민국은 문화 대국이다. 문화는 인류 역사의 탄생부터 지금까지 인류가 축적해 놓은 모든 것(의식주, 언어, 풍습, 종교, 예술, 학문, 문학, 제도 등)의 특성이 녹아있는 특정 사회의 여러 현상을 일컫는다. 따라서 문화는 매우 방대하면서도 구체적이고, 또 매우 보편적이면서도 특수한 이중적, 다원적 서사 구조를 가지고 있어 문화강국의 나라는 세계의 등불 코리아 G3 역할을 충실히 할 수 있도록 '국가 대개조─선진화 혁명'을 완수하여 위대한 대한민국을 건설해야 한다. 이것이 21세기 대한민국 시대정신이다.

세계가 놀랄만한 속도감을 내며 성취해 낸 자유민주주의와 시장경제체제의 괄목할 만한 발전을 이룩한 저력을 또다시 결집시켜야 한다. 예측 불허의 핵미사일 장난을 하는 북한의 김정은 체제를 압도하는 초일류 선진강국의 정신과 힘으로 통일도 앞당겨야 한다.

가장 심각한 위기요인은 우리 사회 내부에 암세포처럼 퍼지고 있다. 젊은 세대가 희망을 잃고 좌절하며 초저출산·초고령화 사회로 나가는데 정치권에서는 이념대결도 모자라 망국적 지역감정을 이용하려는 조짐마저 보이는 현실에 통탄을 금할 수 없다. 오늘날 대한민국이 겪고 있는 위기의 가장 큰 원인이 역사의식 결여와 위정자들의 리더십 부재라는 문제의식에서 『대한민국 운명』의 집필을 시작했고, 이제 맺음말을 다듬는 순간까지 맞이하게 되었다. 이 책을 통해 특히 젊은 세대들이 미래에 대한 밝은 비전을 갖고 희망의 메시지로 받아 주기를 소망한다.

『대한민국 운명』의 집필 기조라고 할 수 있는 몇 가지 포인트를 독자들과 공유하고 싶다.

첫째, 국민이 역사를 통해 정체성을 확인하고 선조들의 타산지석과 반면교사의 교훈을 배워야 한다. 역사적 선각자나 위인들의 공功과 과過를 구분하지 않고 명분에 치우치거나 교조적 가치관으로 역사의 인물들을 재단하고 있는 현실은 우려를 넘어 개탄스럽기까지 하다. 이제라도 대한민국 사회는 자기 부정의 함정에서 탈출해 역사 속 위인들의 명암을 올바로 보고, 역사적 교훈을 통해 지혜를 얻어야 한다. 그것이 결국 우리 사회에 대한 위기 해법인 동시에 부정적 인식을 씻어내고, 대한민국 국민으로서 자긍심을 갖고 미래에 대한 희망에 차게 되는 기반이라고 확신한다. 일찍이 영국의 역사학자 에드워드 카Edward Hallett Carr는 "역사란 역사가와 사실 사이의 지속적인 상호작용 과정이며, 현재와 과거의 끊임없는 대화이다."라고 정의했다. 우리는 과거와 현재 사이를 끊임없이 왕래하면서 우리의 과거사를 거시적이고 객관적이며 종합적인 역사인식을 통해 날카로운 통찰력으로 국가운명을 개척해야 한다.

둘째, 주변국의 한반도 침탈 역사와 역사 왜곡에 적극 대처해야 한다. 국민들이 중국의 동북공정과 일본의 역사왜곡에 분노하는 감정적 대응에 머무르지 말고, 국가정체성 확립차원에서 체계적 대응을 해야 한다. 두 나라의 행동에 감정적으로는 분개하고 있지만, 정작 역사학 연구와 교육을 통한 대처가 미흡하고 정부차원의 대응도 미흡하다. 국내외 저명한 학자와 예언가들은 세계의 메가트랜드는 동양 회귀로서 21세기 중반 한·중·일 세 나라 중 한 나라가 세계패권을 주도할 것으로 예측한 바 있다. 그런 탓인지 한반도를 둘러싼 3국의 갈등은 시간이 갈수록 치열하게 전개될 것이고, 그 중심에 자국 중심주의 역사해석과 주장에 의한 행동화 현상이 나타날 것으로 예견된다. 국가경영을 위임받은 리더들은 투철한 역사의식과 미래 비전을 바탕으로 전략적 소통Strategic Communication을 스마트하게 구사하는 지략을 발휘해야 한다.

셋째, 21세기 세계를 이끌어 갈 시대정신과 정신문화를 창출해야 한다. K-pop 확산에 우쭐해 하거나 그것이 전부인 양 확대해석을 해서는 곤란하다. 필자는 이러한 시대정신을 통일된 선진강국 Korea G3!로 집약하여 '세계의 등불 코리아'로 승화시켰다. 인도의 시성 타고르가 찬시를 썼던 '동방의 등불'을 넘어서 초일류 선진강국으로 나가자는 것이다. 이러한 목표를 달성에 적합한 역사와 문화 그리고 환경과 조건이 갖추어져 있다. 특히 역동적인 국민들의 나라사랑 정신이 있다. 한민족의 혼魂을 살리고 역동성을 결집시키면 21세기 중반에 세계를 이끌 정신문화 강국이 될 것이다.

넷째, 일제강점기 35년과 6·25 한국전쟁의 폐허 속에서 한강의 기적을 이룬 경제분야의 성공신화를 시대정신과 정신문화 분야로 확산시키자는 것이다. 산업화, 민주화에 성공한 신화를 시대정신과 정신문화를 꽃피우는 방향으로 연계시키는 것이다. 국민분열과 표퓰리즘을 조장하여 이득을 취하려는 일부의 속물근성에 넘어가지 않도록 성숙한 정치의식도 발휘해야 한다. 국민이 하나가 되어 "잘 살아보세!"를 외치며 보릿고개를 넘어 경제적으로 풍족하게 성장한 저력은 '방관자가 아니라 주역'으로 앞장서는 국민 리더십 문화와 연계된다.

'나$_{Me}$!가 아니라 우리$_{We}$!'라는 발상의 전환은 상생과 배려의 정신인 동시에 홍익인간의 이념에서 뿌리를 찾을 수 있으며 홍익정신과 나라 사랑의 절대정신으로 승화시킨다.

결론적으로 대한민국의 운명은 통일된 선진강국으로 나아가는 위대한 여정이다! 현자$_{賢者}$와 예언가들의 예상처럼 21세기 세계는 대전환 시대를 맞이하고 있어 대한민국이 팍스$_{Pax}$ 코리아가 되지 못할 이유가 없다. 초일류 선진통일강국 G3 건설로 힘차게 나아가면 세계를 선도하는 등불의 국가가 될 것이다.

국운융성의 신바람을 등에 업고 국민과 지도자가 힘을 합치면 초일류 선진강국 G3 건설은 꿈이 아닌 현실로 우리 후손 앞에 펼쳐질 것이다.

꿈은 이루어진다! Dreams come true!

통일된 선진강국 대한민국으로 우뚝 서자!

대한민국은 영원하리라!

대한민국의 미래 운명을 개척해 나가는 지침서!

| 권선복
도서출판 행복에너지 대표이사

대한민국의 운명은 어디로 향하고 있을까요?

본서는 작금의 시대에 대한민국이 마주한 운명을 고찰해 보며 어떻게 자국의 행보를 이어나가야 할지 고찰하는 책입니다. 운명이란 무엇인가에 대해 질문을 던지며 대한민국의 과거의 운명과 현재의 운명, 미래의 운명을 논합니다.

최익용 저자는 『이것이 인성이다』, 『국부론』 책에 이어서 대한민국에 대한 지극한 사랑을 안고 혼을 담아 이 책을 저술했습니다. 우리나라의 장점과 단점, 현재 안고 있는 문제점과 가지고 있는 무궁한 가능성을 분석하며 부국강병의 나라가 되기 위하여 대한민국이라는 배가 어디로 향해야 할지 방향을 제시하고 있습니다. 저자는 강단에서 리더십, 역사, 행정학, 북한학 등을 가르친 석학입니다. 그의 지식은 위풍당당한 책 곳곳에서 영민한 빛과 혼으로 담겨있습니다.

과거 역사의 정신문화를 분석하면 우리나라는 일찍이 아시아 대륙의 동북쪽에 자리를 잡고 인류문명의 한 줄기를 이룩하였습니다. 홍익인간과 제세이화 사상, 인내천 사상에서 우리나라의 유구한 문화의 힘을 엿볼 수 있습니다. 또한 선비 정신은 현재 대한민국의 정치적 부패현상에 일침을 가하고 바른 길을 보여줄 수 있는 강건한 민족의 자랑스러운 문화입니다.

저자는 국민이 앞장서 대한민국의 악습을 청산하고 21세기에 코리아 르네상스 시대를 열기를 소망합니다. 한반도의 국운이 기운차게 일어나 대단히 번성할 것임을 믿어 의심치 않습니다. 우리는 세계 발전의 모델, 세계의 등불 코리아가 될 것입니다. 미래 사회를 선도하며 정신문화 혁명을 일으킬 대한민국!

교육혁명, 경제혁명은 어떻게 일어나야 하고 국방안보 전략은 어떻게 되어야 할까요?

운명을 바꾸려면 나라 안의 모든 분야에 있어서 속속들이 개혁을 진행하고 옳은 것을 계속 옳게, 그른 것은 바로잡아 가면서 미래를 준비해야 할 것입니다. 이 모든 것을 아울러 단단히 성취해 나갈 때 대한민국의 미래가 빛나게 될 것입니다.

최익용 저자는 말합니다. "운명은 변화하는 것으로서 저절로 이루어지는 것이 아닌 피땀 어린 열정의 결과물이다. 산다는 것은 열정의 씨앗을 틔우고, 열매를 키우며, 또한 가꾸고, 거두는 것으로 운명은 자기 스스로 개척하는 것이다."

저자의 말대로 운명은 스스로 지어가는 것입니다.

최익용 저자의 혜안과 다양한 각도에서 접근하는 '대한민국 운명'에 관한 통찰력 있는 분석을 통하여 개인적 삶의 지극한 행복과 더불어 공동체로서 나아갈 방향을 정립하여 모두가 풍요로워지기를 기원 드리며 독자들에게 기운찬 행복에너지 긍정의 힘으로 마법을 걸어 보내 드리겠습니다.

참고문헌

국내문헌(저서/편서)

LG경제연구원, 『2010 대한민국 트렌드』, 한국경제신문, 2005

KBS 공부하는 인간 제작팀, 『공부하는 인간』, 예담, 2013

강윤철, 『한 번뿐인 인생 큰 뜻을 세워라』, 휴닉스, 2011

강헌구, 『아들아, 머뭇거리기에는 인생이 너무 짧다: 1 비전편』, 한언, 2000

고동영, 『단군조선 47대』, 한뿌리, 1986

공병호, 『10년의 선택』, 21세기북스, 2007

권기경 외 2인, 『임금의 하늘은 백성이고 백성의 하늘은 밥이다』, 한솔수북, 2009

권이종, 『청소년교육개론』, 교육과학사, 2000

김명훈, 『리더십의 이론과 실제』, 대왕사, 1992

김보람, 석사학위논문, 『유아를 위한 기독교 성품교육 연구』, 장로신대대학원, 2010

김보성, 『참된 깨달음』, 태웅출판사, 1994

김성홍·우인호, 『삼성 초고속 성장의 원동력』, 김영사, 2003

김양호, 『성공하는 비결은 엉뚱한 데 있다』, 비전코리아, 2004

김영민, 『리더십 특강』, 새로운 제안, 2008

김영한, 『삼성사장학』, 청년정신, 2004

김재웅, 『제갈공명의 도덕성 우선의 리더십』, 창작시대, 2002

김종권, 『명가의 가훈』, 가정문고사, 1982

김종의, 『마음으로 읽는 동양의 정신세계』, 신지서원, 2000

김중근, 『난 사람, 든 사람보다 된 사람』, 북포스, 2015

김현오, 『현대인의 인성』, 홍익재, 1990

김헌, 『인문학의 뿌리를 읽다』, 이와우, 2016

김휘경, 『팀장 수업』, 랜덤하우스코리아, 2008

노무현, 『노무현이 만난 링컨』, 학고재, 2001

문국인, 『반 고흐 죽음의 비밀』, 예담출판, 2003

박성희, 『공감학』, 학지사, 2004

박연호·이상국, 『현대 행정 관리론』, 박영사, 2005

박영규, 『조선왕조실록』, 들녘, 2003

박원순, 『내 목은 매우 짧으니 조심해서 자르게』, 한겨레, 2005

박장현 편역, 『독일통일, 한국의 모델인가?』(문원출판, 1999)

박정규, 『IQ포럼』 보성, 2000

박종연·이보연, 『지식의 힘』, 삼진기획, 2005

박희권, 『문화적 혼혈인가』, TB, 2010

배병삼, 『논어, 사남의 길을 열다』, 사계절출판사, 2005

백기복, 『이슈 리더십』, 창민사, 2005

백지연, 『자기설득파워』, 랜덤하우스중앙, 2005

베르너 바이덴펠트외 1명, 임종헌외 4명 역, 『독일 통일 백서』(한겨레 신문사, 1999)

불학연구소 편저, 『간화선』, 불학연구소, 2005

손기원, 『정신혁명, 행복 방정식이 바뀐다』, 경영베스트, 2003

신응섭 외 5명 공저, 『리더십의 이론과 실제』, 학지사, 1999

안병욱, 『인생론』, 철학과현실사, 1993

안성호 외 12인, 『지역사회 정체성과 사회자본』, 다운샘, 2004

안외순, 『논어』, 타임기획, 2005

오윤진, 『신고리더십론』, 일선, 1994

오인환, 『조선왕조에서 배우는 위기관리 리더십』, 열린책들, 2003

우현민 편, 『논어』, 한국교육출판공사, 1984

유광남, 『사야가 김충선』, 스타북스, 2012

웨이슈밍 지음, 『하버드 새벽 4시 반』, 이정은 역. (라이스메이커, 2015)

이기석, 『명심보감』, 홍신문화사, 1990

이남철, 『인성과 예절상식』, 대보사, 2014

이병도, 『정주영 신화는 계속된다』, 찬섬, 2003

이선호, 『이순신의 리더십』, 팔복원, 2011

이성형, 『라틴 아메리카 영원한 위기』, 역사비평사, 1998

이승주, 『전략적 리더십』, 시그마인사이트컴, 2005

이승헌, 『한국인에게 고함』, 한문화멀티미디어, 2002

이어령, 『젊음의 탄생』, 생각의 나무, 2008

이어령, 『말』, 문학세계사, 1990

이어령, 『생명이 자본이다』, 미로니에북스, 2013

이영직, 『란체스터 경영전략』, 청년정신, 2004

이원설 외 1인, 『아들아 머뭇거리기에는 인생이 너무 짧다』, 한언, 2004

이종선, 『달란트 이야기』, 토네이도, 2006

이종주, 『사람을 읽으면 인생이 즐겁다』, 스마트비즈니스, 2005

이준형, 『리더십 먼저 민주주의 나중에』, 인간사랑, 2004

이한우, 『세종, 그가 바로 조선이다』, 동방미디어, 2003

정다운, 『사람은 사람일 때 행복하다』, 위스덤교육포럼, 2011

정민, 『미쳐야 미친다』, 푸른역사, 2004

정약용, 『목민심서』, 다산연구회 역, 창작과비평사, 1993

정여울, 『공부할 권리』, 민음사, 2016

정영국, 『정치 변동과 정치과정』, 백선사단, 2003

제장명, 『이순신 파워인맥』, 행복한 나무, 2008

제정관, 『리더십 포커스』, 교보문고, 2006

조성용 편, 『명장일화』, 병학사, 2001

조지훈, 『지조론』, 나남, 1996

주희, 박성규 편, 『대학』(해제), 서울대학교 철학사상연구소, 2004

차상원 편, 『대학/중용』, 한국교육출판공사, 1984

차평일, 『명심보감』, 동해출판, 2008

최규성, 『한국의 역사』, 고려원, 1995

최문형, 『유럽이란 무엇인가』, 지식산업사, 2009

최진석, 『인간이 그리는 무늬』, 소나무, 2013

한국공자학회 편, 『김경탁 선생의 생성철학』, 한울, 2007

한국교육학회, 『인성교육』, 문음사, 1998

한영우, 『한국 선비 지성사』, 지식산업사, 2010

한우리독서문화운동본부 교재집필연구회, 『독서교육론 독서지도방법론』, 위즈덤북, 2010

함규진, 『역사를 바꾼 운명적 만남』, 미래인, 2010

함진주, 『아시아속의 싱가폴 세계속의 싱가폴』, 세진사, 2000

홍익인간 이념 보급회, 『홍익학술총서』, 나무, 1988

홍일식, 『한국인에게 무엇이 있는가』, 정신세계사, 1996

홍하상, 『이병철 VS 정주영』, 한국경제신문, 2001

황헌식, 『신지조론』, 사람과 사람, 1998

국내문헌(번역서)

다니엘 골먼 외 2인, 정석훈 역, 『감성의 리더십』, 청림출판사, 2004.

다치바나 다카시 지음, 태선주 역, 『21세기 지(知)의 도전』, 청람미디어, 2003

달라이 라마, 류시화 역『달라이 라마의 행복론』, 김영사, 2001

렁천진, 김태성 역, 『유가 인간학』, 21세기북스, 2008

루스 실로, 『한국여성교육진흥회편; 유태인의 천재교육』, 문맥관, 1981

리차드 니스벳, 최인철 역, 『생각의 지도』, 김영사, 2004

마리사 피어, 이수경 역, 『나는 오늘도 나를 응원한다』, 비즈니스북스, 2011

마이크 샌델, 김명철 역, 『정의란 무엇인가』, 미래앤, 2014

마이 클린버그, 유혜경 역, 『너만의 명작을 그려라』, 한언, 2003

마하트마 간디, 박홍규 역, 『간디 자서전』, 문예출판사, 2007

샤론 모알렘, 정경 역, 『유전자, 당신이 결정한다』, 김영사, 2015

아마르티아 센, 이상환 역, 『정체성과 폭력』, 바이북스, 2009

워렌 베니스, 김원석 역, 『워렌 베니스의 리더십 기술』, 좋은책만들기, 2003

웨인 다이어, 신종윤 역, 『서양이 동양에게 삶을 묻다』, 나무생각, 2010

윌 듀런트, 황문수 역, 『철학이야기2』, 한림미디어, 1996

조나단 B. 와이트 지음, 안진환 역, 『애덤 스미스 구하기』, (주)생각의 나무, 2007

존 템플턴, 남문희 역, 『열정』, 거름출판사, 2002

천웨이핑, 신창호 역, 『공자 평전』, 미다스북스, 2002

대니얼 길버드, 최인철 역, 『행복에 걸려 비틀거리다』, 김영사, 2006

데이비드 네이더트, 정해영 역, 『리더십의 사계절』, 비즈&북, 2006

데이비드 호킨스, 박윤정 역, 『치유와 회복』, 판미동, 2016

데일 카네기, 최염순 역, 『카네기 인간관계론』, 씨앗을뿌리는사람, 2004

딘 토즈볼드 외, 조민호 역, 『리더십의 심리학』, 가산출판사, 2007

램 차란, 김상욱 역, 『노하우로 승리하라』, 김영사, 2007

레리 보시드 외, 김광수 역, 『실행에 집중하라』, 21세기북스, 2004

로버트 그린 외, 정영목 역, 『권력의 법칙』, 까치, 2007

로버트 피셔, 박종평 역, 『마음의 녹슨 갑옷』, 골든에이지, 2008

로버트 E.켈리, 김영민 역, 『새로운 노동력의 동력화』, 을유문화사, 1992

로이 J. 레위키 외, 김성형 역, 『최고의 협상』, 스마트비즈니스, 2005

리처드 D 루이스, 박미준 역, 『미래는 핀란드』, 살림, 2008

마고트 레셔, 박만엽 역, 『공감연습』, 자유사상사, 1994

마이클 린버그, 유혜경 역, 『너만의 명작을 그려라』, 한언, 2002

마틴 메이어, 조재현 역, 『교육전쟁, 한국 교육을 말하다』, 글로세움, 2010

막스 갈로, 임헌 역, 『나폴레옹』, 문학동네, 2003

모리아 히로시, 박화 역, 『중국 3천 년의 인간력』, 청년정신, 2004

목포대 대학원 박종학 2016년 박사논문, 「지역관광 활성화를 위한 케이블카 사업에 관한 연구」

미하이 칙센트미하이, 이희재 역, 『몰입의 즐거움』, 해냄, 2007

베라 홀라이터, 김진아 역, 『서울의 잠 못 이루는 밤』, 문학세계사, 2009

슬라보예 지젝 외, 이운경 역, 『매트릭스로 철학하기』, 한문화멀티미디어, 2003

시오노 나나미, 한성례 역, 『또 하나의 로마인 이야기』, 부엔리브로, 2007

이수광 지음, 『한강이 말걸다』, 서울특별시, 2014

아우구스티누스, 최민순 역, 『아우구티누스 고백록』, 바오르딸, 2007

앤드루 카네기, 박상은 역, 『성공한 CEO에서 위대한 인간으로』, 21세기북스, 2005

앤드류 로버츠, 이은정 역, 『CEO 히틀러와 처칠 리더십의 비밀』, 휴먼북스, 2003

앤드슨 에릭슨, 『케임브리지 편람』, 2006

앨빈 토플러, 유재천 역, 『제3의 물결』, 학원사, 1992

에드워드 윌슨, 최재천 역, 『통섭』, 사이언스북스, 2005

여명협, 신원봉 역, 『제갈량 평전』, 지훈, 2007

워렌 베니스 외, 『워렌 베니스의 리더와 리더십』, 황금부엉이, 2005

워렌 베니스, 김원석 역, 『워렌 베니스의 리더십 기술』, 좋은책 만들기, 2003

자넷 로우, 신리나 역, 『신화가 된 여자 오프라 윈프리』, 청년정신, 2002

제인 넬슨, 조형숙 역, 『넘치게 사랑하고 부족하게 키워라』, 프리미엄북스, 2001

제임스 노엘 외, 한근태 역, 『리더십 파이프라인』, 미래의 창, 2008

제임스 C. 흄스, 이채진 역, 『링컨처럼 서서 처칠처럼 말하라』, 시아, 2003

제임스 M. 쿠제스 외, 김원석·함규진 역, 『리더십 챌린지』, 물푸레, 2004

조정원, 『대학이 미래의 펀드다』, 룩스문디, 2008

조지 베일런트, 이덕남 역, 『행복의 조건』, 프런티어, 2009

존 나이스비트 외, 김홍기 역, 『메가트랜드』, 한국경제신문사, 2009

존 로크, 박혜원 역, 『교육론』, 비봉, 2014

존 맥스웰, 강준민 역, 『리더십의 법칙』, 비전과 리더십, 2003

존 클레먼스 외, 이용일 역, 『위대한 리더십』, 현대미디어, 2000

중국사학회, 강영매 역, 『초각박안경기』, 범우사, 2007

증선지, 『십팔사략』, 동서문화사, 2009

지그 지글러, 성공가이드센터 역, 『정상에서 만납시다』, 산수야, 2005

크리스토퍼 핫지키슨, 안성호 역, 『리더십 철학』, 대양문화사, 1990

키스 소여, 이호준 역, 『그룹 지니어스』, 북섬, 2008

데이비드 레이놀즈, 이종인 역, 『정상회담』, 책과 함께, 2009

토마스 G. 크레인, 김환영 역, 『코칭의 핵심』, 예토, 2008

톨스토이, 유명우 역, 『톨스토이 인생론-인생을 어떻게 살 것인가』, 아이템북스, 2010

톰 모리스, 성시중 역, 『성공하려면 하고 싶은 대로 해라!』, 한국언론자료간행회, 1995

프란스 요한스, 김종식 역, 『메디치 효과』, 세종서적, 2005

피터 센게 외, 박광량 역, 『학습조직의 5가지 수련』, 21세기북스, 1996

한비자, 신동준 역, 『한비자』, 학오재, 2015

허브 코헨, 강문희 역, 『협상의 법칙』, 청년정신, 2004

호사카 유지, 『조선 선비와 일본 사무라이』, 김영사, 2007

황견, 장세후 역, 『고문진보』, 을유문화사, 2007

'행복에너지'의 해피 대한민국 프로젝트!

〈모교 책 보내기 운동〉

대한민국의 뿌리, 대한민국의 미래 청소년·청년들에게 책을 보내주세요.

많은 학교의 도서관이 가난해지고 있습니다. 그만큼 많은 학생들의 마음 또한 가난해지고 있습니다. 학교 도서관에는 색이 바래고 찢어진 책들이 나뒹굽니다. 더럽고 먼지만 앉은 책을 과연 누가 읽고 싶어 할까요?

게임과 스마트폰에 중독된 초·중고생들. 입시의 문턱 앞에서 문제집에만 매달리는 고등학생들. 험난한 취업 준비에 책 읽을 시간조차 없는 대학생들. 아무런 꿈도 없이 정해진 길을 따라서만 가는 젊은이들이 과연 대한민국을 이끌 수 있을까요?

한 권의 책은 한 사람의 인생을 바꾸는 힘을 가지고 있습니다. 한 사람의 인생이 바뀌면 한 나라의 국운이 바뀝니다. 저희 행복에너지에서는 베스트셀러와 각종 기관에서 우수도서로 선정된 도서를 중심으로 〈모교 책 보내기 운동〉을 펼치고 있습니다. 대한민국의 미래, 젊은이들에게 좋은 책을 보내주십시오. 독자 여러분의 자랑스러운 모교에 보내진 한 권의 책은 더 크게 성장할 대한민국의 발판이 될 것입니다.

도서출판 행복에너지를 성원해주시는 독자 여러분의 많은 관심과 참여 부탁드리겠습니다.

도서출판 행복에너지 임직원 일동

MEMO

MEMO